U0487033

中国社会科学院创新工程学术出版资助项目

·中俄社会变迁比较研究系列·

丛书主编／李培林

中国和俄罗斯的中等收入群体

MIDDLE-INCOME GROUPS IN CHINA AND RUSSIA
Influences and Trends

影响和趋势

李培林　〔俄〕戈尔什科夫　等／著

社会科学文献出版社
SOCIAL SCIENCES ACADEMIC PRESS (CHINA)

总 序

中俄社会变迁比较研究系列丛书——《中俄社会分层：变迁与比较》、《中俄青年比较：现在与未来》和《中国梦与俄罗斯梦：现实与期待》是中国社会科学院社会学研究所与俄罗斯科学院社会学研究所从2009年开始合作进行的国际合作研究项目"中俄社会变迁比较研究"的系列研究成果，该研究项目得到中国社会科学院国际合作局和俄罗斯人文科学基金会的资金支持，由我和俄罗斯科学院社会学研究所所长戈尔什科夫（M. K. Gorshkov）院士共同主持。应当说，当时完全没有想到这项研究能够持续这么长时间，双方能够合作得这么愉快，而且如此富有成效。这些成果不但出版了中文版和俄文版，英文版也被纳入金砖国家比较研究项目，有的已经面世，有的即将出版。

在中国和俄罗斯之间进行社会学领域的比较研究，有很多可比之处，也有一些不可比的因素。中国和俄罗斯都是人口众多、幅员辽阔的大国。中国有13亿多人口，陆地面积为960万平方公里；俄罗斯人口约为1.5亿，陆地面积则达1700万平方公里。从经济层面看，俄罗斯属于高收入国家，2014年人均GDP达到12000多美元；中国属于中高收入国家，2014年人均GDP约为7600美元。当然由于中国经济增长速度快于俄罗斯，两国的人均GDP水平在拉近，但中国按国际标准的极端贫困人口数量还较多，俄罗斯则很少，俄罗斯的人均资源占有水平也远高于中国。从社会层面看，俄罗斯属于工业化、城市化国家，农民的比例已很少；而中国还在快速城市化过程中，2014年农村居民仍占约45%，农业劳动者仍占全部劳动者的1/3。此外，俄罗斯的大学毛入学率、社会保障水平都要高于中国。从文化层面看，中俄都有过一段很长时期的计划经济，俄罗斯属于东正教国家，80%以上的人信仰东正教，总体上属于欧洲文化，中国则是儒家文化，绝大多数人不信教，属于东亚文化圈。

"中俄社会变迁比较研究"有几个显著的特点：第一是超越过去一般国际合作研究中存在的相互访问多、学术会议多，但研究成果不太多的弱点，这个研究项目一开始就确定了合作研究的成果导向；第二是双方的研究都以全国大规模抽样调查数据为基础，对事实的描述和分析都有调查数据的支撑；第三是分阶段地持续推进长期合作研究，至今已经进行了7年，而且为了克服语言障碍，双方都以英语进行交流。

俄罗斯科学院社会学研究所可能是世界上最大的社会学研究机构，有300多位研究人员，他们都受过良好的社会学理论和方法的训练，有很强的研究能力。我相信"中俄社会变迁比较研究"会不断持续下去，我们双方的第四期比较研究主题是"中等收入群体"，目前已进入实施阶段。我要特别感谢俄罗斯科学院社会学研究所的戈尔什科夫院士和第一副所长科兹诺娃（P. M. Kozyreva）教授，他们卓越的组织能力、合作精神和工作效率是这项合作得以成功的关键。我也要感谢中国社会科学院社会学研究所的一批中青年学者，他们在这项合作研究中显示出优秀的科学素质、研究能力和团队精神。同时也要感谢中国社会科学院国际合作局和俄罗斯人文科学基金会，他们的资金支持保证了我们这项国际合作研究的顺利进行。

是为序。

2015年12月于北京

目　录

导　论

中国跨越双重"中等收入陷阱"的路径选择 ……………… 李培林 / 003
中产阶层的兴起和当代俄罗斯的研究经验
……………………… 戈尔什科夫（M. K. Gorshkov）/ 020

第一章　中等收入群体的现状和变化趋势

中国中等收入群体的变化趋势 …………………………… 李春玲 / 031
现代俄罗斯中产阶层演变的轨迹
……………………… 娜塔莉亚·迪霍诺娃（N. E. Tikhonova）、
卡拉瓦伊（A. V. Karavay）/ 045

第二章　中等收入群体的就业与工作

中国中等收入群体的就业结构 ……………………………… 范　雷 / 065
俄罗斯中等收入群体的就业与工作
……………………… 瓦西里·A. 安尼金（Vasiliy A. Anikin）/ 074

第三章　中等收入群体的收入与教育

中国中等收入群体的收入和教育结构 ……………………… 田　丰 / 093

俄罗斯中等收入群体的教育与生活幸福感
　　………………… 鲍丽娜·科兹列娃（P. M. Kozyreva）、
　　亚历山大·斯米尔诺夫（A. I. Smirnov）/ 106

第四章　中等收入群体的消费与生活方式

中国中等收入群体的消费趋势 ………………… 朱　迪 / 123
俄罗斯中产阶层的消费与生活方式
　　………………… 斯维特兰娜·马瑞娃（S. V. Mareeva）/ 135

第五章　中等收入群体的代际流动

中国中等收入群体的代际流动：户籍与教育的视角
　　………………………………… 吕　鹏　范晓光 / 157
俄罗斯中等收入群体的代际流动及家庭的作用
　　………………… 尤莉亚·莱尼娜（Yu P. Lezhnina）/ 169

第六章　中等收入群体的社会保障和抗风险能力

中国中等收入群体的社会保险 ………………… 张　翼 / 185
俄罗斯中等收入群体的社会保障和抗风险的能力
　　………………… 鲍丽娜·科兹列娃（P. M. Kozyreva）、
　　亚历山大·斯米尔诺夫（A. I. Smirnov）/ 196

第七章　中等收入群体的社会认同

中国中等收入群体的身份认同和社会认同 …… 崔　岩　黄永亮 / 217
俄罗斯中产阶层的社会认同
　　………………… 娜塔莉亚·拉托娃（N. V. Latova）/ 230

第八章　中等收入群体的社会态度和价值观

中国中等收入群体的价值取向与社会政治态度 ………… 李　炜 / 247
俄罗斯中产阶层的社会价值观
　　………………………… N. N. 塞多娃（Natalia N. Sedova）/ 266

第九章　中等收入群体的社会政治参与

中国中等收入群体的社会政治参与 ……………………… 崔　岩 / 285
俄罗斯中等收入群体的社会政治活动水平
　　………………………………… 尤里·拉托夫（Yu V. Latov）、
　　　　　　　　　　V. V. 佩特尤科夫（Vladimir V. Petuhov）/ 297

第十章　大城市和特大城市的中等收入群体

中国特大城市的中等收入群体
　　——以北京、上海和广州为例 ……………… 张海东　姚烨琳 / 317
俄罗斯大都市的中等收入群体
　　……………………… 鲍丽娜·科兹列娃（P. M. Kozyreva）、
　　　　　　　　　亚历山大·斯米尔诺夫（A. I. Smirnov）/ 357

参考文献 ………………………………………………………………… / 370

作者简介 ………………………………………………………………… / 399

后　记 …………………………………………………………………… / 408

导 论

中国跨越双重"中等收入陷阱"的路径选择

李培林

中国近几十年的发展,在与世界各大国的比较中,有一个很特殊的方面,就是有一个长期的目标和规划,为了这个目标,几代人持续追求、矢志不移,功成不必在我。20世纪70年代末,中国在改革开放初期就确立了建设小康社会的奋斗目标,21世纪初又提出到2020年全面建成小康社会的目标。"全面小康社会",这是中国人民对未来幸福生活的梦想,它的一个重要的数量化目标,就是"扩大中等收入者比重,努力缩小城乡、区域、行业收入分配差距,逐步形成橄榄型分配格局"。

当前,我国进入经济新常态和社会转型的新阶段,能否成功跨越"中等收入陷阱",成为一个关系我国发展前途的关键问题。我们可以给"中等收入陷阱"添加一层含义,提出双重中等收入陷阱的假设:一方面指一个发展中经济体难以成功跨越中等收入发展阶段,在进入高收入经济体门槛前长期徘徊;另一方面指难以有效防止社会两极分化,中等收入群体的规模和比例发展停滞,无法建成一个中等收入群体占主体的橄榄型社会。这两个方面实际上是密切相连的,因为绝大多数陷入"中等收入陷阱"的国家都出现了贫富悬殊的问题,而贫富悬殊也成为陷入"中等收入陷阱"的重要原因。在这种大背景下,关于中等收入群体的研究,在我国当下具有非常重要的意义。

一 什么是"双重中等收入陷阱"?

世界银行东亚与太平洋事务局的首席顾问吉尔(I. Gill)和首席经济学家卡拉斯(H. Kharas)2007年在一份题为《东亚复兴:关于经济增长的观点》的报告中,首次提出"中等收入陷阱"(middle income trap)的概念（Gill and Kharas，2007）。随后，世界银行和国务院发展研究中心2013年在一份题为《中国2030：建设现代、和谐、有创造力的社会》的报告中指出，在1960年的101个中等收入经济体中，到2008年只有13个成为高收入经济体，87%的中等收入经济体，在将近50年的时间跨度里，都无法成功突破"中等收入陷阱"，进入高收入阶段（世界银行和国务院发展研究中心，2013：13）。该报告还乐观地预测，"即使未来中国经济的增速比之前慢1/3（即年均6.6%，过去30年为9.9%），中国仍将在2030年前的某个时刻成为一个高收入国家，并在经济规模上超过美国——虽然届时其人均收入水平只相当于发达国家的一个不大的比例。迈过这一里程碑就意味着中国将可以跨越'中等收入陷阱'，并在一代半人的时间内跨过低收入社会和高收入社会之间的鸿沟。这对任何国家而言都是了不起的成就，更不用说像中国这样的大国"（世界银行和国务院发展研究中心，2013：3）。

"中等收入陷阱"的主要含义可以概括为：在世界经济格局中，后发国家的赶超和转型，只有极少数中等收入经济体能够成功晋升高收入经济体，绝大多数中等收入经济体会出现经济增长的长期停滞，既无法在工资成本方面与低收入国家竞争，又无法在高端技术创新方面与高收入国家竞争，不断积累的经济社会问题形成发展瓶颈，使得经济长期在中等收入阶段徘徊，无法真正实现转型和现代化。

从世界现代化的实际进程来看，多数陷入"中等收入陷阱"的国家是拉美和中东国家，像巴西、墨西哥、智利等都是经常被提到的典型国家，也有少数亚洲国家，如马来西亚。这些国家在20世纪70年代就达到中等收入国家水平，与"亚洲四小龙"几乎处于同样的起跑线，但此后的发展遇到天花板效应，发展几十年到今天都没有进入高收入国家。对于陷入"中等收入陷阱"的经济体，人均GDP 1万美元就像是一道魔咒，跨越了也还要倒退回来。

与此相反的成功案例是所谓的"东亚模式"，主要是指日本和"亚洲四小龙"，它们都用了10年左右的时间从中等收入国家跃升到高收入国家。例如日本人均GDP在1972年接近3000美元，到1984年突破1万美元，用了12年时间；韩国人均GDP在1987年超过3000美元，1995年就达到 11469 美元，用了 8 年时间。

对于为什么会陷入"中等收入陷阱"，学术界写过很多研究文章，从很多方面进行了分析，原因涉及十几个方面，如债台高筑、金融失控、贫富悬殊、腐败严重、过度城市化、公共服务短缺、青年失业率高、社会分裂等。至于是哪一个方面起了决定性的作用，则莫衷一是。但是，贫富悬殊、没有形成庞大的中等收入群体，则几乎在所有的原因分析文章中被提及。与此相对照的是，"东亚模式"中的国家和地区，如日本、韩国和中国台湾，在跨越"中等收入陷阱"的过程中都保持了较低的收入差距。

所以，我们可以给"中等收入陷阱"添加一层含义，提出"双重中等收入陷阱"的命题，也可以说是假设：一方面指一个发展中经济体无法成功跨越中等收入发展阶段，进入高收入发展阶段和如期实现现代化；另一方面意味着在发展中无法成功防止两极分化，建成一个中等收入群体占主体的橄榄型社会。这一命题的两个方面是密切相连的，如果不能解决中等收入群体占主体的问题，也就无法成功跨越"中等收入陷阱"。对这两个方面的关系，本文无意进行重复证明，这种关系在有的情况下可能是因果关系，在有的情况下可能是相关关系。当然也有特例，如也属于"东亚模式"的新加坡和中国香港，都已成功进入高收入经济体，并且具有较好的国际竞争力，但收入差距较大的情况也比较突出。不过这两个经济体也有它们的特殊性，比如人口规模都在千万以下，实际上就是一个大城市，都是金融、贸易、港口和国际总部聚集的城市，聚集着一批国际富翁。

从经济层面看，一个经济体，特别是一个较大的经济体，在其向高收入发展阶段的过渡中，无法再主要依赖于大规模投资和出口，国内消费将成为长期持续发展的稳定支撑，而没有中等收入群体的壮大和大众消费的成长，就不可能拥有强大的消费驱动。在贫富差距过大的情况下，会出现大众消费瓶颈，即在家庭消费率随收入增加而递减的情况下，少数具有大量消费能力的阶层已经基本上消费饱和，而大量需要增加消费的人群却没有消费能力，消费弹性较大的中等收入群体人数比例较小，无法形成消费主体和促成大众消费时代的到来。

从社会层面看，世界各国的经验表明，一个中等收入群体占主体的橄榄型社会，才是一个能够保证社会长期和谐安定、人民安居乐业的社会。贫富悬殊和两极分化，必然导致社会的分裂和动荡，从而影响到社会的稳定和秩序，最终对经济增长产生负面的影响。

从文化层面看，中等收入群体也是主流价值观形成的基础，在一个中等收入群体占主体的社会中，才能有效防止各种极端主义的形成。

经济学界对如何跨越"中等收入陷阱"已经有很多关于促进经济持续增长的分析和研究，本文提出双重"中等收入陷阱"的命题，意在对扩大中等收入群体的方面进行重点分析。

二 我国中等收入群体的规模和发展趋势

中等收入群体一般指收入保持在全社会中等水平、就业相对稳定、生活相对宽裕的群体。学界对中等收入群体的讨论，迄今已有约30年的时间，讨论一般是与研究收入和消费问题、分配问题、贫困问题、社会不平等问题、社会结构变动趋势问题等相联系。所以说，对中等收入群体的研究，从一开始就不仅是一个学术问题，而且是与现实应用紧密联系的。这种联系比较集中在两个方面：一方面是与社会政策的制定相联系，即为了在基本生活保障、困难家庭补贴、鼓励消费、刺激就业等方面制定相关社会政策，需要界定中等收入群体、低收入群体和贫困人口；另一方面是与全球消费市场发展趋势的判断相联系，即通过对全球中等收入群体的变化趋势分析来判断未来各国在全球消费市场发展中的地位变化。从研究主体来看，关于中等收入群体的相关研究，更多地集中在国家统计部门、国际组织（如联合国、世界银行、OECD等）和智库组织。

直到目前，关于中等收入群体的界定，还没有一个像国际贫困线那样的统一标准，但已经有很多的探索，包括关于绝对标准的探索和相对标准的探索。一般来说，绝对标准更多地被用于国际比较和分析全球中等收入群体的发展趋势，而相对标准则更多地被用于国内收入分配结构的分析和社会政策的制定。国家统计局以家庭年可支配收入9万~45万元人民币为标准，测算出2015年我国中等收入家庭占24.3%，这也是一些媒体报道中国中等收入群体达到3亿多人的重要依据。

在国际上众多关于中等收入群体绝对标准的研究探索中，有三项研究因为被应用于国际组织和调查机构的研究报告而广受关注。其一，世界银行经济学家米兰诺维克（Branko Milanovic）和什洛莫·伊茨哈克（Shlomo Yitzhaki）在 2002 年分析全球收入不平等时，把巴西年平均收入和意大利年平均收入作为全球中等收入群体（中产阶层）标准的上限和下限，以世界银行 2000 年购买力平价转换，把每人每天收入 10～50 美元（PPP＄）作为中等收入群体的标准（Milanovic and Yitzhaki，2002）。世界银行的 2007 年全球发展报告采用了这一标准，测算结果显示，全球中等收入群体（中产阶层）占全球人口的比例，在 1993～2000 年几乎没有什么变化，维持在约 8%，但 2000 年以后比例显著上升，并预测到 2030 年全球中等收入群体的人口占比将达到 16%（World Bank，2007）。其二，布鲁金斯学会的经济学家卡拉斯（Homi Kharas）在 2010 年 OECD 研究报告中提出，按购买力平价计算，每人每天收入 10～100 美元（PPP＄）为中等收入群体（中产阶层），这个标准上限的制定，参考了欧洲发达国家中最富裕国家卢森堡的收入中位值，下限的制定则参考了贫困线最低的葡萄牙和意大利的平均贫困线。卡拉斯（H. Kharas）认为，这一收入范围内的家庭，其消费弹性最大，因此他也把中等收入群体称为"消费阶层"（consumer class），他按这一标准估算，2009 年全球中等收入群体（中产阶层）总数为 18 亿人，其中欧洲有 6.64 亿人；亚洲有 5.25 亿人；北美有 3.38 亿人，而未来中国和印度是中等收入群体增长最快的国家（Kharas，2010）。其三，美国皮尤研究中心 2015 年的研究报告提出，全球中等收入群体（中产阶层）的标准按购买力平价计算为每人每天收入 10～20 美元（PPP＄），按此标准，2011 年全球人口的 13% 是中等收入群体，该报告还预测，2001～2011 年的 10 年，中国中等收入群体的比例从 3% 增长到 18%，印度从 1% 增长到 3%（Pew Research Center，2015a）。

以上这些对中等收入群体绝对标准的探索有一些共同的特点，它们都是把全球视为一个统一的收入和消费体系，都是从全球的视野来考察收入水平和消费市场的变化，都认为亚洲，特别是中国和印度是未来中等收入群体增长最快的国家；它们都把按购买力平价计算的每人每天 10 美元（PPP＄）作为中等收入群体的下限；这些研究者多数都是经济学家，在他们的研究中，中等收入群体（middle income group 或 middle income）和中产阶层（middle class）具有同样的含义，更经常使用的是为大众所熟悉的"中产阶层"概念。这种对中等收入群体的界定方法，有它的优点，比如操作简便易行，能够清晰地反映一个在发展中经济体内中等收入群体的成长，但也有其显而易见的弱点：一是它只适用于对全球发展中国家中等收入群体现状和变化趋势的研究，因为在此标准下的中等收入群体在发达国家中大概都只是属于低收入群体甚至一部分属于贫困人口；二是按照绝对标准来测定中等收入群体，其变化并不能反映一个国家和地区内部的收入分配结构的变动，在人均收入增长的条件下，即便贫富差距的情况没有变化甚至加剧，中等收入群体的规模和比例也会增加。

鉴于用绝对标准界定中等收入群体所存在的弱点，国际学术界也展开了对中等收入群体相对标准的探讨。有一种简单的办法，就是把贫困线作为基线，把高于贫困线1.3~3倍的收入群体定义为中等收入群体，这种方法一般是为了适应落实社会福利政策的需要，但带来的问题是，由于每个国家，甚至一个国家内的每个行政区域以及不同的家庭类型，可能都有不同的贫困线，所以中等收入群体的标准会出现碎片化。如美国48个相邻州，2013年的贫困收入标准中，一人户家庭的贫困收入线为11490美元，三人户家庭的贫困收入线为19530美元。

在学术界更普遍使用的中等收入群体相对标准，是以收入分布的中位值或平均收入为基线，下限设定为50%~75%之间的一个点，上限设定为1.5倍~2.5倍之间的一个点。沃福森（M. C. Wolfson）以及金肯斯（S. P. Jenkins）和樊可姆（Ph. Van Kerm）等人较系统地梳理了收入不平等的各种测量指标，提出把收入处于中位值的75%~150%的人群（家庭）或60%~225%的人群（家庭）定义为"中等收入者"（Wolfson, 1994; Jenkins and Van Kerm, 2009）。美国布鲁金斯学会的经济学家伯兹奥（N. Birdsall）、格莱哈姆（C. Graham）和佩蒂纳托（S. Pettinato）在一篇产生广泛影响的文章中提出，以收入中位值的50%~125%作为界定中等收入群体（中产阶层）的标准（Birdsall, Graham and Pettinato, 2000）。美国皮尤研究中心几乎每年发布美国中产阶层报告，2015年底发布的报告定义美国中等收入群体的标准是收入中位值的67%~200%（Pew Research Center, 2015d）。美国经济学家普雷斯曼（S. Pressman）在这方面的一项研究，引起了很大社会反响，他使用知名的卢森堡收入调查数据库，按照收入中位值的67%～200%来定义中产阶层（中等收入群体），分析了20世纪70年代以来9个发达国家（美国、加拿大、英国、法国、德国、意大利、芬兰、瑞典和挪威）的中产阶层的比例变化，发现2008年国际金融危机以后，这些发达国家的中产阶层的比例几乎都有所下降（Pressman，2015）。这项研究结果被一些媒体用以证明，发达国家大选中民粹主义、排外主义和反全球化浪潮的兴起是由于"中产阶层的分裂和愤怒"。

中国也有一些学者采用类似的相对标准来分析中等收入群体，但分析的结果往往显示，在收入差距扩大的背景下，中等收入群体的比例会不升反降。李培林和张翼将家庭人均收入在平均线的1～2.5倍的人群定义为中等收入者，使用2006年中国社会状况综合调查数据得到中等收入者在全国占13%。龙莹将中等收入群体定义为收入中位值的75%～125%，采用1988～2010年中国健康营养调查数据（CHNS），发现中等收入群体比重从1988年的27.9%下降到2010年的21.1%（龙莹，2012）。李培林和朱迪采用收入分位值替代中位值，把中等收入群体定义为扣除5%高收入者和25%低收入者后的中间收入区间，测算出2006年、2008年、2011年和2013年的中等收入群体比重分别为27%、28%、24%和25%（李培林、朱迪，2015）。

最近，中国社会科学院社会学研究所和俄罗斯科学院社会学研究所正在进行中俄中等收入群体的比较研究项目，由李培林和俄罗斯科学院的院士戈尔什科夫（M. K. Gorshkov）所长共同主持。双方学者经过反复研究、测算和磋商，放弃了用绝对标准界定中等收入群体的简单易行方法，采用相对标准界定收入群体的位置，收入中位值的75%及以下为低收入群体（细分为脆弱人群和极端贫困人群），76%～200%为中等收入群体（细分为中高收入群体和中低收入群体），201%及以上为高收入群体（细分为富裕群体和高富裕群体）。按此标准，2015年，俄罗斯低收入群体占33.96%，中国占39.45%；俄罗斯中低收入群体占34.55%，中国占20.22%；俄罗斯中高收入群体占21.93%，中国占18.05%；俄罗斯高收入群体占9.57%，中国占22.28%。从中俄之间比较来看，中俄低收入群体的比例差不多,但中国的极端贫困人群的比例比俄罗斯高十几个百分点,俄罗斯的中等收入群体比例则比中国约高18个百分点,中国的高收入群体比例又比俄罗斯高近13个百分点(见表0-1-1)。也就是说,俄罗斯的收入结构与中国相比,更近似橄榄形。俄罗斯经历了与中国几乎同样的基尼系数变化,从1992年的0.289迅速扩大到2012年的0.420,至2015年降到0.412,而中国2015年基尼系数为0.462。

表0-1-1 2015年中国和俄罗斯不同收入群体的比例

单位:%

收入群体		收入标准(中位值)	俄罗斯	中国
低收入群体	极端贫困人群	中位值的25%及以下	1.43	12.57
	脆弱人群	中位值的26%~75%	32.53	26.88
中等收入群体	中低收入群体	中位值的76%~125%	34.55	20.22
	中高收入群体	中位值的126%~200%	21.93	18.05
高收入群体	富裕群体	中位值的201%~400%	8.49	16.37
	高富裕群体	中位值的401%及以上	1.08	5.91

资料来源:俄罗斯的数据来自俄罗斯2015年纵贯监测调查(RLMS_HSE),中国的数据来自中国社会科学院社会学研究所2015年社会状况综合调查(CSS)。

我们按照不同的标准,包括绝对标准(世界银行的标准和国家统计局的标准)和相对标准,对我国中等收入群体比例的变化趋势分别进行了测算。测算结果显示,在1989年至2015年长达26年的时间里,按照世界银行关于中等收入群体每人每天10~100美元(PPP$)的标准计算,我国中等收入群体的比例从0上升到44%;按照我国国家统计局关于中等收入家庭年可支配收入9万~45万元人民币计算,我国中等收入群体的比例从0上升到20%;而按照收入中位数75%~200%定义中等收入群体,则我国中等收入群体的比例一直在37%~50%徘徊,其小幅变动的趋势,似乎与收入差距的变化趋势总体一致,即1989年到2006年中等收入群体的比例是下降的,而2008年至今则是上升的,当然其中个别年份也有不符合这种趋势的情况(见图0-1-1)。

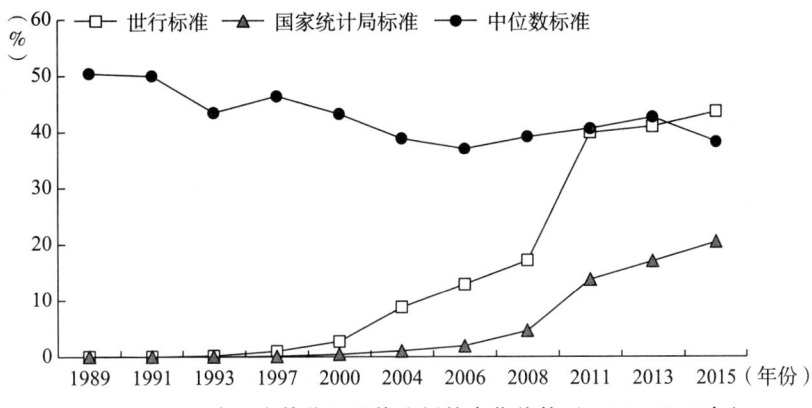

图0-1-1 我国中等收入群体比例的变化趋势（1989~2015年）

说明：世界银行标准指，按购买力平价计算，每人每天收入10~100美元（PPP＄）的人群为中等收入群体。根据2011年ICP（International Comparison Program）的GDP测算结果，1美元（PPP＄）约合人民币3.5元。按照全年365天计算，家庭人均年收入在12797元至127969元的为中等收入群体。国家统计局标准指家庭年可支配收入9万至45万元的人群为中等收入群体。中位数标准将家庭人均收入中位数的75%~200%定义为中等收入群体。

数据来源：中国社会状况综合调查（CSS）（2006~2015年）和中国健康与营养调查（CHNS）（1989~2004年）。

总之，根据对中等收入群体的变化趋势的分析，我们可以得出结论，如果以绝对标准定义中等收入群体，那么随着一个国家或地区的经济持续发展和人均收入水平不断提高，就像一定标准下的贫困人口会不断减少一样，中等收入群体的比例和人数规模都会持续增加；但是，如果以相对标准来定义中等收入群体，在收入结构没有发生重要变化的情况下，中等收入群体的比例也不会发生重要变化。

三 中等收入群体、中产阶层和中层认同之间的相关性

相比于中等收入群体，社会学界对中产阶层的定义更加多样，收入、财产、职业、教育、权力、社会声望甚至消费品位等，都曾被用于对中产阶层的界定和分析。但比较一致的意见是，与中等收入群体的界定不同，界定中产阶层的核心指标是职业，也就是在职业分层量表的400多个职业中，划定中间一定位置的职业区间为中产阶层，或者采取简单的办法，在基本的职业分层中，把扣除农民、蓝领工人、无业者和大资本者后的人

群,统一称为中产阶层,甚至把中等资产人群称为老中产阶层,把白领阶层称为新中产阶层。还有的用收入、职业和教育三个指标定义中产阶层,即把一定收入区间、大专教育以上、白领职业作为界定中产阶层的标准,并确定不同的权数,划分出核心中产、半边缘中产、边缘中产。

无论用什么标准界定中产阶层,在中等收入群体和中产阶层的相关分析中,二者的重合度实际上是很高的,2015年在我国的职业中产阶层中,90%以上属于中等收入及以上的收入群体,而在中等收入群体中(包括中低收入群体和中高收入群体),则有约54%的人属于职业中产阶层。尽管中国俗话说"三百六十行,行行出状元",但是一些技术和受教育程度门槛较高的职业,其收入水平会普遍更高一些,人力资本收益规则是普遍存在的,一些发展前景好的职业,其收入的比较优势是非常明显的。

表0-1-2 中等收入群体与职业中产阶层的交互分析(2015年)

单位:%

	低收入群体	中低收入群体	中高收入群体	高收入群体
中产阶层	9.61	21.59	31.94	47.66
中低阶层	90.39	78.41	68.06	52.34
合计	100.00	100.00	100.00	100.00

注:本表中的中等收入群体的定义使用相对指标,标准与表0-1-1相同。中产阶层用非体力劳动职业人群定义,中低阶层用体力劳动职业人群定义。

资料来源:2015年中国社会状况综合调查(CSS)数据。

在中等收入研究的国际比较中,中国的一个备受关注的特殊性是,对中层经济社会地位的主观认同普遍偏低,这被很多社会调查的结果所证明。在世界其他大国的社会调查中,无论是发达大国还是发展中大国,一般认为自己的经济社会地位属于中层的人群都会占到全部人口的60%左右,而且这种经济社会地位的认同结果,似乎与一个国家的收入分配状况并没有直接的逻辑关系。换句话说,即便是收入差距较大的国家,在制度长期稳定的情况下,也会出现大多数人认同中层的情况。中国的情况似乎是这一普遍规则的特例,根据中国社会科学院社会学研究所的中国社会状况综合调查,2013年(更新到2015年)中国居民认同自己属于中层的比例只有41.2%,认同中上层(6.5%)和上层(0.5%)的仅有7.0%,而认同中下层（29.7%）和下层（22.1%）的合计高达51.8%。中国的这种特例，可能与三个方面的原因有关：一个是在近十几年中国社会流动加快，在社会成员经济社会地位变化较大的背景下，经济地位与社会地位出现了一些背离的现象，一部分经济地位上升较快的人，其社会地位并不高，而一些社会地位较高的人，经济地位却较低；二是媒体对富人炫耀生活的渲染使一般居民对"中层"生活普遍高估；三是中国文化传统中"藏拙"的为人准则使一些人有意地自谦。从表0-1-3中我们可以看到，在中低收入群体中，仅有35.99%的人认为自己属于中层，认为自己属于中下层和下层的则高达60.41%；在中高收入群体中，认同中层的占40.46%，认同中下层和下层的则占55.68%；甚至在高收入群体中，认同中层的也只占49.16%，认同中下层和下层的也占到42.41%。当然，从低收入群体到高收入群体，认同中层的比例还是递进的。但这并不表明，经济收入较高的人群，其阶层认同就会普遍较高。调查结果显示，也存在一些特殊的情况，阶层认同会受到个人利益曲线的变化方向的影响，如农民工的经济收入虽然较低，但其阶层认同相对较高，而效益不好的国有企业职工，其阶层认同往往普遍较低。所以，从维护社会和谐稳定来说，要特别注意利益曲线下降的社会群体的社会感受和社会情绪。

表0-1-3 各收入群体的社会经济地位认同（2015年）

单位：%

您认为您本人的社会经济地位在本地大体属于哪个层次？	低收入群体	中低收入群体	中高收入群体	高收入群体
上层	0.16	0.10	0.29	0.56
中上层	2.21	3.50	3.57	7.87
中层	29.71	35.99	40.46	49.16
中下层	29.23	32.39	34.01	29.14
下层	38.69	28.02	21.67	13.27
合计	100.00	100.00	100.00	100.00

表0-1-3使用2015年中国社会状况综合调查数据，显示了各收入群体所认为的本人社会经济地位。如果将中低收入群体和中高收入群体合

并，38.1%的中等收入群体认为自己属于中层。

四 我国中等收入群体的边际消费倾向

我们知道，凯恩斯的三大心理规律的第一条规律，就是边际消费倾向递减，即居民消费会随收入的增加而增加，但在新增加的收入中消费所占的比例会随收入的增加而递减，用于储蓄的比例会越来越大。富人的边际消费倾向通常低于穷人的边际消费倾向，如果贫富差距太大，新增的收入绝大部分集中在边际消费倾向较低的富人手里，就会造成有效需求不足，商品卖不出去，导致生产过剩，这是指消费的需求侧问题。消费的有效需求不足也有供给侧的问题，即在居民消费结构转型升级的过程中，商品的供给不能适应居民消费需求的变化，造成有些消费品严重滞销，也有些消费品供不应求。

在经济学关于居民消费一般规律研究的基础上，社会学更强调把社会分层的视角引入对消费的研究。也就是说，社会学假设一些社会阶层或社会群体，其消费行为会受一些特殊的规则支配。如凡勃伦研究了有闲阶级或暴富者的"炫耀性消费"或"挥霍性"消费（凡勃伦，1964），某些商品价格定得越高越畅销的现象也被称为"凡勃伦效应"；贝克尔研究了追求享受感效应的所谓"非理性"消费行为（贝克尔，1987），类似人们所说的"放鞭炮效应"；布尔迪厄研究了"消费品位"对社会分层的意义（布尔迪厄，2015），类似人们所说的"消费的品位身份象征"或"消费观念"。我们在1998年亚洲金融危机之后，也曾专门研究了不同消费阶层的消费趋向以及消费对刺激经济的意义（李培林、张翼，2001）；李春玲对中产阶层的消费特征进行了系统的分析（李春玲，2011b）；张翼则对我国居民消费从生存型到发展型的升级过程中的社会各阶层消费倾向进行了研究（张翼，2016a）。

我国目前的国内消费，已经成为经济增长的主要拉动力量，2016年国内消费对经济增长的贡献率已经超过70%。但这种消费贡献率的快速增长，主要不是因为国内消费出现超常规的变化，而是因为投资和出口对经济拉动作用的减弱而产生的相对比例变化。

我国的居民消费仍然具有很大的发展潜力，大众消费时代还没有真正到来。根据对 2015 年中国社会科学院社会学研究所中国社会状况综合调查（CSS）数据的分析，我国居民家庭消费也存在明显的边际消费倾向递减的现象，在把居民家庭按人均收入从低到高划成 10 等份的情况下，家庭消费率（家庭人均消费占人均收入的比重）呈现规则的逐次递减（见图 0-1-2），收入最低 10% 家庭的家庭消费率高达 85.0%，而收入最高 10% 家庭的家庭消费率只有 49.0%，而 20% 收入最高的家庭所拥有的收入占全部家庭收入的 53.3%。

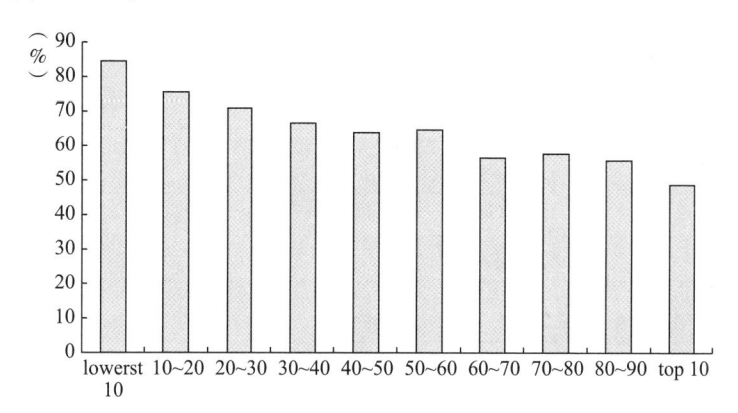

图 0-1-2 中国家庭 10 等份人均收入分组的边际消费倾向（2015 年）

回归模型的分析结果也表明，在生存性消费（指家庭在饮食、衣着、水电、住房、医疗、赡养老人及红白喜事等方面的消费支出）的影响因素中，家庭的人均年收入、居住地、人均受教育水平和家庭阶层总体来说都有显著的影响。在家庭人均年收入的影响中，中高收入群体的边际消费倾向最高，回归系数达到 0.713，远高于低收入群体和高收入群体；而在家庭居住地和家庭人均受教育水平的影响中，高收入群体的边际消费倾向更高。在发展性消费（指家庭在教育、旅游、娱乐、家电、通信、交通方面的消费支出）的影响因素中，显示出几乎同样的结果，只是家庭居住地的影响变得不显著或不太显著。

总之，无论是生存性消费还是发展性消费，中等收入群体，特别是中高收入群体都呈现较高的边际消费倾向（见表 0-1-4）。这说明，本文关于通过扩大中等收入群体促进大众消费的假设，是得到消费规律支持的。

表 0-1-4　2015 年不同收入群体的边际消费倾向（回归模型）

模型 1 生存性消费				
常量	低收入群体 5356 ***	中低收入群体 6176	中高收入群体 -6520	高收入群体 3050
家庭人均年收入	0.178 **	0.116	0.713 ***	0.0759 ***
家庭居住区域 （城镇＝1）	1967 ***	1654	3345 **	6588 **
家庭人均受教育年限	129.7 **	314.4	553.4 ***	709.6 ***
家庭阶层（中产＝1）	2339 ***	-918.8	-296.3	5303 ***
N	3814	1954	1743	2148
模型 2 发展性消费				
常量	低收入群体 21.49	中低收入群体 -501.5	中高收入群体 -1640	高收入群体 549.0
家庭人均年收入	0.194	0.233 ***	0.218 ***	0.0677 ***
家庭居住区域 （城镇＝1）	2341 *	163.5	-132.3	2301 *
家庭人均受教育年限	114.3	81.92 **	170.4 ***	202.8 *
家庭阶层（中产＝1）	-467.2	753.6 **	1093 ***	3876 ***
N	3809	1953	1742	2149

注：（1）*** $p<0.01$，** $p<0.05$，* $p<0.1$。

（2）模型的因变量生存性消费指家庭人均饮食、衣着、水电、住房、医疗、赡养老人及红白喜事等支出，发展性消费指家庭人均教育、旅游、娱乐、家电、通信、交通等支出。

（3）模型的自变量中，家庭人均受教育年限指 18 岁及以上家庭成员的受教育年限平均值。以被访者的职业阶层代表家庭的阶层，非体力劳动职业人群定义为中产阶层，体力劳动职业人群定义为中低阶层。

资料来源：2015 年中国社会状况综合调查（CSS）。

五　跨越双重"中等收入陷阱"路径选择

跨越双重"中等收入陷阱"涉及两个方面的问题，一方面是解决人均 GDP 的水平到一定阶段后可能长期处于停滞状态的问题，另一方面是解决中等收入群体的比例可能出现的长期停滞甚至下降的问题。而且，即便是前一个方面的问题得到解决，后一个方面的问题也有可能发生，并对前一个方面的问题产生影响。

沃勒斯坦曾提出"世界体系"概念，并把世界各国分为核心国家、半边缘国家和边缘国家,他认为,从边缘进入半边缘和从半边缘进入核心,都是非常困难的(沃勒斯坦,2013)。纵观二次世界大战后的世界史,真正从边缘和半边缘进入核心(发达国家和地区)的经济体,也就是东亚四小龙、拉美个别国家、东欧少数新兴经济国家和少数石油输出国,总共加起来1亿多人口。相当一批国家陷入"中等收入陷阱",在人均GDP 8000~10000美元这个水平长期停滞和徘徊。中国改革开放以来进入经济起飞和快速发展阶段,从1978年人均GDP不足200美元到2000年人均GDP超过800美元,20多年时间人均GDP增加了500多美元;但从2000年人均GDP 800多美元增加到2015年人均GDP 8000多美元,仅15年时间人均GDP就增加了7000多美元。1978年至2015年的37年中,中国的GDP年均增长9.6%。在这样的快速发展中,发展的不协调问题也格外突出,特别是城乡之间、区域之间发展的不协调、不平衡问题以及社会成员之间收入差距过大的问题,在国际比较中成为我国发展的一个突出短板。

按世界银行最新公布的数据,2015年收入分组标准为:人均国民收入低于1045美元为低收入国家,在1045~4125美元之间为中等偏下收入国家,在4126~12735美元之间为中等偏上收入国家,高于12736美元为高收入国家(World Bank,2016)。2015年世界银行所统计的215个经济体中,高收入经济体80个,中等偏上收入经济体53个,中等偏下收入经济体51个,低收入经济体31个。高收入国家与中等收入国家一样,内部有很大差异,如果上不封顶的话,最高的卢森堡人均GDP高达11万多美元,如果排除最富的7~8个特殊国家,发达国家可以说是从人均2万多美元到5万美元以上,包括从韩国到美国的几十个国家。

我国"十三五"时期(2016~2020)是全面建成小康社会的决胜时期,是从中高收入国家走向高收入国家门槛的关键时期。按照目前到2020年我国GDP每年增长6.5%的潜在增长率计算,我国大概在2022~2024年跨越世界银行所说的高收入国家门槛,目前的标准是人均GDP约1.27万美元。中国具有跨越"中等收入陷阱"的许多有利条件,比如中国的经济社会结构还有很大的变动弹性,特别是制造业的创新能力在持续增强,区域发展的梯度格局形成雁形方队,2015年已经有10个省市跨越了人均GDP 1万美元的门槛,中国人力资本增长的潜力依然巨大,人均受教育水平与发达国家相比还有广阔的发展空间。但我们也不能轻言中国没有陷入"中等收入陷阱"的风险，毕竟一个世纪以来从边缘进入核心的大国十分罕见。

跨越双重"中等收入陷阱"的真正难点是中等收入群体的比例持续扩大。我们通过本文的分析已经看到，即便是在2008~2015年我国人均收入水平快速增长和全国居民收入基尼系数持续微弱降低的情况下，中等收入群体的比例仍然没有显著扩大。而世界各国的经验都表明，收入差距的扩大会比较快，但要缩小收入差距则是一个相当缓慢的过程。在理论上，关于收入分配的变化趋势，无论是美国经济学家库兹涅茨的"倒U型曲线"显示的乐观估计，还是法国经济学家皮凯蒂对西方社会300多年贫富差距扩大测算显示的悲观结果，都是一种假设，很难说是定律。但是，2008年金融危机以来，一些西方发达国家出现的中产阶层平均收入水平的降低、社会分裂和民粹主义思潮的兴起，值得高度关注和反思，这也是发达国家的一种新的"中等收入陷阱"。

跨越双重"中等收入陷阱"面临着诸多选择和挑战，从政策制定的角度说，建议对以下几个方面予以重点关注。

第一，实施人力资本优先发展的战略。在决定收入的诸因素中，人力资本的作用非常突出。我国2015年15岁以上人口的平均收入教育水平超过9年，高等教育的毛入学率达到40%，虽然发展很快，但与发达国家相比还有较大差距，这也意味着还有较大的发展潜力。要通过实施人力资本优先发展战略，全面提高劳动力素质，促进劳动者收入地位的改进。

第二，实施促进大众消费的税收政策。大众消费时代的到来，基础是形成庞大的中等收入群体，但也与促进大众消费的税收政策有密切联系。现在很多国家为了促进国内消费，都采取了消费与税收挂钩的办法。我国对个人所得税的征收，也应当根据家庭在基本生活、教育、医疗、子女抚养、赡养老人等方面的支出占家庭收入的比例情况给予适当扣除或减免。

第三，完善以知识为导向的分配政策。我国经济的转型升级能否成功，取决于未来的创新能力。一个国家和社会，创新的主体往往是企业家、科技人员、技术工人和广大专业人员，包括教师、医生、律师、金融从业人员、信息服务人员、社会组织管理者等，这些人群一般也是中等收入群体的主要组成部分。要推进教育、医疗、科研机构的工资制度改革，使专业技术人员工资体现其人力资本和知识劳动价值。要提高科研人员成果转化分享比例，探索对创新人才的股权、期权、分红激励。

（1）让大学毕业生和农民工成为扩大中等收入群体的主力。

（2）让广大农民通过专业化普遍富裕起来。

中产阶层的兴起和当代俄罗斯的研究经验

戈尔什科夫(M. K. Gorshkov)

过去的10年是俄罗斯科学院和中国社会科学院的社会学家在研究上展开积极合作的10年。这远不只是通过学术代表团的互访、著作的出版、研究成果的分享、学术会议和专题研讨会的共同举办所达成的经验交换。实际的合作已涵盖了一些关键性的议题，如两国社会学家在对以往研究进行二次分析的基础上所做的比较研究。在最近的几年里，比较研究真正建立在了相互认可的社会学研究方法的基础上。这在学术著作的联合出版方面有所体现，受到了俄罗斯和中国学术界非常积极的反馈（戈尔什科夫、李培林、格伦科娃，2012：512；戈尔什科夫、李春玲、格伦科娃、科兹列娃，2014：424；戈尔什科夫、科兹列娃、李培林、迪霍诺娃，2016：424）。通过主要的信息平台，我们也将它呈现给了俄罗斯民众。

这些卓有成效且具有重大意义的合作正被进一步地推进，而这在很大程度上得益于中国社会科学院社会学研究所[①]原所长，现任中国社会科学院副院长的李培林先生的全心投入。最近，他重申会竭力推动俄罗斯科学院社会学研究所开展的中俄中等收入群体（在俄罗斯通常被称为中产阶层）的研究[②]。

社会学研究的这一领域对于世界大国来讲至关重要。如果我们谈及俄罗斯与国际社会的一体化（这里所涉及的不只是在全球舞台上找到某一个点，而是找到一个与国家巨大人才潜能和丰富自然资源相匹配的面），那么显而易见，应对这一挑战取决于这个国家是否具有竞争潜力，不断开发

---

① 从2017年7月起，改称俄罗斯科学院联邦社会学研究中心。
② 值得关注的例子，包括于2016年11月7日在俄罗斯塔斯社召开的新闻发布会，公布了俄罗斯科学院社会学研究所和中国社会科学院社会学研究所的研究人员在两国历史上首次进行的比较研究的结果。

这些潜力可被视为在当代世界中一个国家的关键之举。

俄罗斯科学院社会学研究所在全国范围内开展的多年研究表明：确保俄罗斯全球竞争力的使命与公众恢复这个国家作为世界领袖的荣耀和权威的想法有着内在的关联。这也是加强俄罗斯人民自我价值感和自尊感的关键，不仅关系到对外政策还关系到一系列重大国内问题的解决。后者无疑包括了一个作为国家最基本任务之一的挑战，这也是国家最不可控的一个挑战——造就一个广泛的中产阶层。中产阶层在这里指的是一个社会实体，其在高度发达的市场经济和民主政治体制国家中发挥着重要作用：主要是起到社会安全缓冲器的作用以及提供新的高素质的劳动力。

在现代社会中，中产阶层问题的解决有深刻的历史根源。古代东方和古希腊的哲学家早已观察到在社会最顶层和最底层之间，存在一个相当规模的、有着理性思考的、有可能确保国家稳定的中间群体。例如，亚里士多德在其《政治学》中指出，中产阶层的生活方式使得他们比其他任何阶层更倾向于遵从理性、法律和正义的原则，而富人和穷人则不会尊重这些原则。

两千年以后，文艺复兴时期的著名作家马基雅维利表达了类似的观点，他认为无论是将国家的治理委托给富人还是给穷人都不可取。更晚时期的哲学家（霍布斯、洛克、卢梭）非常明确地指出，本质上不平等的社会阶级和阶层的存在一定会导致诸多的灾难和问题。尽管在特定的时代回顾和分析这些问题缺乏一个系统的理论，但是阶级和社会分层的理论背景却已形成。

在某种意义上，接近现代的阐释、有关中产阶层的首部著作和首次讨论可追溯至 19 世纪的美国[①]。数十年后，中产阶层也开始成为欧洲专家辩论的话题。然而，有关分布广泛的中产阶层的兴起的学术文献并非源于 19 世纪，而是在后工业社会转型时期。这是以与贫富间极端对立消失的社会的形成、高素质专业人才和专家在数量上的增加以及生产设备的广泛使用为背景的。随着第一个股份制公司的创建，一大类新型工人（管理人员）

---

① 布鲁明——一位专门研究美国中产阶层历史的研究人员认为，中产阶层兴起的主要标志是拥有共同的社会和经济地位、居住方式、职场文化、自我认同以及白领阶层世界观的人结合在一起，这在 19 世纪 30 年代被记载下来。更多信息请参见（布鲁明，1989）。

出现了，这促使社会和经济政策在全球（20世纪30年代发生在美国，50年代发生在西欧）发生改变：国家的优先事项从扶贫转移到了扶持中产阶层。

在业界被普遍接受的观点是，甄别社会阶级、社会地位和社会阶层最精确的体系是由韦伯、索罗金等社会学家发展的多维社会分层的概念组成的。西欧传统社会学最初是基于个人的一般社会地位的得分来界定中产阶层，这取决于他们的职业、经济地位和教育水平。后来，考虑到中产阶层的规模日益扩大以及需要对其进行更详细的分析，一个单一的、一元化的中产阶层的概念被"旧"中产阶层（主要由小企业主构成）和"新"中产阶层（包含了受雇用的高素质专业人士）的概念所取代。然而，这种模式也逐渐开始失去适用性。

如今，为一个不能被归类为富人和穷人的社会实体寻找一个术语的必要性，促使西方社会学家不仅要谈及中产阶层而且要谈及中等收入群体，而他们"由于内部的多样性，不能被视为一个单一的社会实体"。然而，在社会结构大体上与20世纪70年代中欧的社会结构相似的俄罗斯，发展我们自己的中产阶层概念仍然是一个紧迫的问题。其在这样的一个事实中得以体现，在21世纪初的俄罗斯社会分层研究中，几乎没有什么话题比中产阶层这一问题更能引发人们的兴趣[①]。随着最优化的社会政策模式的发展以及在各政府机构的努力下，中产阶层越发受到重视，而且，作为俄罗斯到2020年社会和经济发展的重要里程碑之一，俄罗斯总统普京甚至将中产阶层的增长目标定为全国人口的60%~70%。随着政府准备正面应对这一挑战以及中产阶层的规模正从一个理论学术辩论的话题转变为一个实际的政策问题，每个研究这一课题的人都身负重任。

多年以来，俄罗斯科学院社会学研究所的研究人员一直参与应对这一颇具挑战的工作。值得注意的是，他们正试图采用严格科学方法对经验数据和社会学事实进行细致分析，通过推理性的磋商来找到解决关键问题的方案。

为俄罗斯中产阶层的本质进行把脉的首次尝试可以追溯至20世纪的最

---

① 参见迪霍诺娃在本书中撰写的章节。

后一年，适逢俄罗斯经济正从在 1998 年达到顶点的那场严重的金融和经济危机中开始复苏。当时许多人试图确认新生的，仍然羸弱的苏联时代的俄罗斯中产阶层是否已经被危机所吞噬。我们的工作组在 1999 年春进行的研究证明了这样一个事实，即尽管中产阶层规模已经变得很小，可它确实幸存了下来（戈尔什科夫、迪霍诺娃，1999）。

2003 年，我们在俄罗斯中产阶层研究上进行了第二次尝试——一次全国性的调查，被调查者不仅包括全国各地有代表性的受访者，也包括最富裕人口阶层这一特殊子群体，这样可以更好地分析有关中产阶层的数据。研究人员主要感兴趣的是在新的政治形势下（普京的第一个总统任期内）与中产阶层福祉有关的问题以及在后危机时期中产阶层在数量和质量上的动态变化（戈尔什科夫、迪霍诺娃，2004）。

大约 10 年以后，在 2014 年 2 月，俄罗斯科学院社会学研究所的工作组对俄罗斯中产阶层再次进行阶层研究，其主要目的是对历经 20 多年改革的俄罗斯中产阶层的范围、结构、特点、社会作用和发展前景进行评价。

这一目的决定了我们的研究目标：

· 在现代的俄罗斯，谁可以被称为中产阶层？
· 中产阶层在劳动力市场中占据何种地位？
· 中产阶层所从事的典型工作是什么以及其具体的演进方式是什么？
· 中产阶层目前最典型的消费模式和生活质量是什么？
· 俄罗斯中产阶层力主的价值观和生活目标是什么？
· 政府与中产阶层之间是否有任何形式的相互支持与合作，以及后者对前者的期望是什么？
· 我们能怎样描述中产阶层在改革后的俄罗斯社会结构中的地位，以及其地位认同的情况如何？

这一研究的实证数据来自一项定量调查结果。这项调查的调查对象既涵盖了代表整体人口的受访者也包括了一组追加的代表俄罗斯中产阶层的受访者。这些结果被输入 SPSS 程序中且被用于构建了三个数据库（一个具有全国代表性的数据库、一个追加的中产阶层受访者的数据库以及一个由前两个数据库相结合的数据库），采用权变分析、多变量分析、因子分析等方法，我们对所得数据进行了统计分析。

由于克里米亚的回归和石油价格的暴跌，对外经济政策和政治舞台发生突然变化（导致在 2014 年末和 2015 年初出现严重的社会危机和经济危机），我们在 2015 年 10 月展开了一项新的针对中产阶层的全国性研究，研究的主要目的是确定在金融危机前后各中产阶层子群体成员的典型特征是否发生了根本性的变化，如果有变化的话，那么这些变化究竟是什么（戈尔什科夫、迪霍诺娃，2016a：368）。

截至 2014 年春（在这场最近的危机的活跃期之前），如果我们使用相对刚性的标准（在本书将有更详细的说明）的话，中产阶层的比例占到俄罗斯总人口的 42%（占到俄罗斯就业人口的 44%）。

然而，就像任何其他社会群体一样，中产阶层并不具有同质性。它可以被分为两个子群体，第一个是中产阶层的核心群体，是一个由最能彰显中产阶层特质的成员所构成的相对稳定的社会实体；第二个是中产阶层的边缘群体。

成长在受过高等教育的城市家庭中的人们构成了中产阶层的中坚力量。但作为核心阶层，到目前为止，他们只是勉强占到了中产阶层成员的一半。这意味着，目前有大量的新成员进入成为中产阶层的核心，这超越了俄罗斯中产家庭阶层世代相传的规则。在父母没有完成中等职业教育的每五个俄罗斯人当中也有一人属于中产阶层（在 80% 的受访者中，这样的俄罗斯人认为他们自己处在中产阶层核心群体的边缘）。在 46% 的受访者中，如果其父母中的一人或两人完成了中等职业教育，那么就确保了他们的孩子可以成为中产阶层。如果父母中的一人或两人完成了高等教育，那么其子女成为中产阶层的可能性就增长到了约 70%。有超过半数的父母中的一人或两人完成了中等职业教育的受访者认为他们自己属于中产阶层核心群体。

对社会学调查数据的分析让我们得出了这样的结论：受访者对自己在俄罗斯劳动力市场中的境遇的态度，与他们是否属于中产阶层具有十分显著的关联。如果他们自认境遇较好，那么他们的自我感受则乐观得多；而一旦他们的自我感受好于俄罗斯人的普遍感受，那么他们的境遇通常会更好（在有些受访者中会十分明显）。

研究数据揭示了在俄罗斯社会存在某种"社会失衡"。我们认为，失业率较低且相对稳定的劳动力市场情况（基于所获得的数字而得出的判断）与人们对未来两三年会失业的恐惧（这种恐惧困扰着超过40%的俄罗斯就业者）之间存在矛盾。

虽然这种恐惧看似不太合理，但却有着许多藏匿于其背后的客观且合理的缘由，而这无疑包括了社会保障的缺失以及国家在防范失业方面所采取的社会措施的低效。同时，由于拥有更加稳定和更具回旋余地的工作，俄罗斯中产阶层的成员（特别是其核心成员）远比其他人缺少了对可能失去工作的担忧，他们认为这些事情的发生在短期内是"完全不可能的"，至少是"未必会发生的"。

在不同产业，尤其是不同经济领域中的就业模式方面，俄罗斯与典型的发达国家之间有着本质的区别（见表0-2-1）。

表0-2-1 俄罗斯、德国和英国在不同产业和经济领域的就业情况（2012年/2013年）

单位：%

	俄罗斯 2013年	德国 2012年	英国 2012年
第一产业	**9**	**3**	**1**
农业和林业；捕猎、捕鱼和养鱼业	7	3	1
采矿业	2	0.5	0.4
第二产业	**35**	**33**	**23**
加工制造业（工业企业）	15	23	13
电力、燃气、水的生产和分配；建筑；交通和通信	20	10	10
第三产业	**30**	**30**	**38**
批发和零售业、服务业（包括公用事业和其他服务）	23	22	29
治理与军事安全、社会服务	7	8	9
第四产业	**26**	**36**	**38**
教育、学术、文化等	17	23	26
金融、房地产、信息和其他类似的服务	9	13	12

注：德国和英国的数据源自ESS（欧洲社会调查机构）2012年的数据；俄罗斯的数据基于2013年的官方统计，由俄罗斯联邦国家统计局网站提供。

俄罗斯与发达国家间不同的就业模式反映了这样一个事实，即俄罗斯社会没有步入西方主要发达国家相同历史发展阶段，也就是说，俄罗斯仍处于工业化的后期阶段。历史表明，这一特定社会发展阶段的特点是中产阶层的迅猛兴起，并成为一支占据主导地位的社会力量。在这个阶段，中产阶层的主体是以占相对较大比例的半专业人士、办事人员、办公室雇员和其他类似群体，也就是说以具有中级资格的白领为基础，专业人士居多的第四产业人员占比则较低。如果我们看一看俄罗斯中产阶层的职业分布的话，那么这两种趋势（中产阶层在规模上的整体增长以及在其结构中具有中级资格的白领所占比例的激增）则一目了然（见表0-2-2）。

表0-2-2　不同人群的职业分布趋势（2003年/2014年）

单位：%

职业群体	中产阶层				其他群体	
	核心群体		边缘群体			
	2003年	2014年	2003年	2014年	2003年	2014年
各级管理人员、经营人员以及自营人员	34	20	29	12	1	1
接受过高等教育的专业人员、专家	67	80	24	5	2	1
其他白领（半专业人员、办事人员、商业和客服领域的一般雇员）	0	0	47	83	8	8
蓝领工人	0	0	0	0	90	90

表0-2-2提供的数据揭示了两种主要趋势。首先，目前，中产阶层核心群体由专业人士（其比例最近已有所增加）以及各级管理人员和企业家（相比之下，其比例明显地在持续降低）所构成。其次，绝大多数高层管理人员和专业人士（在2003年，他们还属于中产阶层的边缘群体）如今已经转变为中产阶层的核心，专业人士之所以成为中产阶层的核心群体是由于其地位，发生这一变化的主要原因是他们经济状况的改善，以及他们对自己作为中产阶层的认知的形成。因此，就职业类型而言，中产阶层的核心群体和边缘群体比他们在21世纪初时更具同质性。毫无疑问，这应被看作一个积极的发展，反映出了一个总的趋势，预示着后工业时代广泛的中产阶层的兴起，这是任何国家的中产阶层在此阶段都具备的典型特征。

俄罗斯应不断完善经济政策，改善高素质的专业人士在各行业、各地区、各就职场所的薪酬状况。如果能这样做的话，人口中另外的2%～3%的人便可加入中产阶层的队伍。此外，若受过相对高水平教育的退休人员（由于其先前的社会地位，即便退休，他们也能被视为中产阶层）所支持的社会政策得到落实，中产阶层的比例还能够增加五六个百分点。换而言之，在诸多利好之下，中产阶层在未来几年比例能够达到总人口的8%～10%。

从上述内容我们可以推断，俄罗斯目前具有这样的潜力：从经济上看，中产阶层的规模可能占俄罗斯人口的一半，尽管这并非"中产阶层占三分之二的社会"（这是20世纪六七十年代西欧发达国家的典型特征，当时这些国家与俄罗斯如今正在经历的发展阶段处于相同的历史节点），但仍然造就了一个广泛的中产阶层。

中国社会科学院的李培林先生认为，中产阶层在中国发展的关键在于跨越两个所谓的中等收入陷阱。在俄罗斯，这方面的情况会有所不同，它不仅仅局限于收入方面。如果我们准备拿西方国家中产阶层现有的定性和定量的特征进行比较来讨论俄罗斯中产阶层地位的具体特点的话，那么我们便会发现关键性的差异并不完全在于数字。俄罗斯的主要特点是涉及第四产业的中产阶层成员在数量上相对较少，这与西方主要国家的情况有所不同，而且经常徘徊于中产阶层边缘的社会群体所占的比例也一直在增长。

因此，当世界最发达国家的中产阶层的演变走向极端化（受雇于高技能和低技能岗位的人越来越多，而受雇于中等技能岗位的人则日益减少）的时候，俄罗斯的中产阶层则正好相反，从事日常非体力工作的首先是那些具备中级资格的白领工人。在这方面，俄罗斯中产阶层的兴起与德国、英国等西欧国家在四五十年前的进程颇为相似。俄罗斯正在经历那些国家经历过的。其实，俄罗斯中产阶层在规模上持续增大，一方面是由于办事工作人员的大量涌现，另一方面则是在商务和客服领域中学历相对较高（至少接受过中等职业培训）的一般雇员的激增。

这些差异反映了俄罗斯经济发展现阶段的基本特征和主要趋势，即俄罗斯中产阶层以吸纳具有中级资格的同类劳动力大军方式而得以快速增长。在中等技能和低技能工作岗位增加的同时,需要高技能脑力劳动的新型工作的增加则不太明显。出口方面的积极走势——能源商品高价格所导致的一个结果,是可以不断增加全国各地平均工资的唯一看点。而这种平均工资增长在很大程度上是通过再分配而非市场机制来实现的。

在俄罗斯中产阶层目前的扩张模式下,整个人口特别是中产阶层的收入是非常不稳定的,而且可以预见的是,在经济领域中任何潜在的危机事件将导致俄罗斯中产阶层规模的萎缩。就像在2008年和2009年所发生的那样——金融和经济危机引起了中产阶层边缘群体十分明显的"崩溃"(在2009年,中产阶层数量减少了1/4,从危机前的20%缩减至危机后的15%)。一个不太明显但类似的过程发生在2014~2015年,尽管它实际上并没有导致俄罗斯中产阶层在规模上出现剧烈的缩小,但中产阶层成员不得不对他们一些习惯性的消费模式(膳食、服装、休闲活动等)做出改变,但这一群体在全国人口中所占比例却保持了与危机前相同的水平(40%~42%)。

谈到中产阶层的基本发展,其持续的增长只发生在俄罗斯完成工业化并开始过渡到后工业化时期的发展阶段,也就是说,只有国家扶持"知识经济"并使整体经济结构多元化,中产阶层持续增加才有可能得以实现。

总之,我想指出的是,我们在2015年10月进行的关于后改革时期俄罗斯社会中产阶层的研究,使用了一组被俄罗斯和中国社会学家都认可的中等收入群体界定标准,这为本书提出的比较分析奠定了基础。尽管这并非两国社会学家第一次就一些重大问题进行如此深入的梳理脉络的研究与分析,但我认为它还是具有相当的重要性。我希望这将有助于我们两个团队进一步的合作。

第一章

中等收入群体的现状和变化趋势

中国中等收入群体的变化趋势

李春玲

2002年党的十六大报告《全面建设小康社会，开创中国特色社会主义事业新局面》最早提到"中等收入群体"的概念，并在这一文件中提出"扩大中等收入者比重"的发展目标。这之后，党和政府文件中一再强调，"扩大中等收入群体"是到2020年全面建成小康社会的一个重要方面，并纳入了中国《中华人民共和国国民经济和社会发展第十三个五年规划纲要（2016－2020年）》。

在中国党和政府的文件提出"中等收入群体"概念之前，绝大多数中国学者是基于职业分类来定义中国的中产阶层。社会学家和政治学家一般是追随西方社会学家提出的中产阶层概念界定，比如莱特·米尔斯的白领中产概念（米尔斯，2006）、埃里克·欧林·赖特的新马克思主义中产阶层概念（Wright，1979）和约翰·戈德索普的新韦伯阶级理论定义的中产阶层概念（Goldthorpe，1987）。自中国提出"中等收入群体"概念并把它与社会发展目标联系起来以后，以收入指标定义中国中产阶层成为中国学者的一种重要研究视角。中国政府提出"壮大中等收入群体"主要有两方面的目的：其一，提高人民的收入水平和生活水平，让更多的人（中等收入者）过上经济富裕生活（即小康生活）；其二，调节收入分配，缩小收入差距，使更多的人处于中间收入水平（中等收入者），从而形成橄榄型社会结构。过去20多年中国中等收入群体规模和比例的变化，反映了在上述两个方面政府努力的成就，同时体现了中国社会经济综合发展的状况。

一 中国中等收入群体定义方法

虽然中国政府把"壮大中等收入群体"作为社会发展的重要目标，学者对于如何壮大中等收入群体也进行了一些政策讨论，但对于中等收入群体概念内涵的理解,以及谁是中等收入群体和如何确定中等收入标准,目前国内学界还未形成明确说法,中等收入群体的具体划分方法也存在许多争论。综合来看,目前中国学者定义中等收入群体主要采用两种模式:一种是绝对标准模式,另一种是相对标准模式。

绝对标准模式是基于维持相应生活水平所需要的收入多少来设定中等收入群体的收入上限和下限,也就是说,依据一定的生活水平或消费水平,提出明确的收入标准,根据确定的收入标准划分出中等收入群体。全球性的中等收入群体收入标准通常是以世界银行贫困线为参照系,日人均收入(或支出)2 美元以下是贫困人口,2~9 美元是低收入群体,10~100 美元(有些学者提出的是 10~50 美元、10~60 美元、10~80 美元等)是中等收入群体,100 美元以上是高收入群体(Chen & Ravallion, 2010)。2002 年世界银行经济学家布兰科·米兰诺维克和什洛莫·伊茨哈克在对全球收入不平等进行分析时,把年收入在 4000 美元(巴西年平均收入)至 17000 美元(意大利年平均收入)的人归类为全球中产阶层。这一标准的确定有其武断性,以世界银行 2000 年的购买力进行平价转换,其标准是将日人均收入在 10~50 美元的人定为全球中产阶层成员。根据他们的测算,全世界人口中 11% 是中产阶层(中等收入群体),78% 是贫困阶层,11% 是富裕阶层(Milanovic & Yitzhaki, 2002)。2007 年世界银行的全球发展报告《2007 全球经济展望:下一波全球化浪潮的治理》也采用这一标准定义全球中产阶层,并且指出,1993~2000 年全球中产阶层占全球人口的比例(约 8%)一直没有变化,但 2000 年以后中产阶层比例上升,到 2030 年其比例将翻一倍,达到约 16%(World Bank, 2007)。

中国政府部门及相关研究者参照世界银行标准并结合中国实际情况和小康社会指标,提出了一些中国中等收入群体的收入标准。早在 1991 年,国家统计局就提出过小康收入标准,经购买力平价转换,农村地区小康收入水平的起点线是日人均 2.24 美元,城镇地区的起点线是日人均 3.47 美元。世界银行经济学家马丁·拉瓦雷认为中国的小康收入标准与世界银行的中等收入标准极为一致,他按这一标准,用世界银行 PovcalNet 数据库数据推算,2005 年中国有 5 亿人达到小康。2005 年,国家统计局城调总队课题组将家庭年收入 6 万~50 万元的人群确定为中等收入人群(国家统计局城调总队课题组，2005）。2012年国家发改委社会发展研究所课题组把家庭人均可支配收入2.2万~6.5万元定义为中等收入群体，使用国家统计局数据和外推预测法估算1995~2010年我国城乡中等收入者的比例，得出1995年城镇中等收入者只占0.86%，2000年增长至4.34%，到2010年达到37%（国家发改委社会发展研究所课题组，2012）。经济学家李伟和王少国针对中国的收入分布状况，比较了各种标准，认为国家发改委社会发展研究所课题组提出的标准比较适合中国的现实情况，经物价指数转换，2010年中等收入群体收入标准是21835.2~65304.5元（李伟、王少国，2014）。

相对标准模式通常是根据收入分布的中位数来确定中等收入群体的收入标准，采用这种方法的绝大部分学者都把中等收入群体的收入下限设定为收入中位数的50%或75%，而收入的上限通常是收入中位数的1.5倍或2倍。由于不同年份的收入中位数是不同的，中等收入群体收入标准的上限和下限的具体数值每年都不同。

1987年美国经济学家莱斯特·梭罗在分析美国收入不平等问题时采用这种方法定义中等收入群体，他把收入水平介于收入中位数75%~125%的人归类为中等收入群体（Thurow，1987）。不过，真正使这种方法推广开来的是美国布鲁金斯学会的经济学家伯兹奥、格莱哈姆和佩蒂纳托在2000年发表的一篇文章，他们在此文中提出收入介于中位数50%~125%的人为中等收入群体（中产阶层）（Birdsall, Graham, & Pettinato, 2000）。在这之后，这种测定方法很快流行起来，尤其在测算美国中等收入群体比例的研究中十分盛行。中国也有一些经济学家采用中位数方法定义中等收入群体。经济学家龙莹定义中等收入群体收入范围是介于中位数75%~125%，她采用1988~2010年中国健康营养调查数据（CHNS）计算了各年度中等收入群体的比重，发现自1988年以来，中等收入群体比重持续下降：从1988年的27.9%下降到2010年的21.1%（龙莹，2012）。不过，中国学者发现采用中位数方法定义中国中等收入群体遇到一个问题：由于中国存在大量低收入人口，按此方法归类的中等收入群体其成员实际上是低收入者。比如，龙莹的研究显示，2010年收入中位数是11819元，所谓的中等收入者的年收入是在8864（11819的75%）元至14774元（11819

的125%），如此收入水平的人很难被人们认可为中等收入者，也很难在中国目前物价水平下维持中等生活水平。为了解决这个问题，许多学者设计出一些替代中位数的方法。李培林和朱迪采用收入分位值替代中位数，他们把中等收入群体的收入上线确定为收入分布的第95百分位，下限为第25百分位，按此划分2013年中等收入群体的家庭人均年收入标准是28760～99544元，2011年为23211～80709元，2008年为16788～57080元，2006年为13178～45252元，2006年、2008年、2011年和2013年中等收入者比重分别为27%、28%、24%和25%（李培林、朱迪，2015）。

上述两种测量模式的主要目的不同，适用范围也不同。绝对标准模式主要反映的是达到一定生活水平（或收入水平）的人数及比例的增长趋势，比较适合于发展中国家和中低收入国家，这些国家人们的收入和生活水平不断提高，中产阶层人数随之增长，绝对标准模式可以体现中产阶层或中等收入群体的增长速度。当然，绝对标准模式最广泛地使用于全球中产阶层的测量，用于评估和预测全球经济发展状况，比较各个国家的发展水平和发展趋势。相对标准模式是测量收入处于中间位置的人数比例的增减情况，主要反映的是收入不平等的变化趋势，比较适用于发达国家和高收入国家，在这些国家，中产阶层已占人口多数，大多数人口达到较高生活水平，并且收入水平接近收入中位数。相对标准模式可以反映收入分布变化趋势：收入不平等上升（中等收入人群减少、高收入人群和低收入人群增加）还是收入不平等下降（中等收入人群增加、高收入人群和低收入人群减少）。最近20年大多数发达国家的收入不平等都在上升，因此采用相对标准模式的测量结果显示，多数发达国家的中产阶层或中等收入群体的比例都在下降（Grabka, Goebel, Schröder & Schupp, 2016; Pressman, 2015）。相对标准模式不太适用于发展中国家和中低收入国家，因为这些国家的中间收入人群（收入在中位数75%～200%的人）收入水平较低，与人们印象中的中产阶层或中等收入群体不符。简而言之，绝对标准模式更适合成长型社会——大多数人口收入较低但人们的收入在不断提高，越来越多的人达到较好生活水平；相对标准模式更适合改进型社会——多数人已达到较好生活水平但追求更公平均等的社会。

中国在3年前由低收入国家进入中等收入国家行列，正在向高收入国家迈进。在这一时期,中国社会具有成长型社会和改进型社会的双重特征:既要使越来越多的人脱贫致富又要追求公平合理的收入分配格局。因而,绝对标准模式和相对标准模式的中等收入群体测量都是有意义的。绝对标准模式能准确地反映"脱贫致富、达到小康生活水平的人"的数量和比重的增长速度,相对标准模式则可以直观反映收入不平等变化趋势。两种方法定义的中等收入群体比例增长都体现了中国政府追求的"橄榄型社会结构"的进展程度。

二 相对标准定义的中等收入群体的变化趋势

图1-1-1显示了按相对标准模式估计的1988~2014年中国中等收入群体比重的变化趋势。其中,中等收入家庭比例是采用中国健康营养调查数据(CHNS)的家庭人均收入数据进行估计(龙莹,2012);中等收入者比例是采用中国社会状况综合调查数据(CSS)的个人年收入数据进行估计。数据分析结果显示,1988~2005年中国中等收入群体的比例持续下降。虽然这一时期中国经济高速增长,人民的生活水平和收入也在迅速提高,但是按相对标准模式估计的中等收入群体的比例没有上升,反而持续下降。1988年和1990年中等收入家庭比例分别为38.4%和38.2%,之后中等收入家庭比例逐步下降,到2005年下降到最低点,仅为28.1%,随后开始微弱上升到29.8%。2001年中等收入群体比例为34.2%,2002~2007年没有CSS数据统计中等收入群体的比例,但根据CHNS估计的中等收入家庭比例的变化,我们估计中等收入群体比例在2001~2005年是在下降。2008~2012年中等收入群体比例变化不明显,但到2014年有明显上升。综合来判断,1988年以来中国中等收入群体比例变化先经历了近20年(从1988年至2005年)的明显下降,然后经历了几年的平稳时期,在近几年开始上升,但是,目前中等收入群体规模应该还是低于1988年的水平。

图1-1-1显示的中等收入群体比例升降变化趋势与我国收入不平等变化趋势(参见图1-1-2)相当一致。1981~2008年我国基尼系数持续上升,从1981年的0.288上升到2008年的0.491,这导致相对标准模式定义的中等收入群体的比例持续下降。随后有几年的波动,在近几年开始逐

图 1-1-1　1988~2014 年相对标准模式定义的中国中等收入群体比重变化趋势

说明：中等收入家庭的收入标准是介于中位数的 75%~150%；中等收入群体的收入标准是介于中位数的 75%~200%。

步微弱下降，中等收入群体的比例随之上升。很显然，相对标准模式定义的中等收入群体比例变化直接反映出收入不平等的变化趋势，在收入不平等上升时期，中等收入群体人数减少，低收入群体或高收入群体人数增长；而收入不平等下降时期，中等收入群体人数增长，低收入群体或高收入群体人数减少。但是，相对标准模式定义的中等收入群体比例变化并不能充分反映经济增长和收入水平提高。

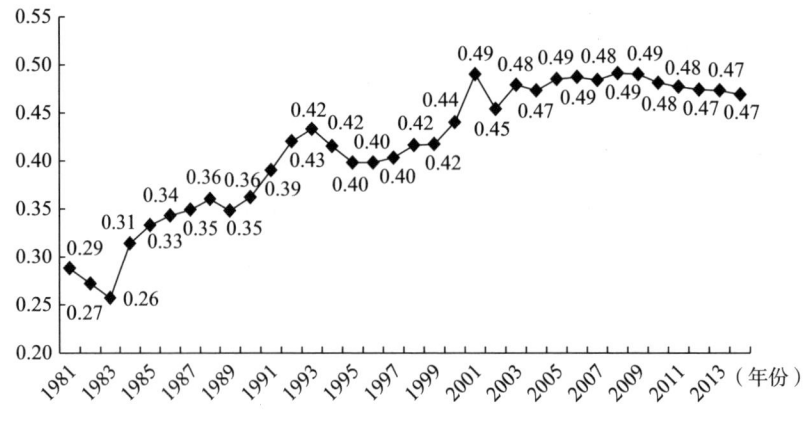

图 1-1-2　1981~2014 年中国收入不平等变化趋势

虽然相对标准定义的中等收入群体规模在相当长时期由于收入差距扩大而没有增长，但是收入中位数随着人们收入水平增长而提高。图1-1-3列出了 CSS 调查数据 2001 年、2006 年、2008 年、2011 年、2013 年和 2015 年劳动年龄人口年收入均值和中位数。从 2001 年到 2015 年，人均收入上升了 4.6 倍，中位数上升了 4.8 倍。这意味着，虽然 1988～2015 年中等收入群体规模没有扩大，但是中等收入者的收入标准上升明显。2001 年中等收入者的年收入在 2700～7200 元（即中位数的 75%～200%），2015 年中等收入者的年收入上升到 15750～42000 元。

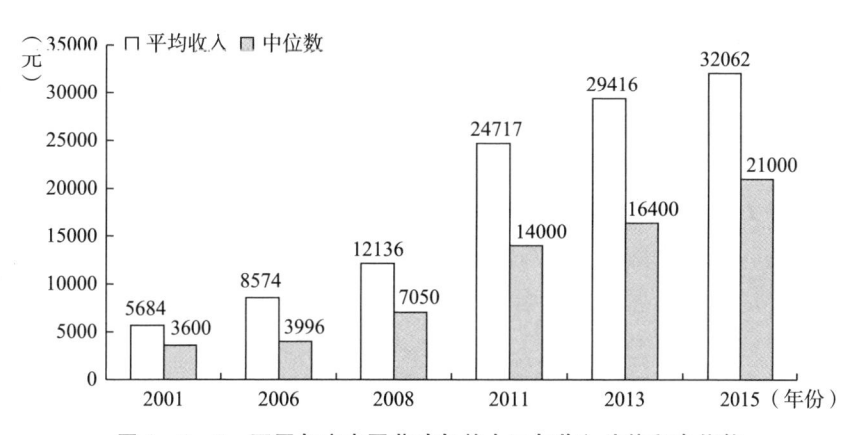

图1-1-3 不同年度中国劳动年龄人口年收入均值和中位数

中等收入者标准随着收入中位数上升而逐步提高，但对中国老百姓来说，按相对标准定义的中等收入群体的收入标准太低，与人们印象中的中产阶层或中等收入群体不相符。中国虽然已经步入中等收入国家行列，但低收入人群数量仍然很多，特别是存在数量很多的低收入农村人口和农民工，导致收入中位数处于较低水平，由此按相对标准定义的中等收入群体的收入标准也就比较低，所谓的中等收入者（在收入分布中处于中间位置的人群）的实际收入水平较低。图1-1-3显示，2015 年中国劳动人口个人年收入中位数为 21000 元（即 50% 的人年收入低于 21000 元，50% 的人年收入等于或高于 21000 元），采用相对标准定义的中等收入群体的收入下限为 15750 元（中位数的 75%），上限为 42000 元（中位数的 200%），即月收入约 1313 元（15750/12 个月）至 3500 元（42000/12 个月）就是中等收入者，显然如此定义的中等收入群体标准很难获得公众的认可，其中大部分人恐怕难以维持小康生活水平。一般人会认为月收入1300～3500元的人属于中低收入人群，而月收入高于3500元也很难被称为高收入。因此，相对标准模式测量的中等收入群体虽然可以反映收入分配不平等的变化情况，但跟中国民众所说的中产阶层、中等收入者或小康社会等概念并不相同。而要扩大相对标准定义的中等收入群体，需要缩小收入差距，提高社会的公平程度。

三 绝对标准定义的中等收入群体的变化趋势

与相对标准定义的中等收入群体概念不同，绝对标准定义的中等收入群体的规模变化往往直接体现了经济增长和收入水平提高。过去20多年中国经济高速增长，人们的收入和生活水平大幅提高，这直接体现在绝对标准定义的中等收入群体增长上。绝对标准模式主要测量达到一定收入或生活水平的人在人口中的比例，这种意义上的中等收入群体比重上升，意味着更多的人脱贫致富过上中等体面生活。所谓中等体面生活，也可以理解为小康生活，全面建成小康社会，就是要让大多数人过上小康生活。因此，绝对标准模式定义的中等收入群体与中国政府设定的"全面建成小康社会"的发展目标较为一致。

绝对标准模式的一个难点是如何选择适当的中等收入群体的收入标准。中国中等收入群体的收入标准确定与全球中产阶层收入标准确定一样困难。在全世界范围内，有收入和消费水平都很高的发达国家，还有中低收入的发展中国家以及收入极低的贫穷国家，贫穷国家的高收入可能还低于发达国家的贫困线。中国的情况也是如此，地区之间的收入和消费水平差距很大，在中西部农村和小城镇足以维持小康生活的收入，在北上广大城市可能难以维持基本生活需求。中国一些学者提出许多相当复杂的统计方法，尝试解决这些问题，试图设计出适合所有情况的中等收入群体划分方法，包括M-曲线估计法（龙莹，2012；王艳明、许启发、徐金菊，2014；曹景林、邵凌楠，2015），洛伦兹曲线法（庄健、张永光，2007），估计分布函数法（纪宏、陈云，2009；朱长存，2012），等等。虽然这些方法各有优势，但都没有被推广开来。目前被广泛采用的还是世界银行提出的最为简化的指标"日人均10～100美元"，作为中等收入者的收入标准。世界银行设定的贫困线是日人均 1.9 美元①，2~9 美元为低收入群体，10~100 美元是中等收入群体，100 美元以上是高收入群体。根据这一分类标准，把日人均收入转换为年收入，并按 2015 年美元与人民币 6.6 元汇率转换②，2015 年中国社会科学院社会学研究所全国社会状况调查数据计算结果为，中国劳动年龄人口中 18.4% 为低收入群体（年收入低于 4600 元），33.3% 为较低收入群体（年收入在 4601~23999 元），47.6% 为中等收入群体（年收入在 24000~240000 元），0.7% 为高收入群体（年收入高于 240000 元）。年收入 24000~240000 元比较接近普通民众印象中的中等收入群体的收入，在全国大部分地区，这一收入水平基本可以维持小康生活。不过，24000 元的起点线对于北上广深等超大城市和特大城市的居民来说过低，在这些大城市，年收入 24000 元应该算是较低收入水平。针对地区差异的一个解决方法是不同地区设定不同的中等收入群体的收入标准，就像最低收入标准和贫困标准一样，但这样做的话，操作起来较为复杂（比如如何确定各地的具体标准）。另外，中等收入群体是全国性的概念而不是地方性概念。这就如同人们谈论"全球中产阶层"概念，在当前经济全球化背景下，即使生活在发展中国家的人，印象中的中产阶层也总是参照欧美发达国家的中产阶层生活方式。在国内商品和信息高度流通的情况下，小县城的人所向往的小康生活并不局限于本地的生活水准。此外，从政策目标制定角度考虑，设定全国统一标准而不是地区差异化的标准，更加明确，更加具有可操作性。因此，虽然各地的收入和消费水平存在差异，但中等收入群体的标准还是应该全国统一。不过，为了使统一标准能体现各地差异，可以进一步把中等收入群体划分为高、中、低三个类别：24000~59999 元（相当于日人均 10~25 美元）为中低收入群体；60000~119999 元（相当于日人均 25~50 美元）为中间收入群体；120000~240000 元（相当于日人均 50~100 美元）为中高收入群体。在农

---

① 1.25 美元为绝对贫困线，2 美元为相对贫困线。
② 本文未采用世界银行购买力平价指数（PPP）换算，而是按当前汇率换算。这一方面是由于近几年中国日常生活品物价上涨明显，生活成本不断提高，另一方面人民币正在贬值过程中，世界银行购买力平价转换指数似乎高估了人民币的实际购买力，特别是与人们日常生活相关的消费品购买力。

村地区、小城镇和小城市，达到中低收入水平就可过上小康生活；在大、中城市，需要达到中间收入水平才足以维持小康生活，而中低收入者只能过接近小康的生活；在北上广深等特大或超大城市，达到中高收入水平才能过上小康生活。基于中等收入群体的进一步分类，各地方政府在扩大中等收入群体的总目标下，可以根据当地实际情况，把"扩大中等收入群体"的目标重点放在扩充确定层次的中等收入者身上。

在2015年中等收入群体的收入标准基础上，经过历年物价指数转换，可以分别确定2001年、2007年、2010年、2012年和2014年中等收入群体的收入标准（参见表1-1-1）。

表1-1-1 历年中等收入群体的收入标准

单位：元

	世界银行（日人均收入）	2014年（年收入）	2012年（年收入）	2010年（年收入）	2007年（年收入）	2001年（年收入）
低收入群体	2美元以下	0~4600	0~4395	0~4065	0~3742	0~3313
较低收入群体	2~9.9美元	4601~23999	4396~22932	4066~21206	3743~19521	3314~17318
中低收入群体	10~49美元	24000~59999	22933~57332	21207~53016	19522~48805	17319~43297
中间收入群体		60000~119999	57333~114665	53017~106033	48806~97611	43298~95254
中高收入群体	50~100美元	120000~240000	114666~229331	106034~212068	97612~195223	95255~190509
高收入群体	100美元以上	240000以上	229331以上	212068以上	195223以上	190509以上

注：按世界银行标准，2美元以下是贫困人口，但我国贫困线低于世界银行标准，因此表中把2美元以下归类为低收入群体。

按上述绝对标准定义中国中等收入群体，图1-1-4采用历年中国社会科学院中国社会状况调查数据（CSS）估计2001年、2007年、2010年、2012年和2014年中等收入群体比例。数据显现中等收入群体比例持续上升，从2001年的8.1%上升到2015年的47.6%，这一比例的上升直接反映了人们收入的增长，即日人均收入高于10美元（年收入24000元）的人数及其比例的增长。与此同时，低收入群体的比例则大幅度下降，从

2001年的91.8%下降到2015年的51.7%。另外，高收入群体也有微弱增长，从2001年的0.1%上升到2015年的0.7%。

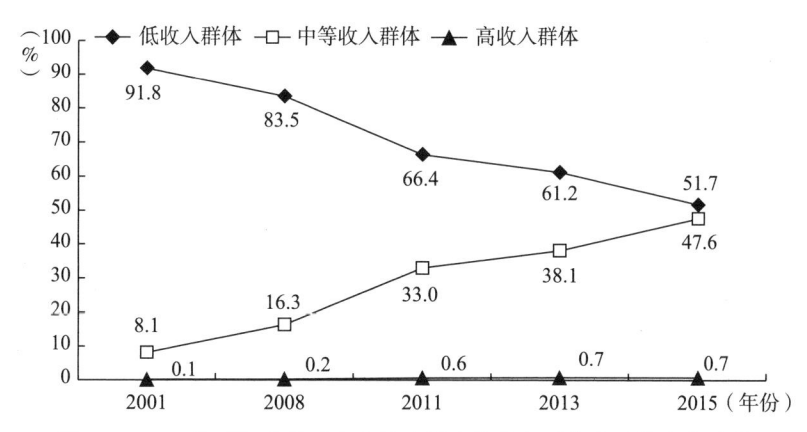

图1-1-4 绝对标准模式定义的中国中等收入群体比重的变化趋势

绝对标准定义的中国中等收入群体增长趋势是与经济增长和收入增长同步的。图1-1-5显示，2000年以来，中国经济的迅猛增长，人们的收入水平快速提高，而同一时期，中等收入群体也获得了快速扩张。

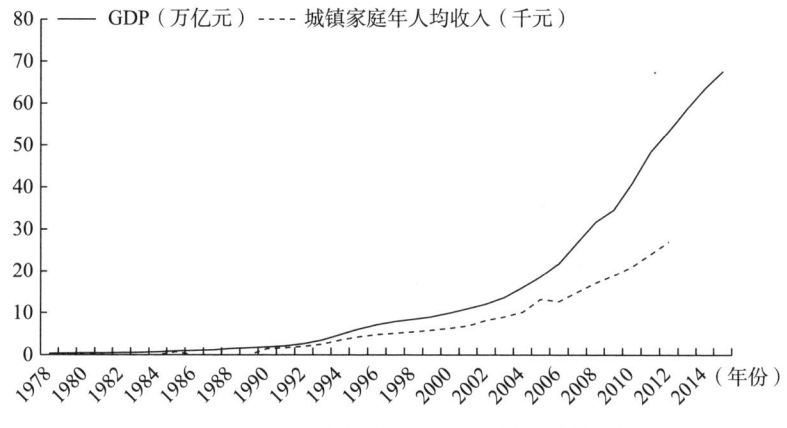

图1-1-5 中国经济增长和人均收入增长趋势

不过，在中等收入群体比重快速增长的同时，中等收入群体内部的层级构成形态极不合理，绝大多数中等收入者集中于中低收入水平，升入中间收入群体和中高收入群体的人很少，而且比例增长缓慢。2001年的中等收入群体中有86%处于中低收入水平，到2015年中等收入者中还有74%

的人处于中低收入水平。比较不同层次的中等收入者增长，中低收入群体的增长最快，从2001年的7.0%增长到2015年的35.2%，增长了28.2个百分点；中间收入群体增长次之，增长了9个百分点；中高收入群体增长则十分缓慢，只增长了2.3个百分点（参见表1-1-2）。从2015年的数据来看，中等收入群体内部等级形态是一个典型的倒丁字型，75%的中等收入者都处于倒丁字的底部，只有5%的中等收入者站在顶部位置，20%处于中间位置。

表1-1-2 2001~2015年中等收入群体比重增长趋势

单位：%

	全国					城镇	农村	北上广
	2001年	2008年	2011年	2013年	2015年	2015年	2015年	2015年
低收入群体	37.0	30.9	23.1	21.1	18.4	9.1	30.2	8.2
较低收入群体	54.8	52.6	43.3	40.1	33.3	26.9	41.4	8.5
中低收入群体	7.0	13.2	26.2	30.1	35.2	45.1	22.8	42.3
中间收入群体	0.8	2.3	5.4	6.7	9.8	14.0	4.5	28.1
中高收入群体	0.3	0.8	1.4	1.3	2.6	3.9	0.9	9.4
高收入群体	0.1	0.2	0.6	0.7	0.7	1.0	0.2	3.5
合计	100	100	100	100	100	100	100	100
中等收入群体	8.1	16.3	33.0	38.1	47.6	63.0	28.2	79.8

中等收入群体比重和等级构成的地区差异很大。在农村地区，中等收入群体比重较低，绝大多数人口（71.6%）还处于低收入和较低收入水平。在城镇地区，中等收入群体比重高达63%，但是绝大多数中等收入者处于中低收入水平，只有极少数进入中间和中高收入群体，同时还有略超过三分之一的人处于低收入和较低收入水平。在北上广等超大城市，绝大多数人口已进入中等收入群体，但同样的，多数中等收入者处于中等收入的低端水平。在这些超大城市，房价和其他生活成本都很高，中低收入难以维持所谓的中等水平生活或者小康生活，因此，其中的许多中等收入者并不能算是真正的中等收入者。

小　结

中国的社会构成与俄罗斯有很大不同，两国的社会经济发展水平也有较大差距。俄罗斯在2012年进入了高收入国家行列，而中国在2010年刚迈入中等收入国家。俄罗斯的社会构成较类似于大多数发达国家，相对标准定义的中等收入群体的扩张或萎缩，是反映社会构成变化的一个很好的指标。然而，中国还是一个发展中国家，有较多的贫困人口，以及数量庞大的低收入农村人口和农民工，但同时又处于经济高速增长、社会快速发展的阶段。在目前的发展阶段，需要结合相对标准和绝对标准两种模式的中等收入群体概念，才能较全面地反映中国社会构成的变化，特别是收入结构的变化。

过去20多年中国经济高速增长，人们的收入水平也获得极大提高，但由于收入差距在20世纪90年代和21世纪最初几年不断扩大，相对标准定义的中等收入群体规模不仅没有增长反而萎缩。近年来，随着收入差距有所缩小，相对标准定义的中等收入群体规模才开始增长，但是其规模应该还没有达到20世纪80年代的水平。壮大相对标准定义的中等收入群体，需要政府进一步采取措施，调整收入分配，缩小收入差距，促进社会公平。

绝对标准定义的中等收入群体的规模在过去20多年里迅速扩大，2001~2015年的15年，绝对标准定义的中等收入群体比重大幅提高，从8.1%上升到47.6%，平均每年增长接近3个百分点。绝对标准定义的中等收入群体迅速壮大，与我国社会经济发展趋势较为一致，它充分反映了人们收入普遍增长，越来越多的人脱贫致富，过上小康生活，加入中产队伍。

不过，尽管绝对标准定义的中等收入群体比重增长很快，但绝大多数中等收入者仅是刚刚跨过中等收入基准线，处于中等收入的较低水平，达到中等收入群体中上层的人数还很少，中等收入群体的内部结构很不合理。

综合来说，壮大中等收入群体既要发展经济，提高人们的收入水平，也要调节收入分配，促进社会公平。另外，要形成以中等收入者占多数的橄榄型社会结构，不仅需要"扩中"（扩大中等收入群体规模），还需要

"调结构"（调整中等收入群体的内部结构），在提升中等收入者比重的同时，还要促进中等收入群体由目前的倒丁字型向金字塔型演变，并进一步形成最理想的纺锤型。

现代俄罗斯中产阶层演变的轨迹

娜塔莉亚·迪霍诺娃（N. E. Tikhonova）、
卡拉瓦伊（A. V. Karavay）

俄罗斯社会的中产阶层问题是俄罗斯乃至国外学者研究的一个重要领域[①]。这很自然，因为一方面，中产阶层承担了许多非常重要的社会职能（如维持社会和经济的稳定、提供高素质的劳动力、为高度创新性的商品和服务创造需求，等等）；而另一方面，相较于其他社会群体，中产阶层是在人类历史长河的近期才出现于世界各地且经历了高度动态性的发展。特别是在俄罗斯，其作为一个特定社会阶层，直到20世纪末才悄然出现。

通常来讲，中产阶层在世界范围的出现与向后工业化的发展阶段的过渡密不可分。这一转变导致了那些被划分为既不富有也不贫穷的人在数量上的急剧上升。日益密集、复杂和大规模的生产需要越来越多的高技能工人，主要是工程师和管理人员。教育和医疗系统的发展增加了教师、医生的数量。随着国家机器的不断壮大，许多服务需要提供者具备很高的专业技能，因此服务业的发展也促成了中产阶层规模的扩大。正是诸多客观过程的积累（不仅仅是物质生活水平的普遍提高）导致了中产阶层在战后的欧洲和北美国家崛起。类似的趋势也出现在了苏联以及其后的俄罗斯。同时，由于俄罗斯在总体上落后于世界上最发达的国家，这很自然地影响到了中产阶层的增长率及其结构的具体特征。

中产阶层在不同国家中相对短暂的历史及其高度的多样性有可能是学者们对中产阶层的界定还没有一个共同看法的真正原因。俄罗斯社会

[①] 有关的例证请参见（季伟宁，2004；阿芙拉莫娃，2008；比尔雅埃娃，2007；马瑞娃，2003；迪霍诺娃、马瑞娃，2009；阿芙拉莫娃、马瑞娃，2014；戈尔什科夫、迪霍诺娃等，2016b）。

学家在10年前开始对是否将某些个人或家庭视为中产阶层展开了积极的讨论，且讨论至今还在持续。国外学者已经对此讨论了近一个世纪。我们可以挑选出几个主要运用于当代社会学的研究方法来确定中产阶层的性质①。

第一种认为中产阶层的研究是一个极其重要的政治问题。因此，在此方法中为中产阶层设定标准时，重点关注的是个人的社会认同和心理特征，这些是对人们的自我认知及其社会和政治的行为最有影响力的因素。换句话说，这种方法通常是在人们自视为中产阶层成员或中间阶层人群这一自我认同的基础上去定义中产阶层。所以，它可以被称为主观的方法。这种主观的方法被普遍地认为具有诸多启发式的明显的局限性，因为主观的自我评价高度依赖于易发生快速变化的经济环境和政治环境。尽管如此，我们会在适当的时候在本文中偶尔使用中产阶层这一"主观性"概念。

第二种方法基于某个人所拥有的、可由他自由支配且可获得收入的资源的数量、类型和结构的具体特征。根据这种方法，这些特征定义了不同的人在社会中的地位，这使我们可以将它看作基于资源的方法。尽管这种基于资源的方法有着许多的优点，然而在实际应用时，它却产生了一个重要的方法论问题。这种方法会使中产阶层"分裂"：作为一个综合和整体的研究对象，中产阶层会在其成员所拥有的具体资源的基础上因分裂成若干子群体而消亡。此外，在20世纪上半叶，研究人员将中产阶层划分为"旧中产阶层"（小业主）和"新中产阶层"（高素质人力资本的拥有者）；而在后期，"新"的中产阶层又经历了进一步的细分——被划分为专业人士和半专业人士，即拥有不同人力资本素质的人。而后，又对创意工人和其他类型的"白领"做出了一个区分。此外，还要特别注意的是，中产阶层的这一定义并非就投资回报而就事论事，这意味着中产阶层甚至可以包括最贫穷的人：就像在20世纪90年代发生在俄罗斯的那样，许多在政府工作的人虽拥有高素质的人力资本但收入却极低。这种不一致的现象表明，基于资源的方法在整体的启发式能力上存在严重的局限性，这也就是

---

① 关于中产阶层研究的历史以及西方学者对这一问题的看法在（迪霍诺娃、马瑞娃，2009）中有详细的描述。

我们不会在研究中使用它的原因。

第三种定义中产阶层的方法基于对作为一个主要以高消费水平为特征的大规模社会群体的认知。由此,对中产阶层的定义所依据的便是人均收入和/或拥有某些昂贵物品等诸如此类的标准。这种可以被称为经济的方法,其受到了经济学家以及专门从事经济社会学研究的学者的青睐。完全可以这么说,这是世界银行在对包括俄罗斯在内的发展中国家进行描述的分析评论中用来定义中产阶层的策略。其专门研发的方法假设,以平价购买力(PPP)计算,2005 年的人均收入的标准是每天 10 美元①。许多外国研究学者也使用了相同的标准来定义中产阶层(伯索尔、格雷汉姆、佩蒂纳托,2000;卡迪纳斯、哈拉斯、赫纳奥,2011;哈拉斯,2010;洛佩斯-卡尔瓦、奥尔蒂斯-华雷斯,2014;迈耶、桑切斯-帕拉莫,2014;皮尤研究中心,2015;等等)。与此同时,基于最低收入门槛定义中产阶层的其他西方学者则使用了不同的数字,而这些数字从基于平价购买力的 2 美元到世界银行所建议的 10 美元不等。

几乎所有凭借这种方法来定义中产阶层的研究人员(与用来定义穷人的绝对方法如出一辙的这种方法也可以被视为绝对的,因为它依赖于某些绝对的、预先确定的数字)②都将其工作重心置于发展中或后社会主义国家。在这一领域中也有某些例外,其中就包括了许多将注意力聚焦于对全球中产阶层进行分析或者对不同国家的中产阶层在收入分层体制中的地位进行分析的著作,也就是说,这些国家中的大多数国家仍在发展之中(米拉诺维奇、伊萨基,2002;哈拉斯,2010;皮尤研究中心,2015;等等)。还有,使用绝对法来定义"经济的"中产阶层的作者的另一个重要的典型研究模式是倾向于把中产阶层划分为若干个子群体,而不是将其视为一个单一的实体。在大多数情况下,遵循纵向收入分层的逻辑,有代表中产阶层较低阶层和较高阶层的两个子群体。然而,中产阶层有时也可以被划分为三个子群体,而这可归因于不同的学者使用不同的术语。

---

① 《俄罗斯经济报告》,世界银行驻俄办事处,2014 年 3 月(第 31 期)。
② 要更多地了解学者们在绝对方法中对中产阶层的定义,参见阿尼金、勒兹妮娜、马瑞娃、斯洛博登尤克、迪霍诺娃,2016。

除绝对方法以外，还有另一种基于收入来定义中产阶层的方法，即使用收入水平来定义中产阶层的相对方法。在此种情况下，中产阶层的收入标准要依照这个国家特定收入分配的具体特征而定。在某些情况下，根据这一方法定义中产阶层采用五分位数法［例如，中产阶层可被视为收入分层五分位数法中 3 个中间的五分位数（巴罗，2000；伊斯特利，2001）］。此外，有些作者基于生存水平（贫困线）来定义中产阶层，并将一个特殊的乘数应用其中。例如，罗斯使用了下列阈值：中低收入阶层＝生存水平×1.5；真正的中产阶层＝生存水平×2.5；中高收入阶层＝生存水平×5（罗斯，2016）。

在大多数情况下，全国收入分配的中值在定义中产阶层的相对方法中被加以使用。值得注意的是，不同的研究者对于中产阶层标准与中值的关系究竟如何有不同的观点；也就是说，中产阶层的下限标准通常被设定为收入的中值×0.6 至收入的中值×0.75。中产阶层的较低阶层和较高阶层之间的划分一般被设定为收入中值×1.25 至收入的中值×1.5。当数字超过了收入的中值×2 时，研究者（阿特金森、布兰多里尼，2013；格拉巴、弗里克，2008；等等）一致认为这属于高收入水平（要了解更多的专门从事定义中产阶层的相对方法研究的主要作者，参见阿尼金、勒兹妮娜、马瑞娃、斯罗博登尤克、迪霍诺娃，2016）。这种基于中值的相对方法正是当我们要在本章中试图识别俄罗斯和中国的中产阶层时所采用的方法。我们将中产阶层的上限标准设定为收入的中值×2；考虑到俄罗斯、中国的中间收入或中等收入的水平相对较低，其下限标准被设定为收入的中值×0.75。

我们上述定义中产阶层的观点理论和方法论途径的多样性不足为奇：不同社会收入分配的具体特征，在很大程度上取决于这个国家的社会类型以及这个国家在文明类型和迈向工业化和城市化的进程中所取得的进步。因此，从一个社会到另一个社会，以上方面可能会迥异。所以，当我们为中产阶层设定收入标准时，了解这个特殊社会正处在什么样的发展阶段至关重要。表 1-2-1 罗列了俄罗斯和中国的一些统计数据，而这可能会使我们可以，至少是粗略地回答这个问题。

表 1-2-1　俄罗斯和中国在社会、经济和人口学方面的一些统计数据

基于平价购买力（美元）的人均国内生产总值						
国家	1980 年	1990 年	2000 年	2005 年	2010 年	2015 年
俄罗斯	—	8013	6825	11822	20498	25186
中国	—	987	2933	5093	9333	14451
城市人口的比例（%）						
国家	1980 年	1990 年	2000 年	2005 年	2010 年	2015 年
俄罗斯	69.75	73.39	73.35	73.46	73.69	74.01
中国	19.36	26.44	35.88	42.52	49.23	55.61
在农业中的就业人口（%）						
国家	1980 年	1990 年	2000 年	2005 年	2010 年	2015 年
俄罗斯	—	13.87	14.49	10.17	7.92	6.71
中国	68.75	60.10	50.00	44.80	36.70	28.30
相较于前一年的人口的增长（%）						
国家	1980 年	1990 年	2000 年	2005 年	2010 年	2015 年
俄罗斯	0.71	0.39	-0.42	-0.38	0.04	0.19
中国	1.25	1.47	0.79	0.59	0.48	0.51

正如我们从表 1-2-1 中所看到的那样，就描述社会整体的所有基本数字而言，虽然中国先前远远地落在了后面，但是在过去的 25 年里取得了飞跃式的发展，在大部分的领域中，中国离俄罗斯越来越近。尽管如此，俄罗斯和中国的收入分配模式在一些方面继续存在差异，这主要是由后者遭受前工业化的农村贫困①的困扰以及两者在农村人口（在发展中国家，

---

① 工业化前的贫困是人类所面对的最古老的贫困类型。它有两个变数：大规模的农村贫困和在激烈的城市化时代出现的城市边缘社区的贫困。工业化前的农村贫困源于自然或半自然的农业生产的低效率。相应地，工业化前的城市边缘社区的贫困（这要追溯至欧洲发达国家在 18 世纪和 19 世纪的历史）是由工业化和城市化来临之际无法控制的大量移民从人口过剩的农村地区涌向城市所造成的（要想了解更多的信息，参见迪霍诺娃、阿尼金，2016）。

其收入传统上就比城市人口的收入要低）数量上的巨大差异造成的。

当谈及这些国家的主要发展变化时，我们必须提到在过去的25~30年里在收入差距方面所发生的诸多变化。许多国际组织，如世界银行、经合组织、联合国等，长期以来一直在评估这些变化。联合国大学（UNU）的一个研究部门通过许多渠道将相关数据加以汇总，从而建构了国际基尼系数数据库。这个数据库关于某些国家的信息可以追溯至20世纪初。① 相关数据表明，在过去的几十年里，包括俄罗斯和中国在内的大多数国家在收入不平等方面已有所上升。例如，在俄罗斯，基尼系数在1991年达到了31.2%，在2012年达到了41.6%。② 在中国，这一数字从1991年的27.4%上升至2012年的33.9%。而在美国，这一数字在同一期间从38.2%增至43.3%。在基尼系数呈现一种总体上升趋势的背景下，斯堪的纳维亚是一个值得注意的例外：在挪威，同一个时期的基尼系数从29.7%下降到了24.2%，尽管这种稳步的下降只是在2004年才开始（基点为31.5%）。

俄罗斯联邦国家统计局（FSSS）在全国各地进行了收入不平等的年度监测。FSSS的数据（见图1-2-1）显示，从1995年到2007年，俄罗斯

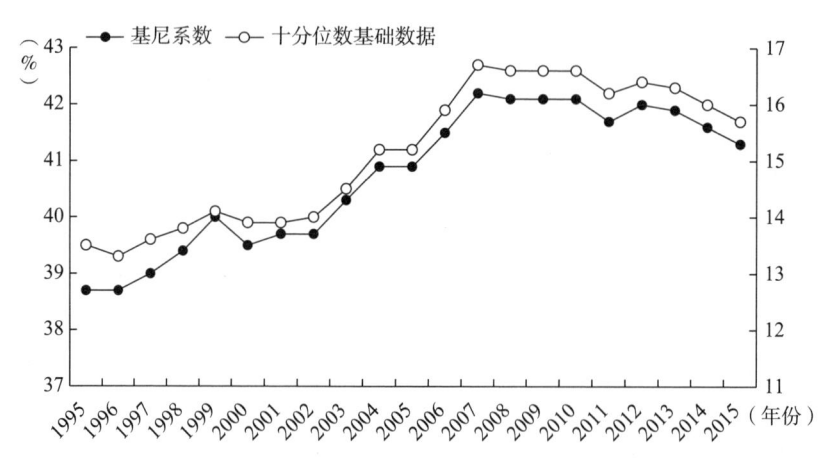

图1-2-1 俄罗斯的收入分布（1995~2015年）（俄罗斯联邦国家统计局）

---

① UNU-WIDER，世界收入不平等数据库（WIID3.4），URL：https://www.wider.unu.edu/database/world-income-inequality-database-wiid34（获取日期：2017年3月25日）。
② 在UNU-RIDER呈现来自多个信息渠道的基尼系数数据时，还有一些不同的年度数据，因此，我们计算了每一特定年的平均数。

在收入不平等方面有了明显的上升,这一态势只是在过去的 10 年里才有所缓和。尽管如此,2015 年第一个收入十分位数仍超过了 10% 的最贫困人口的收入的 15.7 倍,而在 1995 年,这一差距却较小(13.5 倍)。此外,基尼系数也比20 世纪 90 年代中期的数字高出了 2.6 个百分点——这相当惊人,要知道俄罗斯早在 1995 年就已经实施了自由化改革。

尽管俄罗斯和中国之间有差异,然而包括收入分层特征在内的社会总体环境在过去 10 年间所发生的变化使得这两个国家在各个群体(那些经常参与社会学调查的人)的收入不平等的主要特征和关键指标方面更加相似(表 1 - 2 - 2)。当对俄罗斯和中国的"经济的"中产阶层进行比较时,这些相似之处使我们可以凭借收入方法的相对版本而获取数据。虽然绝对方法已被证明不适用于定义和分析俄罗斯和中国的中产阶层,但是,如果我们参考国际社会调查项目(ISSP,涵盖了包括俄罗斯和中国在内的 50 个国家)的数据①,便会发现其中的中产阶层(由绝对方法定义的)早在2012 年就已经覆盖了 85.9% 的俄罗斯人和 50.6% 的中国人(阿尼金、勒兹妮娜、马瑞娃、斯洛博登尤克、迪霍诺娃,2016)。到了 2016 年,这些数字在两国都有所增加,其中俄罗斯的数字高达 90%(迪霍诺娃,2017)。中国也在向类似的方向发展。

表 1 - 2 - 2　2012 年俄罗斯和中国的收入分配特征

特征	俄罗斯	中国
基于平价购买力①,家庭的月均收入(美元)	565.0	300.3
基于平价购买力,家庭的月人均收入(美元)	650.2	523.3
家庭的月均收入与月人均收入的比率	0.87	0.57
全国的家庭月均收入与俄罗斯的家庭月均收入的比率	1	0.53
最富和最穷的 10% 的人之间在收入或消费上的比率②	14.0	15.0
基尼系数③	41.6%	42.2%
人均国民生产总值(基于平价购买力美元)	25316.6	11351.1

注:①除另有说明外,表中的所有数据将基于 ISSP - 2012 的计算。
②计算的基础:世界银行。世界发展指标:收入或消费的分配(http://wdi.worldbank.org/table/2.9)(获取日期:2017 年 3 月 17 日)。
③世界银行(获取日期:2017 年 3 月 17 日)。

---

① 要了解更多有关这项研究的信息,请访问网站:http://www.issp.org 和 http://www.gesis.org/en/issp/home。

当我们运用基于平均收入的相对方法对俄罗斯和中国的中产阶层进行比较时，要牢记于心的是，这两个中产阶层不仅在生活质量上存在差距，而且在职业、住所等要素构成上也有所不同，因为两国在总体的社会和经济发展水平上还存在很大的差异。当我们评价俄罗斯"经济的"中产阶层时，我们必须牢记，同中国一样，收入不平等的特点是其显著差异取决于人们所处的地区。例如，在 2015 年 12 月，基尼系数在俄罗斯各地的波动①从特维尔州的 33.9% 到秋明州的 42.9%；此外，在 83 个地区中，有 72 个地区的基尼系数低于全国的平均水平，一半地区的基尼系数没有超过 37.5%。在人口稠密的地区，只有莫斯科与其他地区存在较大的差距：与全国平均水平的 41.2% 相比，其基尼系数在 2015 年 12 月达到了 43.2%（俄罗斯联邦国家统计局的数据）。如果我们使用全国的平均收入作为计算基础的话，那么就需要考虑这些差异，因为基尼系数高首先说明了中产阶层相对较低的社会地位（十分位系数反映了与最贫穷人口群体相关的不平等的具体特征）。因此，虽然中产阶层的收入在不同地区相似，但这种表面上的相似性可能掩盖中产阶层在实际福祉和社会经济地位上所存在的显著差异。

也就是说，俄罗斯各地区不仅在收入不平等的分布上而且在绝对收入——包括平均收入、生存水平（贫困线）以及与收入分层直接相关的许多其他参数上，存在着显著的差异。因此，收入不平等的内部区域特征与人口收入水平的区域间差异相交叠。这个复杂的参数系统塑造了俄罗斯每一地区收入分层的真实模型。这些模型对当地的中产阶层产生了一个实质性的影响。我们不会过于关注中等收入阶层的区域差别，只考虑俄罗斯中产阶层的总体情况。我们只限于向读者指出俄罗斯中产阶层的区域化差异及其多样性。

现在，我们再次将视角转向在其他人口中定义"经济的"中产阶层这一问题。我们将中产阶层的标准设定为人均月收入的中值 ×0.75（下限标准）至中值 ×2（上限标准）②。这使我们可以基于俄罗斯科学院社会学研

---

① 借鉴数据：俄罗斯联邦国家统计局，中央统计数据库，基尼系数，URL：http://cbsd.gks.ru/（获取日期：2017 年 3 月 17 日）。
② 本书的俄文撰稿人所撰写的章节是根据经验数据的不同信息源而写成。本章借鉴了俄罗斯科学院社会学研究所的数据集，这些调查数据涉及不同的年代，所有调查都采用了编制选择的方法，这使我们能够按照数据兼容性原则将数据统一放置在统一的时间尺度上。

究所在 2016 年秋进行的监测调查的数据来定义一个社会结构的模型，在此模型中，低收入群体占到了俄罗斯总人口的 35%，中等收入群体占到了总人口的 58%，而高收入群体占到了总人口的 7%。

当我们将目光转向基于收入的方法考察中产阶层规模的动态变化时，我们发现，这些数字在过去的 20 年里发生了显著的波动。更确切地讲，每一次经济危机都导致了中产阶层规模暂时性的萎缩，其中，不利影响最大的是 1998~1999 年的那次危机。而在经济稳定的时期，中产阶层经历了持续的增长。在过去的 20 年里，中产阶层规模变化的总体趋势一向是积极的（图 1-2-2）。

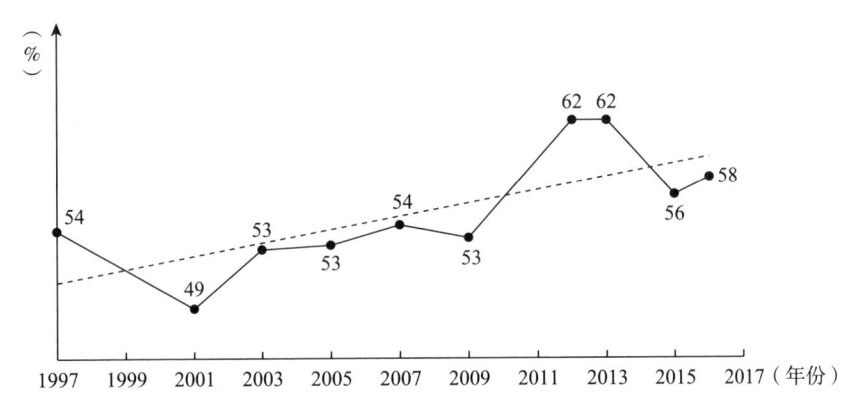

图 1-2-2　1997~2016 年俄罗斯"经济的"中产阶层在规模上的动态变化及趋势

鉴于中产阶层的收入差异达 3 倍之多（从收入分配的平均值 ×0.75 至平均值 ×2），为了进一步的分析，我们将中产阶层划分为两个子群体。第一个子群体——人均收入从平均值 ×0.76 至平均值 ×1.25，可被称为下层的中产阶层，其在整体上代表了这个国家人们的生活质量。第二个子群体——人均收入从平均值 ×1.26 至平均值 ×2，可被视为"经济的"中产阶层，也就是说，与大多数人相比，他们的生活相对富裕，其生活水平是大多数俄罗斯人所渴求的生活水平。很明显，至少在过去的 20 年里，前者在俄罗斯的中产阶层中一直占据着主导的地位（图 1-2-3）。

然而，根据收入水平的平均值来审视中产阶层的动态变化，不能脱离平均值本身的诸多变化，其原因主要在于，对过去 20 年俄罗斯人的人均收

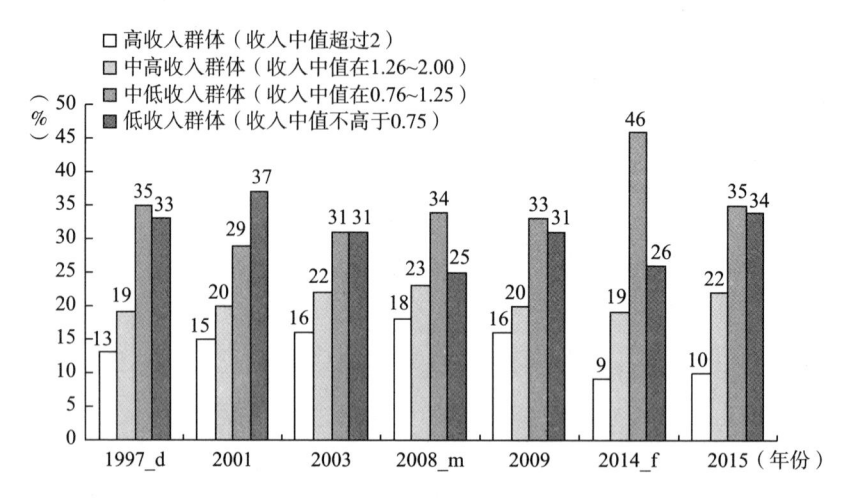

中国和俄罗斯的中等收入群体：影响和趋势

```
图例：
□ 高收入群体（收入中值超过2）
▨ 中高收入群体（收入中值在1.26~2.00）
▦ 中低收入群体（收入中值在0.76~1.25）
■ 低收入群体（收入中值不高于0.75）
```

年份	高收入	中高收入	中低收入	低收入
1997_d	13	19	35	33
2001	15	20	29	37
2003	16	22	31	31
2008_m	18	23	34	25
2009	16	20	33	31
2014_f	9	19	46	26
2015	10	22	35	34

图 1-2-3　1997~2016 年俄罗斯不同人口群体的规模动态变化

说明：俄罗斯科学院社会学研究所数据。

入的分析表明，这些变化是相当明显的：从 1997 年至 2015 年，俄罗斯人名义上的收入的中值增加了 34 倍（从 400 卢布增加到了 14000 卢布）。从俄罗斯人的实际收入并考虑累积的通胀水平看，人均收入的中值的实际增加虽然少，但仍相当可观，超过了 2 倍（从 1997 年的 400 卢布增至 1244 卢布①）。

所有这些都意味着，在过去的 20 年里，俄罗斯经历了两个平行的过程，这直接影响到了国家的社会结构。一方面，中等收入阶层在内的所有社会群体的收入水平都发生了变化，而且是快速的变化。这很自然地影响了中产阶层的消费水平。另一方面，在俄罗斯社会结构的整体模式中不同社会群体的比例发生了改变，其中包括了不同群体的比例变化以及群体成员的"历史背景"的改变。社会地位变化所带来的相关风险对属于不同群体和不同阶层的人而言是不同的。例如，在过去的几年里，当群体人数从 2008~2009 年危机前的顶峰（18%）滑落至 2016 年的

---

① 人均收入的实际中值的计算借鉴了俄罗斯联邦国家统计局的商品和服务的消费价格指数的相关数据，URL: http://www.gks.ru/wps/wcm/connect/rosstat_main/rosstat/ru/statistics/tariffs/#（获取日期：2017 年 3 月 23 日）。

7%（在参与大众调查的人群中）时①高收入群体所面临的最大的风险是特权的丧失。

至于中产阶层，俄罗斯科学院社会学研究所的调查数据显示，其规模在49%~65%波动，而这取决于经济的状况②。很明显，中产阶层人数在过去的十年里一直在增张，主要是由于有着高收入的人"滑落至"这一群体，而在2008年经济危机以前，这种增张常常是源于中低阶层向中高阶层转变，以及相应的低收入群体进入中低阶层。2014~2016年经济危机期间，高收入群体部分地过渡到中高阶层的趋势被后者部分地"滑落至"中低阶层的趋势所弥补。这意味着，最富裕的俄罗斯群体的幸福感在过去的8~10年有了某种程度的下降。

尽管如此，这并不意味着收入相对较低的俄罗斯人一切都好：他们所遭受的困扰是缺乏稳定性，而非持续的"滑落"。这是收入占到全国收入规模26%~35%的群体的最典型特征。基于不同的经济状况，这一群体不停地转换于不同收入阶层之间，被迫在低收入和中等收入的生活方式中来回切换③。

在对定义中产阶层的主观方法和基于资源的方法进行阐述之后，我们对经济的方法进行了详细的说明，它是在本书中所使用的主要方法。我们概述了俄罗斯中产阶层在过去20年演变的路径。社会学为定义中产阶层还提供了第四种方法。第四种方法基于应用定义的标准。这种与社会学新韦伯主义学派传统一脉相承并且可被称为多维标准的方法颇受从事中产阶层研究的俄罗斯学者和其他国家学者的青睐。尽管如此，在当今，研究人员对什么类型的专业性职业或什么样的教育水平可以作为中产阶层的界定标准还没有一个完全一致的意见。

这种方法定义中产阶层采用以下的标准和阈值参数：

——教育程度（不低于中等专业教育/职业学院）；

---

① 尽管这些数字可能在其他的数据库中会略有不同，但不管怎样，这显示出了高收入人数的减少。尤其是，俄罗斯纵向监测的调查显示，自2008~2009年金融危机以来，高收入群体的规模已经从15%缩减至9%（参见第六章）。
② 监测数据也证实了这些模型（参见第六章的数据）。
③ 如同中产阶层的规模，低收入群体的规模与国家的经济环境有着显著的相关性：它会在每次经济危机后增加，在经济危机期间萎缩。

——职业地位，意味着非体力的劳动；

——物质幸福（月收入的平均值不应低于人均月收入的中值，或个人所拥有的耐用消费品的数量不低于整体人口所拥有的平均数量）；

——自我认同（对个人社会地位的整体自我评价应为 10 分制的 4 分及以上）。

我们应该注意到，就业人口要达到所有的 4 项标准才能被列为中产阶层；至于非就业人口，中产阶层地位的确定基于是否达到了上述 4 个标准中的 3 个，其中的职业地位不被考虑。进一步的研究表明，像上述那样被划分为中产阶层的绝大多数的非就业人员仍具有中产阶层典型的特征：他们要么曾拥有这些地位（有着高学历的退休人员），要么将在未来拥有它们（大学生）。

正如数据所揭示的那样，在俄罗斯，这一定义中的中产阶层数量在 2000~2010 年经历了相当大的增张。然而，中产阶层爆棚式的增长（从 29% 增至 42%）发生在 2013 之前；后来，中产阶层的队伍趋于稳定，达到了总体人口的 40% 以上（图 1-2-4）。即使 2014~2016 年的经济危机严重地冲击了俄罗斯中产阶层，也并没有降低中产阶层人口所占的比例[①]。

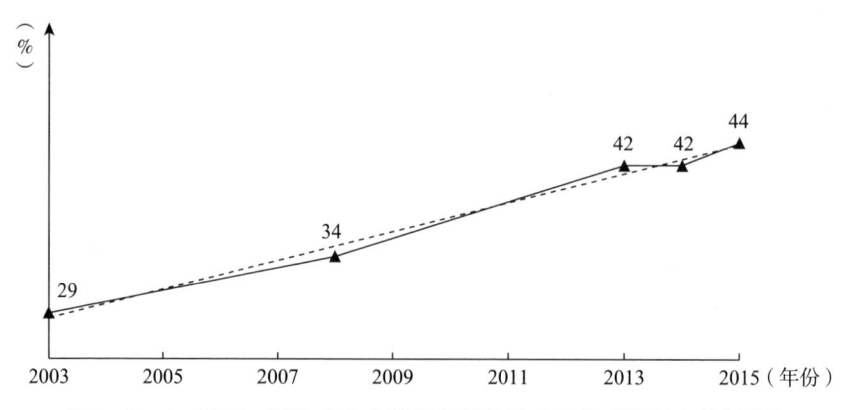

图 1-2-4 2003~2015 年中产阶层规模的动态变化（基于多维标准）

无论中产阶层被如何诠释，俄罗斯中产阶层的规模在过去 15 年里毫无

---

① 要了解更多关于经济危机对俄罗斯中产阶层的影响以及尽管生活水平下降但为什么没有导致中产阶层规模的萎缩，请参考（戈尔什科夫、迪霍诺娃，2016）。

疑问地有了增长。尽管如此，在经济和新韦伯主义意义上定义的中产阶层在规模上差距较大。经济危机也似乎以不同的方式影响着这两种中产阶层。此外，他们的职业构成也有所不同。例如，很大比例（约1/3）的基于收入定义的中产阶层由蓝领工人组成，而根据多维标准的定义，他们则被排除在中产阶层之外。在多维标准定义的中产阶层中，某些个别成员的家庭人均收入可能表明要将这些人归类为低收入群体部分。如果我们看看各种定义中的俄罗斯中产阶层规模的比例，便可以得出结论：在2015年秋，30%的俄罗斯人根据上述的这两种定义可以被称为中产阶层，而26%的人则无论如何也不属于中产阶层，6%的人的收入高于上限标准（收入的中值×2），而剩下的38%的人可以被定义为"经济的"或"多维标准"的中产阶层。

如前所述，考虑到后一个群体令人生畏的规模，当我们分析一些问题，尤其是与中产阶层的就业和认同相关的问题时，使用这两种方法来定义中产阶层更合情合理。然而，由于"中产阶层"这一术语的使用在不同语境中会混乱，我们决定在分析中使用两个不同的术语：第一个是"中等收入群体"（MIG），是根据经济的方法对被定义为中产阶层的人的描述；第二个是"中产阶层"，是根据多维标准的方法对中产阶层的定义。相应地，下层的"经济的"中产阶层被命名为"中低收入群体"（有时会被缩写为LMIG），而上层的"经济的"中产阶层被称为"中高收入群体"（UMIG）[①]。

对"经济的"中产阶层的发展路径这一问题进行研究，要注意的是，在过去20年中，中高收入群体和中低收入群体的消费水平与收入已经发生了诸多的改变，尽管两者之间的差异依然明显。尽管过去的20年俄罗斯中等收入人口中的这两个子群体在生活水平方面有了显著的变化，可各自的"关键里程碑"却不大相同。中低收入群体在对1998～1999年和2008～2009年的经济危机有痛苦回应之后，终于在2010年后开始展现他们对物质生活的些许满意。无论如何，正是在那个时候对物质生活的有利或不利

[①] 应当指出的是，中高收入群体的特点与多维标准定义的中产阶层有着一个较大的"交叠带"：截至2015年底，根据上述方法，来自这一群体的64%可以被描述为中产阶层。相比之下，在中低收入群体中，"交叠带"中可以被描述为中产阶层的只占46%。

的回应的比例的变化才开始变得平缓（图1-2-6）。然而，这种相对的稳定并未持续下去，新的危机在2014年底再次导致了负面评价的激增。尽管如此，这两条曲线在2016年再次靠拢（图1-2-6），这让我们期待中低收入群体的物质生活的改善趋势（这也是2010年后的典型特征）会在不久的将来再次发生。

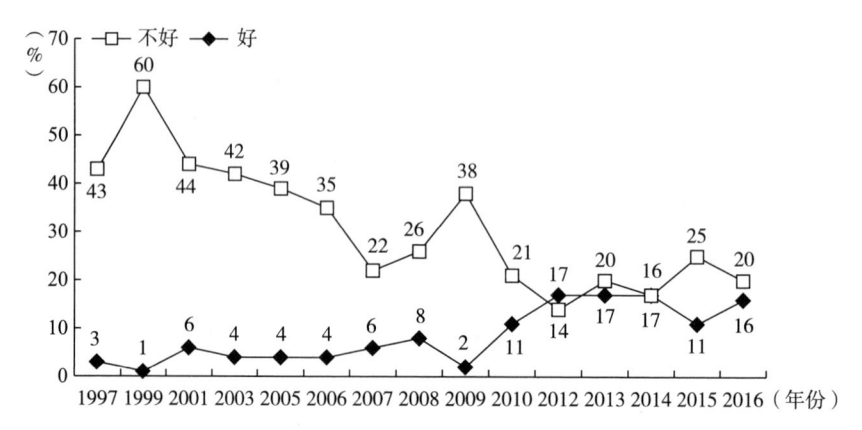

图1-2-5 1997~2016年中低收入群体中对物质生活的评价为"不好"和"好"的动态变化

说明：数据来源于俄罗斯科学院社会学研究所。

就中高收入群体而言，他们的物质生活在1998~1999年经济危机期间遭受明显的下降之后，情况开始逐渐好转，2007年，这一群体对他们的物质生活的好的评价开始超过了不好的评价。虽然2008~2009年的经济危机一度使负面趋势占据主导地位，但在经济危机结束之后，积极的趋势又迅速地出现了。尽管中等收入群体对物质生活的好和不好的回应的比例有暂时性的负面现象，但2014~2016年的危机并没有对他们物质生活的总体满意度造成损害（图1-2-6）。

俄罗斯"经济的"中产阶层的这两个子群体迥然不同的经历也在他们看待未来的方式上得到了反映。在2014年达到峰值之后，对未来持积极看法的人的比例连续两年在中高收入群体中维持在30%左右，在中低收入群体中则为20%。对未来持怀疑态度的所占比例较少，且在2016年显示出了明显的改变趋势（表1-2-3）。

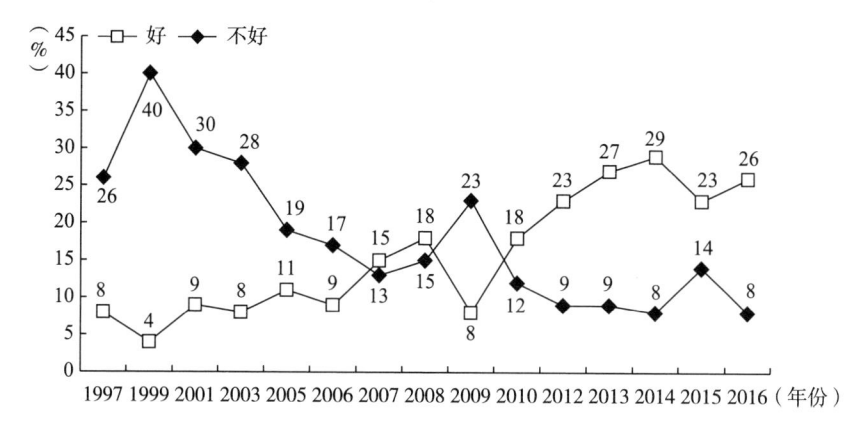

图 1-2-6　1997~2016 年中高收入群体对物质生活的评价为
"不好"和"好"的动态变化

说明：数据来源于俄罗斯科学院社会学研究所。

表 1-2-3　2001~2016 年中等收入群体有关物质生活
未来变化的看法差异

单位：%

年份	关于个人地位改善在消极和积极的评价间的差异			低收入群体和高收入群体的情况（作为参考）	
	中高收入群体	中低收入群体	中等收入群体的总体情况 Gr	低收入	高收入
2001	19	1	**8**	-3	46
2006	24	-5	**7**	-15	47
2008	35	14	**27**	14	49
2009	-29	-47	**-40**	-46	-2
2010	31	13	**21**	7	45
2013	27	19	**21**	10	22
2014	33	23	**26**	6	50
2015	-5	-18	**-13**	-24	10
2016	6	-8	**-3**	-16	13

注：2008 年的数据是在 4 月获得，即在 2008~2009 年经济危机开始之前获得的。这些数字以百分比来表示，显示了未来前景的动态变化在积极评价的数量和消极评价的数量上的差异。

数据来源：俄罗斯科学院社会学研究所。

中产阶层对他们的物质生活在总体上表示满意，具有相对稳定的预期，中等收入阶层的两个子群体都自视为中产阶层（尽管这二者之间存在很多的差异），他们中多达 1/4 的人就中产阶层在某方面的相关问题表示，他们在不同的程度上可以说"这就是我们"。来自中等收入群体的每五个人中只有一个人表示了对中产阶层一贯的自我认同；同样数量的人认为自己属于工人阶级[①]。不过，考虑到蓝领工人的数量超过了中等收入群体人数的 1/3，这也就不足为奇。

让我们总结一下，不同收入群体的区别是经济学家、社会学家和统计学家共同关注的传统研究课题。这个问题与俄罗斯有着特别的关联：从 20 世纪 90 年代开始，俄罗斯的收入分层模型经历了至少两次令人瞩目的变化，这被清晰地体现在基尼系数、十分位系数、收入的平均数和中值等的动态的变化上。尤其要注意的是，所有俄罗斯人的收入在 20 世纪 90 年代首次出现了下降，然后在 2000 年以后几年和 2010 年以后收入有了不同程度的增长。由于这些发展，俄罗斯人的生活水平过渡到了一个全新的阶段，而这也对中等收入群体产生了影响。

无论俄罗斯不同地区的收入分层模型存在何种显著的差异，当进行国际比较时，我们还是使用了在整体上对俄罗斯进行描述的数字。就进行国际比较而言，最佳的指标是收入的中值。国外社会学在传统上对中产阶层（收入在中值×0.75 和中值×2 之间，而后被划分为两个或三个子群体）的定义也适用于俄罗斯。因此，它也是我们所采用的。

当按照这种方法定义中产阶层时，俄罗斯有一个庞大的中产阶层群体：截至 2016 年底，它包括了全国成年人口的 57%。尽管这明显低于 2014 年初的数字（在 2014~2016 年的经济危机之前，中产阶层的比例曾达到了全国人口的近 2/3），但仍相当可观。不过，在我们选择定义"经济的"中产阶层的方法时，动态的变化显示，受最近危机的影响，几乎 10% 的、生活水平曾达到了全国平均水平的俄罗斯人的生活水平下降了，他们不仅要削减开支而且要改变生活方式。然而，到了 2016 年底，情况开始有了好转。这让我们有理由相信中产阶层在过去 20 年的持续发展的趋势将很

[①] 要了解更多的中等收入群体和特定子群体的自我认同，请看第七章。

快得以恢复（尽管偶尔会受到经济危机的影响）。

用其他的方法对"经济的"中产阶层和中产阶层所进行的比较表明，不管它是如何被定义的，俄罗斯的中产阶层是一个庞大且不断增长的社会群体，虽然由不同的理论所描述的中产阶层在微观层面并非完全一致。如果我们观察一下根据新韦伯主义传统定义的多维标准的中产阶层，并且将它与"经济的"中产阶层相比对，会发现前者的规模比后者的规模要小得多（2016年秋，只有44%的俄罗斯人可以被描述为中产阶层，而57%的俄罗斯人可被描述为中等收入群体）。这两个群体是重叠的，而不是包含的（其"重叠带"涵盖了所有俄罗斯人的30%）。

反过来说，"经济的"和"主观的"中产阶层并非泾渭分明。这源于一个事实，即俄罗斯中等收入群体中很大的一部分（约35%）是蓝领工人。这一群体的人们具有模糊的阶层认同。此外，中产阶层的特有概念对于俄罗斯来说相对较新，因为属于中产阶层的大多数人过去常常被描述为"知识分子"（创意工人、学术界人士、工科毕业生，等等）。这也是为什么俄罗斯中产阶层实际上并不具有很强的自我认同的原因。

上述的全部事实再次证实，作为俄罗斯社会结构中的一个独立的、具有较大规模的社会群体，中产阶层的形成过程虽还未完成但发展相对顺畅。鉴于"经济的"中产阶层在商品、金融和其他市场所具有的代表性以及其在稳定国家的社会和政治环境方面所发挥的作用，值得特别和仔细地考察。

第二章

中等收入群体的就业与工作

中国中等收入群体的就业结构

范 雷

改革开放以来，随着我国经济、社会的快速发展，扩大中等收入群体规模、构建"橄榄形"社会结构以拉动内需促进消费升级、保持经济中高速增长、维护社会和谐稳定已成基本共识。而在中等收入群体的巩固和扩大过程中，就业具有十分重要的意义。这一方面是因为就业为中等收入群体的发展提供了最主要的收入来源。目前我国居民人均收入中，与就业相关的工资性收入和经营性收入仍占有很高比例。据《中国统计年鉴》计算，2015年我国居民人均可支配收入中，56.7%为工资性收入，18%为经营性收入，7.9%为财产性收入，17.4%为转移性收入。尽管党的十七大报告首次提出要"创造条件让更多群众拥有财产性收入"，党的十八大报告也提出要"多渠道增加居民财产性收入"，但在相当一段时期内，对于大多数居民家庭而言，与就业相关的工资性收入和经营性收入仍将是其收入的最主要来源。而另一方面，特定时期、特定地区的经济结构、经济增长方式等因素也通过就业结构塑造着该时期、该地区中等收入群体的基本构成和主要特征。美国在18世纪就已形成以农场主、小业主、小商人等为主体的农业社会中等收入群体的社会结构。随着工业化的发展和教育水平的提高，以工薪收入为主的企业管理人员、技术人员白领群体崛起，成为中等收入群体的主体。而在后工业时代，白领与蓝领之间的差距不断缩小，部分蓝领因收入水平的提高而进入中等收入群体的下层。因此，从就业结构视角分析中等收入群体构成，将有助于深入了解这一群体的发展、演变过程中的阶段性特点。

所谓就业结构是指不同就业人口之间及其在总就业人口中的比例关系，它表明了劳动力资源的配置状况或变化特征。由于就业结构与个人收入而非家庭人均收入直接相关，因此本章拟以中国社会科学院社会学研究所主持的中国社会状况综合调查（CSS）2006～2015年数据为基础，以受访者个人收入相对指标［即将个人年总收入等于中位值的 0.75 倍及以下的人群定义为低收入群体，将个人年总收入高于中位值的 0.75 倍但是低于中位值 2 倍（包括 2 倍）的人群定义为中等收入群体，将个人年总收入高于中位值 2 倍的人群定义为高收入群体］作为划分标准，从就业结构角度对我国现阶段中等收入群体的状况加以描述和分析。

技术的快速进步和全球化影响的日益加深不仅使不同地区、不同民族的空间距离得以缩短，即时性和共时性的相互影响更深，而且也使其各自既有的发展节奏面临冲突、挑战，甚至风险。戴维·哈维在《后现代的状况》一书中将这一现象称为"时空压缩"。景天魁将"时空压缩"概念运用于中国社会转型过程，并对其进行了再定义。他认为"站在发达国家立场观察全球化过程的人看到的是时空伸延的一面，而它的另一面——站在发展中国家立场理解全球化过程——是时空压缩"，后发国家须以较短的时间经历发达国家在较长时间走过的历程，因此其"传统性、现代性和后现代性压缩在同一个时空之中"；但对于后发国家而言，这一"时空压缩"也具有二重性，即后发国家在以"后发优势"学习、追赶的同时，也存在易受发达国家压制的"后发劣势"（景天魁，1999，2015）。

对于"时空压缩"背景下我国社会结构、社会阶层的发展、演变特征，学者们进行了较为广泛的研究。陆学艺以"几千年来未有之变局"来形容改革开放以来中国社会结构的深刻变化，他认为："中国社会结构真正发生历史性变化是在改革开放以后，并经历了由农业社会向工业社会、农村社会向城市社会、传统社会向现代社会的转型，现代社会阶层结构初步形成，但相对于经济结构，当前的社会结构大约滞后 15 年。"（陆学艺，2010）王建平通过对比中西方中产阶层发展路径认为，中国的现代化是外源现代化，其社会转型是一种经过"时空压缩"的骤变式社会变迁，因而中国中产阶层的产生、发展、构成及特征都表现出与发达资本主义国家的不同。中国把前工业社会—工业社会—后工业社会的变迁路线集成压缩起来，于是社会职业结构的变化就表现为新旧中产阶层职业的共生并存（王建平，2007）。张翼则将我国中产阶层发展与全球正在进行中的后工业化、网络化相结合，认为当前中国的社会发展是"压缩式超越性现代化"，即中产化、后工业化、网络化同构的社会发展。在将"时空压缩"理解为西方国家现代化进程与当代中国社会结构变迁的集中体现的同时,也有学者把我国现阶段的变革因素纳入其中,以凸显当前我国"时空压缩"背景下社会变迁的复杂性。张宛丽认为我国存在的体制分割、地区分割在"时空压缩"的急剧变迁形态下使得新中产阶层的构成具有多元分割的突出特征(张宛丽,2007)。总之,学者们将当前我国中等收入群体的产生、演变与农业社会向工业社会、工业社会向后工业社会,以及城镇化、网络化、体制转轨等相结合,表明我国面临的"时空压缩"改变了以往中等收入群体产生、演变的循序规则,从而表现出其特殊性和复杂性。

从就业结构看,当前我国社会结构变迁过程中表现出下列特征。

一 我国现代型社会阶层结构随经济结构转型初步形成

改革开放以来,随着经济结构转型,我国在短时间内经历了由农业社会向工业社会的转变。近年来,第三产业的快速发展为完善经济结构、保持经济中高速发展、保障就业、提高人们生活水平发挥了积极作用。从就业的产业结构看,据统计,我国第一、二、三产业就业比重从1978年的70.5∶17.3∶12.2发展到2015年末的28.4∶29.0∶42.4,实现了就业结构由传统农业型向现代型的转变。而在就业的职业结构方面,从国家统计局调查数据和CSS历年调查数据可以发现,自1990年以来我国职业结构和社会阶层结构发生明显变化。农林牧渔水利业生产人员在就业结构中的比例不断下降,由1990年的70.69%下降为2015年的34.4%;国家机关党群组织企业事业单位负责人,专业技术人员,办事人员和有关人员,生产工人、运输工人和有关人员等群体的比例有所上升;而商业工作人员、服务业工作人员群体增加的比例最大,由1990年的5.41%增加到2015年的21.9%。这表明现阶段我国现代型社会阶层结构初步形成并正逐渐趋向合理(见表2-1-1)。

表2-1-1 1990~2015年中国职业结构和社会阶层结构

单位:%

	1990年	2000年	2005年	2006年	2008年	2011年	2013年	2015年
国家机关党群组织企业事业单位负责人	1.75	1.69	0.50*	2.4	2.7	4.2	3.1	3.4
专业技术人员	5.32	5.67	7.60	6.0	3.6	8.8	6.8	8.5

续表

	1990年	2000年	2005年	2006年	2008年	2011年	2013年	2015年
办事人员和有关人员	1.74	3.08	3.68	5.7	6.4	8.6	7.7	8.7
商业工作人员	5.41	9.22	12.17	10.6	10.7	12.3	11.7	12.1
服务业工作人员				7.1	8.0	9.0	9.1	9.8
农林牧渔水利业生产人员	70.69	64.38	56.95	50.2	49.5	37.1	35.6	34.4
生产工人、运输工人和有关人员	15.03	15.89	17.85	17.2	18.8	18.9	25.4	22.2
警察及军人	—	—	—	0.4	0.2	0.3	0.3	0.2
不便分类人员	0.05	0.07	0.25	0.3	0.1	0.8	0.4	0.6
合计	100.00	100.00	100.00	100.0	100.0	100.0	100.0	100.0

注：1990~2005年数据来自《2000—2005年：我国职业结构和社会阶层结构变迁》，《统计研究》2008年2月；2006~2015年数据为CSS历年数据；2005年缺少企业事业单位负责人数据。

但相对于经济结构的快速转型，我国社会结构的转型依然表现出一定程度的滞后性。首先，目前我国农村人口仍占据大多数，因此农村人口中等收入群体比例的提高对于我国扩大中等收入群体规模具有极为重要的意义。而对应于第一产业的产值，第一产业就业人员规模依然过大，其劳动生产率依然较低。加之近年来我国经济增速放缓，三、四线城市发展迟滞、农民工外出务工增速下降而回流规模增加，这有可能导致农村隐性失业问题的显性化，造成农村居民收入增长的放缓，进而影响我国就业的职业结构和社会阶层结构的进一步优化，使社会阶层结构由传统社会向现代社会、由农业社会向工业社会转型减速。其次，从发达国家和地区就业的产业结构演变看，普遍存在随着经济水平提高，劳动力由第一产业向第二产业，再由第二产业向第三产业转移的发展路径。但从改革开放以来我国就业的产业结构发展看，这一就业的产业结构转型特征并不明显，劳动力由第一产业转向第二产业的过程尚未完全展开，便出现第一产业劳动力迅速转向第三产业，甚至可以说两者同步进行的情况。从CSS数据可以看出，生产工人和商业服务业人员中农民工所占比例，2006年分别为57.7%和45.2%，2008年分别为66.2%和48.1%，2011年分别为74.5%和62.9%，2013年分别为82.9%和70.8%，2015年分别为81.4%和68.3%。这在一定程度上影响了第二产业的充分发展，加速了劳动力成本优势的终结，就长期而言也不利于农村人口中等收入群体比例的持续提高和我国中等收入群体规模的进一步扩大。

二 我国现阶段中等收入群体职业构成的多源性

随着改革开放的逐步深入，我国社会阶层分化日益明显，中等收入群体初具规模。以个人年收入相对标准划分，目前就业者中低收入群体占45.8%，中等收入群体占30.1%，高收入群体占24.1%。而从就业的职业结构看，各类职业群体中均有不同比例的成员进入中等收入群体或高收入群体。这表明在"时空压缩"背景下，经济结构的快速转型和社会阶层结构的快速分化，使每个职业群体均获得了不同的发展机遇，从而表现出现阶段我国中等收入群体职业构成的多源性。

表 2-1-2 职业结构的收入群体划分

单位：%

	总体	收入群体			
		低收入群体	中等收入群体	高收入群体	合计
白领	20.5	9.1	34.3	56.6	100.0
灰领	3.6	6.7	31.5	61.8	100.0
商业蓝领	11.6	17.1	38.9	44.0	100.0
服务业蓝领	8.6	22.8	44.0	33.1	100.0
工业、建筑业蓝领	19.4	17.4	48.1	34.5	100.0
农民	34.4	77.0	18.5	4.5	100.0
老年就业	2.0	35.0	40.8	24.2	100.0
合计	100.0	45.8	30.1	24.1	100.0

党政机关企事业单位管理人员、专业技术人员、商业营销人员和普通办事人员构成的白领阶层作为工业化、现代化的产物，成为通常意义上的中等收入群体或中产阶层。良好的受教育水平、较高且稳定的工资收入、良好的职业声望使其成为人们向往的对象和商业营销的消费符号。而就我国目前的白领阶层构成看，除了上述优势外，"体制内"特征也成为其重要的表现。CSS数据显示，56.9%的白领在党政机关、国有企事业单位任职，34.5%的

白领在私营企业任职，其余白领则在三资企业、民办事业单位等任职。因此从某种意义上说，并非完全由市场转型或现代化进程塑造我国现阶段的白领阶层，而是由制度保障的"体制内"精英构成了其主体。

由一线制造业、服务业中拥有较高技术能力或兼具管理职能的工人构成的灰领阶层也以较高比例进入中等收入或高收入群体。尽管目前对于灰领阶层的界定缺乏共识，但出于后工业时期技术进步和管理提升的需要，低端白领与技术蓝领的融合已成为现实。有学者认为，从市场定位来看，灰领阶层的收入水平较低，社会上偏重学历的传统观念导致灰领阶层的市场地位不高，而市场的供不应求将会提升灰领阶层的收入水平和经济地位（陈千雪，2008）。就我国目前的就业市场情况看，职业教育尤其是高等职业教育发展滞后导致高水平技术工人长期短缺，这已成为结构性问题。因此，后工业时期需求造成的灰领阶层稀缺，使其成为现阶段中等收入或高收入群体的一部分。

商业、服务业、工业建筑业蓝领群体中有80%左右的人进入中等收入群体或高收入群体。近年来我国劳动力成本快速上升。根据国际劳工组织公布的数据，自2006年以来我国平均工资水平增幅超过1倍，2014年中国大陆地区正常月薪平均数达到685美元；而据中国信息化百人会与咨询公司德勤联合发布的《2016全球制造业竞争力指数》，自2005年起的10年间，中国的劳动力成本上升了5倍。从CSS数据看，从2007年到2014年，商业、服务业和工业建筑业蓝领群体平均年收入分别增长2.3倍、1.5倍和3.8倍，分别达到49302元、35112元和36197元。我国2012年首次出现劳动年龄人口净减少，2011年以来农民工总量增速持续回落，加之城市生活成本不断上升，加速了以农民工为主体的商业、服务业和工业建筑业蓝领群体收入的增长。

在各类群体中，农民阶层进入中等收入或高收入群体的比例最低，77%仍为低收入群体。仅就种植业而言，农民阶层进入中等收入或高收入群体的主要因素是通过土地流转而实现规模化经营。2015年的CSS数据显示，中等收入群体和高收入群体农民家庭实际耕种面积平均分别为12.5亩和13亩，而低收入群体农民家庭则平均为7.1亩。与2013年的调查数据相比，2015年中等收入或高收入群体的农民家庭实际经营规模均有较大提升。

将60~69岁老年人就业单列并非将其作为单独阶层，而是为了突出老龄化背景下现阶段我国就业领域的新现象。20世纪90年代以来，我国城镇60岁及以上老年人口就业率经历了逐步下行的过程。从历次人口普查情况看，我国城镇老年人就业率在1990年、2000年和2010年分别为17%、10.1%和6.7%。但近年来，我国城镇老年人口就业率呈现回升态势。CSS历次数据显示，2006年、2008年、2011年、2013年和2015年，我国城镇60~69岁老年人口就业率分别为9.5%、10.4%、8.9%、18.8%和17.5%。在经济增速下行预期加大、基本养老保险替代率下降和子女对老人的代际经济支持能力减弱甚至需要老人"反哺"子女的背景下，原有造成城镇老年人口就业意愿下降的因素发生趋势性转变，这导致城镇老年人口的就业意愿上升，就业率提高。老龄人口再就业对于中等收入群体的意义在于其在巩固自身收入的群体地位的同时，也在一定程度上提升着家庭收入的群体地位。2015年全国城镇60~69岁老年人中，无业人员退休金年收入平均为24061元，再就业人员年收入平均为34192元，这一老年群体再就业平均可以获得相当于42.1%退休金的收入。

从以上描述中我们可以看到，现阶段我国中等收入群体或高收入群体的职业构成具有多源性，即每一职业进入中等或高收入群体均有其自身逻辑，包括白领的"体制性"因素、灰领的后工业化过程中的稀缺因素、蓝领的工业化过程中劳动力短缺因素、种植业农民的规模化经营因素，以及老年再就业人口的养老金补偿因素，因此"时空压缩"背景下中等收入群体或高收入群体的职业构成的多源性也就在很大程度上决定了现阶段我国中等收入群体的异质性。

三 我国中等收入群体未来发展的脆弱性

尽管目前我国现代型社会阶层结构初步形成，中等收入群体也初具规模，但今后发展仍具有较大的不确定性和脆弱性。主要表现在以下几个方面。

第一，中等收入群体仍处于就业的不稳定状态。就业的稳定性是通常意义上判定中等或高收入群体的主要标准之一，同时也是这一群体保持稳定发展的基础。因为一个被寄予"社会稳定器"期望的群体,其自身首先应当是相对稳定的。但在调查中,75%的高收入群体表示自己在未来六个月内不可能失业,而中等收入群体的这一比例为61.9%,低收入群体的这一比例为50.9%;从职业结构看,白领阶层的这一比例为81%,灰领阶层为67.3%,商业蓝领为66.8%,服务业蓝领为61.2%,制造业、建筑业蓝领为51.4%。可见,除高收入群体和白领外,其他群体对未来职业的稳定性均表现出较大担忧。

第二,从就业形式看,中等收入群体非正规就业比例较高,劳动权益难以得到保障。为扩大就业、缓解就业压力,各国均把实施灵活就业(又称非正规就业)作为解决就业问题的举措。20世纪90年代中期以来,我国为解决劳动力供给过剩和下岗失业问题,将非正规就业作为积极就业政策的重要举措之一。由于大量农民工流动务工,长期以来我国的非正规就业比例大致占就业者的50%。从调查结果看,2015年白领阶层中非正规就业比例为16.2%,灰领阶层为37.3%,商业蓝领为52.2%,服务业蓝领为58.2%,制造业、建筑业蓝领为63.4%;从中等收入群体看,46.3%属于非正规就业。相对于正规就业,非正规就业在社会保障、劳动保障及就业质量等方面均表现出社会保障程度低、劳动合同签约率低、工作时间较长等问题。

第三,从工作满意度看,晋升机会缺乏成为中等收入群体工作满意度最低的方面。在调查中,我们从多个方面询问受访者对于目前非农工作的满意度。以10分为满分,结果显示,中等收入群体对于单位人际关系满意度均在7分以上,对工作安全性、工作环境、个人能力发挥的满意度均在6分以上,对收入待遇满意度在5分以上,而对晋升机会的满意度则在5分以下。因此对于中等收入群体甚至部分高收入群体而言,就业仅仅是获得收入的渠道,而非向上流动的渠道。

因此,对于现阶段我国的中等收入群体而言,较大的失业担忧、较高比例的非正规就业和较少的晋升机会构成了其未来发展的脆弱性和不确定性。经济高速增长时期,收入的提升掩盖了未来发展的脆弱性;而当经济增速下行时,这一脆弱性便可能显现。事实上,即使在发达国家,人们在将中等收入群体作为社会中坚力量的同时,也对这一群体在面临诸多压力时所表现出的脆弱性表示担忧。对于中国初生的中等收入群体，其未来发展的不确定性依然较大。

针对目前我国中等收入群体的状况，今后的着力点首先在农村。就我国农村人口比例依然较高、农民在低收入群体中所占比例较高、农民工成为蓝领阶层主体等现状而言，首先，提高农村中等收入群体比例对我国总体扩大中等收入群体具有十分重要的意义。应在积极推进农业规模经营的同时，加快城镇化进程，以有效提高农村居民收入并促进其市民化。其次，应进一步完善劳动力市场，积极促进就业，切实保障劳动者权益，提高就业质量，以增强中等收入群体的安全感、稳定性。最后，应加大人力资本投入，推进教育公平，发展职业教育，加强在职培训和成人教育，不断提高劳动者素质，以适应我国工业化程度不断提高和高新技术产业发展的需要，并由此形成以知识、技术为核心，以专业化职业发展为基础，具有有序社会流动机制的中等收入群体发展路径。同时，对于我国老龄化社会的严峻现实，应在提高老龄人口养老保障水平的同时，加快出台有关老年人再就业的法律法规，以巩固中等收入群体发展规模。

俄罗斯中等收入群体的就业与工作

瓦西里·A. 安尼金（Vasiliy A. Anikin）

本章探讨了中等收入群体在产业关系中的就业状况与就业地位。根据已有文献，中等收入群体在劳动力市场中处于有利的地位，例如更稳定的就业和更具影响力的劳资谈判地位或更低的失业风险，他们是一批熟练的专业人员且能在人力资本需求中找到更令人关注和更有前途的工作。①

关于这些群体的就业和失业，我们能说些什么呢？首先，值得注意的是，大多数中等收入群体的收入是工作性收入，即他们从事有偿的工作。这缘于俄罗斯人口收入来源的多样化，即使富裕的俄罗斯人亦是如此。在日常工作场所获得的收入是大多数俄罗斯人收入的主要来源。俄罗斯人获得的包括租赁报酬、房屋出租和存款利息等形式在内的任何额外收入来源不超过3%。②

据我们估计，从事有偿工作的是经济的中产阶层，这是中高收入子群体（其收入至少是俄罗斯中值的1.25倍）的一个属性（见表2-2-1）。③因此，在中等收入群体中，中高收入子群体目前的就业率为79%，而中低收入子群体的这一比例为62%。由于1.25倍这一中值是定义这些群体的一种对位法，所以以与就业状况有关的俄罗斯人的生活机遇的分界线仿佛将中等收入群体一分为二。

---

① 在西方文献中，所有列出的属性都是中产阶层所特有的。例如，J. 戈尔德索普强调以书面雇佣合同、工作场所高度自治以及额外的社会福利为特征的雇佣关系可以证明某个人属于中产阶层（戈尔德索普，2000：1572~1582）。E. 怀特指出中产阶层所从事的工作是有些许矛盾的，因为这些工作被从事各种复杂工作的高技能雇员所占据，而这增加了他们对组织的影响，尽管如此，他们仍然遭受到了剥削 ［详情请参见（怀特，1997）］。

② 在本章中，我们所提供的数据源于2015年10月俄罗斯科学院社会学研究所的监测研究。

③ 31%的俄罗斯人获得了这样的收入。

表 2-2-1　来自不同收入群体的俄罗斯人的就业水平和类型

单位：%

	低收入群体	中等收入群体		高收入群体
		中低	中高	
目前的就业人口（总计）	63	62	79	88
依规定或无限期合同而就业（长期就业）的人员	45	49	62	70
依临时书面协议而就业的人员	9	8	11	13
依口头协议而就业的人员	9	5	6	5
目前的非就业人口（总计）	37	38	21	12
退休人员（包括残疾退休人员）	23	24	10	5
高等院校和中等专业教育机构的学生	4	8	8	5
失业人员	10	6	3	2

注：在本章中，任何有统计学意义的关系（$\alpha < 0.05$）都用黑体字表示。就 $p < 0.05$ 的分析属性而言，在统计上比例差异不大的收入群体则用其他字体表示（邦弗朗尼校正）。

资料来源：俄罗斯科学院社会学研究所（2015）。由于子样本量小（低于1%），在分析中排除了休产假或育儿假的俄罗斯人。

一方面，这种差异主要表现在中等收入群体的中高和中低收入子群体的就业水平和就业类型上；另一方面，则表现在这些群体失业代表的结构上。因此，在中低收入子群体中，不到半数的人是长期就业人员，也就是说，他们是依规定或无限期合同而就业。在中高收入子群体中，这样的俄罗斯人的比例则相当高，达到了62%（这在高收入群体中更具代表性，其中长期就业人员的比例达到了70%，被视为最高值）。如表2-2-1所示，依规定或无限期合同而就业的长期雇员所占的较大比例是区分中高和中低这两个收入子群体的一个基本特征。换而言之，任何正式的永久性就业都与俄罗斯人在生产领域中更为优越的地位有关，这在同等的条件下保证了其较高的收入，因而属于经济的中产阶层的可能性更大。

其他形式的雇佣关系则不具备这一特征。这既与正式的临时就业有关，也与非正式的就业有关——在统计学上，中等收入群体的相关数据低于低收入群体。尽管非正式的就业可能与在劳动力市场中额外的经济回报有关（就从事某些自由职业类别的俄罗斯人而言）（莱曼、扎伊采娃，2015：464~488），然而总的来讲，基于口头协议的就业是受歧视和被剥削的结果，而这在经济危机期间尤为突出。所以，非正式就业在许多情况下是非自愿的且收入很低。

在工业化的西方国家中，临时就业使生产领域中就业人员的风险增加（费丽尔、赛尔斯，2003；吉赛克，2003）。尽管如此，在当代俄罗斯，临时就业的性质更为复杂而且可能与低收入无关（吉姆佩尔森、卡佩尔尤什尼科夫，2007）。显然，这是因为临时合同有时被认为是针对某些类别雇员所面临的高风险的失业保险。表2-2-1表明，依照临时书面协议，在正常工作场所的就业与高收入群体相关联。因此，从统计学来看，在收入超过居民收入中值两倍的俄罗斯人中，签订临时合同的雇员比例更高，达到13%，而收入处于中值水平的俄罗斯人中，签订临时合同的雇员比例只有9%。

对于高收入群体来讲，他们相对较高的工资可被看作，由于就业人员拥有技能，由雇主承担临时雇佣风险时的奖赏。不过，这更多的是超越规则的一个例外。在俄罗斯，80%的日常性临时雇佣合同针对的是商业和服务行业的就业人员和体力劳动者，也就是说，这些人是没有什么职业特长并且缺乏与雇主讨价还价能力的劳动者。

因此，中等收入群体中的中低和中高这两个收入子群体是就业领域中对立情况的写照。尽管都被称为经济的中产阶层，然而它们是如此不同以至于就其就业状况而言，只有在特殊和非常少见的情况下才被视为单一的社会群体。

失业状况亦具有类似的特征，而且中低和中高收入子群体的失业状况的性质也是相反的。因此，在中等收入群体中，中低收入子群体的失业者的相对比例是中高收入子群体的1.8倍（分别为38%和21%），并且是高收入群体这一比例的2.7倍。中低收入子群体的失业者由那些以养老金和福利为生的人以及积极寻找工作但失业的俄罗斯人构成。在中等收入群体中，未就业的退休人员和学生的比例分别为24%和8%（即在中等收入群体中，中低收入子群体的失业者的这一比例分别为63%和21%）。一般来讲，在中等收入群体中，几乎有一半的中低收入子群体，无论他们是就业者还是失业者，都以调配资金（国家和公共组织提供的养老金、津贴、赡养费、援助等）为生。在俄罗斯，就整体而言，38%的人口的收入主要来源于调配资金;在低收入群体以及中低收入子群体中,这类人的比例分别为46%和45%。

目前失业但积极寻找工作的俄罗斯人在中低和中高收入子群体中所占的比例截然不同。表2-2-1显示,在中等收入群体中,中高收入子群体的失业率是中低收入子群体的一半,而这也是整个国家的水平(6%)。不过,一般而言,积极寻找工作的俄罗斯人的失业状况主要与收入低于全国中值的75%的人有关。因此,在低收入群体中,失业者的比例在统计学上高于全国平均水平,达到了10%。这种关系表明,目前在俄罗斯实施的社会支持措施完全无效。这意味着在失业的情况下,一个人肯定会生活在贫困线以下。俄罗斯人在退休后大规模退出中等收入群体的风险正在增加。

对于大多数俄罗斯人而言,即使是低薪的工作,其不仅是收入的主要来源,而且是维持社会地位、阶级关系和与之相关的资源、机遇的保证。据此,一个重要的问题就是——中等收入群体在哪里工作?在考虑作为中产阶层经济基础的中等收入群体时,人们可以推测中等收入群体的就业将限于经济的第三产业和第四产业。不过,根据研究的结果,经济行业为中等收入群体提供的就业相当于俄罗斯的平均水平并且在某些经济行业的就业和收入群体之间在统计上没有显著的关联。唯一例外的是那些收入不及俄罗斯中值75%的俄罗斯人,在这些人中,在经济的第一产业中就业的人数比例是就业于农业生产领域的全国整体比例的两倍(10%:5%)。对于中等收入群体和高收入群体来讲,在经济的第一产业中就业是一种极为少见和不典型的现象(在1%~4%这一水平)。换而言之,中等收入群体平均分布在所有的经济行业(除实际上没有什么代表性的第一产业之外),而且从一个人融入经济的中产阶层的角度来看,就业的行业类型并非那么重要。

俄罗斯公民并不认为在国企就业具有任何明显优势。在2015年的危机中,企业所有权的类型对各收入群体中俄罗斯人的分布没有任何统计上的显著影响,在同等条件下只有在国企的就业除外——它保证了就业者的收入不低于全国中值的0.75倍,而相比之下,私有企业则降低了这一保证。因此,1/4的低收入群体就业于新成立的商业组织,而在中高收入群体中,这一比例仅为17%(尽管这类企业的全国平均就业率未超过当时就业人口的 20%）。所以，国家所做的努力就是让工资维持在一个范围的同时，收入标准不会低于一个最低值，而私有企业的政策通常意味着维持一个极低的工资水平。不过，部分就业者的高收入的机遇仍然存在（虽然他们的待遇不会超过在国有企业的待遇）。这是就业劳动者两极分化的另一个因素。

在俄罗斯的所有人口中，低收入的公民在就业方面处于最不受保护的地位。该群体中约 27% 的就业者认为他们在这一年内存在就业问题。与低收入群体相比，中等收入群体处于相对有利的地位。中等收入群体在就业领域处于俄罗斯的平均水平（25%）。换而言之，中产阶层在就业领域中并没有什么特别之处，只是"不比别人差"而已。雇主在经济危机期间减少在工作场所提供的额外的社会福利的频次和数量似乎被中等收入群体视为侵犯俄罗斯公民劳动权利的最糟糕情况，这在危机中很普遍，甚至对预算组织都产生了影响。

谈及经济的中产阶层的就业结构，俄罗斯科学院社会学研究所的数据显示，居中的位置主要由他们所从事工作的具体情况来保障。除上述就业参数外，让我们全面了解就业细节的关键是职业结构的一个截面。今天，当行业和产业的差异没有像 10 年前那样清楚地表明中等收入群体的本土化时，这一截面就变得特别相关。尽管社会科学家长期以来一直把职业结构作为社会经济生活的主要截面[1]，然而俄罗斯经济学家只是在最近才意识到它的重要性。[2]

职业结构对收入分层的影响是相当明显的。表 2-2-2 显示：①中等收入群体的就业者主要从事非体力劳动（在中等收入群体中，中低和中高收入子群体的这一比例分别为 62% 和 68%）；②中低和中高收入子群体所

---

[1] 在这方面，我们不仅要指出外国作家的著作，而且还要指出俄罗斯社会学家的著作，作者包括 O. 什卡拉坦、V. 曼苏罗夫、G. 雅斯特列利波夫、A. 贝苏德尼、V. 阿尼金等。
[2] 最重要的是，我们将由 R. 卡佩里尤什尼科夫和 V. 吉姆佩尔森领导的作家群体出版的最新分析报告当作《俄罗斯劳动力市场职业结构》（主编：N. T. 维什尼夫斯卡亚，国家研究大学高等经济学院出版社，2017）的手册。一部由经济学家编辑、侧重于经济结构而非单独职业群体的俄文专著的问世可以被视为超越先前的、分析经济过程的社会起源的研究的重要尝试。例如，Z. 萨比利亚诺娃的论文《庞大的人力资本的再分配：转型时期俄罗斯的职业流动研究》（发表于《比较经济学期刊》2002 年第 30 卷）以及其他人的作品。

从事的工作以及他们被认定的技能水平在性质和能力方面存在相当大的差异。因此，在中等收入群体中，47%的中高收入子群体的就业者占据着管理人员和专业技术人员的职位，而中低收入子群体的就业者的这一比例只有33%。

表 2-2-2　俄罗斯不同收入群体的职业结构

单位：%

职业	低收入群体	中等收入群体		高收入群体
		中低	中高	
各级管理人员、企业家和自营者	5	7	12	15
其工作涉及利用高等教育知识的专业技术人员	15	26	35	39
半专业人士、办公室雇员、行政人员和职员	17	15	11	13
其他非体力劳动者（服务人员及商店和市场销售人员）	17	13	10	10
体力劳动者	46	38	32	23

资料来源：俄罗斯科学院社会学研究所。

中等收入群体就业结构的另一个重要特征是，从事常规体力劳动的工人和就业人员在中等收入群体的就业中具有广泛的代表性，而这在中产阶层中通常是不典型的。① 因此，在中低和中高收入子群体的就业代表中，体力劳动者分别占到38%和32%，在商业和消费者服务领域中的普通员工分别占到13%和10%。考虑到俄罗斯工人和在第三产业中的普通员工的一般收入低于俄罗斯的均值和中值，中等收入群体中一些就业者参与其中可能缘于他们较高的学历、工作的特殊性以及更具潜能的人力资本。

让我们检验一下这些假说并且考虑一下俄罗斯工人是如何进入经济的中产阶层的。俄罗斯一些体力劳动者的"资产阶级化"② 是他们受高等教育和技能发展的结果，抑或是由与他们的知识和技能无关的其他原因决定

---

① C. 米尔斯，2002，请根据以下的新韦伯主义方法阅读关于中产阶层社会和职业构成的信息。
② 英国社会学家 J. 戈尔德索普和 D. 洛克伍德最先谈及了工业发达社会中的资产阶级化现象（戈尔德索普、洛克伍德，1971）。

的。为了回答这个问题，让我们更详细地了解一下属于中等收入群体的体力劳动者。如图 2-2-1 所示，中等收入群体包括了一半的俄罗斯工人（占全国就业人数的 18%）。俄罗斯工人中的另一半主要为低收入群体，只有一少部分为高收入群体（占全国就业人数的 5%）。值得注意的是，中等收入群体和低收入群体中工人教育水平的基本形式、特征大致一样。因此，在这些工人中分别有 68% 和 61% 的人接受中等专业教育和不完全的高等教育；24% 和 28% 的人接受中等普通教育；4% 和 7% 的人接受不完全的中等普通教育；3% 和 3% 的人接受高等教育。换而言之，体力劳动者被纳入中等收入群体是由其教育水平指标以外的因素决定的。

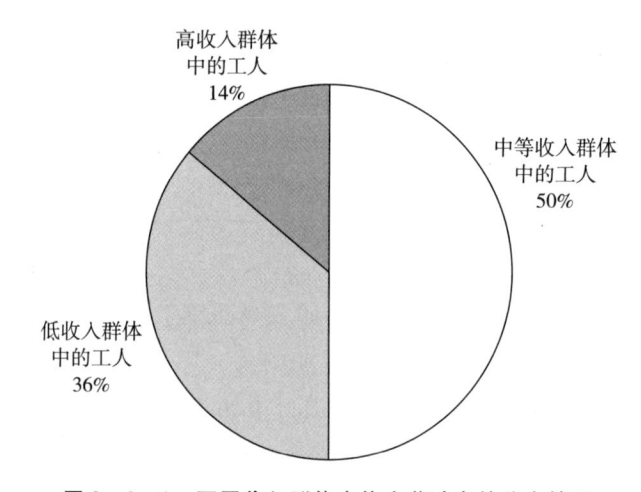

图 2-2-1　不同收入群体中体力劳动者的分布情况
资料来源：俄罗斯科学院社会学研究所（2015）。

不同收入群体的劳动者获得技能的差异更为显著。图 2-2-2 显示，在中等收入群体的工人队伍中，高技能工人（5 级工及更高级别的工人）的比例远远高于低收入群体工人的这一比例（分别为 45% 和 36%）。他们占到了包括高收入群体在内的体力劳动者的大多数（55%）。

所以，将工人纳入经济的中产阶层不仅与受教育水平的差异有关，而且与他们的技能水平差异有关，即在同等条件下，有更高技能的工人将会得到更高的工资。因此，在 2015 年，高技能（5 级及以上）工人的月平均工资为 25000 卢布，中等技能（3~4 级）工人为 20000 卢布，而低技能（1~2 级或无技术等级）工人则为 15000 卢布。这些差异在统计学上是显

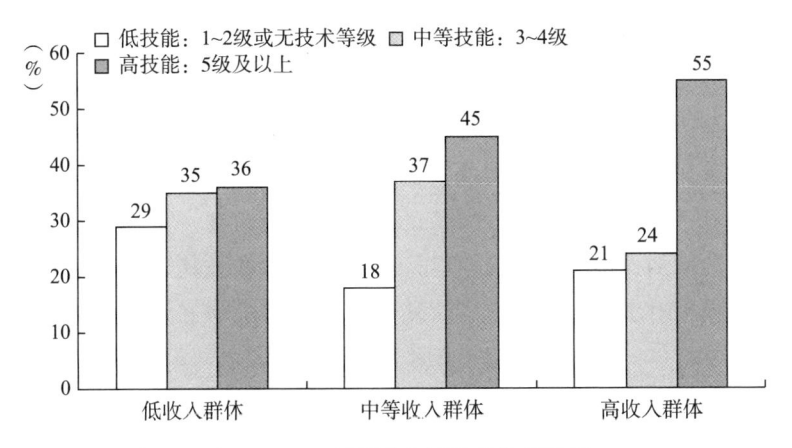

图 2-2-2 不同收入群体的技能等级

资料来源：俄罗斯科学院社会学研究所（2015）。

著的，而这被表 2-2-3 中的数据所证实，表 2-2-3 显示处于不同等级技能的工人的工资分布成对比较的结果。

表 2-2-3 不同等级技能工人的工资分布的成对比较结果

工人的对比子样本	检验统计量	显著性
低技能—高技能	94.499	0.000
中等技能—高技能	14.615	0.000
低技能—中等技能	40.373	0.000

注：每一行测试了样本组内工资分布不存在差异的假说。所有被验证的假说都显示错误的概率小于 0.01%。

资料来源：俄罗斯科学院社会学研究所（2015）。

尽管最近的研究表明熟练工人的劳动报酬低得到不公平的地步[①]（我们的研究也部分证实了这一点），但值得注意的是，用人单位所看重的显然是工人的高技能水平，而这反映在他们的工资上。这意味着，他们的人力资本的关键是技能，而非形式上的受教育水平，这成为俄罗斯研究人员注重形式上的教育指标而没有考虑到就业人员技能水平或通过职业结构差

[①] 例证请参阅 A. V. 卡拉瓦伊的《俄罗斯工人人力资本：条件与因素》（《社会学研究所公报》2016 年第 17 号）。

异评估人力资本回报的一个重要的补充。①

这一发现使我们能够重新审视当代俄罗斯体力劳动者人力资本的开发问题。如果谈及有助于提高俄罗斯工人的工资和福利水平的政策，那么管理者应该更加积极地去开发劳动者的实际技能，包括他们在信息和通信技术领域的竞争力，这在高科技经济的形成中尤为重要。必须说，随着人力资本回报的增加，俄罗斯的雇主已经开始重视这些技能，从而在信息和通信技术领域中对工人加以整合，这使他们更容易成为经济的中产阶层中的中高收入子群体。② 然而，这尚未用于体力劳动者。

在中高收入子群体中，每天使用计算机的俄罗斯人的相对比例为42%，而中低收入子群体的这一比例只有34%（在收入未超过俄罗斯中值0.75倍的低收入群体中，这一比例只有25%）。不过，在工作中使用计算机而获得的额外收入主要由熟练的非体力劳动者所享受。大多数体力劳动者（88%）要么缺乏计算机技能，要么不从事与这些技能有关的工作。即便在高技能工人中，融入信息和通信技术领域的人所占的比例也相当低，大约只有6%的高技能工人每天能在其专业活动中运用计算机技能。总而言之，体力劳动者中使用个人电脑的工人所占的比例未超过12%。所有这些都说明，高技能工人，甚至是经济的中产阶层所从事的工作科技含量不高，这是通往新经济道路上的一个严重的体制障碍。在实体经济中，工作的成功技术现代化将会使70%的很少使用或从未使用信息和通信技术的高技能工人融入相关的信息和通信技术。

无论如何，开发俄罗斯工人的计算机技能是一项必要的措施，因为这些技能与所挖掘的人力资本有关。在高技能工人中，缺少计算机技能的人数的比例只有25%；在中等技能工人中，这一比例为30%；而在低技能工人中，达到了46%。这意味着，为俄罗斯工人所创造的新的就业岗位必须与为体力劳动者提供广泛的培训相连，这不仅包括专业能力的发展，而且

---

① 参见A. L. 卢克亚诺娃的《教育的回报：Meta分析的结果》[《高等经济学院经济杂志》2010年14（3）]。

② 它完全符合国外的经验。参见G. 彭、R. V. 尤尼的《计算机技能、非日常性的工作及工资的溢价：一项纵向的研究》（《战略信息系统杂志》2011年第20卷第4号，第449~460页），J. E. 迪纳尔多、J. -S. 皮斯切克的《重新审视计算机使用的回报：铅笔也改变了工资的结构吗?》（《经济学季刊》1997年第112卷第1号，第291~303页）。

还包括设备操作方面的计算机技能。这也有助于增加俄罗斯的实体经济融入国际经济体系的潜力以及使体力劳动者在自动化和机器化作业领域中维持高水平的就业,在未来的 7~10 年这会对俄罗斯的实体经济产生影响。

上述数据主要涉及中等收入群体和包含其中的不同职业子群体的就业情况。让我们考虑一下中等收入群体中的中高和中低收入子群体在职业成就上的差异。在中等收入群体中,中高收入子群体更可能是在管理职位上工作和从事脑力劳动的俄罗斯人,所以中高收入子群体的工作往往比中低收入子群体的工作更令人关注和受人尊重。根据 2015 年的调查,在中高收入子群体中,设法找到一份受人尊重或令人关注的工作的俄罗斯人的比例分别达到了 36%、55%,而在中低收入子群体中,这一比例则相当低,分别为 28%、45%。

在经济的中产阶层的中高和中低收入子群体中,俄罗斯人的职业成就亦是如此。不过,图 2-2-3 的数据表明,尽管中等收入群体中的中高和中低收入子群体在所从事的工作方面的差异非常显著,但它还没有那么重要,以致严重影响经济的中产阶层对生产领域中生活机会的感知。包括中等收入群体在内的俄罗斯人确信他们在职业发展方面没有受限,并且还认为他们自己是所在领域的"优秀专业人员"。这表明,与其他社会群体,特别是低收入群体相比,对自己的专业水平和工作优势有更为积极的认识

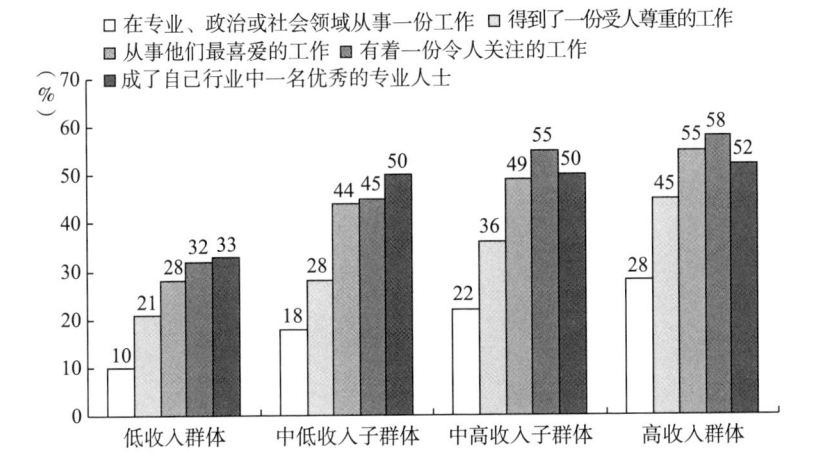

图 2-2-3 在专业领域取得的成就(自我评价)

资料来源:俄罗斯科学院社会学研究所(2015)。

是中等收入群体的一个显著的特征。

对于中等收入群体自评的就业状况，我们可以说些什么呢？对就业状况评价为良好的比例至少是那些对此持负面看法的人的3倍。因此，在中低和中高收入子群体中，分别有34%和37%的人对自己的就业状况持有一种积极的评价，而只有11%和7%的人持消极评价。换而言之，在中等收入群体中，尽管中高收入子群体的工作明显好于中低收入子群体，可这两个群体对他们的工作进行自我评价时却相当一致。因为中高和中低收入子群体的就业和工作场所的参数不尽相同，所以在他们所从事的工作存在差异的条件下，他们对工作的自我评价保持一致。在两者对工作进行自我评价的指标方面，中低收入子群体强调的指标为"在工作中的良好关系"和"报酬的数额"，中高收入子群体强调的指标则是"对人力资本的需求"、"劳动的内容"以及"在职业中自我实现的机会"（对他们的付出给予的适当补偿）（阿尼金，2013：35~60）。

这与人力资本理论的经验验证相吻合[①]——任何的低收入不仅取决于"不好的"工作岗位而且还取决于匮乏的人力资本（贝克尔，1993：385~409）。中等收入群体，特别是中高收入子群体中的成员与其代表的发达的人力资本有多大的关系呢？根据经典的社会学研究，中产阶层不同于其他的社会群体，因为其受教育水平受到了市场的追捧，他们也因此能够从人力资本中获益。[②] 这往往决定了这一群体的具体情况。

中低收入子群体的人力资本积累的水平具有全国平均指标的特征，因此，人们可以说这些俄罗斯人的工作职位与他们的高学历无关。受过高等教育的就业公民的比例未超过中低收入子群体的35%（而受过中等专业教育和不完全高等教育的群体的这一比例为50%）。而在中高收入子群体中，这一比例分别为45%和43%。拥有技术学位的大学毕业生属于中高收入群体的事实表明，如今的俄罗斯对这种教育的要求更高，而且雇主也准备好支付这一人力费用。

---

① 根据经典的解释，人力资本是指个人所积累的知识与技能（包括非认知的知识与技能），基于精英原则，它可以在一个竞争激烈的社会制度中带来更高的收益。
② 如果进行比较的话，工人阶层收入的主要来源是其工作能力，而最高阶层的收入来源则是经济资本。

尽管中等收入群体的受教育状况在中低和中高收入子群体中有所不同，但这两个群体都积极投资于人力资本，这在评估中等收入群体的就业前景时非常重要。中等收入群体在提高人力资本上往往多于低收入群体，且接近高收入群体。从 2013 年至 2015 年，人力资本投资水平在中低和中高收入子群体中分别提高了 17% 和 15%。相比之下，在同一时期，只有 11% 的低收入群体对人力资本进行投资，而高收入群体对人力资本进行的投资达到了 19%。

然而，在 2015 年的经济危机期间，人力资本积累的前景在这些子群体中却有所不同。在 2015 年，1/3 的中高收入子群体和 27% 的中低收入子群体自评他们有很好的机会去获取所需的教育和知识。他们对自己的专业发展亦是评价良好。虽然在中等收入群体中约有一半的人认为自己已经是专业人士，但中低和中高收入子群体对专业发展前景的自我评估却有着相当大的差异。相较于中低收入子群体（31%），中高收入子群体（40%）认为他们有更多的自我实现的机会。

尽管在中低和中高收入子群体中人力资本积累的前景有很大的不同，但他们的职业流动指标却非常相似，这也是国家真实的水平。因此，在 2015 年努力获得晋升或找到一份更适合自己的新工作的经济的中产阶层在中低和中高收入子群体中的比例分别为 15% 和 16%，而低收入子群体中的这一比例为 10%，高收入群体的这一比例为 26%。这一数据证实了最近的研究结果。根据这项研究，对大多数就业的俄罗斯人来讲，向上的职业流动受到了严重的限制（雅斯特利波夫，2016）。唯一的例外是进入管理层的专业人员。这与地位的上升和收入的增加有关。这也反映在高收入群体的相应统计数据中。

中等收入群体的劳动人口对就业前景和流动性的自我评估受到了经济危机的影响。在 2015 年，像大多数俄罗斯人一样，中等收入群体认为在第一个危机年里，随着失业状况恶化，就业机会也减少了。失业的风险在高收入群体中并不常见，这反映了一个事实，即富有的俄罗斯人比其他社会群体有更多的机会。

工作作为一种资源，其影响力在不同的收入群体中也有很大的不同。表 2-2-4 显示，相较于中低收入子群体，中高收入子群体在工作中拥有更大的决策权。然而，这些群体所掌握的资源通常受其部门规模的限制。随着工作变得更加复杂以及管理职能的增加，人们在工作场所的影响力和自治程度也会随之增强。方差分析的结果表明，在统计学上，员工在做出独立决策方面的平均工作量在中高收入群体和高收入群体中更大。

表 2-2-4　不同收入群体的影响力

单位：%

在工作中的影响力	低收入群体	中等收入群体		高收入群体
		中低	中高	
能够影响整个企业的决策	8	8	7	14
能够影响所在部门的决策	24	34	42	46
他们的意见未影响任何工作决定	68	58	51	40

我们可以说，中等收入群体中的中低收入子群体的工作情况与国家的一般水平相符。考虑到他们所处的中间位置，这非常合乎逻辑。同时，在中高收入子群体中，他们的工作情况比国家的一般水平要好（见表 2-2-5），而且在所有关键的方面都接近高收入群体的指标。

表 2-2-5　中等收入群体中的中高和中低收入子群体在基本
经济特征上的差异

特征	中低收入子群体	中高收入子群体
就业的特征		
全职就业	国家水平	+
失业	国家水平	-
作为管理人员和专业人员的就业	国家水平	+
体力劳动岗位上的就业	国家水平	国家水平
工作的特征		
在工作中的良好环境（自评）	国家水平	+
能影响部门的决策	国家水平	+
人力资本的特征		
高等教育及以上	国家水平	+

续表

特征	中低收入子群体	中高收入子群体
在经济的第三、第四产业中就业	国家水平	国家水平
在人力资本投资上的经验	国家水平	国家水平
计算机技能的日常使用	国家水平	+
主要的人生机遇的特征		
在职业中成为一名优秀专业人员的机遇	+	+
在职业中自我实现的好机遇（自评）	国家水平	+
危机使就业和职业机遇恶化	国家水平	国家水平
获得高质量的教育	国家水平	+
专业发展的前景（自评）	国家水平	+
向上的职业流动	国家水平	国家水平

注："国家水平"是指（在必要的地方）对就业的俄罗斯人的调整；"+"表示该指标与子群体间在统计学上的显著关系。

尽管中等收入群体中的中低和中高收入子群体间在就业、向上的流动、人力资本的投资等方面有着相似之处，但不能说明中低和中高收入子群体在职场中机遇一样。这就提出了中等收入群体的一致性问题，有必要在前面所描述的几个标准的基础上去检验新韦伯主义理论中所谓的"社会学的中产阶层"概念。基于他们就业的一组属性，在新韦伯主义传统中有多重标准的中产阶层的经济基础是由那些收入始于中值1.25倍的俄罗斯人（即中等收入群体中的中高收入子群体以及高收入群体）所奠定。事实上，社会学的和经济的中产阶层的"重叠区"就是中高收入子群体的就业人口，主要由管理人员和专业人员组成（见表2-2-6）。

表2-2-6 经济和社会学的中产阶层的职业构成

单位：%

职业地位	经济的中产阶层（中等收入群体）			社会学的中产阶层（中间群体）
	中低收入子群体	中高收入子群体	中等收入群体的总体情况	
各级管理人员、企业家和个体经营者	7	12	9	16

续表

职业地位	经济的中产阶层（中等收入群体）			社会学的中产阶层（中间群体）
	中低收入子群体	中高收入子群体	中等收入群体的总体情况	
其工作涉及利用高等教育知识的专业技术人员	26	35	30	49
半专业人士、办公室雇员、行政人员和职员	15	11	13	20
其他非体力劳动者（服务人员及商店和市场销售人员）	13	10	12	15
体力劳动者	38	32	35	0

资料来源：俄罗斯科学院社会学研究所（2015）。

让我们总结一下。

了解俄罗斯中产阶层发展的前景取决于对它的理解。对中产阶层的认同，即使仅仅基于一个标准（收入），也能让我们详细说明拥有一组特定属性的中等收入群体，这使我们能够从社会学的角度对作为中产阶层基础的他们加以诠释。

然而，对当代俄罗斯中等收入群体就业与工作特征的研究使我们有可能得出这样的结论，即他们在结构上存在异质性。中低收入子群体是俄罗斯一般情况的代表。俄罗斯就业的一般情况是不需要有大量较高的人力资本、高资历和从事复杂性工作的人，中等收入群体中的中低收入子群体具有此特性。中等收入群体中的中高收入子群体则代表了失业率较低、人力资本更高的劳动力，他们所从事的工作在他们所在的工作场所具有更大的影响力和更好的职业前景。

在描述经济的中产阶层的异质性时，人力资本（教育和技能水平）上的差异最为重要，这被视为比较中等收入群体的两个子群体的最为显著的特征。

从经济学的角度对俄罗斯中产阶层进行诠释是一种复杂的事情，仿佛是将两个不同时期、对劳动力有不同要求和不同标准的经济发展现象聚拢在一起。在就业的形势进一步恶化的情况下，中等收入群体中的中低收入子群体可被列入高危区，而这可能会导致相当一部分人的无产阶级化，让俄罗斯社会倒退很多年。因此，在俄罗斯社会的重大经济和社会变革中发挥中心作用的政府必须为缩小中等收入子群体间的差距创造条件，尤其重要的是使工作场所现代化，提高具有信息和通信技术就业人员的能力。因为当前俄罗斯在应对挑战时，中产阶层必须成为社会和经济发展的主体。

第三章

中等收入群体的收入与教育

中国中等收入群体的收入和教育结构

田 丰

改革开放近40年来，随着中国经济的高速增长，人们物质生活水平不断提高，在收入增加的同时，贫富差距日渐明显，社会人群分化日益显著，不同收入人群之间的人口特征、社会心态、政治参与等方面差异化趋势愈加分明。尽管西方发达国家的社会发展经验证明，中等收入群体和中产阶层的壮大对社会稳定发展会有比较大的帮助（钱民辉、陈旭峰，2011），但发展中国家在工业化进程中普遍遇到了"中等收入陷阱"，而中国能否跨越"中等收入陷阱"仍然是一个悬而未决的现实问题（张德荣，2013）。特别是，中国的中等收入群体在快速变迁的经济社会环境中，其本身的规模和结构都在发生急剧的变化，能否扮演西方社会中的"稳定器"角色尚存疑问。中等收入群体在最近10年中产生了什么样的变化？他们究竟与其他群体有什么样的差异？这在中国仍然是悬而未决的议题，也是本文重点分析的内容，希望以此来分析和预测中国未来社会发展的走向。

一 宏观背景

根据世界银行的统计数据，中国在改革开放之后迅速从低收入国家向中等收入国家迈进，1998年中国第一次进入中等偏下收入国家行列，2010年则第一次进入中等偏上收入国家行列。国家统计局公布的数据显示，2015年中国人均国民收入超过7500美元，接近中等偏上收入国家上下限（4036美元～12475美元）的平均值。如果按照最近30年中国经济增长的势头推算，中国只要不掉入"中等收入陷阱"，将会在2025年前后实现历史性的跨越，进入高收入国家行列（郑秉文，2011）。但事实上，受2008年全球金融危机及其余波的影响，中国经济在2012年之后出现了明显的下降趋势，不论是国民总收入，还是人均国内生产总值的增长率都出现了明显的下降（见图3-1-1），进入了经济结构和增长动力发生重要转变、增长速度由高速转为中高速的经济发展"新常态"。

在中国经济发展进入"新常态"、经济增长模式发生转变的同时，收入分配的结构必然会随之变化，在经济高速增长过程中产生和不断壮大的"中等收入群体"是否也会随着收入分配的结构变化而发生新的变动仍然是一个需要破解的议题。而想要破解这一议题，必须从最近10年中国经济高速增长过程中中等收入群体的变动特征入手，对中国民众的收入分布和教育结构变化加以分析，特别是对中等收入群体的构成状况进行分析，才能进一步讨论未来发展趋势问题。

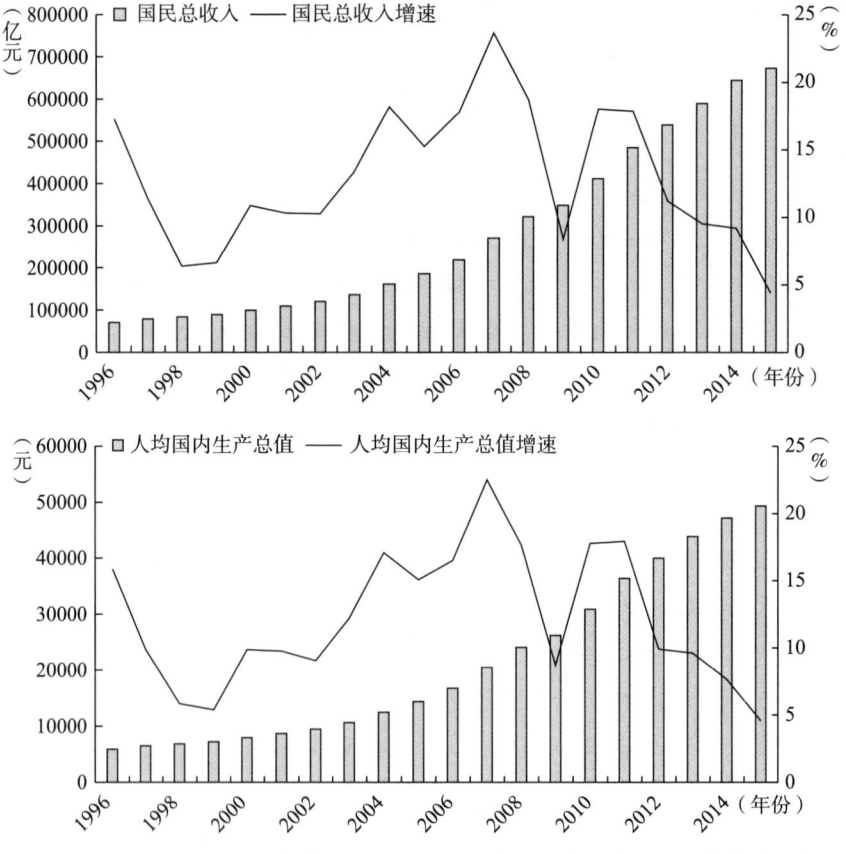

图3-1-1 1996~2015年中国国民总收入、人均国内生产总值及其变动趋势

二 最近 10 年收入和教育的主要变化

根据中国社会科学院社会学研究所从 2006 年到 2015 年进行的五轮中国社会状况综合调查的数据分析来看，最近 10 年中国家庭收入增加速度很快，年平均家庭总收入从 2006 年的不足 2 万元增加到 2015 年的近 6.5 万元，年家庭总收入的中位数从 2006 年的 1 万余元增长到 2015 年的 4 万余元。这两个指标都说明，最近 10 年中国整体的家庭收入水平出现了快速增长。

在收入水平快速提高的同时，中国人的收入分布也有了比较大的变化。从图 3-1-2 中可以看到，2006 年，年家庭收入呈现明显的左偏态分布，主要集中在 5 万元以下的区间内，然后收入分布开始逐渐向右部 5 万元以上区间扩展，到 2011 年，收入分布在 10 万元以下的区间内比较均匀，5 万元以下的分布密度大幅下降，5 万元以上的分布密度大幅上升。实际上，随着收入平均值和中位数的上升，收入在 10 万元区间内均匀分布意味着收入并没有出现很明显的两极分化，这一点在下面的五等分收入占比中可以看出。

从 2006 年到 2015 年国人按照收入五等分分组占总收入的比重来看，收入最高组的 20% 人群占比有所下降，从 49.28% 下降到 44.43%。中高收入组、中等收入组和中低收入组占比均有所上升，分别从 22.39%、14.06% 和 9.20% 上升到 26.51%、14.82% 和 10.85%，同时，最低收入组占比有所下降，从 5.08% 下降到 3.39%。中国人在收入水平上升的同时，最高收入组和最低收入组的比重都有所下降，增加的是中高收入组、中等收入组和中低收入组，这说明中等收入群体的比重在上升，中等收入群体对社会财富的占有比例在提高，这些都有可能影响到他们的消费、社会态度和政治参与等诸多方面。

肇始于 20 世纪 90 年代末期的中国高等教育扩招，在很短的时间内提高了人们接受高等教育的机会，一定程度上改善了中国人口的教育分布。但考虑到中国庞大的人口基数，即便是在高等教育扩招之后，短时间内提高国人受教育程度的幅度是相对有限的。从调查数据的分析来看，2006 年，接受过高等教育（包含大专、本科和研究生）的人口比例为 8.51%，2008 年接受过高等教育的人口比例为 10.41%，到 2015 年接受过高等教育

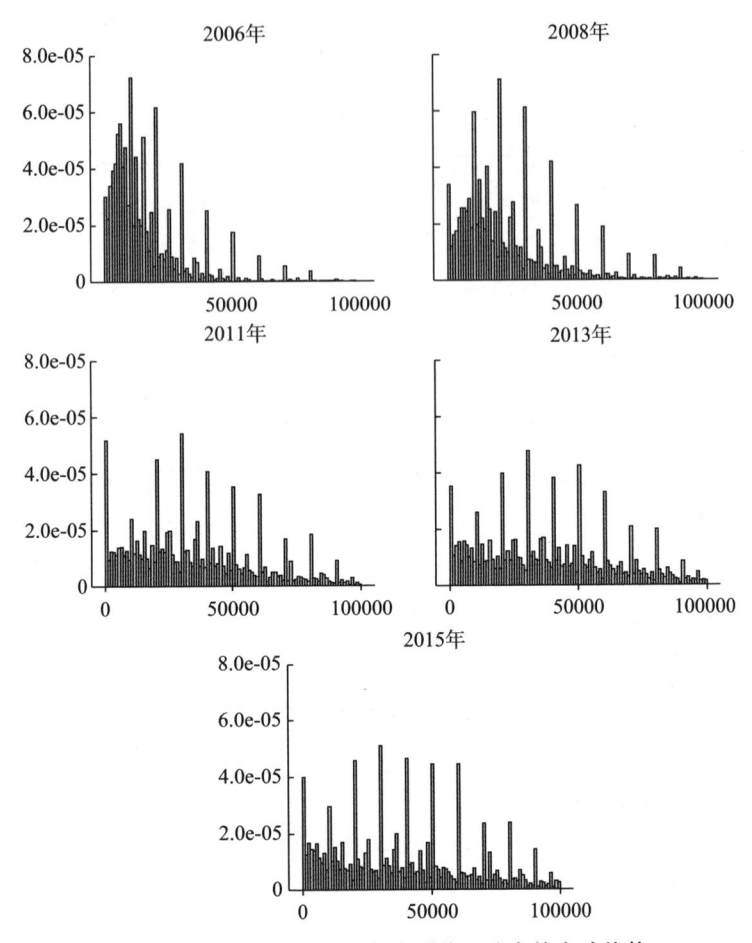

图 3-1-2 2006~2015 年中国收入分布的变动趋势

人口的比例为 13.27%。同期，初中及以下文化程度的人口比重从 2006 年的 73.60% 下降到 2015 年的 68.79%，下降了近 5 个百分点。这意味着，最近 10 年数以千万计的大学生毕业使得中国人口的教育分布出现了整体性的向上移动，人口的文化程度得到了整体性提高，但考虑到现有存量人口中较低学历者比例仍然较大，高等教育本身并不可能提高他们的受教育水平，而随着中国经济社会发展，提高受教育程度较低人口的受教育水平，在很大程度上需要更多的终身性职业教育介入。

同样是受到高等教育扩招的影响，中国人口的受教育水平在不同年龄段也有比较大的差异。从数据分析可以发现，全人口 2006 年平均受教育年限为 8.11 年，2015 年增加到 8.63 年，平均受教育年限增加了 0.52 年；35 岁及以下人口 2006 年平均受教育年限为 10.16 年，2015 年增加到 11.49 年，平均受教育年限增加了 1.33 年。这说明，在中国整体受教育水平提升的情况下，高等教育扩招后进入劳动力市场、年龄在 35 岁以下的人群的受教育水平提升更为明显，他们通过接受高等教育获得了更多的知识和技能。

传统的社会理论家对教育有两种不同的观点：一种认为教育是工业化的仆从。因为工业化的发展需要一套能够为之提供必要的技术和专业人才的教育体系，高等教育体系的目标就是为工业社会提供专业人才（Kerr，1994）。另一种观点则认为现代教育体系催生了知识分子等新阶层，可以称之为文化资产阶级（孙立平等，1994）。新阶层利用其掌握的文化话语权，必然会颠覆既有的社会存在，包括工业社会制度和资本特权。中国由于地区之间发展不平衡，难以简单地通过"工业化"来表述经济社会发展的进程，但毫无疑问的是，接受过高等教育的青年人必定会对现存的社会结构构成极大的冲击，青年人掌握的知识和技能可以让他们有更多的机会进入中等收入群体。

三 中等收入群体的界定和发展趋势

与中产阶层、中间阶层等概念不同，中等收入群体是一个以收入为单一维度和测量标准划分的群体。与中产阶层和中间阶层这些概念相比，中等收入群体的内涵显然没有那么丰富，甚至可以认为中等收入群体这一概念是中等收入国家的次生概念，因为毕竟在经济社会发展比较稳定的中等收入国家中讨论中等收入群体才显得有意义，如果经济社会发展水平差异较大且不稳定的话，中等收入群体本身就会出现比较大的波动，各个国家之间就难以进行比较。这也暴露出中等收入群体这一概念只使用收入单一维度进行界定的缺陷。

从国际上通常使用的中等收入群体的划分标准模式来看，主要有绝对标准模式和相对标准模式。综合李春玲（2016）的研究表述，这两种测量模式，主要目的不同，适用范围也不同。绝对标准模式主要反映的是达到一定生活水平（或收入水平）的人数及比例的增长趋势，比较适合于发展中国家和中低收入国家。相对标准模式是测量收入处于中间位置的人数比例的增减情况，主要反映的是收入不平等的变化趋势。绝对标准模式是基于维持相应生活水平所需要的收入多少来设定中等收入群体的收入标准，其中被广泛采用的绝对标准模式以世界银行贫困线（日人均收入1.9美元）为参照系，提出日人均收入介于10~50美元或10~100美元的人为中等收入者。相对标准模式通常是根据收入分布的中位数来确定中等收入群体的收入标准，收入中位数的50%或75%为中等收入群体的收入下限，收入中位数的1.5倍或2倍为收入上限。

根据本研究的研究目的，采用的中等收入群体的划分方式是相对标准模式，把不同收入的人群划分为低收入群体、中低收入群体、中高收入群体和高收入群体。其中，低收入群体指的是收入中位数75%以下的人群，中低收入群体指的是收入中位数的75%到收入中位数的1.25倍之间的人群，中高收入群体指的是收入中位数的1.25倍到收入中位数的2倍之间的人群，高收入群体指的是收入中位数2倍以上的人群。尽管采用中等收入群体的相对标准模式可能给横向和纵向的比较研究带来一定的困难，但考虑到中国已经进入中高收入国家的行列，采用相对标准模式更符合中国的实际情况，其对人群的区分会更准确，也更有利于对收入之外的变量进行系统性分析。

由于中等收入群体概念的局限性，研究者只能把收入作为唯一指标来划分中等收入群体，按照本文之前界定的中等收入群体标准，使用每一年度的数据划分了中等收入群体，并分年度计算了其规模占总体的比例。从图3-1-3中可以看到，如果分别划分每个年度的人群，中等收入群体所占比例是相对稳定的。具体的数据是，2006年中等收入群体（含中低收入群体和中高收入群体）占比为37.43%，2008年中等收入群体占比为39.49%，2011年中等收入群体占比为38.46%，2013年中等收入群体占比为40.56%，2015年中等收入群体占比为37.33%。以相对收入标准来看最近10年中等收入群体的变化，其在总人口中的占比基本稳定在37%~41%的区间内。实际上，如果只是以收入相对标准来划分中等收入群体，很难比较中等收入群体在不同年份中的变化，因为每一年的收入中位数都在变动，这导致中等收入群体的标准也在变动，而中等收入群体占总体的比例则保持相对稳定，失去纵向比较的趋势性意义。

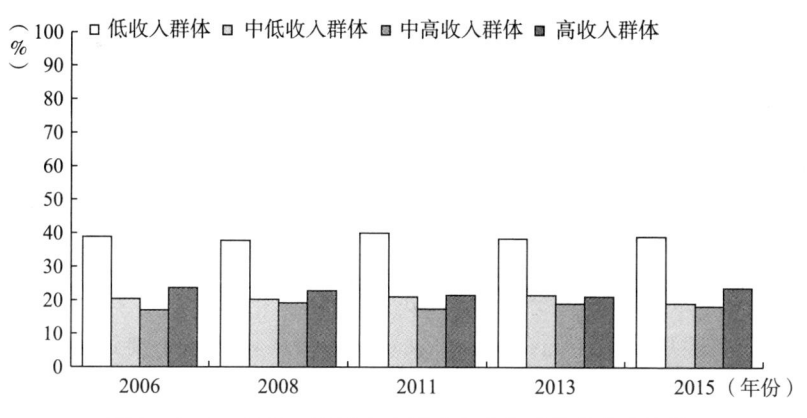

图 3-1-3　2006~2015 年中国中等收入群体的变动趋势

在使用相对标准无法解决纵向趋势性比较问题时，本文也尝试使用绝对标准来描述趋势性变化，以 2006 年收入作为基线标准来分析最近 10 年的变化。按照 2006 年中等收入群体的标准来划分人群，中等收入群体所占比例：2006 年为 37.43%，2008 年为 38.56%，2011 年为 37.96%，2013 年为 25.28%，2015 年为 24.51%，而同期，高收入群体的比例在快速增加，2006 年为 23.69%，2008 年为 30.55%，2011 年为 55.26%，2013 年为 57.37%，2015 年为 58.20%。从这里就能够看出选择绝对标准的弊端：有较高比例的"高收入"群体出现，而这部分"高收入"群体中的相当一部分在现实生活中仍然是中等收入群体。特别是与中国类似的发展中国家，在经济快速发展、收入增长迅速的情况下，固定的中等收入群体标准在短短的 10 年内就有可能失去真实性。

综合上述对中等收入群体相对标准和绝对标准的分析，本文认为中等收入群体应该是一个相对稳定的人群界定，在中国当前收入水平提高较快的情况下，使用绝对标准更容易导致中等收入群体的规模发生"诡异"的变化，这些变化会导致失真的后果，中等收入群体的概念更适合在经济社会发展水平处于较为稳定的周期时使用，在经济社会变化较快的时期，使用相对标准来界定中等收入群体更加准确。因此，本文后续的分析都是按照每个年份的调查数据，"独立"地参照中等收入群体界定标准来分析他们收入结构和教育结构的变化。

四 中等收入群体的结构性分析

按照相对收入标准,本文把每个年度的人口分为低收入群体、中低收入群体、中高收入群体和高收入群体,进而分析中等收入群体(包括中低收入群体和中高收入群体)在户籍结构、收入结构、教育结构和年龄结构等方面的差异。

(一) 户籍结构

由于城乡收入差距的存在,非农户籍人口的收入水平要远远高于农业户籍人口,可想而知,在户籍结构上必然是低收入群体中农业户籍人口比例比平均水平更高,高收入群体中非农户籍人口比例比平均水平更高。五次调查的数据也证明了这一点,而中等收入群体的农业户籍人口比例[①]在五次调查中基本都比整体水平略低。2006 年,总体中农业户籍人口占60.23%,中等收入群体中农业户籍人口占58.20%,两者相差 2.03 个百分点。2008 年两者分别为 56.52% 和 54.05%,相差 2.47 个百分点;2011 年两者分别为 56.98% 和 54.61%,相差 2.37 个百分点;2013 年两者分别为 71.65% 和 70.63%,相差 1.02 个百分点;2015 年两者分别为 72.36% 和 71.56%,相差 0.80 个百分点。

从上述数据中可以看到,中等收入群体在户籍结构上一个显著的特征就是与总人口的平均水平非常接近。这意味着随着户籍制度的不断开放,越来越多农业户籍人口来到城镇地区务工,他们的收入水平与城镇户籍人口中下等的收入水平较为接近。这一点在他们的职业分布上也可以得到验证,蓝领工人中农村户籍人口占据了相当大的一部分,另外从事个体经营服务业的人群中也有相当部分是农业户籍人口。虽然他们从事非农工作,但城镇化带来的农村土地和宅基地附加值的增加使得他们更倾向于保留农业户籍,以期获得相应的收益。

---

① 这里的农业户籍包括居住在农村地区的农业户籍人口和居住在城镇地区的农业户籍人口,因此,农业户籍人口比例偏高。

（二）收入结构

从收入结构来看，最近10年工资性收入、经营性收入和财产性收入的变化都比较大。2006年，低收入群体的工资性收入比例为35.02%，中低收入群体为53.73%，中高收入群体为62.97%，高收入群体为61.94%，低收入群体缺乏工资性收入，工资性收入是决定收入的最重要的组成部分，其他类型的收入影响较小。2015年，低收入群体的工资性收入比例为57.67%，中低收入群体为69.60%，中高收入群体为71.71%，高收入群体为57.85%。与2006年比较，低收入群体、中低收入群体、中高收入群体工资性收入占比都有一定的提升，而高收入群体则出现了一定程度的下降，这意味着工资性收入的决定性作用下降，而经营性收入的影响增强了。通过数据分析发现，高收入群体的经营性收入占比为23.79%，远远超过同期中高收入群体的14.86%。但需要注意的是，此经营性收入与传统的农村居民经营性收入有较大的差别，因为同期农业户籍的低收入人口中经营性收入占比高达30.86%，却无法改变低收入的窘境。

此外，财产性收入的比重也有较大幅度增加。2015年城镇户籍高收入群体的财产性收入比例达到了7.41%，既远高于同期城镇户籍中的中高收入群体（1.18%）和中低收入群体（1.25%），也高于2006年城镇户籍的高收入群体（3.93%）。

从最近10年不同群体收入结构的纵向和横向比较中不难看出，工资性收入的增加成为社会整体性收入增长的主要动力。即便是在农业户籍比例最高的低收入群体中，工资性收入也占到一半以上，中高收入群体的占比甚至超过了70%，分析还发现，经营性收入和财产性收入是区分中等收入群体和高收入群体的决定性因素，因而，如果要提高整体的收入水平，扩大中等收入群体的比重，必须提高劳动报酬占GDP的比重。

（三）教育结构

21世纪以来，中国的收入水平和教育水平均在不断提高。通过数据分析发现，不同等级收入群体的平均受教育年限与收入水平呈现正相关关系，收入等级越高，平均受教育年限也越长。2006年低收入群体的平均受教育年限为6.43年，中低收入群体为7.79年，中高收入群体为8.92年，高收入群体为10.55年；2015年低收入群体的平均受教育年限为6.82年，中低收入群体为8.20年，中高收入群体为9.48年，高收入群体为11.30年。纵向比较，低收入群体平均受教育年限增加了不到0.4年，高收入群体增加了0.75年，这暗示受教育程度较高的人进入中等收入群体和高收入群体的可能性更大，尤其是高校扩招以来，接受过高等教育的人群规模不断扩大，这部分人最有可能补充到中等收入群体和高收入群体中去，因而有必要分析不同等级收入群体中接受过高等教育人群的比例变化。

通过数据分析发现，2006年接受过高等教育的低收入群体比例为2.22%，中低收入群体为3.97%，中高收入群体为9.29%，高收入群体为23.56%；2015年接受过高等教育的低收入群体比例为4.69%，中低收入群体为7.66%，中高收入群体为15.29%，高收入群体为33.06%。从接受过高等教育人群的比例变化来看，高收入群体增长最为明显，中高收入群体次之，再次是中低收入群体，低收入群体最少。因此，如果把中等收入群体划分为两个部分（一个部分是传统的中等收入群体，另一个部分是新增的中等收入群体），那么接受过高等教育的年轻人必然是新增的中等收入群体的重要组成部分。

（四）年龄结构

考虑到收入与教育之间存在密切的联系，受教育程度较高的青年人进入中等收入群体和高收入群体的可能性更大。以2015年的调查数据分析结果为例，40后、50后和60后合计占低收入群体的比例超过2/3，占中低收入群体的比例超过一半。而在中高收入群体中，40后、50后和60后的比例为49.14%，70后、80后和90后的比例为50.86%；高收入群体中，40后、50后和60后的比例为44.64%，70后、80后和90后的比例为55.36%。由此可以看出，按照收入单一指标来划分人群，平均受教育程度更高的年轻人占据一定的优势，在中高收入群体和高收入群体中占比较大，现实生活中却不是完全靠收入来决定一个人的生活品质和社会地位。

考虑到中等收入群体的界定只使用收入作为单一维度，这个概念本身极有可能掩盖上述分析中所暴露出来的代际不平等问题。近年来，代际不平等现象在社会中凸显：一方面，青年人掌握了新的知识技能，受过更好的教育，在工资收入上处于较高水平；另一方面，青年人财富积累比较少，生活压力、购房压力较大。简单来说，青年人虽然可能收入高，但他们积累财富的时间比较短，尤其是很多高学历的80后和90后青年在大城市就业，仅住房的开支就有可能占去他们收入中的相当部分，他们实际的生活品质可能还不如同等甚至是较低收入等级的中老年人。从中国台湾和香港的经验来看，由于代际不平等的存在，尽管青年人进入中等收入群体的可能性更大，但他们却成为社会中最不稳定、最容易被煽动的年龄群体。

（五）小结

综合分析，可以发现中等收入群体的构成具有以下特点：①高收入群体和中高收入群体以非农户籍为主，中低收入群体和低收入群体中农业户籍人口比例更高。如果将中高收入群体和中低收入群体合并，其户籍属性分布接近全人口的平均水平。②中等收入群体的收入以工资性收入为主，财产性收入所占比重较低，高收入群体的财产性收入明显高于其他群体，他们的工资性收入比重在下降。③中高收入群体和高收入群体的平均受教育年限增加速度较快，接受过高等教育的比例更高，而中低收入群体的平均受教育年限略低于全人口的平均水平。④70后、80后和90后的青年代际人群进入中高收入群体和高收入群体的可能性较大，存在一定的代际不平等。如果通过户籍结构、收入结构、教育结构和年龄结构来画一个肖像，中等收入群体更接近社会"平均人"的概念，但考虑到这一划分标准的使用可能导致青年人占中等收入群体的比例偏高，而青年人的社会境遇却使其更可能出现不稳定社会情绪，因而中等收入群体能否发挥"社会稳定器"的作用还有待商榷。

五 政策建议

中国进入中等收入国家行列之后，经济发展势必在社会结构上引发相应的变化，这种变化体现在收入群体上可能是中等收入群体的扩大。从国际社会已有的经验来看，跨越"中等收入陷阱"需要保持经济社会的平稳发展，在此过程中，中等收入群体将会发挥关键性的作用。但是，目前对中等收入群体的界定、结构性分析研究相对不足，因此，本文针对中等收入群体的界定和扩大中等收入群体提出一些政策建议。

（一）关于中等收入群体的界定要审慎

在经济快速发展和收入水平不断提高的过程中，无论是绝对标准，还是相对标准，关于中等收入群体的界定都有一定的缺陷。现有的分析证明中等收入群体更接近"平均人"的特征。中等收入群体概念的界定既要能反映社会现实，又要成为能够体现趋势性变化的重要指标，在纵向和横向的比较中要有稳定性和可靠性。因此，避免中等收入群体概念被滥用和误用，应结合多方来源的数据，尽快完善中等收入群体的概念界定。

（二）扩大中等收入群体要提高劳动者报酬占GDP的比重

与高收入群体的经营性收入和财产性收入占较高比例不同，中等收入群体收入的主要来源还是工资性收入，也就是劳动者报酬。20世纪80年代以来，劳动者报酬占GDP的比重严重下降，已经影响到社会的和谐稳定。全国总工会的调查发现，超过60%的职工认为普通工人的劳动报酬偏低是最大的不公平。可见，提高劳动者报酬占GDP的比重，不仅是扩大中等收入群体的前提，也是维护社会公平的重要条件。

（三）扩大中等收入群体要重视提升人力资本的作用

随着后工业社会的来临，知识经济带来的收入效应愈加明显，以教育为代表的人力资本在提高收入方面的作用不可忽视。研究发现，受教育程度越高的人群，收入水平也越高。在中高收入群体和高收入群体中，接受过高等教育者的比例明显更高，再考虑到教育是国人向上社会流动的重要阶梯，故而，提高高等教育的公平性，维持高等教育招生规模在适度水平，进一步提高高等教育的质量，是扩大中等收入群体的客观要求。

（四）扩大中等收入群体要深化改革、破除制度壁垒

长期以来，户籍制度是社会不公平的代表性制度。研究发现，中等收

入群体的户籍分布与全人口平均水平相当，但中高收入群体和高收入群体中非农户籍人口比例明显高于中低收入群体。尽管近年来户籍制度进一步放开，但历史上形成的城乡差异在短期内难以消失。除了户籍制度之外，劳动力市场上仍然存在性别歧视、地域歧视等制度性障碍，只有深化改革、破除制度壁垒才有可能发挥劳动者的积极性，扩大中等收入群体规模。

（五）扩大中等收入群体要防止出现新的不平等

科技和社会的发展带来的不仅仅是人类社会的进步，一些年龄较大、学历较低的人群有可能出现收入相对下滑或者难以提高的情况。研究发现，在中等收入群体中接受过高等教育的人和青年人的比例更高，这也意味着没有接受过高等教育的人和中老年人滑入低收入群体和中低收入群体的可能性更大，而防止较低受教育程度的人特别是农业户籍的中老年人成为穷忙族（working poor）是非常必要的。

俄罗斯中等收入群体的
教育与生活幸福感

鲍丽娜·科兹列娃（P. M. Kozyreva）、
亚历山大·斯米尔诺夫（A. I. Smirnov）

  中等收入群体的形成在很大程度上取决于国家对教育问题的解决办法，其中主要是教育的可及性和质量。这在许多方面可以由作为社会化和社会文化一体化的机制、向上流动的渠道以及生产和积累人力资本与社会资本的手段的教育所发挥的特殊作用来诠释。

  现代社会学的研究认为，教育的不平等是对教育机会和教育结果不平等产生影响的各种社会环境的不平等（布林、琼森，2005：223～243）。值得注意的是，在不同国家进行的研究表明，人口受教育水平的分化和收入之间存在整体上的正相关性（拉托夫，2014：257）。经验数据表明，受教育水平的提高是增加收入和消除贫困的主要因素，而较高的收入水平则是提高受教育水平和接受高质量职业教育的关键前提之一。生活幸福程度往往被视为教育和事业成功或失败的客观指标之一（康斯坦迪诺夫斯基等，2011：94～95）。被强调的另一点是所有工人收入保障的重要性，无论他们的年龄和所属的职业群体如何，因为他们将收入视为促使他们工作和投资教育的主要动机。

  在此情况下，我们还想提请大家关注一个重要的事实：关于现代俄罗斯中产阶层问题的许多社会学论文还将除社会地位和职业地位、一定程度的生活幸福感以及个人对社会地位的主观评价之外的教育视为划分中产阶层的重要标准之一。随着受教育的机会变得均等以及职业教育的质量得到提高，中等收入阶层规模扩大，这成为协调整个社会利益和经济利益的一个主要因素以及有助于维持当前社会和政治制度稳定的一股强大力量。

随着市场关系不断发展以及社会和经济的不平等不断扩大,收入和教育之间的关系在俄罗斯变得尤为重要并且过渡到一种新状态,这主要与教育服务市场的快速发展有关。

在后苏联时期,来自不同渠道的资金和各种各样的提供教育的法人实体积极参与了教育领域发生的大规模转型,出现了大量民办教育机构以及各种隶属于政府机构但提供收费教育服务的单位、函授部、课程班等。积极鼓励私人投资介入收费型教育服务的做法不仅使教育项目更加差异化,而且有助于提高其灵活性,使教育更好地满足劳动力市场不断变化的需求。

随着具有多样性和灵活性特征的私营教育更快捷、更容易地适应劳动力市场和社会领域的变化(戈尔什科夫、科柳察列夫,2011:100),收费型职业教育服务在后苏联时代的俄罗斯变得尤为普遍,而人们也越发认为这样的服务是正常或必然之事。这种情况显而易见,主要是因为私营高等职业教育机构随着就读学生数量的增加而开始增多。这还波及国家预算资助的高等教育,尽管是在一个较低的水平上。

俄罗斯教育领域中的这种收费型教育的扩张与发生在教育网络结构中的诸多变化相伴而行。例如,追溯至21世纪初,职业教育机构的学生以接受高等教育的人为主;而且,在增加物质和技术资源方面所面临的困境迫使非国有机构将精力主要集中在人文学科专业人才的培养上。同时,值得一提的是,中等专业人才的培养在新时期已经开始受到更多的关注。2015年,俄罗斯政府宣布了一系列新的计划以恢复一个强大的中等职业教育体系。这一体系的升级包括结构性与技术性创新的大力发展、现代标准的研发以及基于这些标准的整个职业培训体系结构的变革。[1] 中等职业教育的发展方向要根据劳动力市场的需求进行调整,让在有些行业中毕业生过剩和在其他一些行业中专业人才缺乏的现象消失。

---

[1] 2015年5月23日颁布的《俄罗斯联邦政府关于2016~2020年联邦的针对性教育计划法令(第497号)》,URL: http://dokipedia.ru/document/5221854(获取日期:2017年4月9日)。

表 3-2-1 高等教育机构和中等专业人才培训机构，1993~2016 年（截至新学年伊始）①

	学年								
	1993/1994	2000/2001	2005/2006	2010/2011	2011/2012	2012/2013	2013/2014	2014/2015	2015/2016
高等教育机构									
教育机构的总体数量（家）	626	965	1068	1115	1080	1046	969	950	896
国家和市政的	548	607	655	653	634	609	578	548	530
私营的	78	358	413	462	446	437	391	402	366
学生总数（千人）	2613	4741	7064	7050	6490	6075	5647	5209	4766
包括教育机构的学生									
国家和市政的*	2543	4271	5985	5849	5454	5145	4762	4406	4061
私营的*	70	470	1079	1201	1036	930	885	803	705
中等专业人才培训机构									
职业教育机构的总体数量（家）	2607	2703	2905	2850	2925	2981	2709	2909	2891
国家和市政的	2607	2589	2688	2586	2665	2725	2494	2665	2645
私营的	—	114	217	264	260	256	215	244	246
学生总数（千人）**	1994	2361	2591	2126	2082	2087	1984	2103	2180
包括教育机构的学生									
国家和市政的*	1994	2309	2473	2017	1984	1984	1858	1963	2031
私营的*	—	52	118	99	98	103	126	140	149

* 2013/2014 学年以前的数字包括外来学历。

** 学生既包括那些在专业教育机构参加中等专业培训课程的人，也包括那些接受高等教育的人。

高等教育机构的数量在 20 世纪 90 年代中后期和 21 世纪初快速、随意和不可控的增长导致教育在质量上的差异。因此，许多毕业生开始表达他们对低质量教育服务（主要是收费型教育服务）的不满。越来越多的毕业生认为将他们的钱投资在教育上是一个糟糕的决定，因为在完成教育培训

---

① 《数字中的俄罗斯，2016 年：统计概要》，俄罗斯联邦国家统计局，莫斯科，2016 年，第 144~148 页。URL: http://www.gks.ru/free_doc/doc_2016/rusfig/rus16.pdf（Accessed on 20.03.2017）.

后，他们没有在相关领域找到工作，往往从事与其所学没有直接关系的工作。与此同时，政府开始实施更加积极、旨在支持国家教育机构的政策。因此，多数私营高等教育机构无法在激烈的竞争中生存而倒闭。然而，现在就断言如今的教育竞争机制是效率更高还是更低为时尚早。教育拨款的持续缺乏阻碍了师资队伍素质和教育服务质量的提高，使得高等教育更加无法企及，这对俄罗斯大学在国内的发展和海外的竞争力产生了负面的影响。

今天，尽管接受收费型教育的人有着非常不同的经济背景，但最大的好处还是被那些拥有足够资源以接受高质量教育的人获得，这使得他们在日后可以拥有更高或更有利的社会地位。此外，有研究表明，拥有较高、较稳固社会地位和经济地位的家庭发现人力资本投资更可行而且能获得更多，来自贫困和弱势家庭的人对提高其受教育水平则不那么关注，这可能会使无技能和低技能工人的队伍不断扩大（佩特拉科夫，2011：141）。与此同时，教育服务对那些不能应对挑战和努力挖掘自己全部潜能、没有什么资源的群体更重要：他们期望在教育上的投资可以得到较高的回报。事实证明，他们做出了正确的选择。

一项由全俄社会舆论研究中心（VCIOM）在2017年初实施的调查显示，认为学生们的学习态度已有明显改变的俄罗斯人的比例从2013年的19%升至2017年的37%；有学生家庭成员的人中，这一比例甚至高达47%。①

本章主要关注两个方面。其一是职业教育水平和职业培训与中等收入群体的生活幸福感之间的相关性；其二是在俄罗斯教育服务市场不断发展的情况下，中等收入群体制定和实施其教育策略的方式的具体特征。我们的分析基于俄罗斯纵向监测调查（RLMS – HSE）的数据②。

监测数据再次证实了俄罗斯的教育水平和物质生活之间存在密切联系。如表3－2－2所示，所有受访者都正经历着在基本的正规教育体系内

---

① 《2017年的学生：渴望学习和职业前景》（VCIOM的新闻稿，第3292号），URL：https://wciom.ru/index.php? id=236&uid=116041（最后访问时间：2017年4月2日）。
② 俄罗斯纵向监测调查（RLMS – HSE）是由国家研究大学高等经济学院和OOO"Demoscope"连同位于查波尔希尔的北卡罗来纳大学卡罗来纳人口研究中心以及俄罗斯科学院社会学研究所共同实施的（RLMS – HSE的网址：http://www.hse.ru/rlms，http://www.cpc.unc.edu/projects/rlms）。

所积累的人力资本的增长,不过,从绝对值来看,来自高收入群体的受访者的增长要高于来自低收入群体的受访者的增长。从2006年至2016年,在俄罗斯最弱势的群体中,接受过高等教育的受访者只增加了3.5%;而在来自中低收入群体、中高收入群体和高收入群体的俄罗斯人中,分别增加了7.8%、10.5%和10.6%。同时,只具有初级普通教育或未完成初级教育、基础普通教育和中等普通教育水平的受访者的比例有所减少。很显然,在整个研究期间,就生活幸福感以及在调查前所完成的教育阶段而言,中等收入群体位居中间的位置。2016年底,在中高和中低收入群体中,具有高等和中等职业教育水平的俄罗斯人的比例分别达到60.3%和51.9%。

表3-2-2 不同收入群体的受教育水平(2006、2016年)

单位:%

受教育水平	收入群体							
	高收入群体		中高收入群体		中低收入群体		低收入群体	
	2006年	2016年	2006年	2016年	2006年	2016年	2006年	2016年
初级普通教育或未完成初级教育	1.0	0.6	3.2	1.8	6.5	2.8	9.4	2.1
基础普通教育	12.0	7.1	15.6	11.9	20.6	16.6	28.2	24.8
中等普通教育	26.3	19.7	31.2	26.0	32.4	28.7	35.1	37.4
中等职业教育	22.8	24.1	26.2	26.0	23.9	27.5	18.4	23.3
高等教育	37.9	48.5	23.8	34.3	16.8	24.4	8.9	12.4

较高的受教育水平意味着在各种教育机构的学习需要更长的时间。表3-2-3提供的数据清晰地说明了这一点。数据显示,不同收入群体的人力资本在2006~2016年的增长(我们在上文中提到过)与形成这一人力资本所需的平均受教育年限的延长相伴而行。此外,拥有更多人力资本、来自高收入群体的受访者在教育机构花费的平均时间比低收入的受访者多。

在受教育水平方面,一个典型特征就是在每一群体中女性的比例要高于男性的比例。所有被分析的群体还呈现一种很明显的趋势:受访者的受教育水平与其所在地区的状况存在正相关性。城市人口和农村人口在受教育水平上最显著的差异可在中低收入群体中被观察到,而中高收入群体中这一差异并不明显。

表 3-2-3　来自不同收入群体的受访者的平均受教育年限（2006~2016 年）

单位：年

年份	收入群体			
	高收入群体	中高收入群体	中低收入群体	低收入群体
2006	13.1	12.1	11.2	10.0
2007	13.2	12.2	11.1	10.1
2008	13.3	12.4	11.4	10.2
2009	13.4	12.2	11.4	10.3
2010	14.0	12.9	12.0	11.4
2011	14.2	12.9	12.1	11.7
2012	14.0	12.9	12.1	11.5
2013	14.2	13.0	12.2	11.5
2014	14.2	13.0	12.2	11.5
2015	14.2	13.1	12.2	11.6
2016	14.2	13.0	12.4	11.7

我们将基于年龄的标准应用到监测数据中后发现，在所有收入群体中，年龄在 30~45 岁的受访者（即那些积极并有能力从事工作、收入达到俄罗斯收入峰值的人）有最高的受教育水平。在中低和中高收入群体中，随着受访者年龄的增加，其受教育水平开始逐步下降，而在低收入群体和高收入群体中却基本未变。在谈及掌握外语和电脑知识时，无论生活是否幸福，年轻的俄罗斯人（29 岁以下）有着最令人印象深刻的表现。例如，在 2016 年底，至少知晓一门外语的人的比例在 27.1%（在来自低收入群体的年轻人中）和 61.0%（在来自高收入群体的年轻人中）之间波动。在来自中低收入群体和中高收入群体的年轻人队伍中，这样的受访者的比例分别达到了 41.4% 和 52.1%。就曾在过去 12 个月使用过电脑的年轻人的比例而言，差异不太明显：低收入群体的年轻人的比例为 81.6%，而高收入群体的年轻人的比例为 96.9%。不管上述的数字如何，高收入群体和中高收入群体的人（即生活幸福感最高的人）的最大比例出现在年龄在 45~59 岁、有高等或中等职业教育水平的受访者中（见表 3-2-4）。

表 3-2-4　不同收入群体的年龄和受教育水平（2016 年）

单位：%

收入群体	年龄段							
	14~29 岁		30~44 岁		45~59 岁		60 岁及以上	
	高等教育	中等职业教育	高等教育	中等职业教育	高等教育	中等职业教育	高等教育	中等职业教育
高收入群体	15.6	9.6	14.7	6.0	24.2	10.6	16.0	7.5
中高收入群体	32.3	21.1	27.0	17.7	33.9	25.9	29.6	23.3
中低收入群体	34.8	39.4	36.8	34.7	32.2	39.1	44.6	49.7
低收入群体	17.3	29.9	21.4	41.6	9.7	24.4	9.8	19.5

在谈到加强受教育水平和生活幸福感之间的联系时，要强调的一点就是尽管教育确实有助于提高个人和家庭的收入水平，但它并不能保证完全避免家庭收入的脆弱性以及贫困。在今天的俄罗斯，虽然拥有受过高等教育的成人家庭成员，但仍不能购买诸如食品、服装等基本生活用品的家庭比比皆是。在此情况下，值得注意的是根据 RLMS-HSE 的数据，2016 年，12.4% 的受过高等教育的俄罗斯人是低收入群体的成员。另外，在过去的 10 年里，其比例的增加超过了 50%，这在很大程度上应归因于受过高等教育的人从中等收入群体滑落至低收入群体。

正如表 3-2-5 中的数据所示，上述特点对不同收入群体职业构成的方式有着重要的影响。例如，表 3-2-5 清晰地显示，受过高等教育的人在数量上的增加与在所有群体中高度熟练的专业技术人员的比例的上升有关。也就是说，这一增长大部分发生在高收入群体（其拥有顶级技能的专业技术人员的比例从 2006 年的 26.2% 升至 2016 年的 32.6%，即增加了 6.4 个百分点）中，而在所有其他收入群体中，增幅都未超过 0.8~1.2 个百分点。在此，起到关键作用的因素是受过高等教育的女性在数量上的增长。同时，尽管拥有中级技能的专业技术人员在高收入群体中的比例从 22.8% 降至 20.3%，但在所有其他收入群体中，这一比例却有显著的增加。特别是在中低收入群体中，这样的专业技术人员的比例从 16.3% 增至 19.2%；在中高收入群体中，这一比例从 15.7% 升至 20.7%。另一个值得注意的现象是，蓝领工人的总体比例有了明显的下降。

表 3-2-5　不同收入群体的职业构成（2006、2016 年）

单位：%

职业群体	收入群体							
	高收入群体		中高收入群体		中低收入群体		低收入群体	
	2006 年	2016 年	2006 年	2016 年	2006 年	2016 年	2006 年	2016 年
国家机关和各类管理机构的负责人，包括组织和企业的负责人	11.3	11.2	6.3	6.8	3.5	4.9	2.6	2.6
拥有顶级技能的专业技术人员	26.2	32.6	19.4	20.2	14.1	15.0	10.6	11.8
拥有中级技能的专业技术人员	22.8	20.3	15.7	20.7	16.3	19.2	11.8	15.1
从事信息准备、文件管理、记录和客户端处理的工作人员	4.1	5.4	6.1	6.0	5.5	5.5	5.1	5.2
服务业、公用事业或商业中的工作人员	10.9	9.9	16.9	16.2	18.8	19.7	20.0	22.4
从事农业、林业或捕猎的技术工人	0.3	0.0	0.3	0.1	0.8	0.1	0.6	0.1
受雇于工业企业以及建筑、运输或通信公司的技术工人	10.4	8.3	14.3	12.1	16.4	15.1	17.2	14.6
操作员、设备控制工人、安装和机械操作员、维修钳工	11.3	9.2	14.5	11.8	16.8	13.2	17.6	16.9
无技能的工人	2.7	3.1	6.5	6.1	7.8	7.3	14.5	11.3

如同我们已经发现教育资源的积累与收入的增长之间存在相关性一样，这一次我们再次聚集于构建系统且更积极的人力资本投入激励体制的必要性上。在苏联时代，人力资本投入所得到的回报微乎其微，或者说来得太迟，另外，在当前的情况下，教育的高水平和高质量已成为提高收入、在劳动力市场上具有竞争优势以及使人们可以找到令他们更满意的工作的一个重要的因素。这也是为什么有大量来自不同收入、不同年龄等群体的俄罗斯人开始更积极地投资于人力资本的原因。有些俄罗斯人尽管认识到了增加教育资源的重要性，但他们所做出的选择并没有遵循这一策略，那是由于这一选择的挑战性太大。与寻找或变换工作的决定不同，接受教育的决定从许多方面看是一种投资，人们不仅要考虑摆在眼前的利益和各种优势，还要顾及各种花费以及其他的物质或非物质损失。此外，任何的投资决定会进一步复杂化，因为潜在的损失很可能会在投资者获得预期利益之前发生。人们获得这些利

益的时间越长,它们所产生的价值就越小。

在所谓的恢复增长期,一个显而易见且值得注意的趋势就是有大量的家庭在认识到教育花费不可避免时采取了适应性的策略。这些费用在整个家庭的预算中占很大的比重。在此,一个典型的特征就是与有较高收入的人相比,来自较低收入群体的人在学习上的支出更少,经常接受廉价的低质教育。即便如此,他们还是承受了较重的教育费用负担。

此外,在危机期间,许多俄罗斯家庭的投资能力显著下降,这对他们的人力资本积累计划产生了负面的影响。表3-2-6显示,2006~2016年,国家资助的调配资金的比例(正如我们都知道的那样,其数量很少)在整个家庭收入结构中有了明显的上升。家庭的生活幸福感越高,这些收入增加得就越多。与此同时,工资收入以及家庭和非正式工作创收而来的货币收入与非现金收入所占的比例开始有所下降。

表3-2-6 不同收入群体家庭的收入结构(2006、2016年)

单位:%

收入来源	收入群体							
	高收入群体		中高收入群体		中低收入群体		低收入群体	
	2006年	2016年	2006年	2016年	2006年	2016年	2006年	2016年
国家资助的调配资金(退休金、失业救济金、奖学金等)	12.3	22.8	23.2	38.1	41.8	50.1	41.8	42.2
家庭和非正式工作创收而来的货币收入	4.0	2.2	4.8	1.5	4.3	1.7	8.5	3.6
家庭和非正式工作所得的非现金收入	1.3	0.6	2.1	1.1	3.4	1.5	7.3	1.9
出售个人财产的收入	0.3	0.7	0.1	0.1	0.1	0.1	0.3	0.2
出租个人财产的收入	0.7	1.3	0.4	0.5	0.3	0.2	0.2	0.1
股息收益	0.9	0.6	0.1	0.3	0.2	0.2	0.0	0.0
来自家庭成员和慈善机构的财政援助	10.2	5.8	7.3	5.6	6.8	5.0	8.0	9.1
整体工资收入	70.2	66.0	61.9	52.8	43.0	41.2	33.5	42.9
在国有企业工作的收入	28.1	30.5	30.2	22.8	22.8	18.1	20.3	21.1
在私营企业工作的收入	37.2	31.6	26.0	26.8	16.2	20.7	10.7	19.2
在公私合营企业工作的收入	4.9	3.9	5.7	3.2	4.0	2.4	2.5	2.6

为了实现俄罗斯的现代化计划，最重要的举措之一是积累和更新人力资本。一方面，要提高人们对教育重要性的认识；另一方面，要鼓励人们不断提高自己的受教育水平，使人们增加对教育服务的需求。尽管如此，这种对接受教育的需求在过去的几年里已经开始减弱，这可归因于危机期的挑战（对日益贫穷的人来说，纯粹的生存问题的解决变得迫在眉睫，这导致与人力资本和人口受教育水平的提高有关联的一系列问题恶化）。创新产业和高新技术经济部门的缓慢发展以及高薪工作的缺乏也削弱了对人力资本积累和更新的刺激。

表3-2-7中所提供的数据表明，许多受过高等教育的专业技术人员在实践中不能学以致用或者不能将所学到的知识转化为相应水平的物质生活和社会地位。例如，11.0%的受过高等教育并对自己的专业技能有着最积极的主观评价的专业技术人员不得不从事着低薪工作，31.6%的这类人从事着顶多可以让他们进入中低收入群体的工作。如果这一情况持续的时间足够长的话，那么它可能会成为一个降低高等教育声誉和使高素质劳动力比例下降的迫切问题。一个众所周知的事实是，从长远来看，受过高等教育的专业技术人员在劳动力市场中供应数量的增加或减少可能取决于相应的工资、奖金的数量。如果接受高水平的教育并不能保证人们在就业上的优势、享有舒适的生活，那么它必然会降低人力资本的价值。

表3-2-7 不同收入群体中受过高等教育并对自己的专业技能有着各种主观评价的受访者的分布（2016年）

单位：%

收入群体	专业技能水平（第1级为学徒工，第9级为拥有顶级技能的专业技术人员）							
	第1级	第2级	第3级	第4级	第5级	第6级	第7级	第8级	第9级
低收入群体	30.8	24.3	14.7	21.1	18.8	18.1	14.7	9.8	11.0
中低收入群体	38.5	40.5	45.3	39.5	37.2	38.5	37.8	39.4	31.6
中高收入群体	19.2	24.3	25.3	25.7	29.5	26.6	30.2	33.9	31.9
高收入群体	11.5	10.8	14.7	13.8	14.6	16.7	17.3	16.9	25.6

如表3-2-8所示，2011~2016年，有意在未来三年的时间里继续学习（参加培训课程，在学院、大学、研究生院学习或参加博士课程）、处于工作年龄（14~60岁）的俄罗斯人比例的下降超过了1/3（从15.1%降

至9.5%）。此外，我们可以看到中等收入的受访者在其人力资本投资方面的意愿明显下降。例如，我们的研究显示，来自中等收入群体的工人已经开始不那么经常地表达他们对在大学或学院学习（在大学、研究生院学习或参加博士课程）的渴望。在来自中低收入群体的工人中，有意在未来3个月里继续学习的受访者的比例几乎下降了1/3——从62.2%降至43.8%；而在中高收入群体中，降幅相对较小——从66.7%降至57.6%。这种下降的趋势主要归因于想通过参加职业课程继续接受教育的人的比例的增加。

表3-2-8 不同收入群体（14~60岁）继续接受教育的意愿（2011、2016年）

单位：%

	全年总计		收入群体						
			高收入群体		中高收入群体		中低收入群体		低收入群体	
	2011年	2016年	2011年	2016年	2011年	2016年	2011年	2016年	2011年	2016年
有意在未来三年的时间里继续学习（参加培训课程，在学院、大学、研究生院学习或参加博士课程）	15.1	9.5	21.7	17.6	16.2	10.7	12.8	8.1	12.1	6.3
有意做如下学习的群体										
参加职业课程	37.9	50.8	41.9	66.7	35.7	44.5	32.5	45.5	41.7	49.9
在技术学院学习	7.6	9.3	2.9	6.1	5.4	3.1	10.5	14.0	12.4	15.4
在大学、研究生院学习或参加博士课程	61.8	45.9	64.6	40.0	66.7	57.6	62.2	43.8	52.4	37.5

注："就业人口"包括在调查之时从事工作活动的所有人，以及目前带薪或无薪休假（包括在孩子出生前后直接休产假和在孩子出生后为了照顾3岁以下的孩子而休假）的所有人。

继续学习、提高自己的专业技能，丰富自己的知识并磨炼自己的意志在许多方面是由个人的职业性质决定的。表3-2-9显示，拥有顶级技能的专业技术人员最坚定地表达了这一意向，这并不令人惊奇。有研究表明，专业技术人员接受进一步培训的能力才是当今社会最需要的，这让此类人员在找工作时倍感自信（格伦科娃，2015）。很显然，相较于富裕和不富裕的专业技术人员，来自中等收入群体的专业技术人员并不那么经常地表达继续接受教育的愿望,因为他们认为其地位是安全的,并且对其物质生活也很满意。

表3-2-9 不同收入群体(14~60岁)继续接受教育的意愿与
职业间的相关(2016年)

单位:%

职业群体	有意在未来三年的时间里继续学习(参加培训课程,在学院、大学、研究生院学习或参加博士课程)			
国家机关和各级管理机构的负责人,包括组织和企业的负责人	21.4	9.5	13.3	10.3
拥有顶级技能的专业技术人员	22.9	12.9	13.2	16.7
拥有中级技能的专业技术人员	18.1	12.3	8.0	10.4
从事信息准备、文件管理、记录和客户端处理的工作人员	13.8	4.1	8.3	7.8
服务业、公用事业或商业中的工作人员	12.0	13.2	7.9	5.1
受雇于工业企业以及建筑、运输或通信公司的技术工人	4.4	10.7	5.8	3.3
操作员、设备控制工人、安装和机械操作员、维修钳工	3.9	6.1	4.8	2.4
无技能的工人	5.1	6.0	4.8	1.5

注:从事农业、林业或捕猎的技术工人群体由于规模小而被排除在分析之外。

最不愿意对人力资本进行投资的是那些从事低技能和无技能工作的工人。即便如此,与其他收入群体相比,来自中高收入群体的低技能工人更多地表达出投资人力资本的愿望。尽管他们中的许多人希望向上流动,但受限于自己的受教育水平而难以实现目标。

我们的分析表明,为了满足自己的受教育需求、实现职业的发展以及确保自己的技能水平与不断变化的职业环境和社会环境相匹配而让自己接受额外的培训服务的成年俄罗斯人数量,在过去的几年里一直在不断减少。2006年,表示在过去的12个月里参加过职业课程、进一步的培训课程以及包括外语学习或职场培训在内的任何其他课程的受访者的总体比例达到4.4%,而到了2016年,这一比例降至3.1%。尽管如此,必须指出的是,这一比例在就业的受访者中的确有所上升——从7.1%升至7.6%。至于中低收入群体和中高收入群体中在过去的12个月里参加过各种形式培训的受访者的比例在同一时期则分别从 3.5% 和 5.3% 降至 2.4% 和 4.9%（在就业的受访者中，这一比例分别从 6.1% 和 7.1% 降至 4.3% 和 6.6%）。

受过高等教育的人在接受额外的培训服务方面更为积极。例如，在 2016 年，在参加过各种职业培训课程和职场培训课程的中低收入群体的受访者中，具有高等和中等职业教育水平的人的比例分别达到 44.1% 和 30.1%，而在中高收入群体的受访者中，比例分别为 48.6% 和 24.3%。有着最高收入和受教育水平的人在接受上述服务方面更加积极（分别为 74.1% 和 14.8%），他们中大约有 1/3 的人年龄超过了 50 岁。

许多受访者为了提高技能，在工作中获得成绩、增加收入或找到一份更合适的工作，也为了尝试一种全新的职业而继续接受教育。这并非偶然，2016 年，在那些参加额外培训的人中，几乎每 3 个人中就有 1 人在完全不同的领域工作（相较于他们在参加课程时所做的工作）。在中低收入群体和中高收入群体中，这类受访者的比例分别达到了 32.3% 和 31.3%，尽管远低于低收入受访者（40.7%），但高于高收入受访者（22.6%）。无论收入水平如何，大约每 3 个这样的受访者中就有 1 人是年龄在 20~29 岁的年轻人，而每 5 个人中就有 1 人年龄在 30~39 岁。

进一步的分析使我们得出这样的结论：在各种专业课程和其他类型的培训班中，大多数受访者得到了他们所工作的企业的资助（见表 3-2-10）。不过，自费学习的人的比例也相当可观。高等教育是刺激这类收费型教育服务消费的一个因素，而高等教育的缺失则会抑制消费活动。

表 3-2-10　参加收费型职业课程的资金来源（2016 年）

单位：%

资金来源	整体情况	高收入群体	中高收入群体	中低收入群体	低收入群体
企业资助	59.0	67.9	61.2	52.8	56.4
自费	31.3	24.6	31.1	38.2	27.3
其他	9.7	7.5	7.7	9.0	16.3

在中等收入群体中，能力强与准备制定和实施长期人生规划的人（认为有必要将个人的资金投资于教育）更有可能自掏腰包支付专业课程的费用。他们中有一半的人试图将收入和储蓄投资于提高专业技能和更新专业

知识，而另一半的人则打算尝试一份全新的职业。对家庭和个人而言，在此方面的开支被认为有很高的风险，因为并不是每个人都能获得积极的投资回报。正如监测数据所显示的那样，各种形式的职业培训是提高个人收入的一种低效手段。教育只有助于获得统计上可以忽略不计的收入，也就是说，它只能在这方面做出"额外"的贡献（迪登科、德罗费娃，2016：87~110）。

最后，我们想指出的是，教育在很大程度上决定了中等收入群体向上流动的意愿和能力，促使他们实施自己的社会和经济策略以适应当前市场环境的要求。但与此同时，我们的研究也揭示出，一些中等收入群体人力资本积累活动所具有的矛盾的发展趋势。在中等收入群体的人力资本明显成形（通常发生在基础且正规的教育体系的机构和组织中）的背景下，我们注意到，接受额外和非正规教育服务的中等收入受访者的比例已有所下降。相较于拥有很少资源的中低收入群体，有更多资源可支配的中高收入群体对更新和积累人力资本表现出更大的兴趣，从而在收费型教育服务的支出方面也更加积极。尽管如此，这两个被研究的群体都具有在不远的将来对其人力资本进行投资的意愿显著下降这一特征。

我们还发现，接受收费型教育服务的人数有所增加，特别是中高收入受访者。其在职业教育上的支出大幅增加，并且这些开支在家庭预算中所占的份额增长明显。不过，与此同时，中等收入的受访者已开始更多地表达出对不得不付费的教育，尤其是职业教育和高等教育日益商品化的担忧。中等收入的受访者虽拥有一定的教育资源，但也无法承受这一切，用于提高教育水平的时间和金钱往往不足。

我们的分析再次表明，迅速改善现行的教育体制符合当今俄罗斯经济升级和社会发展的需要，而其关键的因素则是作为提高人们生活水平的一种手段的教育要发挥更大的作用。教育必须成为俄罗斯提高家庭收入和购买力最有效的驱动力之一，同时也必须是经济增长的发动机。因此，让人们践行终身学习并使高质量的职业培训更容易地得到就显得尤为重要。

第四章

中等收入群体的消费与生活方式

中国中等收入群体的消费趋势

朱 迪

在全面深化改革的现阶段，中等收入群体的扩大与发展成为经济社会结构转型的关键。2016年中央财经领导小组第十三次会议研究落实供给侧结构性改革和扩大中等收入群体工作，习近平总书记强调，扩大中等收入群体，关系全面建成小康社会目标的实现，是转方式调结构的必然要求，是维护社会和谐稳定、国家长治久安的必然要求，提出了"扩大中等收入群体"的六个必须：必须坚持有质量有效益的发展；必须弘扬勤劳致富精神；必须完善收入分配制度；必须强化人力资本；必须发挥好企业家作用；必须加强产权保护。会议强调了中等收入群体在当前改革与发展中的重要战略地位，也明确了扩大中等收入群体的方向。

中等收入群体主要指工作稳定、物质生活比较宽裕、收入处于中等水平的人群。这一群体的特征在于，同需求较为饱和的高收入群体比起来，中等收入群体的消费弹性更大，包括一些刚性需求和更高层次的发展和享受需求；同低收入群体比起来，中等收入群体的购买力更高，消费意愿也更强烈。随着人民群众家庭收入的普遍增长和家庭财富的积累，其消费能力也不断提高，以中等收入群体为主体的大众消费行为，成为扩大内需、转变经济发展方式的重要驱动力。

本文使用2006至2015年的中国社会状况综合调查数据，分析中等收入群体的消费特征和消费潜力，以及影响中等收入群体消费增长的主要因素。

一 我国中等收入群体的家庭支出趋势

中产阶层和中等收入群体拥有较高的经济资本和文化资本，很多实证研究认为其是扩大消费的重要力量。上海研究院社会调查和数据中心课题组（2016）分析表明，上海的中等收入群体有较强的经济实力和消费欲望，以及丰富多元的生活方式，他们频繁地参与文化、娱乐和休闲消费，更愿意在子女教育、文化品位、休闲旅游和绿色消费方面投资。张翼（2016）分析2013年中国社会状况综合调查数据，发现农民阶层、工人阶层和老中产阶层的生存性边际消费倾向较高，而新中产阶层的发展性边际消费倾向较高，但是目前产能供给与新中产的消费品位存在差距。张林江、赵卫华（2016）认为中产阶层对商品和服务的要求更加个性化、品质化、差异化、精细化，对生活品质的要求更高，更强调重视服务的良好体验性，因此在庞大的中产阶层消费转型的支撑下，具有良好消费体验性的"想象力经济"有着广阔的发展空间。

但是，在目前的阶段，中产阶层和中等收入群体遭遇了向上流动、生活质量、社会保障和阶层认同等多方面的困境，不利于阶层规模的扩大以及社会和经济结构的调整，已有研究从收入、就业、供给、消费多个维度提出了发展中等收入群体和中产阶层的政策建议（李培林、朱迪，2015；朱迪，2016；上海研究院社会调查和数据中心课题组，2016）：收入方面，调整收入分配结构、理顺收入分配秩序，形成橄榄形分配格局；就业方面，加快打造现代服务业就业体系、促进大学毕业生和新生代农民工就业创业，探索更加完善、人性化的人力资源管理制度；供给方面，促进产业升级和产品创新；消费方面，完善社会保障体系，稳定物价房价，加强市场监管、改善消费环境。张翼（2016）特别提出扩大消费的根本目的在于提高民生保障——消费刺激政策要在各阶层之间进行收益的公正性评估，让人民群众共享改革开放与时代发展的成果。

本文使用收入中位值作为参照标准，将收入小于等于中位值的0.75倍的人群定义为低收入群体，将收入高于中位值的0.75倍但是低于中位值的1.25倍（包括1.25倍）的人群定义为中低收入群体，将收入高于中位值的1.25倍但是低于中位值2倍（包括2倍）的人群定义为中高收入群体，将收入高于中位值2倍的人群定义为高收入群体。

本文使用2006~2015年的中国社会状况综合调查数据（CSS），调查由中国社会科学院社会学研究所组织实施，使用多阶随机抽样的方法，范围涉及全国25~28个省（自治区、直辖市）的城乡区域，调查对象为18

岁以上的中国公民,总共有 41685 个样本。

中等收入群体主要集中在城镇地区。以 2015 年为例,中等收入群体中有 62% 分布在城镇地区,只有 38% 分布在农村地区;高收入群体中则高达 82% 分布在城镇地区;而低收入群体中只有 32% 分布在城镇地区,68% 分布在农村地区。因此,收入阶层的分布也反映了城乡发展的鸿沟。

从职业特征来看,中等收入群体集中在服务行业以及生产运输行业,这一趋势在城镇地区更为明显。如图 4-1-1 所示,有 26% 的中低收入群体和 24% 的中高收入群体为生产工人和运输工人,该人群在中等收入群体中所占比例最高,由于拥有一定的技术或工作经验,其比普通工人的收入较高,应该属于"技术工人"或"熟练工人"。此外,14% 的中低收入群体和 17% 的中高收入群体为办事人员和有关人员,各有 16% 的中低收入群体和中高收入群体为商业工作人员,14% 的中低收入群体和 18% 的中高收入群体为服务性工作人员,这三类是在生产运输工人之外在中等收入群体中比例较高的职业人员,他们在各自的职业群体中可能收入并不丰厚,但是年龄较轻(平均年龄在 41~43 岁,低于同类职业低收入群体的平均年龄 44~46 岁)、受教育程度较高(等同或者高于同类职业群体的平均受教育年限),因而不管在职业发展还是消费和生活方式上都具有一定独特性。

中低收入群体的平均受教育年限为 9 年,大约在初中毕业的受教育程

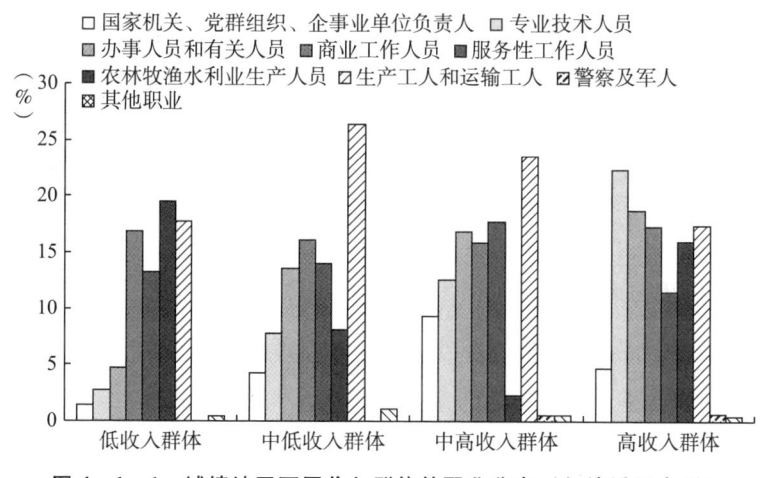

图 4-1-1 城镇地区不同收入群体的职业分布(经济活跃人群)

度；中高收入群体的平均受教育年限为 10 年，远高于低收入群体平均 7 年的受教育年限，大约为高中阶段的受教育程度。

以上数据分析显示，中等收入群体大部分居住在城镇地区，多为服务业人员和技术工人，具有一定的经济资本和文化资本。接下来将从扩大消费的角度讨论中等收入群体的消费趋势，重点分析其支出及耐用品拥有情况，探讨中等收入群体的消费潜力和可能的影响因素。

CSS 数据显示，2015 年中低收入群体和中高收入群体的年均家庭支出分别为 54137 元和 66817 元。饮食在不同收入群体中的支出都较高，中低收入群体和中高收入群体中的饮食支出分别为 13858 元和 16812 元；高收入群体的饮食支出最高，为 22932 元。除了医疗保健，高收入群体的各类支出都显著较高，尤其体现在饮食、首付及房贷和耐用品上。低收入群体的医疗保健支出较高，为 7478 元；中等收入群体次之；中低收入群体和中高收入群体的医疗保健支出分别为 7068 元和 6770 元；而高收入群体的医疗保健支出较低，年平均支出 6883 元。

支出构成更能体现不同收入群体生活质量的差异。虽然高收入群体的饮食支出较高，但是仅占家庭支出的 21%；中低收入群体和中高收入群体的饮食支出分别占 26% 和 25%。同高收入群体相比，中等收入群体在饮食、缴纳房租、教育和人情方面的支出比例较高；同低收入群体相比，中等收入群体在饮食、首付及房贷、耐用品方面的支出比例较高。

从 2006~2015 年的家庭支出来看，高收入群体基本在各方面的支出金额都较高，尤其体现在住房、饮食和文化娱乐上。从 2011 年开始，各收入群体的购房首付及房贷支出显著增加，高收入群体增加幅度更大，从 2008 年每年不足 5000 元，上升至 2011 年的 11505 元和 2015 年的 16451 元。从 2013 年开始，高收入群体的耐用品支出快速增加，2011 年该支出为 7553 元，而到了 2013 年增长了 1 倍多，达到 16190 元；但是中等收入群体和低收入群体的耐用品支出增长很慢，中高收入群体在 2011 年支出 2416 元，2013 年仅增长至 4843 元，2015 年增长至 5121 元。中等收入群体和低收入群体则在医疗保健方面的支出较高，到了 2015 年这一趋势更为明显。

从支出结构来看，中等收入群体家庭支出中饮食和教育所占比例较高，高收入群体的消费趋势突出体现在购房支出从 2011 年开始显著增加，

2013 年和 2015 年耐用品和文化、娱乐、旅游的支出比例有所增加，反映生活质量的提升较明显。低收入群体则主要被医疗保健和人情支出所局限，并且到了 2015 年仍未出现明显突破。

由以上分析看出，中等收入群体在饮食消费和与社会保障有关的集体消费上具有一定独特性，本文接下来重点分析中等收入群体的这两类消费趋势。2006~2015 年，中等收入群体的饮食支出比例总体呈下降趋势，由 2011 年占家庭支出的 30% 左右下降至 2015 年的 25% 左右。但是，无论相对于低收入群体还是高收入群体，中等收入群体的饮食支出比例都较高。如果说相对高收入群体，中等收入群体较高的饮食支出比例反映了生活水平的局限，那么相对低收入群体，中等收入群体较高的饮食支出比例则更可能反映其对于高质量的饮食和相关餐饮服务的消费需求。2011 年的数据区分了在家饮食和外出饮食，更明显地反映了这一特征。中等收入群体的外出饮食消费表现突出，中低收入群体和中高收入群体的外出饮食分别占家庭支出的 4% 和 5%，高收入群体的外出饮食也只不过占家庭支出的 5%。从启动消费的角度，中等收入群体在方便、高质量的饮食消费上有一定潜力。

我们之前看到，中等收入群体在耐用品和文化、娱乐、旅游等有助于自我发展和生活质量提高的消费领域支出金额较低，所占家庭支出的份额也较低，其原因主要是受到不完善集体消费的制约。集体消费指产品和服务由国家、城市、社区等"集体"供给，以分配作为主要供给方式，比如公共住房、公共设施、教育、医疗等（Castells，1977：459-462；Warde，1990；王宁，2014）。而由于我国社会保障体系的不完善，教育、医疗、养老等支出要纳入居民的个人消费账单中，不仅眼前的相关支出锁定了一部分可支配收入，居民预期未来可能需要的养老、子女教育、医疗等开支也冻结了部分资金，从而制约了中等收入群体的购买力。图 4-1-2 更加清晰地表明了这种困境。对于中低收入群体和中高收入群体来讲，2011 年医疗保健都占到了家庭开支的 8% 以上，而且呈上涨趋势，到了 2015 年增长至家庭开支的 13% 和 10%。购房首付及房贷也占了家庭支出的很高比例，尤其对于中高收入群体来讲，到了 2015 年其超过了医疗保健支出，占到家庭开支的 11%。耐用品支出比例在 2013 至 2015 年基本持平，中低收入群体保持在7%，中高收入群体保持在8%。

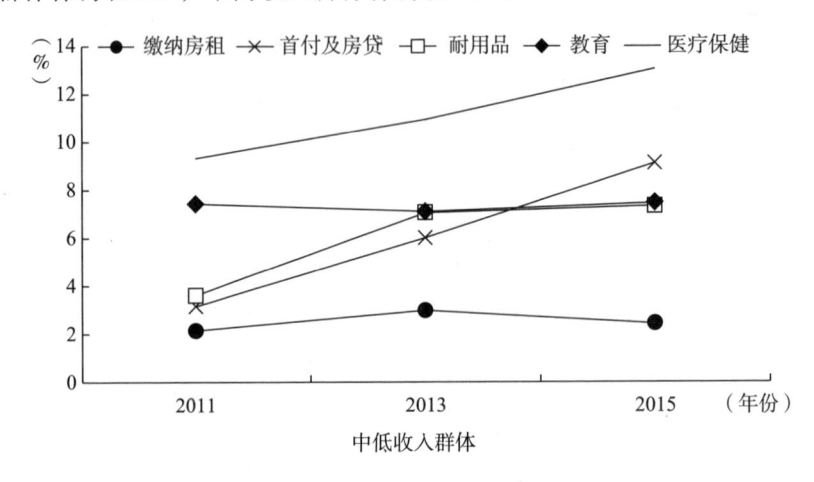

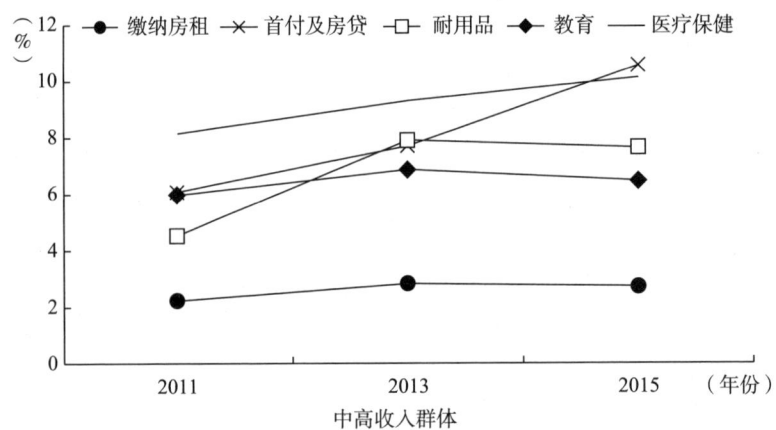

图4-1-2 中等收入群体的住房、耐用品、教育和医疗保健支出比例变化（2011~2015）

二 我国中等收入群体的耐用品消费趋势及影响因素

接下来考察2008年至2015年的耐用品消费趋势。首先，我们可以看到耐用消费品的升级，近年出现了一些技术革新的家电和数码产品，如液晶电视、智能手机、平板电脑，一些传统耐用品逐渐退出历史舞台，如彩电、普通手机等。技术革新带来了成本和价格的降低，从而促进耐用消费品的大众化，以前比较高端的耐用品逐渐进入大众家庭，如空调、微波炉烤箱等家用电器以及汽车。智能手机是新技术产品迅速大众化的典型代表，高收入群体的拥有率在 2015 年达到 93%，中等收入群体达到 83% 以上，而低收入群体的拥有率也有 66%。

其次，我们可以看到不同收入群体呈现的消费倾向差异。高收入群体的购买力更高，消费欲望也更强烈，尤其在汽车这种昂贵耐用品的拥有率及其增长速度上占有绝对优势，2015 年高收入群体国产汽车的拥有率达到 44%，而中低收入群体和中高收入群体的拥有率分别为 18% 和 26%。

但是，中等收入群体和一部分低收入群体在部分高档家庭耐用品上也呈现了较强的消费倾向。虽然各个收入群体的彩电和洗衣机的拥有率都趋于饱和，甚至呈下降趋势，但是由于冰箱生产技术进步推出了一些更环保、实用的产品，大众产品线更加丰富，因此拥有率仍呈上升趋势，而且低收入群体的拥有率相对增长更快。高档家电方面，高收入群体的拥有率更高，但是低收入群体和中等收入群体的消费倾向也很显著。以微波炉、烤箱等厨房电器为例，高收入群体拥有率从 2008 年的 59% 增长至 2015 年的 75%，而低收入群体和中低收入群体虽然拥有率的基数小但是增长了近 40 个百分点，分别从 2008 年的 7% 和 17% 增长至 2015 年的 46% 和 55%。

本文考察居民拥有高档耐用品的影响因素，目的在于评估不同收入群体的消费意愿以及哪些因素阻碍了居民的消费升级。由于数码产品的拥有受年龄和兴趣爱好的影响较大，机动车的拥有具有一定技术门槛而且远远高于其他家庭耐用品的价格，故二者未列在高档耐用品之中。分析使用 2015 年的调查数据，聚焦较高档的日常家用电器，主要包括液晶或者等离子电视，微波炉烤箱、食品加工机、烧烤炉、烤面包机及其他厨房电器，洗碗机，空调，真空吸尘器五类耐用品。本文将这五类变量相加，获得一个高档家电拥有指数，范围从 0 至 5 分，得分越高表示该家庭拥有高档家电的数量越多，居民的高档家电指数均值约为 1.6 分。数据中的另外一个变量"2012 年以来家庭是否添置了汽车、家具等贵重物品"，也可以在一定程度上用来测量高档耐用品的消费倾向，约 14% 的居民表示添置过这些物品。

根据研究目的，收入群体变量是影响居民高档耐用品拥有的重要因素。除了客观收入阶层的影响，我们也希望考察主观阶层认同对高档耐用品拥有的影响,验证是不是家庭成员越认同自己是中产阶层家庭,购买高档耐用品的意愿就越强。此外,我们也假设居民的生活保障状况影响高档耐用品的购买意愿,因此模型中加入了2012年以来经济状况的改善和家庭压力相关变量测量生活保障状况。家庭压力指数由一组询问被访者是否有各项生活压力的变量相加获得,包括住房条件差建/买不起房、子女教育费用高难以承受、家庭关系不和、医疗支出大难以承受、物价上涨影响生活水平、家庭收入低日常生活困难、家人无业失业工作不稳定、赡养老人负担过重、家庭人情支出大难以承受、遭到受骗失窃被抢劫等犯罪事件。家庭压力指数测量被访者及家庭承受各类生活压力的程度,范围为0至10分,得分越高表示压力越大,居民生活压力均值约为2.7分。

控制变量加入了居住地区类型和目前是否居住在自有住房,暗含的假设是城乡由于经济发展程度的差异影响居民高档耐用品的拥有,并且居住在自有住房里更可能添置高档家庭耐用品。相关因变量和自变量的描述统计详见表4-1-1。

表4-1-1　回归模型相关因变量和自变量的描述统计

变量	样本	均值	标准差	最小值	最大值
高档家电拥有指数	10238	1.644266	1.208482	0	5
2012年以来是否添置了汽车、家具等贵重物品	9997	0.138942	0.345903	0	1
收入群体分类	9680	2.216426	1.16398	1	4
2012年以来是否改善了经济状况	9996	0.367047	0.482024	0	1
家庭生活压力指数	10243	2.68642	2.051494	0	10
是否有子女费用高难以承受的压力	10243	0.213902	0.410079	0	1
是否有医疗支出大难以承受的压力	10243	0.362199	0.480659	0	1
是否有家人无业失业工作不稳定的压力	10243	0.312409	0.463498	0	1
是否有赡养老人负担过重的压力	10243	0.109148	0.31184	0	1
是否认为家庭是中产阶层家庭	6501	1.679742	0.466612	1	2
居住地区城乡分类	10243	1.45514	0.498008	1	2
目前是否居住在自有住房	10105	0.871846	0.334278	0	1

我们首先使用家庭生活压力指数建构高档耐用品拥有的模型，测量家庭生活压力大小的影响，如表 4-1-2 所示。模型 1 能够解释 28% 的变异。主观和客观收入阶层、经济状况改善、家庭生活压力的变量都是显著的。相比低收入群体的高档家电拥有指数，中低收入群体高出 0.316 分，中高收入群体高出 0.592 分，高收入群体则高出 1.075 分；高收入群体与其他收入群体相比高档家电拥有量明显较高，但是高收入群体与中高收入群体的差距（0.483）要小于中高收入群体与低收入群体之间的差距（0.592）。2012 年以来经济状况有所改善、认同中产阶层家庭或者家庭生活压力较小的家庭，其高档家电拥有指数明显较高。控制变量中，居住在城镇地区、居住自有住房的家庭高档家电拥有指数也明显较高。

表 4-1-2　城乡居民高档家电拥有指数的线性回归模型
（模型 1：家庭压力指数）

自变量	系数	标准差
收入群体分类（以低收入群体为参照）		
中低收入群体	0.316***	0.0364
中高收入群体	0.592***	0.0389
高收入群体	1.075***	0.0398
经济状况改善（以未改善为参照）	0.113***	0.0269
家庭生活压力指数	-0.0506***	0.00674
认同中产阶层家庭（以不认同为参照）	0.196***	0.0289
居住城镇地区（以农村地区为参照）	0.558***	0.0298
居住自有住房（以租房为参照）	0.471***	0.0409
常数	0.567***	0.0545
样本量	6066	

注：*** $p<0.01$，** $p<0.05$，* $p<0.1$。

模型 2 使用了与生活保障相关的家庭生活压力分类变量代替家庭生活压力指数，测量具体哪些方面的生活压力制约了居民的消费升级。模型 2 能够解释 27% 的变异。如表 4-1-3 所示，收入群体变量依然显著。压力制约作用最大的是医疗支出的压力，有此压力的家庭其高档家电拥有指数得分减少 0.139 分；其次是家人无业失业工作不稳定的压力，有此压力的家庭其高档家电拥有指数得分减少 0.0627 分。而子女教育费用高和赡养老人负担过重的压力对于高档家电拥有量的影响并不显著，可能的解释是无论子女教育费用高低，家庭都会尽力满足子女的生活需求，因而子女教育费用高不一定会减少高档家电的购买；赡养老人可能存在经济负担，但也可能是精神负担，从而对高档家电的购买影响不显著。分析发现了生活保障尤其是医疗保障和就业保障对于居民消费升级的重要作用。

表 4-1-3　城乡居民高档家电拥有指数的线性回归模型
（模型 2：家庭压力分类变量）

自变量	系数	标准差
收入群体分类（以低收入群体为参照）		
中低收入群体	0.314***	0.0365
中高收入群体	0.606***	0.0390
高收入群体	1.096***	0.0398
经济状况改善（以未改善为参照）	0.118***	0.0270
有子女教育费用高的压力（以无此压力为参照）	0.0171	0.0331
有医疗支出大的压力（以无此压力为参照）	-0.139***	0.0288
有家人无业失业工作不稳定的压力（以无此压力为参照）	-0.0627**	0.0300
有赡养老人负担过重的压力（以无此压力为参照）	-0.0553	0.0433
认同中产阶层家庭（以不认同为参照）	0.206***	0.0289
居住城镇地区（以农村地区为参照）	0.561***	0.0299
居住自有住房（以租房为参照）	0.490***	0.0409
常数	0.473***	0.0517
样本量	6066	

注：*** $p<0.01$，** $p<0.05$，* $p<0.1$。

我们也做了是否添置贵重物品的 Logit 回归模型，收入群体的变量依然显著，中等收入群体和高收入群体比低收入群体添置贵重物品的可能性显著较高。除此之外，经济状况改善的作用也非常重要，2012 年以来经济状况有所改善的家庭添置贵重物品的可能性高出 1.8 倍。越认同自己是中产阶层的家庭，添置贵重物品的可能性也显著越高。

高档耐用品拥有指数反映的是拥有量，其很大程度上受到经济条件和物质保障的影响；但添置汽车、家具等贵重物品的作用机制更为复杂，除了与经济条件和生活方式有关之外，也可能与重大生活事件和生命周期有关，比如近几年经历过搬家所以需要添置家具、孩子上学离家远可能需要添置汽车。所以"添置"贵重耐用品在一些重大生活事件面前可能是"必需的"，当然添置的耐用品档次有差异，从而相对独立于生活保障的因素。模型显示，添置贵重物品也相对独立于是否居住城镇地区、是否居住在自有住房。城乡差异的不显著实际反映了农村消费需求的旺盛，虽然消费水平较低，但是随着收入增长的弹性也较大，2012年以来农村家庭添置家具、汽车等贵重物品的比例并不显著低于城镇家庭。

三　研究发现总结与政策启示

通过对2006至2015年全国调查数据的分析，文章揭示了中等收入群体的消费特征和趋势。中等收入群体显示出一定的消费潜力。中等收入群体的饮食支出比例总体呈下降趋势，但是，无论相对于低收入群体还是高收入群体，中等收入群体的饮食支出比例都较高；中等收入群体的外出饮食消费表现突出，在方便、高质量的饮食消费上有一定潜力。中等收入群体在部分高档家庭耐用品上呈现了较强的消费倾向，主要反映在技术革新的冰箱、厨房电器等耐用品拥有率上，尤其在近些年增长速度较快。

然而，中等收入群体文化、娱乐、旅游等提升生活质量和自我发展的消费支出金额和所占家庭支出的份额都较低，各类家庭耐用品的拥有率虽然有所增长，但是支出金额和所占支出的份额也偏低。其原因主要是受到不完善的社会保障体系的制约，尤其是医疗保健，中等收入群体和低收入群体在医疗保健方面的支出较高，到了2015年这一趋势更为明显。增长较快的房贷支出是另外一个制约因素。模型分析显示，生活保障对于城乡家庭高档家电的拥有量具有显著负面影响，制约作用最大的是医疗支出的压力，其次是家人无业失业工作不稳定的压力。

政策启示主要有以下几方面。

第一，推进收入分配制度改革，调整收入结构，进一步提高中等收入群体的收入及增长速度。

第二，完善城乡社会保障体系，尤其是医疗和就业保障，缓解居民生活的不安全感，提高民生保障。

第三，促进企业技术创新和产品升级，发展多条生产链，既满足高收入群体和中高收入群体对高精尖产品的需求，也推进产品研发升级和成本降低，满足中低收入群体和低收入群体的需求，鼓励家庭耐用品的更新换代，提高生活质量。

第四，启动和扩大消费可把握农村市场的机遇，近些年农村收入增长较快，对于家庭耐用品的需求也不断增长，政府和企业应当做好生产、销售、物流等环节与农村消费者的对接。

俄罗斯中产阶层的消费与生活方式

斯维特兰娜·马瑞娃（S. V. Mareeva）

使用基于收入水平的"经济"测量法来定义中产阶层有几大优势。首先，它们既包括对世界各国进行比较的机会，也包括对此方法的正确应用，以审视与人们生活中经济方面相关联的诸多问题——其中最首要的是消费模式问题。通过对消费的具体特征和中产阶层两个子群体所呈现的生活方式进行分析，我们将会知晓就从整体上理解俄罗斯社会现状而言至关重要的几个问题的答案。这使我们首先可以确定哪种生活标准在当前对俄罗斯人来讲最具代表性（就此，需要指出，根据我们使用的定义中产阶层的方法，所确定的平均收入水平代表了中低收入人群的整体情况，而这一群体又涵盖了收入为全国平均水平、低于它或者虽高于它但不超过平均水平1/4 的所有俄罗斯人。因此，该群体可被视为"中间群体"，他们展示了在经济发展现阶段这个国家的人们在生活方式和消费模式上最具代表性的一面）。其次，我们将有机会去了解哪种生活为大多数俄罗斯人所向往，因为通常来讲，作为一种社会规范，只有中产阶层的生活标准才为多数人所期盼（在此，酒吧将作为一个特例被设定为中高收入群体的消费能力元素）。最后，我们在本文中试图回答的另一个问题与俄罗斯社会的全面转型相关联——过去的十五年俄罗斯人的生活标准和生活质量是否发生了显著的变化以及这些变化是否已均匀地被传递到不同的人群中。

在开始分析中产阶层消费模式时，我们应先看看来自中产阶层的受访者对自己生活的方方面面的评价，而这或多或少都与消费相关联（表4-2-1）。我们的数据表明，中等收入人群在评价其生活幸福时一般都很谨慎：只有16%的中低收入受访者和26%的中高收入受访者认为其物质地位较好，并且在中低收入群体中，那些认为自己物质状况处于贫困的人的比例甚至超过了那些感觉良好的人的比例（20%）。这表明，中等收入群体也是将信将疑地审视与物质状况和消费能力相关联的生活方式的其他方面。相较于来自中低收入群体的俄罗斯人，尽管来自中高收入群体的俄罗斯人做出的评价更为积极，然而在一些方面分歧度很大，例如，两个群体对其住房所做的评价大同小异，而对衣着、饮食、度假机会的态度则大相径庭。

表 4-2-1 各类收入群体对与消费相关联的各种生活方式的自我评价（2016 年秋）

单位：%

对各种生活方式的评价	低收入群体	中低收入群体	中高收入群体	高收入群体	全体人口
饮食					
好	26	39	53	63	39
不好	9	5	1	3	5
衣着					
好	16	25	44	57	29
不好	18	9	2	3	10
住房					
好	32	41	44	54	39
不好	13	9	5	4	9
休闲选择					
好	18	30	37	51	29
不好	27	17	8	8	18
度假机会					
好	9	17	29	43	19
不好	40	23	12	8	25

注：回应比例超过 50% 的选项用灰色标注，并且表示认可的回应也包括在了"满意的"选项之中，但这点没有在表中表明。

另外，两个群体中对各方面都做出积极回应的人的比例（不考虑中低收入群体对于度假机会的看法）超过了做出负面回应的人的比例，而低收入群体的情况则完全与之相反（不考虑对住房的评价）。相比之下，来自高收入群体的绝大多数受访者对与消费相关联的生活各方面都给予了积极的评价。所有这一切都表明，俄罗斯社会不同收入群体的特征不仅表现在不同的生活标准和生活质量方面，而且与他们对不同水平的生活方式的满意度相关；同时，鉴于中低收入人群的真实写照，整体人口的平均水平相对较低，这从整体上反映了俄罗斯人最具代表性的生活方式。

俄罗斯人对与消费相关联的生活方式的看法取决于国家所在的经济发展阶段。因此，观察他们长期动态化的评价以及他们最近经历的2014年至2016年经济危机所导致的变化是非常有趣的事情。基于我们的研究数据，可以对这些趋势加以评价（表4-2-2）。

表4-2-2 中等收入群体对与消费相关联的各种生活方式的自我评价（2003年、2014年春、2016年秋）

单位：%

对各种生活方式的评价	中低收入群体			中高收入群体		
	2003年	2014年春	2016年秋	2003年	2014年春	2016年秋
饮食						
好	16	42	39	28	50	53
不好	15	5	5	9	2	1
衣着						
好	7	29	25	17	41	44
不好	30	7	9	16	3	2
住房						
好	25	36	41	26	41	44
不好	17	10	9	19	5	5
休闲选择						
好	12	32	30	18	44	37
不好	38	11	17	29	8	8
度假机会						
好	11	26	17	13	39	29
不好	56	19	23	39	10	12

注：积极或消极的回应的最高值用灰色标注；表示认可的回应也包括在了"满意的"选项之中，但这点没有在表中表明。

由以上数据得出的第一个结论是中等收入群体在经济好转时期物质状况有了显著的变化。2003年后的十余年里，在代表全体人口生活方式的中低收入群体中，其在评价饮食、住房、度假机会等生活方面时，持积极评价的人的比例显著上升，而持负面评价的人的比例则有所下降。如果我们看一看诸如衣着和休闲选择这两方面，我们会发现，即便考虑到经济危机的影响，中低收入群体的情况也有了巨大的变化：在2003年，持负面评价的人的比例远远超过了持积极评价的人的比例，而到了2016年，这一比例则发生了反转。基于已知的动态变化，如果不是因为最近的危机，来自中低收入群体的受访者可能也会以同样的方式来评价他们的度假机会。关于在实际收入长期下降和消费发生相应变化之后的状况，我们将在后文中做出更加详细的解读，中低收入群体对与消费相关联的各种生活方式的评价揭示了他们在消费水平上（相较于21世纪初）的显著改善。

在将视野转至中高收入群体的状况时，我们发现它也有了明显的改善。2014年春，当这一群体的人们评论其所有消费环节的生活方式时，积极评价的案例数量超过了消极评价的数量。尽管危机并没有导致他们在此方面发生任何重大的变化，可它的确有一个定量的影响，主要是在度假机会方面，积极的评价有了急剧的下滑。

因此，经济危机不仅影响到了中等收入群体的规模，而且影响到了他们生活的质量。虽然他们的消费能力有了显著的增强，但中低收入群体却体现出了一个更加适度的生活水平并呈现了脆弱性的特征，而这导致在危机来袭时他们在消费方面的质的变化。中高收入群体的状况较为稳定。毫无疑问，危机对这一群体的消费能力产生了影响，但并没有影响到这一群体的基本需求。

住房是整体生活质量的一个重要方面。数据表明，相较于其他方面，俄罗斯人总体上对他们的住房比较满意，尽管（满意度的）平均评估水平在统计学上占据着主导地位。这在中等收入群体中也具有代表性。对描述住房质量的客观数据加以考量，我们发现，随着收入的增加，家庭成员人均居住面积的可利用性以及公用设施的可利用性都有所提高。在低收入群体中，家庭成员的人均居住面积为19平方米，在中低收入群体中为21平方米，在中高收入群体中为22平方米，在高收入群体中为26平方米。公共配套设施被67%的来自低收入群体的俄罗斯人、85%的来自中低收入群体的俄罗斯人、86%的来自中高收入群体的俄罗斯人和93%的来自高收入群体的俄罗斯人所享用。如我们所见，来自中等收入两个子群体的人们在这方面比较接近。另外，居所类型在中等收入群体中存在某种显著的差异。当我们将视野从大城市移至居住人口较少的地区时，在其住处没有公共设施的人的比例开始上升（在农村地区，中低收入子群体的比例达到了42%，中高收入子群体的比例达到了30%）。相比之下，在大都市的人的自由活动空间的面积极小，而当我们将视野移至较小的城镇和农村时，人们自由活动的空间就增加了。

主要居住房屋（公寓或普通住房）的所有权是一个在各群体中几乎没有任何差异的参数——每个群体中86%~92%的受访者拥有一套公寓或房子。一个有更本质区别的参数是额外的住所——农舍或第二处住宅（图4-2-1）。这些额外的住所，连同额外的消费机会（例如去乡下度假），是各群体存在本质差异的地方，在这方面，中等收入群体处于居中的位置。中低收入群体再次反映了一个特征，而这也是俄罗斯人在整体上的共性：不到30%的中低收入群体拥有一处农舍（这一数字在大城市是最高的，几乎达到了一半），而拥有第二套公寓的中低收入群体的比例则不到5%，这一状况在居于地区和区域中心或小城镇的人们当中更加普遍。

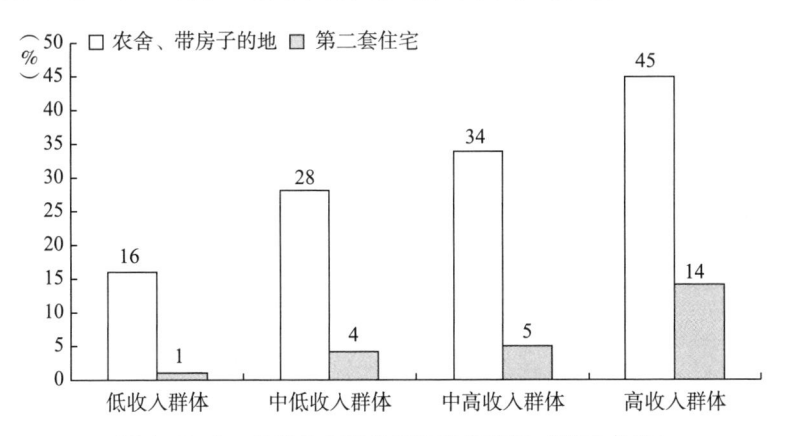

图4-2-1　各群体中额外房产的所有权（2015年秋）

反映整体生活水平的一个重要方面是耐用消费品的拥有，这也决定了人们消费的模式。那么，中等收入群体所拥有的物质财富的特征是什么呢？我们的数据显示，对成套耐用消费品的拥有在不同收入水平的家庭中相差很大（表4-2-3）。

表4-2-3 各收入群体中可使用的耐用消费品（2015年秋）

单位：%

耐用消费品	低收入群体	中低收入群体	中高收入群体	高收入群体	总体人口
电视	99	99	99	99	99
普通电视	76	70	69	56	70
LCD或等离子电视	59	68	80	90	69
冰箱	99	98	99	97	98
真空吸尘器	91	93	93	92	92
全自动洗衣机	81	90	95	96	88
手机	86	86	82	86	85
微波炉、食品加工机或任何其他的厨房电器	72	81	87	94	81
电脑（包括便携式电脑）	66	69	80	89	72
轿车	52	57	73	85	62
外国品牌	21	31	51	71	36
俄罗斯品牌	36	33	32	29	34
摄像机和数码照相机	33	46	60	73	47
智能手机（包括iPhone）	34	42	55	70	45
平板电脑（包括iPad）	31	39	49	67	41
圆盘式卫星电视天线	30	32	36	48	33
空调	14	13	18	38	17
洗碗机	7	10	17	39	

注：这是根据耐用消费品的整体可用性进行的分类。各收入群体中50%以上的人所拥有的耐用消费品的百分比被标记为灰色。

在俄罗斯全体人口中，一半以上的人所拥有的"标准"耐用消费品包括全自动洗衣机、手机、一些厨房电器、电脑（包括笔记本电脑）和彩电。有些收入群体中，在某些耐用品的拥有上存在一些差异，但不太引人注意。在中低收入群体中，相同的成套耐用消费品也是一种标配，如上所述，这代表了全国的生活水平。然而，谈及对耐用消费品的拥有，这一群体更接近于低收入的俄罗斯人，尽管在中低收入群体中拥有上述大多数耐用消费品的人的总体比例仍然较高。在中高收入群体中，耐用消费品的标准设置扩展到了数字设备（摄像机或手机）、智能手机和国外品牌的轿车，更接近于有着高收入的俄罗斯人（尽管在中高收入群体中，拥有某些耐用消费品的人数往往很少）。正是这种超越基本消费品标准的、购买额外耐用消费品的能力显示出中高收入子群体典型的程式化消费特性，而这至今仍是中低收入子群体所缺乏的。值得注意的是，在耐用消费品拥有上的差异不仅体现了不同收入群体在物质生活上的差异，而且显示出了不同群体的人在生活机会上的差距，因为当它被用于所从事的休闲活动、自我教学、数码技术掌握（以后可能会在工作场所使用）以及更多的地方时，耐用消费品广泛地为生活提供了各种不同的可能性。

当我们试图对低收入群体所拥有的成套耐用消费品的未来变化进行预测时，可以期待创新和复杂技术更大的发展，它已经很好地被整合到中高收入群体的家庭之中。这个结论被在各收入群体中常见的成套耐用消费品升级的态势再次证实，即便是在经济衰退的背景之下——纵然这样的更新在金融危机期间不太活跃，但中等收入群体的耐用消费品的标准配置在过去的两年里却有了显著的扩展，这特别要归因于对相对复杂和创新的家电产品的购买（表4-2-4）。在这方面，中等收入群体的两个子群体表现出了极大的意愿去熟悉新技术。他们可能会被寄予厚望来逐渐促使这类商品发生从创新到为所有人所用的改变。外国品牌的轿车也正开始向扩展型耐用消费品的方向转变，因为它们目前被超过一半的中高收入群体和超过70%的高收入群体成员所拥有。

表4-2-4 中等收入群体拥有某些类型的耐用消费品的动态变化（2014年春、2015年秋）

单位：%

耐用消费品	中低收入群体		中高收入群体	
	2014年春	2015年秋	2014年春	2015年秋
智能手机（包括iPhone）	27	42	36	55
外国品牌的轿车	26	31	43	51
平板电脑（包括iPad）	22	39	38	49
圆盘式卫星电视天线	20	32	26	36

续表

耐用消费品	中低收入群体		中高收入群体	
	2014 年春	2015 年秋	2014 年春	2015 年秋
空调	13	13	15	18
洗碗机	5	10	12	17

在此背景下，不会让人感到惊奇的是计算机技术的使用在中低和中高收入群体的日常生活中随处可见。2014 年的数据显示，41% 和 51% 来自这两个群体的受访者每天都使用电脑，而且另外 21% 和 22% 的这两个群体的受访者每周使用电脑数次。38% 来自中低收入群体的受访者和 45% 来自中高收入群体的受访者每天都上网；这两个群体分别有 23% 和 26% 的受访者每周上网数次。31% 来自中低收入群体的受访者和 20% 来自中高收入群体的受访者没有使用过电脑（出于各种原因，包括缺乏必要的技能），而且这两个群体分别有 33% 和 21% 的受访者没有上过网。不属于中产阶层的高收入群体是更为活跃的电脑使用者（他们中 58% 的人每天使用电脑，52% 的人每天上网）。然而，低收入群体在数字产品上的消费则远不及中等收入阶层的两个子群体（只有 34% 和 31% 来自这一群体的受访者使用过电脑和上过网）。换句话说，在数字产品消费上的不平等是与收入不平等相互对应的，而这加剧了低收入群体的脆弱性，因为对信息和通信技术在不同水平上的使用不仅影响着休闲活动的范围，也影响着对信息、教育的选择以及劳动机会甚至是便宜商品的获取。

如果我们看一看耐用消费品的使用在一个较长时期内的动态变化，从数据可发现，中等收入群体的生活水平相较于 2003 年有了明显的改善。例如，耐用消费品的标准配置开始包含手机和电脑，在中高收入群体中甚至包括了各种数字产品和轿车，而在 2003 年，这类耐用消费品只被中等收入群体的这两个子群体中不到一半的家庭所拥有。此外，在中高收入群体中拥有国产轿车的人的比例下降，而拥有外国产轿车的人的比例则上升。2003 年至 2015 年，家中拥有诸如圆盘式卫星电视天线、空调和洗碗机等稀罕商品或在俄罗斯被认为是代表身份、地位的商品且有着中等收入的人的比例有所上升。这都表明，在过去的 15 年里，中产阶层的耐用消费品消费机会有了显著的增加，这反映了俄罗斯整体人口在消费水平方面的诸多变化（表4-2-5）。

表4-2-5 中等收入群体拥有某些类型的耐用消费品的动态变化（2003年、2015年）

单位：%

耐用消费品	中低收入群体			中高收入群体		
	2003年	2015年	增长的百分比	2003年	2015年	增长的百分比
手机	12	86	74	26	82	56
电脑（包括便携式电脑）	13	69	56	25	80	55
微波炉、食品加工机或任何其他的厨房电器	31	81	50	51	87	36
摄像机或数码照相机	4	46	42	9	60	51
圆盘式卫星电视天线	1	32	31	1	36	35
国外品牌轿车	2	31	29	7	51	44
空调	1	13	12	2	18	16
洗碗机	0	10	10	1	17	16
真空吸尘器	85	93	8	93	93	0
俄罗斯产轿车	26	33	7	36	32	-4
全自动洗衣机	85	90	5	88	95	7
冰箱	99	98	-1	99	99	0
彩电	94	70	-24	98	69	-29

注：超过50%的中等收入群体的受访者所拥有的耐用消费品百分比被标注为灰色。

中等收入群体在2003年至2014年的消费仍然主要受他们对生活方式的主观评价和对商品升级需求的影响。例如，在调查前的三年里，有17%来自中低收入群体的受访者设法使其物质财富有了明显的提高；而危机则使这个数字降至12%。这样受访者的比例在中高收入群体中更高一些，2003年为30%，2014年为26%，然而，在危机的第一年中，这一比例下降到了20%。11%~13%来自中低收入群体的受访者和14%~18%来自中高收入群体的受访者购买过昂贵商品。相应的，在中等收入阶层的这两个子群体中越来越多的人在2003年至2014年出国旅游，但随后数字就下滑了（见图4-2-2）。

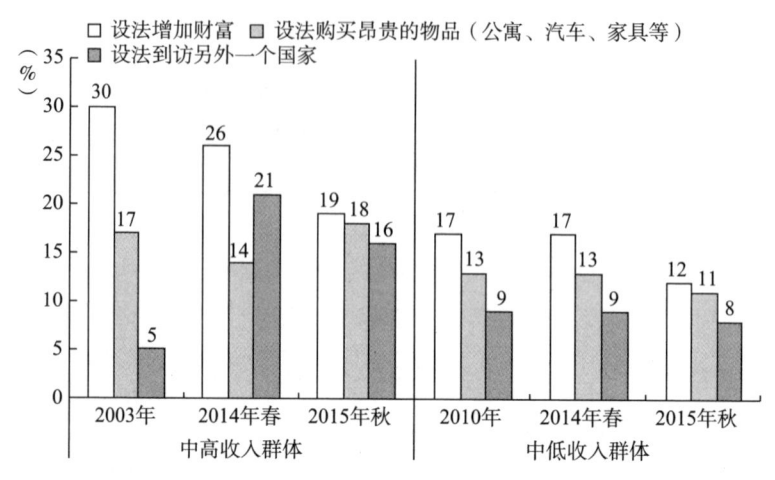

144 | 中国和俄罗斯的中等收入群体：影响和趋势

图表数据（图 4-2-2）：

设法增加财富 / 设法购买昂贵的物品（公寓、汽车、家具等）/ 设法到访另外一个国家

中高收入群体：
- 2003年：30、17、5
- 2014年春：26、14、21
- 2015年秋：19、18、16

中低收入群体：
- 2010年：17、13、9
- 2014年春：17、13、9
- 2015年秋：12、11、8

图 4-2-2　在调查前的三年里中等收入群体的消费情况
（2003 年、2014 年春、2015 年秋）

在中等收入阶层中，重要和昂贵的消费活动的概率也有所不同：中低收入群体的人们再次发现自己接近于低收入群体的水平，尽管他们在积极性的动态变化方面超越了低收入人群；而高收入群体的状况则更接近高收入人群，虽然他们还不太能达到后者的水平。2015 年的数据表明，只有 9% 来自低收入群体的俄罗斯人和 12% 来自中低收入群体的俄罗斯人改善了他们的物质生活，而与此相对照的是，来自中高收入群体的俄罗斯人的这一比例为 19%，来自高收入群体的俄罗斯人的这一比例为 22%。在这些群体中，购买过各种昂贵商品的人的比例分别为 7%、11%、18% 和 26%，而出国旅行的人的比例分别为 5%、8%、16% 和 26%。

不同群体的具体消费模式也在有偿服务的使用上有所体现。在此方面，来自中等收入群体的受访者也居于高收入和低收入俄罗斯人的中间位置。最广泛被使用的有偿服务是支付型医疗：在调查前的三年里，支付型医疗被几乎一半的有着中等收入的俄罗斯人所利用。面向成人的有偿教育服务不受欢迎：它们只被 15% 来自中等阶层的俄罗斯人所使用。面向儿童的有偿服务更为广泛，使用过此类服务的中低收入群体受访者的比例高于中高收入群体受访者的比例。例如，面向儿童的支付型医疗服务分别被

38%和33%的中低收入群体和中高收入群体受访者所使用，而面向儿童的有偿教育服务分别被37%和28%的中低收入群体和中高收入群体受访者所使用（见表4-2-6）。然而，在给出他们自己使用有偿服务的原因时，中等收入群体的受访者认为免费服务的缺乏或无法享受比其更优质的服务这两项较为常见，也就是说，他们在某种程度上被迫地使用了有偿服务，64%的在过去三年里使用过这样服务的有着中等收入的俄罗斯人表达了这一观点。

表4-2-6 调查前三年各收入群体有偿服务的使用情况（2015年秋）

单位：%

在调查前的三年里所使用的有偿服务	低收入群体	中低收入群体	中高收入群体	高收入群体	整体人口
面向成人的支付型医疗服务	43	49	49	57	48
面向儿童的支付型医疗服务	31	38	33	33	33
面向儿童的有偿教育服务	27	37	28	43	31
面向成人的有偿教育服务	11	14	16	19	14
面向成人的健康改善有偿服务	7	12	16	25	12
面向儿童的健康改善有偿服务	8	16	10	19	12
国外的教育或出国休闲旅游	3	7	17	29	10

注：面向儿童的有偿服务数据的对象仅是那些拥有未成年人的家庭。

在使用特定类型的有偿社会服务方面，中等收入群体没有遵循一个单一的共有模式；隐藏于消费模式分化背后的一个标准是消费者的年龄。即使所有年龄段的群体所使用的面向成人的有偿服务在比例上大致相同（53%~57%的全体中等收入受访者），可在旅游和教育服务上却不大相同，而使用这些服务的人更多是年轻人（16%年龄小于35岁的受访者、12%年龄在36~55岁的中等收入受访者和4%年龄超过55岁的受访者使用了这些服务）。年龄在36~55岁之间的有着中等收入的受访者在面向儿童的服务使用上最为积极（57%的有孩子的受访者使用过）。

谈及相较于2003年的有偿服务使用的变化，在中低收入群体中，在受访者使用各种有偿服务的频次方面没有任何明显的变化。某些特定类型的服务使用频次多次发生变化。在中高收入群体中呈现消极的趋势：更少的受访者继续使用支付型的医疗服务、面向儿童的教育和健康改善服务或面向成人的教育服务。唯一有呈现积极趋势的服务类型是旅游：赴国外休闲旅游和接受教育的受访者的比例从2003年的5%增加到了2015年的17%，即使是在经济危机时期也是如此（见表4-2-7）。考虑到前文中所提到的在食品、衣着和休闲等方面的耐用消费品使用和消费机会的相关数据，我们可以得出这样的结论：来自中高收入群体的人们在消费上投入了大部分的空闲资金，而在人力资本的投入上却在缩水。因此，在使用某些有偿服务特别是面向儿童的教育和健康改善服务时，中低收入群体甚至超越了中高收入群体。

表4-2-7 调查前三年各收入群体有偿服务的使用情况

单位：%

在调查前的三年里所使用的现款支付型服务	中低收入群体			中高收入群体		
	2003年	2010年	2015年	2003年	2010年	2015年
面向成年人或儿童的有偿医疗服务	55	48	53	67	62	54
面向儿童的教育有偿服务	33	28	37	39	36	28
面向儿童的健康改善有偿服务	16	20	16	20	28	10
面向成人的教育有偿服务	18	13	14	30	21	16
面向成年人的健康改善有偿服务	9	11	12	16	16	16
国外教育或出国休闲旅游	3	6	7	5	11	17

注：面向儿童的有偿服务数据仅是那些拥有未成年人的家庭数据。

可帮助我们提高对中等收入群体消费模式认识的另一个重要的问题是使用可自由支配资金的策略。首先，我们必须提到的是，中等收入群体如今仍然没有多大的程式化消费的自由空间：大约一半来自中低收入子群体的受访者和43%来自中高收入子群体的受访者谈到他们从来都没有过任何可自由支配的资金（相比之下，这一数字在低收入群体中达到了63%，而在高收入群体中却只有22%）。在那些有机会对可自由支配的资金进行处理（至少有过一次）的受访者中，主导的策略包括省下钱来以备"不时之需"或将钱存入银行，以及购买耐用消费品和娱乐等消费支出（表4-2-8）。投资策略（投资房地产、土地、股票甚至是商业银行）在中等收入群体中相当罕见。他们对可自由支配资金的管理在此时此地可归结为在消费品和娱乐间的单一选择或者为未来省些钱。

表4-2-8 各收入群体对可自由支配资金的管理的策略（2014年春）

单位：%

对可自由支配资金的管理的策略	低收入群体	中低收入群体	中高收入群体	高收入群体	整体人口
没有可自由支配的资金	63	50	43	22	50
省钱以备"不时之需"	19	21	17	13	19
将钱存入储蓄账户	10	14	17	26	15
购买昂贵的耐用消费品	8	13	12	28	13
花费在娱乐上	5	12	18	34	13
给予家庭或朋友物质帮助	6	10	14	17	10

注：此表只反映出了那些至少在一个群体中所得到的回应不少于10%的选项。

在我们继续讨论中产阶层消费模式的特点时，我们还应考虑到储蓄和债务的问题。就有储蓄的人或身负任何类型债务的人的比例而言，中等收入群体与低收入群体有着本质上的不同：有储蓄的人的比例与负债人的比例大致相同（在中低收入群体中），或前者略高于后者（在中高收入群体中）；而在低收入群体中情况则恰恰相反。也就是说，储蓄所提供的安全保护实在有限：只有6%来自中低收入群体的受访者和12%来自中高收入群体的受访者有持续一年以上的储蓄。债务在中等收入群体和高收入群体中也同样常见。不同类型的债务中最普遍的是银行贷款，这对中低和中高这两个收入子群体中约四分之一的受访者而言是常见之事。

表4-2-9 各收入群体贷款和储蓄情况（2015年秋）

单位：%

储蓄和贷款	低收入群体	中低收入群体	中高收入群体	高收入群体	整体人口
任何数额的储蓄	21	36	43	56	34
持续一年以上的储蓄	4	6	12	25	8
任何类型的债务	46	35	34	33	38
既有储蓄也有债务	4	8	7	10	7
没有上述中的任何一种	38	37	31	22	34

与经济危机前的时期相比，中等收入群体的金融行为变化很小：尽管负债人的比例有所增加（2014年春，35%来自中低收入群体的受访者和30%来自中高收入群体的受访者身负某种类型的债务），然而有储蓄的人的比例却增加得更多（2014年春，两个子群体的相应比例分别为30%和36%）——这与低收入群体十分的不同（在低收入群体中，储蓄的人的比例在危机期间从26%下降到了21%）。也就是说，中等收入群体在数字上的增加是由不断增加的小额储蓄所造成的，这表明，受新的经济形势以及经济增长会不太稳定预期的影响，人们往往会"以防万一"，但有足够的储蓄来进行安全保障的人的比例保持不变。

如果我们将其与2003年的情况进行一下比较的话，那么中等收入群体的财政策略则有了更加彻底的变化：2003年只有3%的中低收入群体受访者和7%的中高收入群体受访者有过长期的储蓄，并且在前者和后者中，有过任何一种储蓄形式的人的比例分别只有20%和29%。另外，债务也并没有那么普遍：身负任何一种类型债务的受访者的比例在中低收入群体中达到了28%，而在中高收入群体中则达到了26%。

总之，在过去10年里，中等收入群体已经显示出了更多的金融活动：2003年，超过一半（55%，2015年为37%）的中低收入子群体成员以及几乎一半（48%，2015年为31%）的中高收入子群体成员没有任何储蓄或债务。

与消费相关联的重要的生活方面还包括休闲选择。超过三分之一（中低收入子群体为39%，中高收入子群体为35%）的来自中等收入群体的受访者缺少休息或休闲活动的时间。尽管如此，中等收入群体的情况也稍好于那些声称没有足够休闲时间的高收入群体受访者的情况（43%）。

休闲活动可分成几大主要类型：简单的休闲活动（家务、看电视或录像、听音乐、"闲逛"等）、传统的休闲活动（阅读书籍和期刊、使用电脑和上网、各种不出户的爱好、朋友聚会、户外活动、去教堂等）、积极的休闲活动（泡吧，蹦迪，在健身房进行体育锻炼，去剧院、音乐会、电影院、博物馆、展览馆、咖啡馆和餐馆，加入业余爱好俱乐部或者接受其他的教育，以及参与社区活动或政治机构的活动）。尽管这种分类相对简单，但它揭示了不同收入群体生活方式的一些重要差异。纵然简单的休闲活动和传统的休闲活动对所有收入群体的绝大多数人而言大同小异，然而当谈及积极的休闲活动时，显著的差异则开始显现出来：在低收入群体中，五个人中就有至少一个人从事了这些活动中的一个；在中低收入群体中，这个比例达到了三分之一，在中高收入群体中达到了一半。这在很大程度上影响了这些群体生活方式的具体特征（在高收入群体中，参与者更多一些，达到了55%）。

2014年，在各种类型的积极休闲活动中，中等收入群体的受访者大多是去音乐会、剧院和电影院（16%的来自中低收入子群体的受访者和22%的来自中高收入子群体的受访者经常从事这样的活动），去咖啡馆和餐馆（其比例分别为13%和20%），去健身房和参加健身培训（其比例分别为8%和16%），以及去泡吧和蹦迪（其比例分别为6%和10%）。从事其他类型的积极休闲活动的来自中等收入群体的受访者不到10%。相较于低收入人群，中等收入人群在其空闲时间里往往去参加各种各样的积极休闲活动，而且消遣和娱乐时间的缺少在一定程度上被他们所拥有的各种各样的休闲机会所补充。

然而，如果我们将视角转至积极休闲活动的动态变化的特征，我们可以发现中等收入两个子群体的一些差异：在中高收入群体中，从事积极休闲活动类型的人的比例自2003年以来在稳步地增加，而在中低收入子群体中，不同时期的数据会发生波动（见表4-2-10）。就某些特定的休闲活动类型而言，我们可以注意到在这两个中等收入子群体的俄罗斯人中，去咖啡馆和餐馆的人的比例在上升,而在中高收入子群体中,去健身的人在数量上也有所增加。与此同时,在中等收入阶层的这两个子群体中,将空闲时间用于接受其他的教育和提升技能的人的比例却明显地减少。这与前文中所呈现的相关数据(中等收入两个子群体的人们在人力资本上投入的减少)相符。

当我们将目光移至传统的休闲时,我们注意到从事与电脑相关的活动的人的比例大幅度增加:在2003年,中低收入子群体的比例为9%,而中高收入子群体的比例为17%;然而在2014年,这一比例则分别达到了30%和36%。

表4-2-10 中等收入群体从事积极休闲活动的动态变化
(2003年、2010年、2014年)

单位:%

休闲活动类型	中低收入群体			中高收入群体		
	2003年	2010年	2014年	2003年	2010年	2014年
积极的追求	36	27	32	45	48	50
去音乐会、剧院、电影院	16	12	16	24	24	22
去咖啡馆和餐馆	6	6	13	15	16	20
去健身房和参加健身培训	7	7	8	12	16	16
泡吧和蹦迪	5	5	6	13	9	10
参观博物馆以及去看展览	9	4	6	9	8	9
参加更多的教育课程	11	8	6	16	13	8
为社区组织出力	4	2	2	4	3	4
为政治组织出力	1	1	2	1	1	4
去业余爱好俱乐部	2	1	1	3	3	2

最后,让我们看一下有着中等收入的俄罗斯人如何调整其消费模式以适应发生在2014年至2016年的经济危机(这是在俄罗斯现代历史上人们实际收入减少时间最长的一个时期)。我们的数据表明,在各种商品和服务的消费上加以节省成为人们为适应新的经济条件而采取的最普遍的策略。由于非常奏效,所有的收入群体都被迫采取了这一策略:危机促使78%来自低收入群体的人、74%来自中低收入群体的人、71%来自中高收

入群体的人和66%来自较高收入群体的人削减开支。

不同的收入群体，其削减开支的程度也会不同：所有类型的经济策略更可能发生在来自低收入群体的俄罗斯人中，而不太可能发生在那些高收入人群中。在削减开支上，中低收入群体发现他们自己身处这两个极端之间。就平均数而言，低收入群体在削减开支上使用了9个可能策略中的3.2个，而高收入群体则使用了2.2个；对两个中等收入子群体来讲，其平均值分别达到了2.8个和2.4个。

来自中等收入群体的俄罗斯人倾向于在购买衣服和鞋类（54%的中低收入群体和46%的中高收入群体）、食品（45%的中低收入群体和36%的中高收入群体）和度假（42%的中低收入群体和45%的中高收入群体）上省钱。他们中的大部分人也开始在休闲活动（35%的中低收入群体和34%的中高收入群体）和耐用消费品（32%的中低收入群体和27%的中高收入群体）方面削减开支。

俄罗斯人在经济危机环境下所使用的经济策略可被分为几大类。第一类可以被描述为在日常消费上的节省，例如在食品和购买衣服、鞋类或耐用消费品等方面削减开支（尽管相较于购买耐用消费品，购买食物和衣服是更基本的需求，但将这些需求合并为一类仍然是有道理的，因为在食物或衣服上削减开支可能不仅意味着一个人不再满足自己的基本需要，而且意味着他们可能暂时推迟购买计划而转向去购买更便宜的同类产品，等等，换句话说，就是要适应日常消费模式的改变）。第二类包括在休闲上的节省，也就是在所从事的业余爱好或度假方面削减开支。第三类可以被描述为在人力资本投入上的节省，即在医疗和教育服务方面削减开支。与其他分类稍显不同的一类是在对家人和朋友物质帮助上的节省。在我们审视经济策略的这些大类时，可以清晰地看出，来自中等收入群体的大多数俄罗斯人在经济危机期间在若干方面削减了他们的开支（见图4-2-3）。对所有收入群体来讲，在日常消费上的节省是最普遍的策略，其次是在休闲和度假上的削减开支。

值得注意的是，削减开支也影响到了人们在人力资本（如教育和医疗）上的投入，从而加剧了在危机前就已出现的负面趋势。就在人力资本投入上的削减开支而言，中低收入群体与中高收入群体有着很大的差异：

相较于后者（影响了 17% 的人），这一策略在前者中更具代表性（影响了 30% 的人）。在这方面，中低收入的俄罗斯人更接近于低收入的俄罗斯人，而中高收入的俄罗斯人则更接近于高收入的俄罗斯人，这再次证实了中等收入阶层的异质性。

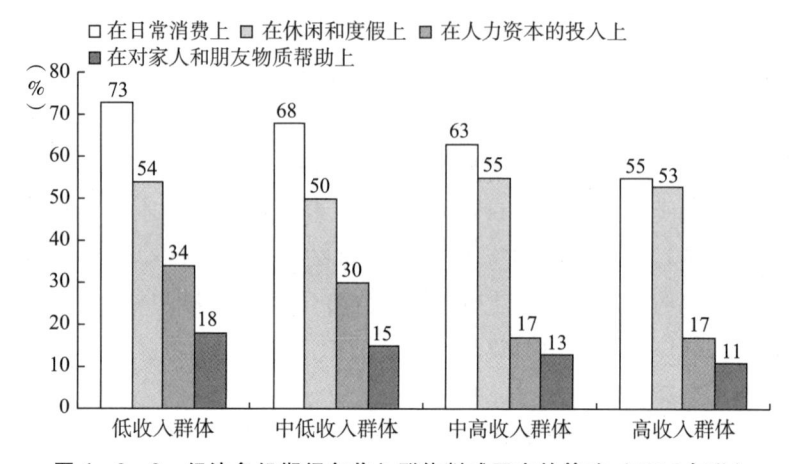

图 4-2-3　经济危机期间各收入群体削减开支的策略（2016 年秋）

虽然来自中高收入群体的受访者声称他们全都开始在消费上削减开支，但值得注意的是，他们在 2014 年春和 2016 年秋对食品、穿着和住房状况的评价几乎完全一样（虽然这些数字在两次调查间的 2015 年有过一定的下降趋势）。同时，他们对削减休闲和度假开支的反应相当强烈，这反映出了相应评价的下降趋势，因为在这些方面削减开支意味着他们生活方式的改变。

当我们对中等收入群体典型的消费模式加以总结时必须指出，这一群体的社会福祉不仅受到他们生活的标准和质量这些客观指标的影响，也受到他们与周围的人在消费水平上进行比较的影响。因此，要注意的是，即使在经济危机期间，来自中等阶层的中高收入和中低收入这两个子群体的大多数认为他们的生活并不比别人差，或者说就能力而言，他们自己的觉得生活目标并不应该比别人低（见图 4-2-4）。

让我们总结一下。在消费模式和相关能力方面，中等收入群体具有异质性。在一些方面，相较于低收入群体或高收入群体，他们彼此更加接近；在一些方面，中低收入群体更类似于低收入群体，而中高收入群体则

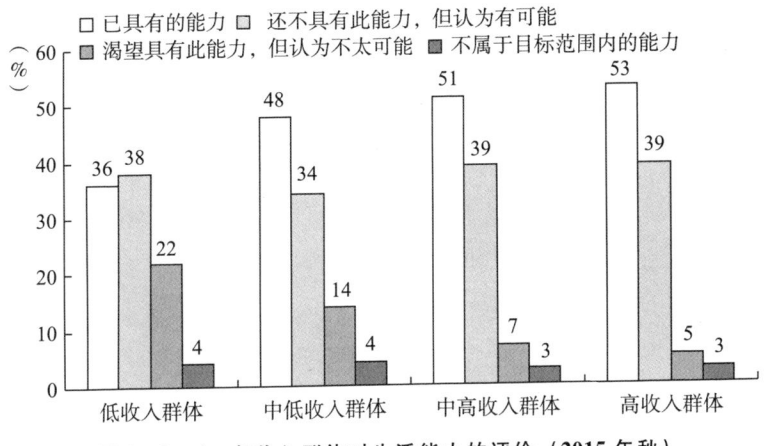

图 4-2-4　各收入群体对生活能力的评价（2015 年秋）

更加接近于高收入群体。中低收入群体不仅只能适度消费（尽管还高于生存标准），而且消费能力极为脆弱（这导致在经济危机来袭时他们的消费习惯有了质的改变）。中高收入群体的地位更有利并且更具有稳定性的特征。尽管经济危机对这一群体的消费能力产生了影响，但它只影响到了那些与程式化消费和实现理想生活方式有关的机会。

中等收入群体对与消费相关联生活的各个方面的自我评价在过去的10年里大大地提高，与21世纪初相比，这显示出了在消费标准上一个显著的积极趋势。此外，家庭拥有成套耐用消费品的动态变化表明，与2003年相比耐用消费品的拥有率有了显著的提高。然而，与中等收入群体的消费模式相关的积极趋势在很大程度上受限于成套的家庭耐用消费品的升级以及日常消费品（食品、服装等）质量的提高。2003至2014年，在耐用消费品方面实际上没有什么改变，甚至在2014~2016年的经济危机期间还有所下降。此外，中等收入人群正在减少其在人力资本上的投入，而从长远来看，这将会对他们的前程产生负面的影响。

在经济危机期间，与其他群体一样，有着中等收入的俄罗斯人积极地采用了各种经济策略（首先是在日常消费上的节省，其次是在休闲和度假方面削减开支）。减少支出大大地影响到了他们在诸如教育和医疗等人力资本上的投入（相较于中高收入群体，这种类型的经济策略更常见于中低收入群体）。即便来自中等收入群体的受访者相当积极地使用了支付型的医疗服务，但受访者在某种程度上不得不使用有偿服务。

另外，即使在经济衰退期间，中等收入群体也继续表现出了让他们自己熟悉创新产品的意愿，这将有利于成套的基本耐用消费品从创新向为所有人所用这一方向逐步转变。

第五章

中等收入群体的代际流动

中国中等收入群体的代际流动：
户籍与教育的视角

吕 鹏 范晓光

在中国跨越"中等收入陷阱"的征途中，如何打造更加公平的户籍制度和教育制度尤为关键。代际流动研究长期以收入和职业作为最核心的理论关怀，而以户籍和教育本身作为考察对象的相关研究在国内并不多见。基于中国社会状况综合调查（CSS）2015年的数据，本文对中国中等收入群体的户籍和教育流动率、教育和户籍流动的部门分割、教育与户籍的关联性展开了探索性研究。最后，本文还探讨了公平的流动制度在缓解阶层固化方面的意义和可能的政策选择。

一 代际流动中的城乡分割与教育再生产

中等收入群体的"焦虑"从没像今天这样成为舆论界关注的一个热点。这不仅由新的网络生态环境引起，更与人们切身体会到的阶层地位的"代际固化"息息相关。对于许多人来说，迈入"中等收入"群体可能仅仅是在他们这一代才发生的事情。中等收入群体在房子和子女教育上透支了他们的"中等收入生活"，房子在很多大城市关联着户籍准入，子女教育则意味着让子女保住中等收入地位的入场券。简而言之，"代际流动"是理解中等收入群体的焦虑的一把钥匙。

社会科学界研究代际流动存在两个最主要的角度或测量方式。一是经济角度的，主要是（家计）收入代际流动的研究（陈琳、袁志刚，2012；刘建和、胡跃峰，2014；汪燕敏、钱珍，2009；王美今、李仲达，2012；魏颖，2009），偶尔包括一些财富代际流动的研究（刘建和、胡跃峰，2014）。二是社会角度的，主要是研究职业代际流动（李路路、朱斌，2015；秦广强，2011）和教育代际流动（李春玲，2014a；李路路，2002；

李忠路、邱泽奇，2016；刘志国、范亚静，2013；吴晓刚，2016）。

不管认定的当代中国代际流动的流动性是高还是低，大多数研究或多或少地提到了户籍制度在代际流动上的关键性。对于认为代际流动率低的学者来说，户籍制度是城乡二元结构得以再生产的基础制度，是阻碍流动人口实现社会融合的主要制度性障碍（李涛、任远，2011；刘志国、范亚静，2013）。户籍因素使城乡形成了两个封闭的循环圈，使原本就存在的城乡差距进一步扩大（余秀兰，2005）。

相反，对于那些认为代际流动率趋于上升的学者来说，户籍本身可以通过"获致性"努力改变，这正是中国社会保持"开放性"的一个重要设计（张翼，2004）。必须承认的是，改变户籍，是许多人，尤其是"第一代城市中等收入群体"实现代际流动的关键一步。有研究者就认为，当代中国农民的代际流动率相当高，城市中的社会流动也具有相当的"开放性"，这背后最重要的原因就是农村中受过高等教育的一些人可以获得城市户口（吴晓刚，2007）。还有研究者则更进一步地指出，子代实现代际向上流动的主要路径，按重要性依次为教育、入党、进入体制内单位就业（阳义南、连玉君，2015）。

在大多数情况下，教育流动是实现户籍流动的第一道关卡。许多研究发现，教育是个体实现向上流动的重要变量，但教育获得本身受家庭背景的影响（张桂金、张东、周文，2016）。尽管有学者认为公共教育支出的扩大有利于促进代际收入流动（李力行、周广肃，2015；徐俊武、易祥瑞，2014），但教育扩招本身并不能提高代际流动（杨中超，2016）。更关键的是教育制度各个环节的改革是否公平公正，这就反过来要求教育流动首先要打破户籍流动的障碍。麻烦的是，许多研究都认为教育对代际流动所起的作用在下降（李春玲，2014b；刘精明，2005；刘志国、范亚静，2013；唐俊超，2015；吴晓刚，2016；吴愈晓，2013），农村学生希望通过接受高等教育来实现自身的向上流动越来越困难。这些情况的出现，要求我们将教育与户籍在代际流动上的交互效果纳入分析的视野。

除子代教育机会的城乡差异之外，户籍流动和教育流动是否在不同的部门（体制内和体制外）存在差异，也是一个值得关注的议题。比如，农村户籍的孩子通过教育也许可以提高自身的阶层地位（获得一份中等收入的职业或提高收入），但是否可以获得城市户口，可能依然取决于是否能够在体制内就业。

本文将对户籍和教育流动率、教育和户籍流动的部门分割、教育与户籍的关联展开分析。与许多研究将户籍和教育视为代际流动的阻碍或刺激因素不同，本文将户籍和教育状况本身作为代际流动的结果进行单独分析。在接下来的第二、第三部分里，我们将首先分析中等收入群体的户籍流动，然后是教育流动。每一部分，我们将首先进行流动表的展示，然后就教育、户籍和体制进行列联分析，最后对户籍与教育进行对数线性模型拟合度比较。本文的第四部分是总结与讨论。

本文使用 2015 年中国社会状况综合调查数据，该调查由中国社会科学院社会学研究所组织实施，使用多阶段随机抽样的方法，范围基本涉及中国大陆地区 30 个省级行政区的城乡区域，调查对象为 18 岁以上的中国公民，样本量共计 10243 人。

我们以个人收入中位值为参照标准，将收入等于中位值的 0.75 倍及以下的人群定义为低收入群体，将收入高于中位值的 0.75 倍但是低于中位值的 1.25 倍（包括 1.25 倍）的人群定义为中低收入群体，将收入高于中位值的 1.25 倍但是低于中位值的 2 倍（包括 2 倍）的人群定义为中高收入群体，将收入高于中位值的 2 倍的人群定义为高收入群体。

二 中等收入群体的户籍流动

户籍流动指的是户籍的代际差异。数据显示，在父代为农业户籍人口的中等收入群体中，有 84.52% 的人仍然为农业户籍人口，仅有 15.48% 的人获得了非农业户籍；而在父代为非农业户籍人口的中等收入群体中，有 89.05% 的人保持了非农业户籍身份，其余约 10% 的人为农业户籍（见图 5-1-1）。以上分析表明，不论是农业还是非农业户籍，流出率都偏低，呈现明显的代际继承（intergenerational transmission）或"社会再生产"（social reproduction）的特性。

表 5-1-1 报告了不同受教育程度中等收入群体的户籍状况。在小学及以下学历的中等收入居民中，父代为农业户籍的占了 90.58%，比非农

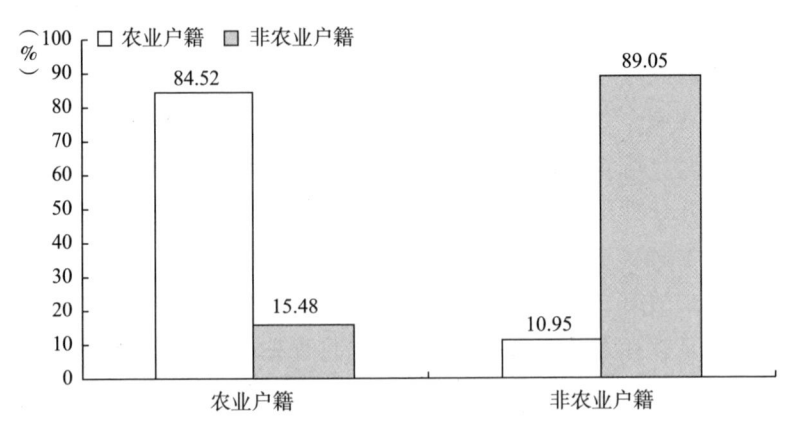

```
      (%)100                           89.05
          90  84.52
          80
          70
          60
          50
          40
          30
          20          15.48    10.95
          10
           0
              农业户籍              非农业户籍
                 □ 农业户籍  ■ 非农业户籍
```

图 5-1-1 中等收入群体的户籍流动率（2015 年）

业户籍高了近八成；子代的农业户籍占比超过八成（82.82%），与非农业户籍相差超过六成。在初中学历居民中，其父代为农业户籍的占比为78.17%，非农业户籍为21.83%；子代的相关占比分别为67.25%和32.75%。在高中学历者中，父代农业户籍人口为55.74%，仅仅比非农业户籍人口约多10个百分点；然而，在子代中，农业户籍占比低于非农户籍，这与初中及以下呈现明显反差。在大专及以上学历的中等收入群体中，父代是农业户籍人口的比重略高于非农业户籍人口，但是子代的非农业户籍占比是农业户籍的2倍多。

此外，从相异指数（index of dissimilarity）看，20%以上的不同学历中等收入群体的父代改变其户籍才能实现户籍分布大致相当；近19%的子代改变户籍才能实现户籍分布均衡。

表 5-1-1 不同受教育程度居民的户籍状况边缘分布（2015 年）

单位：%

	小学及以下		初中		高中		大专及以上		Δ
	农业户籍	非农业户籍	农业户籍	非农业户籍	农业户籍	非农业户籍	农业户籍	非农业户籍	
父代	90.58	9.42	78.17	21.83	55.74	44.26	52.67	47.33	20.56
子代	82.82	17.18	67.25	32.75	41.77	58.23	30.91	69.09	18.72

注：Δ 为户籍在受教育程度上的相异指数。

为了更进一步地分析户籍流动的差异,我们做出如下的界定:如果父代与子代的户籍类型相同,视为一种稳定或水平流动的状态;如果不同,则是一种向上或向下流动状态。鉴于长期以来中国的各种资源分配主要是向城市倾斜,在大多数情况下,人们视非农业户籍为一种比农业户籍更加"珍贵"的身份。因此,我们把从农业户籍转变成为非农业户籍视为向上流动,反之则为向下流动。

表5-1-2是对户籍流动教育分割的考察。在稳定的农业户籍型中等收入群体中(子代与父代都是农业户籍),子代的学历是大专及以上的占了9.24%,初中及以下合计超过75.00%,高中学历为15.20%;在稳定的非农户籍中等收入群体中,大专及以上的占三成略多(31.82%),而初中及以下的仅有32.15%。

在向下流动者中(父代是非农业户籍而子代是农业户籍),初中的占比最高,超过一半,加上小学文化程度,略高于七成,而大专及以上仅占一成有余。在向上流动者中(父代是农业户籍而子代是非农业户籍),大专及以上占比最高,超过1/3——从因果链条来看,出现这种现象的原因,很有可能是子代通过接受高等教育改变了户籍,由农业户口变成了非农业户口。

表5-1-2 中等收入群体户籍流动的教育分割(2015年)

单位:%

父代户籍		子代(农业户籍)			
		小学	初中	高中	大专及以上
	农业户籍	31.01	44.56	15.20	9.24
	非农业户籍	17.33	56.00	16.00	10.67
		子代(非农业户籍)			
		小学	初中	高中	大专及以上
	农业户籍	9.70	28.36	27.61	34.33
	非农业户籍	6.01	26.14	36.04	31.82

表5-1-3考察了户籍流动的部门分割。在经历"农业—农业"水平流动的中等收入群体中,有超过九成(94.19%)在非国有部门工作,仅有

5.81%在国有部门就业；在经历"非农业—非农业"水平流动的中等收入群体中，有超过七成（71.84%）在非国有部门就业，在国有部门就业者超过1/4（28.16%）。在经历"农业—非农业"向上流动的中等收入群体中，有30.22%在国有部门就业；而在经历"非农业—农业"向下流动者在国有部门的就业者比例仅为11.84%。总体而言，在户籍上向上流动的中等收入群体在国有部门就业的比例更高，向下流动者的国有部门就业率仅高于来自农业户籍家庭的农业户籍者。

表5-1-3 中等收入群体户籍流动的部门分割（2015年）

单位：%

		子代			
		农业户籍		非农业户籍	
		国有部门	非国有部门	国有部门	非国有部门
父代	农业户籍	5.81	94.19	30.22	69.78
	非农业户籍	11.84	88.16	28.16	71.84

下面我们考察中等收入群体的户籍流动分割。如表5-1-4所示，我们以独立模型（模型1）为起点，依次调整模型设定。模型2增加了父代户籍与受教育程度的关联项，模型3增加了受教育程度与子代户籍的关联项，模型4增加了父子户籍关联项，模型5同时纳入父代户籍与教育、子代户籍与教育的关联项，模型6在模型5基础上还增加了父子户籍关联项。模型1的G^2为1686.16，有34.06%的样本被错误识别，BIC为1608.25。在模型2至模型4中，模型4未被解释的变异最低，并且BIC也相对较小。模型1至模型5都与原始列联表分布存在显著差异（$p<0.000$），仅有模型6没有显著差异。经过拟合度比较，模型4与模型5相比没有显著差异，但是前者更为简约，同时模型6又与模型4之间有显著差异，再结合BIC值看，模型6为最佳模型。因此，在控制父代户籍后，子代受教育程度和户籍关联（association），但不随着父代户籍的变化而变化；控制子代受教育程度后，父代和子代户籍关联，但不随着子代受教育程度的变化而变化；控制子代户籍后，父代户籍和子代受教育程度关联，不随着子代户籍的变化而变化。

表 5-1-4　户籍流动与教育程度的对数线性模型拟合优度比较（2015 年）

模型	参数设定	G^2	df	p	Δ	BIC	模型比较	rG	rdf	p
1	F, E, S	1686.16	10	0.000	34.06%	1608.25	1 vs. 2	264.11	3	0.000
2	F, E, S, FE	1422.05	7	0.000	30.80%	1367.51	1 vs. 3	195.65	3	0.000
3	F, E, S, ES	1226.4	7	0.000	30.05%	1171.86	1 vs. 4	769.17	3	0.000
4	F, E, S, FS	457.23	9	0.000	19.39%	405.10	5 vs. 4	505.06	5	>0.050
5	F, E, S, FE, ES	962.29	4	0.000	24.08%	931.12	4 vs. 6	454.89	6	0.000
6	F, E, S, FE, ES, FS	2.34	3	>0.05	0.82%	−21.04	—	—	—	—

注：F 为父代户籍，E 为子代受教育程度，S 为子代户籍。

表 5-1-5 是户籍流动与工作部门的对数线性模型拟合度的分析。统计分析显示，模型 1 有 25.65% 的样本被错误识别，模型 2 和模型 3 的相异指数基本相似，而模型 4 仅为 4.68%，自由度为 2，比其他拟合模型都要小；BIC 的比较结果与变异系数并没有差异。跨模型比较表明，模型 4 和模型 5 没有显著差异，但是按照简约性原则，模型 4 为最优模型。因此，工作部门独立于父代户籍和子代户籍，但父子的户籍存在相互关联。

表 5-1-5　户籍流动与工作部门的对数线性模型拟合度比较（2015 年）

模型	参数设定	G^2	df	p	Δ	BIC	模型比较	rG	rdf	p
1	F, R, S	1055.36	3	0.000	25.65%	1031.98	1 vs. 2	25.1	1	0.000
2	F, R, S, FR	1030.26	2	0.000	25.57%	1014.67	1 vs. 3	34.21	1	0.000
3	F, E, S, RS	1021.15	2	0.000	24.15%	1005.56	1 vs. 4	938.2	1	0.000
4	F, E, S, FS	117.16	2	0.000	4.68%	101.57	1 vs. 5	47.64	2	0.000
5	F, E, S, FR, RS	1007.72	1	0.000	23.81%	999.92	4 vs. 5	890.56	1	>0.050

注：F 为父代户籍，R 为子代工作部门，S 为子代户籍。

三　中等收入群体的教育流动

与户籍流动类似，教育流动是指受教育程度的代际变化。在父亲为小学以下学历的子代中，小学以下学历者占比为 30.59%，初中学历占了 42.23%，高中占 18.05%，大专以上的仅为 9.13%。在父代为初中文化的子代中，小学以下占比仅为 9.44%，而高中和大专以上学历的占比之和超过总数的一半。相对于父代为初中或小学以下文化程度的子代而言，高中和大专以上父代的子女受教育程度优势更为明显。譬如，高中学历者的后代获得高中及以上学历的比例近 70%，大专以上者后代的相应比例高达近 79%。通过统计可得，总流动率为 67.59%，向上流动率为 60.40%，向下流动率为 7.19%。这表明，中等收入群体的教育流动以向上流动为主，与户籍流动的再生产模式形成鲜明对比。

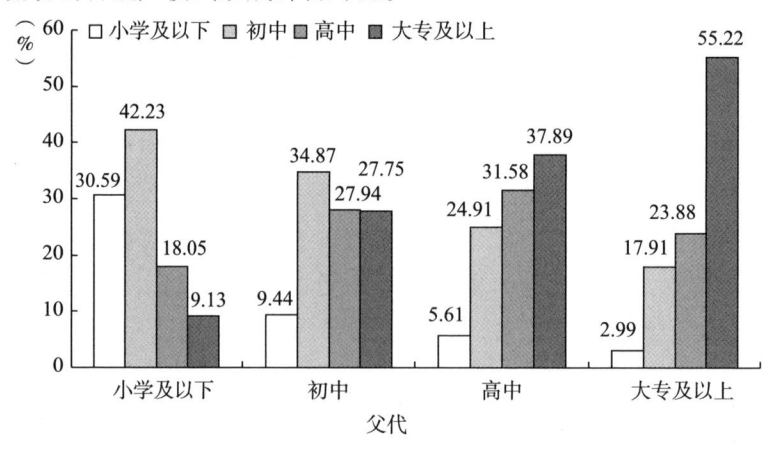

图 5-1-2 中等收入群体的教育流动（2015 年）

表 5-1-6 是对教育程度的部门差异的描述统计。在国有部门就业的子代中，其父代拥有小学学历的比重接近 50%，初中学历的为 26.82%，高中和大专以上分别为 21.28% 和 5.25%；而子代自己所拥有学历占比最高的是大专以上，高达 45.64%，其次是高中（28.64%）和初中（19.69%），最少的是小学学历，只有 6.04%。在非国有部门就业的子代中，有超过六成的父代为小学文化，初中文化占了 21.72%，高中占 10.78%，大专以上最少，低于 5%（2.54%），而子代的小学和初中学历比重合计超过七成，但是比重最大的为初中，而不是和父代那样为小学学历。

表 5-1-6　不同部门居民的教育状况边缘分布（2015 年）

单位：%

	国有部门				非国有部门				Δ
	小学	初中	高中	大专以上	小学	初中	高中	大专及以上	
父代	46.65	26.82	21.28	5.25	64.95	21.72	10.78	2.54	21.27
子代	6.04	19.69	28.64	45.64	34.32	38.65	18.66	8.37	22.32

注：Δ 为教育在户籍上的相异指数。

表 5-1-7 呈现了教育流动的部门分割。对目前就职于国有部门的子代而言，小学学历父代的子女拥有大专以上学历的占比为 41.51%，低于其他学历父代的子女。在非国有部门的子代中，其父代学历为小学和初中者仍然以小学和初中学历为主（33.62% 和 40.28%），而父代为高中和大专以上者的学历也呈现和他们父代类似的结构特征。比较表明，国有部门的教育流动以向上流动为主，而非国有部门则以不流动的"继承"模式为主。

表 5-1-7　中等收入群体教育流动的部门分割（2015 年）

单位：%

		子代							
		国有部门				非国有部门			
		小学	初中	高中	大专以上	小学	初中	高中	大专及以上
父代	小学	6.29	24.53	27.67	41.51	33.62	44.44	16.85	5.09
	初中	2.17	9.78	30.43	57.61	11.01	40.28	27.40	21.31
	高中	—	9.59	30.14	60.27	7.55	30.19	32.08	30.19
	大专及以上	—	11.11	11.11	77.78	4.08	20.41	28.57	46.94

表 5-1-8 呈现了教育流动的户籍分割。在农业户籍人口中，小学学历者子代有 39.10% 仍然为小学学历，初中、高中和大专以上的相应比重分别为 45.03%、30.16% 和 33.33%；父代为小学和初中的子代拥有高中及以上学历的比例并不高。在非农业户籍人口中，小学、初中、高中和大专以上的受教育程度被"传递"的比例分别为 10.85%、18.46%、32.70% 和 61.11%；与农业户籍人口相比，父代为小学和初中的子代拥有高中及以上学历的比例明显偏高。由此可见，农业户籍人口的教育流动以向下流动为主，而非农业户籍人口则以向上流动为主。

表 5-1-8　中等收入群体教育流动的户籍分割（2015 年）

单位：%

		子代							
		农业				非农			
		小学	初中	高中	大专以上	小学	初中	高中	大专以上
父代	小学	39.10	44.90	11.30	4.70	10.85	36.03	33.72	19.40
	初中	11.49	45.03	22.98	20.50	5.64	18.46	36.41	39.49
	高中	10.32	39.68	30.16	19.84	1.89	13.21	32.70	52.20
	大专及以上	16.67	33.33	16.67	33.33	—	14.81	24.07	61.11

接下去，我们来分析中等收入群体的教育流动分割。如表 5-1-9 所示，我们仍然以独立模型（模型 1）为起点，依次调整模型设定。模型 2 增加了父代教育与户籍的关联项，模型 3 增加了户籍与子代教育的关联项，模型 4 增加了父子教育关联项，模型 5 同时纳入父代教育与户籍、子代教育与户籍的关联项，模型 6 在模型 5 基础上还增加了父子教育关联项，模型 7 是对数乘积模型。模型 1 的 G^2 为 880.46，有 24.23% 的样本被错误识别，BIC 为 694.68。在模型 2 至模型 4 中，模型 4 未被解释的变异最低，并且 BIC 也相对较小。模型 1 至模型 5 都与原始列联表分布存在显著差异（$p<0.000$），仅有模型 6 和模型 7 没有显著差异。经过拟合度比较，模型 4 与模型 5 比没有显著差异，但是前者更为简约，故模型 4 更佳；模型比较还显示，模型 6 的 BIC 最小，拟合度优于模型 4 和模型 7。因此，在控制父代受教育程度后，子代受教育程度和户籍关联，但不随着父代户受教育程度的变化而变化；控制子代户籍后，父代和子代受教育程度关联，但不随着子代户籍的变化而变化；控制子代受教育程度后，父代受教育程度和子代户籍关联，不随着子代受教育程度的变化而变化。

表 5-1-9　教育流动与户籍的对数线性模型拟合度比较（2015 年）

模型	参数设定	G^2	df	p	Δ	BIC	模型比较	rG	rdf	p
1	F, H, S	880.46	24	0.000	24.23%	694.68	1 vs. 2	126.27	3	0.000
2	F, H, S, FH	754.19	21	0.000	22.30%	591.63	1 vs. 3	301.34	3	0.000
3	F, H, S, HS	452.85	21	0.000	16.61%	290.29	4 vs. 3	29.20	6	0.000
4	F, H, S, FS	482.05	15	0.000	19.42%	365.94	4 vs. 5	155.47	3	>0.050

续表

模型	参数设定	G^2	df	p	Δ	BIC	模型比较	rG	rdf	p
5	F, H, S, FH, HS	326.58	18	0.000	13.49%	187.24	4 vs. 6	467.40	6	0.000
6	F, H, S, FH, HS, FS	14.65	9	0.101	1.79%	-55.02	5 vs. 6	311.93	9	0.000
7	unidiff	13.70	8	0.080	2.00%	-48.3	5 vs. 7	312.88	10	0.090

注：F 为父代受教育程度，H 为子代户籍，S 为子代受教育程度。

表 5-1-10 是教育流动与工作部门的对数线性模型拟合度的分析。经过统计分析，模型 1 有 21.27% 的样本被错误识别，模型 2 和模型 3 的相异指数差别不大，而模型 4 仅为 11.77%，自由度为 15，比其他拟合模型都要小。跨模型比较表明，模型 5 和模型 7 没有显著差异，模型 6 与原始列联表分布没有显著差异（p > 0.1）优于模型 5，故我们认为模型 6 为最优模型。因此，工作部门与父代受教育程度和子代受教育程度都存在关联，同时父子的受教育程度也存在关联。

表 5-1-10 教育流动与工作部门的对数线性模型拟合度比较（2015 年）

模型	参数设定	G^2	df	p	Δ	BIC	模型比较	rG	rdf	p
1	F, R, S	748.19	24	0.000	21.27%	562.35	1 vs. 2	49.39	3	0.000
2	F, R, S, FR	698.80	21	0.000	20.91%	536.19	1 vs. 3	287.02	3	0.000
3	F, R, S, RS	411.78	21	0.000	16.42%	249.18	3 vs. 4	62.13	6	0.000
4	F, R, S, FS	349.65	15	0.000	11.77%	233.50	5 vs. 4	12.75	3	0.005
5	F, E, S, FR, RS	362.40	18	0.000	14.32%	223.02	5 vs. 6	351.42	9	0.000
6	F, E, S, FR, RS, FS	10.98	9	0.277	1.76%	-58.71	5 vs. 7	4.28	10	0.570
7	unidiff	6.70	8	0.680	1.00%	-55.30				

注：F 为父代教育，R 为子代工作部门，S 为子代教育。

四 结论与讨论

本文使用中国社会状况综合调查 2015 年的数据，就代际的户籍和教育流动展开了一项探索性的研究。就户籍来说，不论是农业户籍还是非农业户籍，"社会再生产"都是主导性的特性；但有意思的是，中等收入群体的教育流动以向上流动为主，与户籍流动的再生产模式形成鲜明对比。

我们并不是在否认当前教育再生产的存在乃至强化，但至少对这一批成年的中等收入群体来说，户籍壁垒的岿然不动和教育流动的积极作用，是一个有趣的对比。显然，教育成为一代人改变自身阶层地位的重要机制。

吊诡的是，对下一代人来说，未来的图景可能要"倒转"过来：教育再生产的壁垒越来越强化，而户籍的藩篱却在悄然松动。这不仅仅表现在农村居民收入增速已经多年高于城镇居民收入增速（李培林、朱迪，2015），更表现在多地已经开始打破甚至废除城乡户籍制度，通过种种方式吸引流动人口成为"新市民"。对未来的代际流动来说，就如教育扩招本身并不能促进代际流动一样，户籍限制松动之后，公共产品的供给是否也会朝着积极的方向改变，以及如何促进代际流动，才是问题的关键。

教育能够成为代际流动的催化剂，是因为在劳动力市场上人力资本的回馈效应。笔者发现，父代的教育资本较弱的子女，实现教育向上流动之后，很多去的是国有部门；在户籍上向上流动的中等收入群体在国有部门就业的比例更高，向下流动者的国有部门就业率仅高于来自农业户籍家庭的农业户籍者。这可能说明了一个公平的人才制度，尤其是公务员制度的重要性。同样的，户籍限制松动之后，这种松动如何才能成为促进代际流动的利器，关键是在劳动力市场。

据估算，目前我国的人均 GDP 已经超过 8500 美元，正在朝着 10000 美元的大关迈进。在这个过程中，关于我国是否能够跨越"中等收入陷阱"的讨论成为政府、学界和舆论关注的一个热点。各界的一个共识是，要想继续保持国民收入递增的势头，构建公平的制度保障下的开放社会是关键。在这样的社会里，先赋性的障碍（如户籍）要降低，后致性的成绩（如受教育程度和技术技能等）要提高；更重要的是，降低这两个因素（户籍与教育）之间的关联，破除教育代际传递的城乡差异和户籍代际传递的部门隔离。

俄罗斯中等收入群体的代际流动及家庭的作用

尤莉亚·莱尼娜（Yu P. Lezhnina）

社会结构分析的一个重要部分是有关社会流动的研究。俄罗斯在25年前进入转型期也与社会流动新的手段和渠道的出现有关。实际上，在俄罗斯，社会地位的代际流动较少受制于父母的情况。在社会和经济生活中，精英替代的规则在加强，2005年前后制度环境的逐步规范化，使向上的社会流动超过了向下的社会流动。因此，在2006年，当谈到自己的情况时，不到一半（42%）的俄罗斯人指出他们在地位方面与父母相同并且约三分之一（35%）的人评价自己比父母在同一年龄时的地位更高，只有23%的人评价自己的社会地位较低。[①]

然而，这个国家的人们在过去十年里面临了数次经济危机（2008~2009年和2014~2016年）。经济重组在2008~2009年的危机之前已基本结束，这导致了许多社会流动手段的消失。因而，与他们成长的家庭情况相比，俄罗斯人对自我地位的评价普遍较低。2015年秋[②]，42%的俄罗斯人谈到了他们向下的代际流动，只有四分之一的人提到了向上的代际流动，而约三分之一（33%）的人则指出没有相关的改变。[③] 即便我们考虑到2014~2016年危机以前的局面（总体情况比危机时期更加有利），那些

---

① 在下文中，给出了俄罗斯科学院社会学研究所在2006年4~5月进行的"社会不平等与公共政策"研究2006年的数据。这项研究包括了1750名受访者，代表了不同性别、年龄、居住类型和地区的俄罗斯人。欲了解更多信息，请参阅http://www.isras.ru/analytical_report_Social_inequality_0.html。

② 在下文中，除另有说明以外，我们所提供的是在2015年秋进行的"俄罗斯科学院社会学研究所的监测"的第三波数据。这一监测包括了4000名受访者，代表了不同性别、年龄、居住类型和地区的成年俄罗斯人。

③ 社会流动的性质是通过对比俄罗斯人的社会地位——根据在一个10分制的量表中他们的自我评价和他们成长起来的家庭的情况的得分而被定义的。

面临向下代际流动的人的比例在那时也比那些与父母相比有着更高社会地位的人的比例要高（分别为34%和30%——根据俄罗斯人在2014年的自我评价），这与那些没有显示出任何社会地位代际动态的人的比例（36%）差不多（图5-2-1）。因此，过去十年的社会和经济的转型导致了人口在向上代际流动方面的机会的减少。

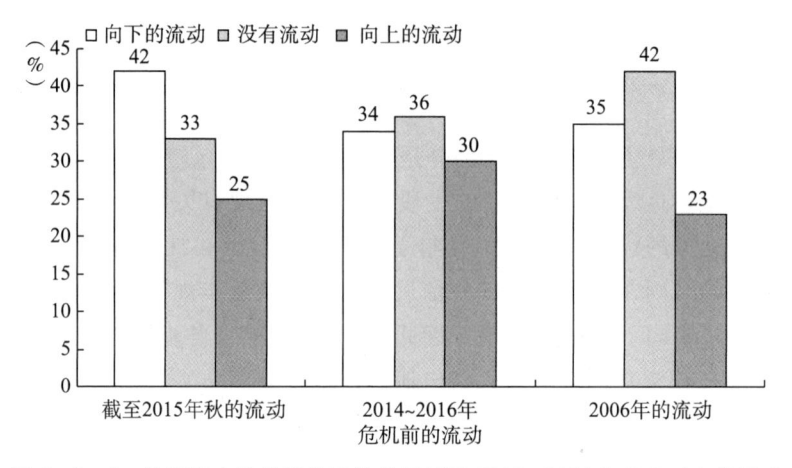

图5-2-1 俄罗斯人的代际流动的性质以及2014~2016年危机对它的影响

值得一提的是，与向上的流动相比，向下的流动不仅覆盖俄罗斯人口，而且在流动的范围上更加广泛。在向上的代际流动中，主要的范围几乎完全取决于相邻社会群体的范围：96%的在10分制的量表中评价他们目前的状况比父母的地位更高的俄罗斯人把这一差异定在了3分之内，并且他们中的大多数人（60%）将它定在了1分之内。

上述情况表明，一方面，俄罗斯人口目前向上社会流动的机会有限；另一方面，阻止社会地位和社会等级滑落的因素也没有起到很好的作用。这种情况主要是在2014~2016年经济危机之前发展起来的。这场危机对社会流动的性质和范围产生了负面影响，使所有俄罗斯人的地位在某种程度上都有所恶化。

一般而言，55岁以上的俄罗斯人的代际地位的动态变化最为不利：他们中只有18%~21%的人提到自己在社会地位上比父母更高，大约一半的人提到自己的社会地位较低。这主要是因为这些人一般是退休人员，而退休人员在现代俄罗斯社会中已成为与苏联时期截然相反的、传统意义上的弱势群体。

与老一辈相比，正值工作年龄（26~55岁）的人们，经常有着超越父母的些许优越感，尽管他们对向下代际流动的评价多于对向上流动的评价（分别为39%~43%和27%~30%）。尚未完全脱离父母的26岁以下的年轻人（43%~45%）比其他人更频繁地提到了社会地位的代际再生产。因此，俄罗斯人口的代际社会流动在很大程度上不仅取决于人口自身的努力（包括孩子和他们的父母），也受到国家体制和社会结构转型的决定性影响。

不过，俄罗斯人在某种程度上受困于其父母地位是意料之中的事情：父母的地位越低，他们向上流动的机会就越少，向下流动的概率就越高。因此，在10分制量表中对其父母地位给予1~3分评价的那些人中，绝大多数人（58%）显示出了向下的社会流动，而在给予4~5分评价的那些人中，只有31%的人显示出了向下的社会流动。那些父母有着较高地位（评价为6~7分和8~10分）的俄罗斯人也表现出了明显向下的社会流动（分别为56%和65%）。

将近一半低收入群体的地位显示出了向下流动，而中低收入群体的情况亦是如此。在经济上更具优势的群体的社会地位几乎同样地显示出既向上又向下的流动，同时还显示出流动的不足（表5-2-1）。

表5-2-1 俄罗斯不同收入群体中代际流动的状况

单位：%

代际流动的类型	低收入群体	中低收入群体	中高收入群体	高收入群体
大范围的向下流动（4分及以上）	10	6	5	3
小范围的向下流动（1~3分）	39	39	28	28
没有流动	30	32	35	31
小范围的向上流动（1~3分）	20	22	31	33
大范围的向上流动（4分及以上）	1	1	1	5

富裕的群体通常比他们的父母拥有更高的地位（中高收入群体的比例为32%，高收入群体的比例为38%）。那些评价自己在地位上低于父母的人（低收入群体的比例为49%，中低收入群体的比例为45%）常见于没

有什么特权的收入群体。在所有群体中，与父母有着相同社会地位的人的比例约为 1/3。

低收入群体和中低收入群体通常以同样的方式评价其父母的社会地位：他们父母的地位的平均分值分别为 5.59 分和 5.57 分（中值为 5 分）。在两个群体中，那些评价其父母的地位为 6~10 分的人不到一半（48%~49%）。与此同时，这两个群体的代表十分清晰地区分了他们自己的社会地位：平均分值分别为 4.73 分和 5.64 分。因此，低收入群体和中低收入群体主要是来自社会经济环境相似的人，这些人目前在相邻的社会群体中已拥有了一定的地位，而他们中的一些人比其他人稍微成功一些。

在中高收入群体和高收入群体中，其对父母地位的评价与不太富裕群体的评价略有不同，其平均分值分别达到了 5.82 分和 6.13 分（中值为 6 分），这两个群体中认为父母属于第 6 至第 10 社会层级的人的比例分别为 52% 和 59%。这些群体对他们自己地位的评价有着更为显著的差异，其平均值分别达到 5.03 分和 6.22 分。这意味着中高收入和高收入群体所处的环境一般都是相同的，而其中一些人比其他人更为成功。

同时，在经济危机期间，这些群体在代际流动上的分化有所加大——俄罗斯人收入的下降直接影响到他们维持社会和经济地位的能力。因此，从 2014 年初到 2015 年秋，俄罗斯人对他们自己在社会中的地位的评价发生了改变。此外，根据他们在 10 分制量表中的自我评价，危机期间面临社会和经济地位下降的人的比例在低收入群体和中低收入群体中超过了 1/3（33%~37%，在其他群体中为 24%~31%）。

值得一提的是，与父母整体社会地位相似的各群体的差异受到父母家庭的受教育程度的影响。在低收入群体中，父母的受教育程度[①]多数未超过普通中等教育（45%），而在中低收入群体中，具有普通中等教育水平（或更低）和中等职业教育水平（或不完整的高等教育）的父母的比例都达到了 38%；在低收入群体和中低收入群体中，分别有 15% 和 24% 的人们的父母受过高等教育。至于其他的收入群体，中等收入群体

---

① 这是指父母间最高的受教育水平。

中父母的受教育程度的主要类型是中等职业教育；而在高收入群体中，几乎一半的俄罗斯人的父母（48%）受过高等教育。因此，父母的受教育程度对俄罗斯人的收入状况有所影响（表5-2-2）。尽管如此，不管父母的受教育程度如何，有三分之一的俄罗斯人与其父母的社会和经济地位一样，四分之一的人向上流动，而其余的人（40%~44%）则具有向下流动的特征，这再次证实俄罗斯社会的开放性，但更多地体现在向下的主观社会动态方面。

表5-2-2 俄罗斯人的收入状况与父母受教育程度的相关分析（2015年）

单位：%

收入群体	不高于普通中等教育	中等职业或不完全的高等教育	高等教育
低收入	43	35	19
中低收入	37	34	32
中高收入	15	23	31
高收入	5	8	18

数据来源：俄罗斯科学院社会学研究所的调查数据。

当然，父母的地位越高，子女要超越他们就越难。因此，在中等收入群体中，对父母受过高等教育的一个"惩罚"，就是向上代际流动的概率减少，比例为22%；而那些父母具有较低文化水平的俄罗斯人向上流动的比例为27%~31%。同时，这种"惩罚"也存在于中高和中低收入群体中，他们中分别有27%和17%的人拥有比父母更高的地位。尽管如此，正如我们所看到的那样，这种不可避免的"惩罚"的重要性不应被低估。

也许，我们分析中最有趣的是得出这样一个结论，即接受教育不仅不再为俄罗斯人的代际流动起到"提升"的作用，而且不能起到阻止向下流动的作用。与提高或维持与父母一样的社会地位的机会相比，那些在文化程度上不低于父母的俄罗斯人向下社会流动的可能性更大（表5-2-3）。

表 5-2-3 自己的受教育水平和父母的受教育水平的相关分析（2015 年）

单位：%

代际流动的方向	受教育水平低于父母的受教育水平	与父母相同的受教育水平	受教育水平高于父母的受教育水平
长距离的向下流动	4	7	7
短距离的向下流动	35	**36**	**34**
没有流动	**37**	34	31
短距离的向上流动	23	22	26
长距离的向上流动	1	1	2

数据来源：俄罗斯科学院社会学研究所的调查数据。

因此，现代俄罗斯人的家庭资源为他们未来的机遇设置了一定的限制，尽管它们依旧很透明。另外，父母较高的社会地位并不能保证子女向上流动，而且会成为一种让子女无法继续向上流动的"很高的基础"。同时，一个"较低的基础"是向上代际流动的因素。在中等收入群体中（与极端收入群体相比，其父母在社会经济地位和受教育程度方面具有中间性），这一"基础"具有中等水平，因此对代际流动的机会几乎没有影响。

值得注意的是，与其说是俄罗斯人父母家庭的特征，倒不如说是俄罗斯人自己家庭的特征，在社会地位的动态变化中扮演了重要的角色。因此，它是日常生活的一个重要属性。此外，根据俄罗斯科学院社会学研究所2016年的数据，"成家生子"成为俄罗斯人人生成功的标志（超过54%），领先于"家庭经济富裕"（54%）、"工作和生意"（50%）和"自我实现"（45%）等因素。在中等收入群体中，相应的情况基本相同，而且家庭是代表人生成功的主要因素（中高收入群体的比例为56%，中低收入群体的比例为58%）。

如果我们谈论中等收入群体的家庭状况，那么值得注意的是，在2016年，大多数人（55%~56%）已结婚并且承担着为家庭提供经济支持的相关责任。这一比例虽高于高收入群体的比例但低于低收入群体的比例（分别为49%和63%）。同时，相较于同一群体中收入更高的人，中等收入群体中包括了更多的丧偶者和较少的单身人士（分别为15%和15%，而前者的这一比例分别为5%和22%），这与不同群体中受访者在年龄上的差异有关。

2016 年，在生活在同一家庭的亲属人数方面，中等收入群体（平均人数分别为 2.65）虽高于高收入群体（2.21）但却大大低于弱势群体（3.18）。其低于全国平均水平（2.8）的家人数量表明，这一群体的代表有机会与父母家庭分开而独立生活。

2016 年，只有高收入群体对家庭关系的评价远远高于平均水平：他们中有 73% 的人说其家庭关系良好。在中等收入家庭中，这一比例达到了 61%~65%（低收入群体的这一比例为 57%）。3% 的中等收入群体的被调查者和 5% 的低收入群体的被调查者提到他们的家庭关系很糟糕。

无论家庭关系如何变化或是家庭关系如何弱化（这些都是现代社会的特征），对俄罗斯人而言，家庭在广义上仍是人们在生活中获取支持的主要源泉。根据俄罗斯科学院社会学研究所 2016 年的数据，万一遇到了严重问题，俄罗斯人首先会求助于亲属（64%），然后才会寻求朋友或同事的帮助（46%）。不良的家庭关系减少了俄罗斯人求助于亲属的意向。所以，67%~68% 的中等收入群体表示，如果家庭关系良好，亲属可以被视为在困境下获得帮助的源泉（在低收入群体中，这一比例为 69%）；如果关系不好，那么这一群体中收入较高和收入较低的人的这一比例只有 33% 和 48%。这表明，无论所述的家庭的重要性如何，中等收入群体是否向家庭求助取决于家庭氛围。在一个大家庭中能否得到帮助与这个家庭的关系相关，这在高收入群体中更显著。在这一群体中，在生活严重困难的情况下，家庭关系的好坏与向亲属求助的可能性相关（从 56% 升至 67%）。

2016 年，在中低收入群体中（同样在低收入群体中——24% 的人），求助于家人和朋友（18%）是继节俭（54%）和寻求额外收入（45%）之后，应对危机期间财政状况恶化的第三个常见策略。如果家庭关系不好，那么这个比例则降至 9%。在中高收入群体中，求助于家人和朋友没有进入排名前三的策略中①（节俭——52%、寻求额外收入——50%），它被变换工作这一策略（22%）所替代，尽管在中高收入群体中，求助于家

---

① 尽管如此，在 14% 的案例中，高收入群体的代表也将家庭和朋友的帮助视为解决财政问题的一个方式。

人和朋友也十分普遍（19%）。这表现出中低收入群体在家人和朋友这一圈子外解决财政问题的手段有限，这让他们更接近于低收入群体。

俄罗斯人能够求助于亲属这一事实的消极面是，如果必要的话，帮助家庭成员是一种义务。同时，当涉及自己的家庭成员时，他们会一丝不苟地提供帮助。由于被扶养人的数量直接影响到家庭的人均收入，所以相较于低收入和高收入群体，中等收入群体的扶养比居中也就不足为奇。因此，在2016年，中高和中低收入群体家庭工作人数的平均值分别达到0.68和0.76，而更富有和不太富有群体的这一数值则分别为0.53和0.87。同时，几乎三分之一（29%）的中高收入群体家庭和42%的中低收入群体家庭有着很高或相当高的扶养比①。高扶养比不仅影响俄罗斯人的地位，而且加大了向下社会流动的风险。所以，在2015年，对于未就业家庭成员的比例超过了四分之三的俄罗斯人而言，这一风险的比例达到54%，而对其他人来讲，这一比例为38%～42%。

随着收入的增加，扶养负担有所减少。因此，6种扶养类型（失业者、Ⅰ类和Ⅱ类残疾的人、无残疾的慢性疾病患者、无业退休人员、未就业学生和未成年子女）的平均数值在低收入群体中达到1.3，在中低和中高收入群体中分别达到0.94和0.68，并且在高收入群体中达到0.4。同时，在低收入群体中，有一个以上扶养类型的家庭占比为24%，而这一比例在中低和中高收入群体中分别为15%和8%，在高收入群体中为4%。总之，扶养类型的多样性使低收入群体与那些有扶养负担的群体区分开来：7%的低收入群体表示至少有三种扶养类型，30%的表示至少有两种（在其他收入群体中，这一比例分别为1%～3%和11%～18%）。不过，不同收入群体的扶养负担特征差异显著，并且中等收入群体有着自己的特点。

2016年，只有8%的低收入群体表示在其家庭中没有上述类型的被扶养人。在中等收入群体中，收入较低和较高的人的这一比例分别达到23%和43%（在高收入群体中，这一比例为65%）（见表5-2-4）。

① 扶养比指家庭工作成员与家庭成员总数之比。0～0.33为高扶养比，0.34～0.5为比较高的扶养比，0.5～0.75为比较低的扶养比，0.76～1为低扶养比。

表 5-2-4　在来自不同收入群体的俄罗斯人的家庭中
不同的扶养负担类型占比

单位：%

扶养负担类型	低收入	中低收入	中高收入	高收入
失业者	19	6	5	3
Ⅰ类和Ⅱ类残疾的人	7	5	2	3
无残疾的慢性疾病患者	1	1	1	0
无业退休人员	42	39	21	12
未就业的学生	14	13	18	9
未成年子女	50	30	21	13
参考数据：没有这样的被扶养人	8	23	43	65

不到10%的俄罗斯家庭有扶养失业者、残疾人和慢性病患者的负担，在中等收入群体中这一比例较低，仅达到了6%。同时，这些被扶养人通常与不参与经济活动的家庭成员（在不超过三分之一的案例中，这是唯一的家庭扶养形式）重合。

未成年子女（以及未就业的学生）在某些收入群体中是个不太显眼的扶养类型。同时，根据2016年的数据，随着收入的增加，拥有未成年子女的家庭的比例有所减少。总的来讲，无论收入如何，在37%~54%的俄罗斯家庭中，扶养类型在当时包括了未成年子女。除无业退休人员在家庭中占有较高比例的低收入群体（家庭的这一扶养比为50%）之外，这种扶养类型在其他收入群体中也最为常见。在低收入群体中，拥有三个及以上子女的家庭的比例达到3%；在其他群体中，这一比例要小得多。在这一群体中，拥有两个未成年子女的家庭的比例达到20%（在其他群体中，这一比例不到10%）。

18%的与未成年子女一同生活的俄罗斯人的家庭中有无业退休人员。无业退休人员的扶养负担在低收入和中低收入群体中最为常见。同时，有两个及以上的没有工作的退休人员的家庭的比例在低收入群体中达到15%，在中低和中高收入群体中分别达到13%和5%，在高收入群体中达到3%。

一般来讲，我们可以根据扶养负担的特征来区分五种类型的家庭①：(1) 没有扶养负担的家庭；(2) 只有无业退休人员扶养负担的家庭；(3) 主要是有子女扶养负担的家庭；(4) 主要是有学生扶养负担的家庭；(5) 有多种扶养负担的家庭（图5－2－2）。另外，16%的有子女扶养负担的家庭在家庭成员中还有无业退休人员；18%的有学生扶养负担的家庭有失业人员并且29%的这样的家庭还有未成年子女；67%的有多种扶养负担的家庭有失业人员，31%的家庭有Ⅰ类和Ⅱ类残疾的人，7%的家庭有无残疾的慢性疾病患者，31%的家庭有无业退休人员，11%的家庭有学生，以及40%的家庭有未成年子女。

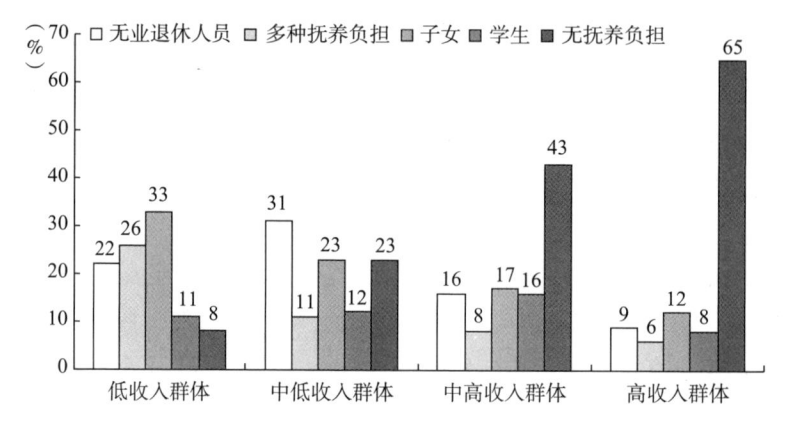

图 5－2－2　来自不同收入群体的俄罗斯家庭的扶养类型结构

资料来源：俄罗斯科学院社会学研究所，2016年。

多种扶养负担不仅在其结构上具有多样性，而且还与很大的数量有关：对44%的在这一扶养类型家庭的俄罗斯人而言，被扶养人的数量很多，而且对36%的群体代表来说，被扶养人数也相当多。就其他的扶养类型而言，这些指标都达到53%~65%。多种扶养负担在低收入群体中最为常见（26%）。中低收入群体的特殊性是领取养老金的退休人员扶养负担普遍存在，而中高收入群体的特点则是它缺乏清晰的轮廓：在这一群体中，退休人员、学生和未成年子女的扶养比例相当均衡。

同时，扶养负担的存在对收入状况起到了一个决定性的作用：三分之

---

① 我们采用了两步聚类的分析法，衔接和分离的轮廓系数为0.7。

二（65%）的高收入的俄罗斯人没有扶养负担，而当我们将视线移至收入较低的群体时，没有负担的比例则有了显著下降——降幅高达8%。不过，尽管子女的扶养负担也是导致经济地位下降的一个重要因素，但是在经济最富有和最不富有这两个群体中，这种扶养负担的比例只相差21个百分点（图5-2-2）。

因此，定量的扶养负担参数通常会影响到俄罗斯人的某一收入群体的归属，但与此同时，在中低和中高收入群体中，大多数家庭都存在扶养负担。至于扶养负担的性质，中低收入群体的情况相对更加均衡，因为无业退休人员（由国家调配资金扶助的群体）的扶养负担（名义上没有得到国家的支持）大致相当于学生和未成年子女的扶养负担的总和。在中高收入群体中，对后者倾斜性的支持几乎全部由家庭资源来弥补。

根据2015年的数据，限制社会流动最关键的因素是无业退休人员和失业者这两个扶养负担。超过一半的有如此被扶养人的俄罗斯人提到他们在社会地位上比父母更低。这并不奇怪，因为正是这些扶养负担类型反映了"家庭劳动力资源"的状况，以及在个人和代际流动方面，家庭成员在社会结构中获得特权地位的潜能。

表5-2-5 扶养负担的类型，社会流动的性质（2015年）

单位：%

不同扶养类型的群体	失业者	I类和II类残疾的人	无残疾的慢性疾病患者	无业退休人员	未就业的学生	未成年子女	参考数据：整体人口
长距离的向下流动	9	9	7	9	6	6	7
短距离的向下流动	41	38	35	42	28	33	35
没有流动	31	37	33	28	36	32	33
短距离的向上流动	17	16	24	20	29	28	24
长距离的向上流动	2	0	1	1	1	1	1

因此，俄罗斯人家庭的特殊性，首先在于扶养负担，这是影响其社会流动的一个重要因素。

社会流动特别是向上社会流动还包括在劳动力市场向更有前途的地方移动。无论原先城市和现在城市的特点如何，在新地点重新安置期间，移民是很脆弱的。因此，2015年，在那些迁移至现居住地①五年以上但父母未与子女一同生活的人中，显示出向上社会流动的人的比例（29%～36%，取决于迁移的时间）超过了全俄的平均比例（25%）。另外，在整个中等收入群体中，五至十年这一期间的"迁移的红利"是最大的——根据他们的评价，与其父母相比，36%的被访者具有向上流动的特征。不过，这种"红利"对那些迁移未满五年的人而言却是最小的，而且这一群体向上的社会流动比向下的社会流动低了19个百分点（分别为23%和42%）。因此，五年是俄罗斯人在新居住地的"适应期"。

来自不同收入群体的被访者表现出了平稳的区域流动：他们中64%～71%的人没有为了更大的住所而改变居住地，19%～27%的人迁移到了规模更大的地区，而7%～13%的人则迁移到了规模更小的地区。总的来讲，在所有收入群体中，向规模更大地区的迁移比向规模更小地区的迁移高出2～3倍。

然而，就社会动态而言，包括代际流动在内的区域流动的重要性不应被夸大。数据显示，在国内没有迁移的俄罗斯人以及那些迁移至规模较大地区的人当中，向上社会流动的人的比例为25%～28%，向下社会流动的人的比例则达到40%～45%。此外，在过去十年间迁移至某一地区的人当中，低收入和中低收入群体的比例不到三分之二（60%～62%，其他群体的比例为66%～73%），并且高收入群体的比例超过了15%。迁移至与原住地类型根本不同的居住地的人，在社会地位上存在几个显著的差异。例如，从区域中心向规模更小地区的迁移减少了向上代际流动的机会，而这在很大程度上是因为那里的工作岗位有限。相反，特大城市为新移民提供了相对广阔的前景，即便与当地居民相比，他们向上社会流动的可能性分别达到30%和20%。这首先源于这样一个事实，即与其他原住地居民相比，迁移至大都市的新移民是最活跃和最有前途的劳动力的代表。

十年前，社会流动的性质还受到俄罗斯人社会化的诸多条件的影响，其中包括了他们上学的地区类型。②因此，农村的社会化限制了向外流动

---

① 无论原有和现在居住地区的类型如何。

② 关于更多的信息，请参阅：Y. P. 勒兹妮娜，《社会不平等与社会流动》（Sotsialnye neravenstva i sotsialnaya mobilnost）和《现代俄罗斯的社会不平等与社会政策》（Sotsialnye neravenstva i sotsialnaya politika v sovremennoy Rossii），莫斯科：Nauka 出版社，2008。

的前景，并且规模较大地区的社会化充当了向上的社会的流动的支持因素。如今，区域的特殊性以及家庭的受教育程度是个人的"起始点"，这些因素会影响社会流动。例如，在中等收入群体中，特大城市的社会化意味着向上流动的机会较小。在中高和中低收入群体中，来自莫斯科和圣彼得堡的被访者向上社会流动的案例的比例分别为13%和18%，而规模较小地区的社会化则将这两个群体的这一比例分别提高至22%~25%和32%~38%。因此，居住地的改变如今已不再是包括代际流动在内的社会流动的一种方式。在过去的十年里，这个国家的经济体制已经以这样一种方式发展，即工作岗位和劳动报酬的地域不平衡已被在不同地区的迁移成本、生活成本和消费标准的差异所抹平。

让我们总结一下。

从2005年开始，俄罗斯人对他们的代际社会流动的认识发生了根本性的转变。如果说十年前他们在评价中表现得更为乐观的话，那么在今天，这个国家的社会和经济环境的大变动以及"社会提升"的消失则导致了他们对这种流动的负面看法。同时，遏制人口地位悬殊的机制以及一整套支持俄罗斯人向上社会流动的手段未起到很好的作用。尽管父母的社会地位再生产的性质表明俄罗斯社会结构的总体开放性仍然存在，然而向下社会流动对向上社会流动的主导态势让我们所谈论的与其说是有平等的机会去向上下两个方向都移动，还不如说存在大量导致向下流动日益胜过向上"提升"的社会流动的因素。

2014~2016年的危机甚至清晰地揭示了"社会提升"恶化的状况，尽管这种恶化在危机开始前就已经发生。如今，只有一半的人可以说他们与父母在地位上一致或者说他们成功地超越了父母。不过，代际社会地位提升的消极态势的一个重要因素是，大多数受访者的父母是在一个不同的社会和经济背景下取得了他们的地位。因此，与苏联时期相比，现在的退休人员实际上是社会弱势群体中的先验者。

由于社会流动的性质以及社会状况的其他特性，中等收入群体分成了两类。就流动方向而言，中低收入群体更接近于低收入群体：这一群体的地位在很大程度上是来自相似的社会和经济的"起始点"的群体向下社会流动的结果。中高收入群体亦是如此，尽管他们的出身更接近高收入群体。

同时，俄罗斯人在代际流动方面是其父母地位的一种"人质"：上一辈的地位越高，下一辈要改善它就越难。尽管父母的受教育程度对收入分层体制中子代取得特权地位有积极的影响，但是它却设置了一个"很高的基础"，使下一代人向上流动的机会复杂化。另外，与父母的受教育水平相比，包括高等教育在内的代际教育的变化没有对社会流动产生必然的影响，因为某种程度的受教育水平的含义以及受教育水平在生产关系中的重要性在不同的历史时期是不同的。

总而言之，在社会变动的背景下，文化资本的作用大于人力资本的作用。长期来看，这会降低俄罗斯社会结构的开放性。同时，尽管父辈为子代的发展提供了一定的基础，但是它并不能保证子代取得相应的社会地位。所有这一切都表明，尽管俄罗斯的社会结构依然可以被归为开放性的那一类，但是某些群体的社会再生产过程正在兴起。

俄罗斯人的社会地位和社会流动受到父母和他们自己的家庭状况的影响。家庭既是个人得到支持的源泉，也是个人为家庭成员，特别是与他或她共同生活的家庭成员履行额外义务的一个体系。一般来说，虽然家庭对俄罗斯人而言是抵御社会风险和经济风险的可靠的源泉，但是在中低收入群体中，它却受到家庭资源匮乏和对家庭关系依赖的限制。尽管如此，他们的状况还是部分地被这样一个事实所拯救，即中低收入群体的家庭在扶养负担方面有着一个相对均衡的结构，尽管它有了相当的增长——通常未得到重要社会调配资金支持的子女和学生的扶养负担与享受养老金（在某种程度上相当于劳动人口的收入）的退休人员的扶养负担大体均衡。同时，扶养负担的规模及其性质使中低收入群体更接近低收入的俄罗斯人而非中高收入群体。在代际的社会流动背景下，最关键的是家庭成员实际就业的人数而非他们的工作能力——无业退休人员和失业者最有可能减少向上代际流动的机会。

第六章

中等收入群体的社会保障和抗风险能力

中国中等收入群体的社会保险

张 翼

中等收入群体,是伴随改革开放的全面推进而在社会上形成的新型群体。这个群体具有一定的脆弱性。为使进入中等收入群体的各个社会成员能够较为持久地稳定在社会中层,必须设计一系列社会保护网,防止其滑落到低收入群体。在社会保护网之中,社会保险应该是最有效的保护网(李培林、张翼,2014)。

在现代社会,社会保险越来越有力地支撑着社会成员的日常生活。无论是退休人员还是在职工作人员,没有社会保险,就缺少了抵抗社会风险的重要支柱。所以,考察不同收入群体的保险覆盖程度和享有程度,对于建成全面小康社会来说,既具有十分重要的理论意义,也具有衡量社会支持力度、维护社会和平发展的实践意义。尤其是在稳定和扩大中等收入群体的过程中,社会保险的支撑作用不可低估。

一 社会保险的地区性统筹

改革开放之前,中国实行的是单位保障制度。公职人员和城镇企业职工达到法定退休年龄即享受退休金,由单位发放。改革开放之后,为消除单位内部退休人员与在职人员之比迅速攀升所带来的养老压力,开始逐渐将单位保障转型为社会保险,将退休金制度改革为养老保险制度,将保险资金的"收"与"支"分开——单位代缴保险费,但保险开支由社保经办部门发放。这样,不管就业者所在企业或事业单位的效益如何,只要其"在职"期间按期缴纳了社会保险费,就可以得到相应的保险保障。但因为保险仍然具有"选择性"缴纳性质,就业人员在五大险种(养老保险、医疗保险、工伤保险、失业保险和生育保险)的缴费上存在很大的差异性。

虽然自 2014 年年底开始,中国在制度上将机关事业单位社会保险与城镇企业职工社会保险进行了合并,但资金池仍然有所区分。所以,对于社会成员来说,在制度上,社会保险为每一个人都设计了缴费渠道,做到了"制度性全覆盖"。所不同的是:机关事业单位就业人员的社会保险仍然由单位直接划拨转交,即不用征询就业人员的同意,就可通过会计划拨缴纳——具有一定的"强制"意思。企业职工社会保险的缴纳则仍然存在"断保"或"拒保"现象。除此之外,对于社会灵活就业人员(包括农村居民和城镇居民两部分),则实行了"居民保险"制度,将政府财政的诱致性与居民自己的"选择性"结合在一起,吸引居民参保。

职工社会保险制度实行的"统账结合"的制度规约性质,使个人账户与社会统筹账户之间存在一定的比例区分。尽管在原则上中央政府要求职工养老保险的缴费比例为单位缴纳上年社会平均工资的 20%,个人缴纳 8%,但在实际执行过程中,因为各个统筹地区具有一定的行政处置权,所以,就出现了不同的统筹区域,缴纳比例不相同的状况。在企业职工养老保险中,北京市单位缴纳比例为 19%,个人缴纳比例为 8%;上海市单位缴纳比例为 20%,个人缴纳比例为 8%;而广州市单位缴纳比例为 14%,个人缴纳比例为 8%(见表 6-1-1)。这种差异同样存在于医疗保险、失业保险、工伤保险和生育保险之中。

表 6-1-1 当前城镇职工社会保险的缴纳比例

单位:%

缴纳项目	北京		上海		广州	
	单位比例	个人比例	单位比例	个人比例	单位比例	个人比例
养老保险	19.00	8.00	20.00	8.00	14.00	8.00
医疗保险	10.00	2.00	9.50	2.00	7.00	2.00
失业保险	0.80	0.20	0.50	0.50	0.64	0.20
工伤保险	0.40	0.00	0.20	0.00	0.20	0.00
生育保险	0.80	0.00	1.00	0.00	0.85	0.00

注:由于社会保险统筹层次较低,各个统筹地区的缴费比例也存在一定的区别。
资料来源:数据根据作者的调研整理。

城镇企业职工社会保险制度在转型中存在的这种区域化性质,使就业人员在从一个省份流动到另外一个省份，或者从一个社会统筹地区流动到另外一个社会统筹地区时，存在很大的区隔性。虽然从制度上来说，"可携带、可转移"是发展趋势，也是当前可以实施的制度规范，但在实际操作过程中，其中的复杂性很可能会将"可携带、可转移"转变为"不可携带、不可转移"。比如说，一个农民工在广州市就业时的养老保险的社会统筹部分——单位缴纳的比例为14%，如果要转移到上海市，则其社会统筹部分——单位缴纳的比例将变为20%，其中相差6个百分点。这就使上海市和广州市很难接轨。另外，因为各个社会统筹区域由上年社会平均工资决定的最低缴费工资额与最高缴费工资额不同，各个就业人员在不同区域获得的社会保险额也会不同。甚至在同一个社会统筹区域内部，各个社会保险险种的最低缴费工资额和最高缴费工资额也可能不同。

社会保险的碎片化性质，使学术界很难在全国层面计算不同收入群体的社会保险额度的差异。但如果转换一下研究视角，我们可以从就业人员社会保险的参与状况，即从就业人员是否参与各个不同的社会保险险种状况讨论中等收入群体与其他收入群体社会保险参与的差异。

我们在以下研究中，利用中国社会科学院2015年全国社会状况综合调查数据（GSS, 2015），在有收入的人口中，将收入低于中位数的75%的人定义为"低收入群体"，将收入介于中位数的75%到125%的人定义为"中低收入群体"，将收入介于中位数的125%到200%的人定义为"中高收入群体"，将收入高于中位数的200%的人定义为"高收入群体"。因为"中等收入群体"中包括的成员差异很大，所以，分析中将其区别为"中低收入群体"与"中高收入群体"是必要的。

二 中等收入群体与劳动合同签订率

按照《劳动合同法》规定，企业与受雇人员必须签订劳动用工合同。有些企业实行的是集体谈判制度，与职工签订的是集体用工合同，有些企业分别与职工个人签订了劳动用工合同。签订了劳动用工合同的企业，必须依法为职工缴纳社会保险费[①]。所以，企业与职工签订的劳动合同的类

---

① 《劳动合同法》第十七条——在"劳动合同应当具备以下条款"中分列了九项，其中第七项就是"社会保险"。

别，对不同职工的社会保险的获得具有重要保障作用。

从表6-1-2可以看出，"收入群体"这个变量，对签订"固定期限"和"无固定期限"劳动用工合同具有显著影响力。收入越高，劳动合同的签订率越高。签订"固定期限"和"无固定期限"的"低收入群体"分别为20.28%和6.76%，"中低收入群体"则分别为25.68%和7.43%，"中高收入群体"分别为28.44%和6.48%，而"高收入群体"却达到了37.72%和11.61%。由此看来，"高收入群体"的劳动合同签订率是最高的。

表6-1-2　收入分层与劳动合同签订状况（2015）

单位：%

	固定期限	无固定期限	试用期	没有签订	不需要签	不清楚	总计
低收入群体	20.28	6.76	1.69	67.04	3.66	0.56	100.00
中低收入群体	25.68	7.43	1.01	57.09	8.11	0.68	100.00
中高收入群体	28.44	6.48	0.95	51.50	11.85	0.79	100.00
高收入群体	37.72	11.61	0.19	30.06	19.75	0.67	100.00
总体	33.07	9.76	0.57	40.39	15.54	0.68	100.00

注：对于农业户口就业人员来说，如果是转移劳动力，从事受雇的非农工作，则包括在统计中；如果从事的是农业劳动，则未包括在统计之中。

从表6-1-2同时也发现，未签订劳动合同的人数，在劳动者中间，仍然占据很大比重。比如说，在"低收入群体"中，这一比例居然达67.04%，在"中低收入群体"中也达到了57.09%，在"中高收入群体"中也有51.50%，只是在"高收入群体"中才下降到30.06%。

所以，在全面建成小康社会的过程中，为扩大和稳定"中等收入群体"——不管是"中低收入群体"还是"中高收入群体"，都需要通过劳动合同稳定就业岗位。如果未签订劳动合同的人数过多，经常变化工作岗位，一方面不利于劳动经验的积累，另一方面不利于社会保险的接续。当然，如果发生劳动争议问题，也难以保障劳动者的权益。因此，要扩大中等收入群体，就必须让劳动者享有较为稳定的工作岗位，如果劳动岗位不稳定，中等收入群体就可能因为失业或转业而中断收入，从而掉落到低收入群体之中。同样，如果没有稳定的就业岗位，中等收入群体就不会维持其"中等生活水平",而影响其消费能力,并进而影响整个社会内需的扩大。

三 中等收入群体的社会保险参与率

中等收入群体的扩大,对全面建成小康社会具有非常重要的意义。而社会保险的参与率以及社会保险的保障程度,则对中等收入群体的稳定与扩大起着举足轻重的支撑作用。一个全面享有各项社会保险权利的人,更易于抵抗各方面的社会风险,而将自己的社会地位稳定在既有的位置。同理,一个未曾全面享受社会保险权利的人,则在社会风险的影响下,易于失掉自己的社会地位,并进而影响其生活品质。所以,社会保险的分享状况,是评估现代社会发育水平高低的重要指标。

从表6-1-3可以看出,在养老保险方面,"低收入群体"的参与率为46.65%,"中低收入群体"的参与率为59.43%,"中高收入群体"的参与率为63.33%,"高收入群体"的参与率为68.36%。因为医疗保险更易于抵抗当前的社会风险,所以,不管是"中低收入群体",还是"中高收入群体"和"高收入群体",其参与率都很高,基本达到90%左右,即便是"低收入群体"也达到了87.36%。

表6-1-3 不同收入群体社会保险参与率(2015)

单位:%

	养老保险	医疗保险	失业保险	工伤保险	生育保险
低收入群体	46.65	87.36	1.89	1.87	1.57
中低收入群体	59.43	89.77	6.75	7.89	4.91
中高收入群体	63.33	88.60	12.42	14.01	10.24
高收入群体	68.36	90.29	30.05	33.00	24.45

但失业保险、工伤保险和生育保险的群体参与率差别是巨大的。比如说,"低收入群体"的失业保险参与率仅仅为1.89%,"中低收入群体"的参与率为6.75%,"中高收入群体"的参与率为12.42%,而"高收入群体"却达到了30.05%。而在工伤保险方面,"低收入群体"的工伤保险参与率仅仅为1.87%,"中低收入群体"的参与率为7.89%,"中高收入

群体"的参与率为14.01%,"高收入群体"达到了33.00%。在生育保险方面,"低收入群体"的生育保险参与率仅仅为1.57%,"中低收入群体"的参与率为4.91%,"中高收入群体"的参与率为10.24%,"高收入群体"为24.45%。

虽然失业保险、工伤保险和生育保险的参与率都不是很高,但与其他收入群体相比,高收入群体的参与率还是远高于其他群体。让人奇怪的是:即使是中等收入群体,这三项保险的参与率也都很有限。在这里需要解释的是:在社会变迁过程中,劳动者可能更多考虑的是当前的现金工资收入,而较少考虑未来的保险。在就业相对比较稳定的情况下,买不买失业保险对当前的生活并无大碍。在很多部门,工作的安全程度是有保障的,这也降低了工伤保险的参与率。但一旦经济发生较大的波动,失业率有所上升,失业保险就会发挥"保险"作用,从而也可维护社会的稳定。对于那些已经完成了生育的人们来说,生育保险也不在考虑之列,所以,参与率很低。

当然,还有一种情况,就是被访问者真的不清楚自己是否参加了失业保险、工伤保险和生育保险。在保险体制改革中,除失业保险外,雇员个人不再直接从工资缴纳工伤保险和生育保险费用,而由企业或雇主缴纳。

尽管如此,我们也需要为中等收入群体的稳定和扩大而担心。

第一,如果要源源不断地扩大中等收入群体,那么,除在控制物价的情况下不断提高低收入群体的收入外,还需要提升其养老保险的参与率。在社会个体的层次上,存在一定的矛盾:如果参加养老保险,则其当前现金收入就有可能降低;如果不参加养老保险,则其未来的生活就难以保障。对于农民工来说,很多人是在参加了农村居民养老保险的情况下进入城市打工的,如果其中的一部分或很大一部分不参加城镇企业职工养老保险而选择参加农村居民养老保险,则养老金较低,其如果在城市退休,则很难支持在城市的老年生活。农民工如果参加城镇企业职工养老保险,则当前保费较高,从而会降低现金收入。

第二,要扩大中等收入群体,还需要在企业与雇主层面解决很多问题。在社会保险的意义上,企业与雇主缴纳的份额大于雇员或个人缴纳的份额,而且人均工资的提升也主要取决于企业而非雇员的意愿,但在劳动生产率提高有限的情况下,人工成本的提升,会影响到企业盈利水平,降低企业的市场竞争力。所以,扩大中等收入群体的社会动力,一方面取决于分配过程中劳动者所占份额的扩大程度,另一方面取决于企业劳动生产率的提升以及技术进步的作用。当前降低社会保险费率的措施,只在一定程度上有效①。

四　中等收入群体对社会保险的满意程度

在不同发展阶段,不同收入群体对社会保险与其他社会政策的诉求会不同。在同一发展阶段,处于不同收入位置的群体,对社会保险与其他社会政策的选择偏好也会不同。一般而言,收入越低的群体,越关心当前的现金收入。与此同时,他们也会关心就业岗位的稳定性,只有占据稳定的就业岗位,低收入群体才会有较为稳定的收入。但对于收入较高的群体来说——不管其收入来自财产性收入还是工资性收入,只要收入稳定到可以抵御一般社会风险,其就会将诉求重点转向养老、医疗等方面。

从表 6-1-4 的模型 1——养老保险模型中我们可以看出,与"低收入群体"这个对照组比较,"中低收入群体"和"中高收入群体"都不显著,但"高收入群体"不仅在模型中显著,而且表现为负值,这说明其对当前的养老保险状况"很不满意"。与此相对应的是:在"受教育程度"中,当我们将"初中及以下"作为对照组时,"高中或中专"组和"大专"组具有统计显著性且表现为负值,这说明这两个较高受教育程度的组对当前养老保险的满意程度较低。

---

① 在企业盈利水平受限的情况下,政府为提升其竞争水平,采取了降低社会保险费费率的做法:在有些统筹单位,将企业缴费中的养老保险费率从原来的 20% 降低到 19%,将工伤保险费率由 2% 降到 1% 或 0.4% 以下,将失业保险费率降到 0.5% 以下,将生育保险合并到医疗保险之中。最复杂的是工伤保险,很多地区将劳动者的就业行业进行了分类,经过调整的缴费标准是:一类至八类行业的基准费率分别按该行业用人单位职工工资总额的 0.8%、1.0%、1.3%、1.5%、1.8%、2.0%、2.8%、5.6%(煤炭行业)执行,其中,建筑业按项目参加工伤保险的基准费率为 1.8%。

表 6-1-4　不同收入群体对社会保险和就业促进政策的满意程度 (2015)

	养老保险（模型1）		医疗保险（模型2）		就业促进政策（模型3）	
	非标准系数	显著性	非标准系数	显著性	非标准系数	显著性
常数	6.077	0.000	6.212	0.000	4.761	0.000
受教育程度（对照组：初中及以下）						
高中或中专	-0.213	0.001	-0.176	0.006	0.146	0.026
大专	-0.201	0.021	-0.213	0.011	0.420	0.000
本科	-0.060	0.497	-0.021	0.805	0.581	0.000
收入群体（对照组：低收入群体）						
中低收入群体	0.013	0.889	-0.011	0.903	-0.003	0.972
中高收入群体	-0.090	0.233	-0.125	0.088	0.049	0.525
高收入群体	-0.160	0.008	-0.174	0.003	0.293	0.000
性别（男=1）	0.103	0.041	0.024	0.628	-0.064	0.207
户口（非农=1）	-0.135	0.025	-0.236	0.000	0.010	0.864
调整后确定的系数	0.004		0.005		0.014	

在模型 2——医疗保险模型中，"收入群体"中的"中低收入群体"和"中高收入群体"这两个变量并不显著，但"高收入群体"具有统计显著性且同样表现为负值。在"受教育程度"这个变量中，当我们将"初中及以下"视为对照组时，"高中或中专"与"大专"这两组都具有显著性。

在模型 3——就业促进政策模型中，情况正好相反：与"低收入群体"相比较，"高收入群体"既具有统计显著性也表现为正值。这说明其对教育促进政策是极其满意的。从受教育程度上来说，与"初中及以下"组相比较，"高中或中专""大专""本科"都显著且表现为正值，这说明这些组对就业促进政策更为满意。

这里有一个很有趣的现象："低收入群体"、"中低收入群体"和"中高收入群体"的养老保险、医疗保险参与率都很低，却对其当前的养老保险和医疗保险比较满意或未显示出"不满意"。"高收入群体"的养老保险和医疗保险参与率比较高，却对其当前的养老保险和医疗保险状况不满意。而在对就业促进政策的评价上,"高收入群体"比"低收入群体"更为满意,"低收入群体"对此更不满意。

为什么会这样呢?一个可能的原因是:就业岗位的稳定与否或者就业岗位的质量,不仅决定人们当前收入的稳定与否,还在很大程度上决定着就业者各项社会保险的获得程度。在当前的劳动力市场上,虽然私营部门给付的工资可能较高,但会有意或无意地逃避缴纳社会保险费。在国有部门,虽然工资收入的增幅有限,但能够获得非常稳定的各项社会保险。另外,不管是国有企业还是机关事业单位,都享有稳定的"职业年金"。可在城镇企业单位,只有少数上层管理人员和资方才能享有企业年金。这也可以解释大学毕业生就业选择的优先序:首先是公务员或事业单位工作人员,然后是国有企业,最后才是其他私营部门。

虽然政府付出艰苦努力,实现了养老保险的"12连增",但保险刚性增加的社会产出——制度红利却逐渐降低。如果国民经济的增幅难以继续维持"连增"的预期,则"不满意"会更多。在这种情况下,我们就需要反思养老保险的增长机制,以代际公平、公正为原则,制定养老保险随物价与国民经济增速相一致的调整政策。

五 讨论与政策性建议

社会保险制度建立的初衷,就是化解和防止可能出现的各种风险,保证社会成员收入与生活的稳定。社会保险概念来自英文的"social security",具有社会安全的含义。要扩大中等收入群体,不能仅仅将政策的重点集中在已经被定义为"中等收入群体"的那些人身上,而应该系统地将其理解为"提高低收入群体的收入、扩大中等收入群体比重和稳定高收入群体的收入"上。要做到这一点,就必须将社会保险与稳定就业置于同等重要的位置,为此提出的政策性建议有以下五点。

第一,加强对大学生和农民工的社会保险建设。我们知道,只要在就业领域存在市场竞争,就会出现失业风险。而社会保险则是将失业或转业风险大幅降低的制度保障。现在看来,社会保险虽然做到了制度性全覆盖,但参与人群尚需要继续扩大,对断保的问题也需要迅速拿出对策。即使在已经进入中等收入群体的那些人身上,面对经济波动,失业与断保问题也经常会发生，如果没有强有力的制度支持，养老保险的扩面工作就难以完成。今后工作的重点，应该集中在刚毕业的大学生和农民工这两个群体身上。截止到2015年，农民工工伤保险的参加人数仅仅为7510万人[①]。要将农民工当中的一部分高技术人群提升到中等收入群体，就必须提升农民工在城镇企业职工社会保险中的参与率。另外，大学生也存在非常高的"跳槽率"（李有刚，2013），而跳槽率反过来又影响了固定期限劳动合同和无固定期限劳动合同的签订率。GSS调查表明，中等收入群体无固定期限劳动合同的签订率非常低，这是亟须注意的社会政策问题。

第二，要正确处理好扩面与保费的关系问题。毋庸置疑，中国正处在快速的人口老龄化进程中，为正确应对老龄化，必须尽快建立起具有可持续发展能力的社会保险体系。但现在养老保险制度的碎片化与征缴主体的碎片化问题，严重影响着社会保险制度的可持续性。如果以当前的人口结构来衡量，中国的劳动力人口所占比重仍然达70%左右。在劳动力人口中，就业人口所占比重也较高。如果每一个劳动力都参与了社会保险，则即使是实行"现收现付"的给付制度，也能够从容应对当前的问题。但城镇职工的养老保险参与率还不高，而且存在严重的地区不均衡现象：在劳动力人口流入较多的统筹地区，养老金供给较足；但在人口流出较多的地区，则存在严重的养老金入不敷出问题。如果降低费率，就可能减轻企业运行成本而利于扩面（封进，2013）。但对于某个具体的统筹地区来说，如果降低费率，当前的保费就可能难以为继。因此，社会保险必须尽快提高统筹层次，形成全国统筹的基础养老金。进行全国统筹，广东等发达地区的流入劳动力较多，保险基金供给充足，就可以降低费率——这反过来在很大程度上减轻了企业负担、提升了市场竞争力。但内陆地区，因为流出了劳动力，不得不维持较高的费率——传导到企业那里，会在制度上增加其人工成本、降低其市场竞争力。于是会出现发展过程的"马太效应"，先发展的轻装上阵，后发展的包袱累累。先发地区集中了更多的中等收入群体，后发地区则集中了较多的低收入群体或中低收入群体。

[①] 到2015年年底，全国参加工伤保险的有21887万人，增加455万人，其中参加工伤保险的农民工为7510万人，增加21万人（http://www.stats.gov.cn/tjsj/zxfb/201702/t20170228_1467424.html）。

第三，要对中等收入群体给予一定的扶持。毕竟，中等收入群体还是一个非常脆弱的群体，其脆弱性主要表现在以下两个方面：其一，经济波动会使其中的一部分人滑落到低收入群体；其二，中等收入群体中的很多人，还没有全面参加社会保险，除医疗保险参与率较高外，养老保险的参与率还比较低。这使其难以抵御可能发生的存在于社会个体层面的风险，比如因病致贫和因年老致贫等问题。

第四，在产业转型和消费升级过程中，不同收入群体诉求的重点也不同。高收入群体更希冀提升养老保险和医疗保险，而低收入群体则更希望稳定就业岗位、保障收入水平。高收入群体各项社会保险的参与率较高，但其满意度较低。低收入群体对就业支持政策还不是很满意，却并不介意社会保险的配置。这是中国的现代化发展的必然结果。社会发育与收入分化一定会使不同的收入群体的社会政策预期分化。这会给国家治理体系和治理能力的现代化增加很多新的内容。如果处理不好不同收入群体的政策预期，就难以消弭可能存在的社会裂隙。

第五，为完善社会保险制度，支持中等收入群体的壮大，还需要防止以下两个问题的发生。其一，防止劫富济贫思想。劫富济贫的想法不仅会伤害到高收入人群的利益，而且会波及和影响到中等收入群体努力致富的积极性。收入差距表现得越明显，以劫富济贫为主要内容的民粹主义思想就越易于生根发芽。其二，防止过度福利思想。过度福利易于消解低收入群体的进取心，增加发展负担。政府应该主要关注社会基本公共服务的建设。对于低收入群体来说，既要借助于社会政策的兜底功能，使其分享到现代社会经济发展的成果，又要积极开拓渠道，提升其收入水平，贯彻就业为民生之本的思想。唯有如此，才能逐步扩大中等收入群体，防止中等收入陷阱的发生。

俄罗斯中等收入群体的社会保障和抗风险的能力

鲍丽娜·科兹列娃（P. M. Kozyreva）、
亚历山大·斯米尔诺夫（A. I. Smirnov）

  随着社会经历了动态和有争议的发展以及威胁和危险种类及范围的激增，对社会保障问题进行更高层次的认识成为焦点，这在最具冲击力的时期达到了一个临界点。这正是俄罗斯在过去十年所经历的情境类型。当今的事件对社会领域所产生的影响加剧了许多先前的危险和威胁，同时也造就了影响生活各个领域的新的不稳定因素。这些威胁首先包括贫困的逐步加剧、高失业风险、社会两极分化的加大、随侵害劳动者权益而来的工作条件的恶化以及多数社会保障和援助机构工作效率的大幅下降。如今，可获取社会福祉和依靠社会支持的家庭和个人越来越少。

  安全的社会范畴可从广义和狭义两方面来理解。就广义性而言，社会保障通常等同于国家安全。在此情况下，它被解读为人类生存的基本统一范畴（津琴科，2007），包括安全的所有其他类型（萨米金等，2016）以及社会系统发挥作用、保证其弹性和可持续性的方式，因为在贯穿社会、发展等的过程中，它的结构要素会在自身之间以及与外部因素之间产生相互作用（奥西波夫、莫斯科维切夫，2008）。相比之下，当以狭义的视角来审视社会保障时，特别的关注点则会在强化个人、家庭、社区和社会领域其他成员利益的保护以及社会结构、社会互动和支持人类支撑体系、社会化及生活方式等举措上。社会保障被视为"社会提供社会福祉和条件的最高水平，决定生活的整体质量并承诺将对人民生命和福祉的威胁降至最低的状态"（切尔尼科娃等，2015）。社会保障涵盖社会生活的方方面面，不仅广泛地反映社会问题，而且决定一个人的社会地位。

  社会保障的狭义解释意味着要保护个人和社会的利益免受不可接受或

无理的风险、挑战、危险和威胁；在社会领域中有机会行使基本的权利（如生命权、有酬劳动、免费的医疗和教育、可以休假、得以保证的社会援助等）；而且要努力提供最佳或至少是令人愉快和满意的生活和工作条件。在某种意义上来讲，概念的关键之处是"可接受的风险"，如果我们遵循社会风险研究的方法论，可以将其定义为"在某种程度上对个人和实体进行保护以免受各种有害源影响的指标"（莫兹戈瓦娅、莎莉科娃，2016）。

在过去的几年里，随着经济危机的不断持续和加重，保护个人、家庭和社区免受不断上升的危险和威胁的水准，连同他们承受更大挑战和风险的能力，在很大程度上可以由俄罗斯社会的临界状态以及人们获得可以让他们平安渡过恶劣环境的资源和资产的情况来解析。体制中以及威胁和危险范围内的危机导致社会保障问题方面的调整。

在许多方面，社会保障问题的解决取决于国家社会保障制度的效率，也就是说，取决于国家所实施的旨在帮助在不利环境中生存的人们的方式，取决于所有人是否都能享受一定类型的社会服务和最低程度的社会福利，无论他们对生产过程做出过多大的贡献，也取决于所有人是否都可以得到满足他们社会需要（教育、医疗、社会服务等）的各种服务。可得到证实的是，一个妥善保护人民的强大且高效的社会保障体制在解决一系列社会问题、增强社会凝聚力以及促进经济可持续增长方面十分有用。

在一个稳定的社会中，社会支持的走向反映了社会发展的程度，即社会保障不仅旨在援助社区中最弱势群体以及为穷人提供社会福利，而且旨在使每一个人在发展过程中取得最大的成果。毫无疑问，社会支持的优先事项包括个人成长、社会自由、性别平等、就业支持和公平工资以及享有平等的教育、就业和医疗等（佩特拉科夫，2011）。社会服务正经历着现代化，并且社会政策也得益于旨在引入新手段、新策略和新技术的创新方法，它们可以满足全体人民当前的需要。随着处于危难中的人数的增长，传统的社会支持问题的重要性也在增强，因为持续危机的湍流区不仅冲击着穷人而且冲击着一些感到社会和经济不再安全的富裕群体。

在当前充满挑战的情况下，专门的研究和实践的重点被置于中等收入群体的社会保障问题上。中等收入群体既不能被划归为穷人也不能被归为富人,然而,"由于其内部的多样性,它不能被视为一个单一的社会实体"(戈尔什科夫、迪霍诺娃,2016)。因为中等收入群体具有高度的异质性,其成员也拥有不同的世界观、思维模式、生活目标、消费方式、自我适应的策略等,而且他们或多或少都事业有成。成功的主要表现在于他们有能力在物质和经济上为自己提供保障。支持这一结论的研究表明,对当今俄罗斯高度的社会分化影响最大的因素是巨大的物质不平等(里姆斯基,2013)。

关于中等收入群体社会保障相关问题的研究,一方面使得我们可以确定最大人口阶层至关重要的需求和利益在何种程度上能够得到满足,揭示和分析发生在俄罗斯的社会互动和结构互动的关键过程,并且追踪这些过程与俄罗斯经济状况变化的关联;另一方面也为评价当前社会政策的效率以及完善体制(这一完善体制的过程为滑落至贫困门槛以下或处于门槛边缘的个人和家庭以及那些面临失业、工作条件恶化和很少享有医疗及教育服务的人们提供了社会保护)提供了一次契机。

在本文中,基于对 RLMS - HSE[①] 所提供的俄罗斯人口经济状况与健康监测数据的研究,我们试图将重点锁定于上述问题的范围。对这些数据的分析使我们可以挑选出四组按不同收入水平来定义的受访者:低收入群体(收入为中间值 0.75 倍或低于该数值)、中低收入群体(收入为中间值 0.75~1.25 倍)、中高收入群体(收入为中间值 1.25~2 倍)以及高收入群体(收入高于中间值 2 倍)。

对受访者群体分布动态(见图 6-2-1)的分析表明,大多数俄罗斯人经济状况的恶化(发生在 2008 年俄罗斯一系列的经济动荡之后)导致高收入人群的明显收缩(从金融危机前 2007 年的 14.7% 降至 2016 年的 9.0%)以及中低收入群体的扩大(从 29.2% 升至 38.8%)。在这些转变的过程中,随之所发生的是收入增长的放缓和收入的减少。这表明,拥有有限资源或资源枯竭的俄罗斯人的数量在攀升,而在危机降临之际,他们

---

① 俄罗斯纵向监测调查(RLMS - HSE),由国家研究大学"高等经济学院"和 OOO "Demo-scope"连同位于查珀尔希尔的北卡莱罗纳大学卡莱罗纳人口中心和俄罗斯科学院社会学研究所组织实施(RLMS - HSE websites:http://www.hse.ru/rlms,http://www.cpc.unc.edu/projects/rlms)。

往往不足以成功地抵御危险和威胁。在受访者中，中低收入群体成了人数最多的一类，现在几乎占到了所有受访者的3/4。

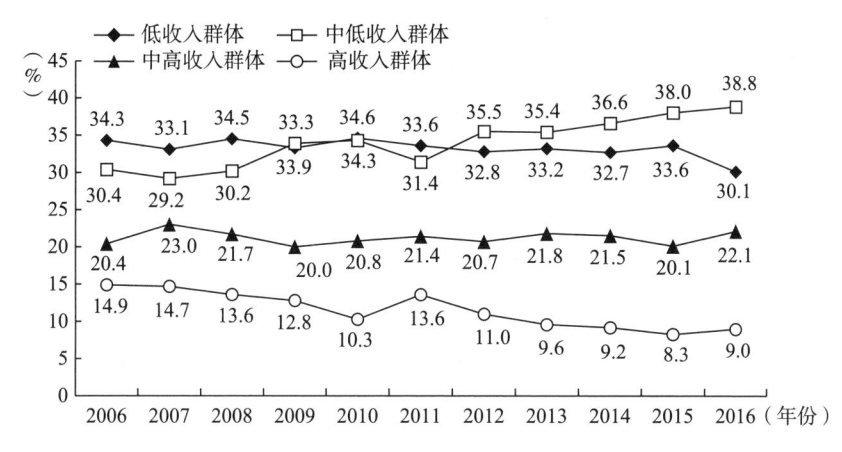

图6-2-1 收入群体比例的动态变化（2006~2016年）

说明：其他数据体也有类似的趋势。例证请参见第一章所提供的数据。

随着收入的减少，低收入群体的数量在经济危机最严重的时期以特别惊人的速度上升，即便相对富裕的家庭也无法摆脱国家经济危机所带来的经济影响。例如，收入危机以及随之而来的消费需求不可避免地下滑（这些在特别具有挑战性的2014年和2015年中得到了充分的显现），这与人口的物质差距的急剧拉大、劳动力市场的两极分化以及那些无法为自己和家庭获得基本社会利益的人所占比例的居高不下一道产生了一系列的负面影响。

在实际收入下降之后，许多来自中低收入群体的人开始体验到明显的物质挑战，更有甚者游离于贫困的边缘，而这明显加剧了人们在获得教育、医疗和其他社会保障方面的不平等（阿勒什娜，2013）。与以往一样，对被剥夺基本权利的俄罗斯人而言最为迫切的、特别引人瞩目的问题是物价上涨、贫困和失业风险。医疗成为认为药品昂贵和医院缺少免费医疗产品的超过退休年龄的人们的最紧迫的问题。对其中的一些人而言，低收入不仅意味着必要的物质商品的短缺，而且意味着习惯性的生活方式和行使某些基本权利的机会的丧失。这些作为俄罗斯人心态的一个大众化的趋势通过社会的悲观主义情绪被直接地反映出来。

根据 2013 年 12 月至 2015 年 12 月的 RLMS – HSE，俄罗斯家庭的实际平均收入①下降了 6.5 个百分点，而后在 2016 年 12 月上升了 11 个百分点以上。这是由于低收入群体的人数大幅度减少（从 2015 年的 33.6% 降至 2016 年的 30.1%）以及中高收入群体的人数的增加（从 2015 年的 20.1% 升至 2016 年的 22.1%），但俄罗斯人对他们的社会福祉并不因此感到乐观。整个 2016 年，人们的态度主要受经济停滞状态的影响，而经济危机则继续作为一个绝对主导性的因素决定着俄罗斯人的心态。不稳定和有争议的经济形势几乎影响到所有俄罗斯人。在经济继续发生危机的同时，家庭资源愈加快速地持续流失。绝大多数的俄罗斯人把经济问题视为主要的国内威胁，并且对自己的家庭能否安然渡过危机感到不安。许多人对国家的经济状况以及自己和未来都表现得非常悲观。而这种悲观情绪并非最近才出现的。有相当部分的俄罗斯人多年以来一直承受着压力。

上述的变化在几个最大的城市中最为明显。2007～2015 年，收入最高的群体人口缩小了约 1/2 倍，从 22.7% 缩至 11.6%，而中高收入群体的规模几乎下降了 1/3，从 33.4% 降至 27.6%。与此同时，中低收入群体的规模增长了一半左右，从 28% 增至 40.3%，低收入群体的规模从 15.9% 增至 20.6%。不过，在 2016 年末，当俄罗斯人的家庭收入增加时，低收入群体的规模减少到了 16.9%。在其他的城市和乡镇，只有低收入群体（其规模从 2006 年的 34.3% 增至 2016 年的 41.2%）和高收入群体（其规模缩减了约 1/3，从 13.9% 降至 8.9%）表现出或多或少的显著的变化。值得注意的是，农村地区的最低收入水平是一个不变的趋势——在那里，超过一半的人口年复一年地被归类为最低的收入群体。还有一个有趣且更加确凿的事实：这些受访者的比例从 2007 年的 56.3% 下降到了 2016 年的 50.1%，而在同一时期，来自农村的中低收入群体数量增加了约 1/3，从 25.9% 增至 34.1%。

在以收入为导向的各群体中，受访者的分布使我们能够对他们客观和主观的物质状况的一致性加以分析。我们的研究将其分为三个等级，即较低等

---

① 我们把收入水平的计算建立在商品和服务的消费价格指数上。这些数据可在国家统计局官方网站中查到——URL: http://www.gks.ru/free_doc/new_site/prices/potr/tab – potr1.htm（获取日期为 2017 年 3 月 31 日）。

级、中间等级和较高等级，而且在每个等级中又分为3个层级。我们将地位的一致性定义为主观的地位感知（量级）与实际收入群体所需间的交叠。

对RLMS-HSE数据的分析表明，最一致的自我评价来自中等收入群体受访者的典型特征，而最不一致的自我评价则来自高收入群体受访者的典型特征（表6-2-1）。总的来讲，2006~2015年，地位一致性的概貌未发生多大的改变。除了那些有着最高收入的群体以外，最显著的变化是所有收入群体的受访者都更多地形容自己为被剥夺基本权利的群体。

表6-2-1 客观和主观的物质地位的异质性（2006~2016年）

单位：%

收入群体	量级和等级								
	较低			中间			较高		
	底级	第2等级	第3等级	第4等级	第5等级	第6等级	第7等级	第8等级	顶级
2006年									
高收入群体	2.2	6.2	18.0	22.0	33.5	11.1	4.9	0.8	1.3
中高收入群体	3.8	7.7	20.0	27.5	27.0	8.9	4.4	0.6	0.1
中低收入群体	5.6	11.2	24.8	25.8	23.6	6.6	2.0	0.2	0.2
低收入群体	8.8	16.3	24.8	24.2	19.1	4.3	2.1	0.3	0.1
2015年									
高收入群体	2.5	5.8	16.5	25.2	31.8	12.8	4.9	0.4	0.1
中高收入群体	2.8	7.3	20.1	28.1	26.5	10.2	4.5	0.5	0.0
中低收入群体	3.5	10.0	25.2	25.3	22.1	9.7	3.9	0.3	0.0
低收入群体	7.6	16.0	23.5	19.0	19.6	11.0	3.1	0.2	0.0
2016年									
高收入群体	2.1	4.5	18.5	28.2	30.1	11.6	4.6	0.3	0.1
中高收入群体	2.3	8.1	25.7	27.2	25.5	8.3	2.4	0.5	0.0
中低收入群体	5.2	15.0	29.3	24.8	18.2	5.7	1.7	0.1	0.0
低收入群体	10.2	20.5	26.6	18.1	16.9	6.6	0.8	0.3	0.0

对自己的社会和经济地位有着不切实际的过低或过高的评估的受访者群体的庞大的规模既可作为大多数俄罗斯人在物质生活方面发生了显著变

化的证据，也可作为大众心态严重不一致性的证据，而这正是不稳定社会的典型特征。2016 年末，大约 1/4 的来自高收入群体的受访者、1/3 的来自中高收入群体的受访者和 1/2 的来自中低收入群体的受访者体验到了自己属于社会最底层的感受，而这往往会导致诸多令人沮丧的观念（如自己的命运是天生注定的和无法逃避的，自己会成为一个社会的弃儿，或自己会被他人歧视）的形成。这些观念源于受访者对自己的财产状况和生活质量满意度很低。

总体而言，① 地位一致性的否定态度较积极态度的压倒性态势证明，包括那些来自高收入群体和可自由支配很多物质资源的人们在内，相当多的俄罗斯人的收入仍然很低，或者说是相当有限的，这阻止了俄罗斯人去满足他们的需要以及为他们的利益行事，而就绝大部分人而言，这还是相当谦逊之言。

如果我们看一下反映长期趋势的监测数据，可以得出这样的结论：俄罗斯社会保障的总体状况在过去的十年里有了较好的改善，尽管在最近的经济危机中出现了重大的消极发展态势。

低收入群体数量的大幅增加（由于那些相对富裕的人进入这一群体）、大量的人口从高收入群体向中等收入群体的逐步转移并没有导致社会不平等问题严重恶化。我们在此披露了俄罗斯家庭之间收入差距缩小的一个案例。2006～2008 年，较高收入群体和较低收入群体间的收入差距从 6 倍升至 6.7 倍，而在 2016 年末，这一差距慢慢地下降到了 2.7 倍。

我们已经提到过的这些变化有助于改善属于不同收入水平群体的人们之间的关系，从而有助于社会资本的增长和社会凝聚力的增强，而就富人与穷人之间的关系而言，这被相互理解和相互合作的评估所展示出的积极的动态变化所证明（图 6-2-2）。

此外，对监测数据的分析表明，俄罗斯人不仅更清晰地认识到了社会凝聚力的必要性，而且学会了更好地相互同情并更快地寻找到共同点。虽然这些变化不太明显甚至有时还不被察觉，可在困难时刻，其对社会团结的重要性凸显出来。有一个通用的变量有助于揭示社会总体的信任水平和

---

① 我们没有考虑那些处于最顶层的 2%～3% 的案例，他们并非大众调查中的人口样本。

理解环境是否有利于协调各种社会实体之间的互动,即反映人们对陌生人,也就是他们不认识的人的信任程度的普遍性。

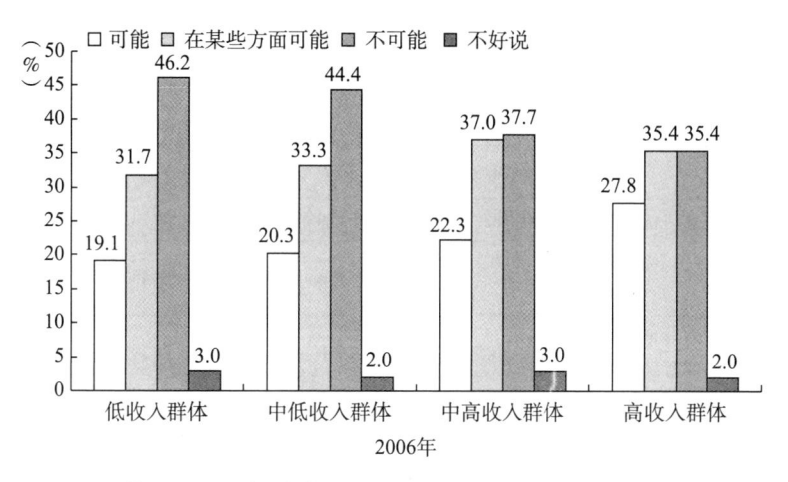

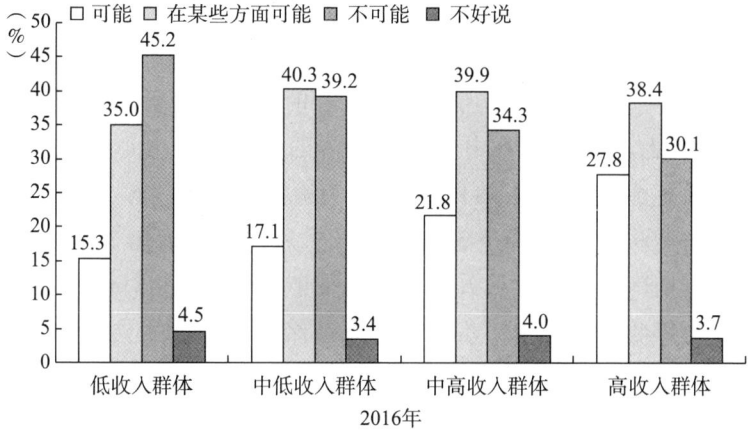

图 6-2-2 各收入群体对富人与穷人间相互理解的可能性进行评价的动态变化(2006 年、2016 年)

2006年数据:
- 低收入群体:可能 19.1,在某些方面可能 31.7,不可能 46.2,不好说 3.0
- 中低收入群体:可能 20.3,在某些方面可能 33.3,不可能 44.4,不好说 2.0
- 中高收入群体:可能 22.3,在某些方面可能 37.0,不可能 37.7,不好说 3.0
- 高收入群体:可能 27.8,在某些方面可能 35.4,不可能 35.4,不好说 2.0

2016年数据:
- 低收入群体:可能 15.3,在某些方面可能 35.0,不可能 45.2,不好说 4.5
- 中低收入群体:可能 17.1,在某些方面可能 40.3,不可能 39.2,不好说 3.4
- 中高收入群体:可能 21.8,在某些方面可能 39.9,不可能 34.3,不好说 4.0
- 高收入群体:可能 27.8,在某些方面可能 38.4,不可能 30.1,不好说 3.7

根据 RLMS-HSE,所有被分析的人正感觉到,那些认为信任或不信任自己周边之人的决定应该被与自己打交道之人是什么样的人所左右的人在数量上有所上升(表 6-2-2)。低收入群体的受访者更倾向于接近陌生人,而高收入群体的受访者则最谨小慎微。至于中间阶层的受访者,相较于其他类别的受访者,往往不会在无须任何附加条件下去信任他们周围的人,他们更倾向于采取一种经过权衡的、慎重的方法,认为信任或缺乏信任取决于个人的品质。

表 6-2-2 信任他人的动态变化（2006~2016）

单位：%

可选择的陈述	高收入群体			中高收入群体			中低收入群体			低收入群体		
	2006	2009	2016	2006	2009	2016	2006	2009	2016	2006	2009	2016
大多数人可以被信任	13.0	18.0	15.6	15.9	17.0	13.8	15.9	18.0	14.4	16.0	24.0	21.7
与别人打交道时，谨慎总是必要的	59.4	44.6	44.1	57.2	45.4	44.7	55.0	44.6	44.5	55.1	39.3	39.3
两者都可行，但要取决于所打交道之人以及所处的环境	26.7	36.2	39.9	26.0	36.0	40.6	27.6	36.2	39.9	25.5	33.9	37.4
不好说	0.9	1.2	0.4	0.9	1.6	0.9	1.5	1.2	1.2	3.4	2.8	1.6

我们对所有收入群体的研究表明，人们对生活幸福的满意度有了明显改善，即便如此，在经济危机开始后，相关的数字也开始下降（图 6-2-3）。对生活中负面变化最痛苦的回应来自低收入群体的受访者。2013 年至 2016 年，在中低收入群体的受访者中，那些或多或少对自己的生活感到满意的人的比例从 50.0% 降至 45.9%；在低收入群体中，这一比例从 44.7% 降至 37.1%。虽然这一降幅远比 2008 年和 2009 年经济危机期间的降幅更引人关注，但是年下滑率却相对地保持了不变。同时，在中等收入群体中，焦虑和悲观情绪的累积往往夹杂着坚定地渡过难关的意愿。

如今，俄罗斯人最关心的经济和社会问题包括收入较低、退休金微薄、物价上涨、失业、医疗和教育服务的质量不高以及无法享受到这些服务等。俄罗斯科学院社会学研究所进行的研究表明，困扰俄罗斯人的个人问题可被分为三个最常见的类别：家庭的经济问题、促成社会和经济脆弱性的诸多因素和健康问题（戈尔什科夫，2016）。经济危机加剧了这些问题，而这影响到了包括中等收入群体在内的大多数俄罗斯人的生活水平和生活质量。他们中的许多人被迫限制他们大部分的需求，放弃他们日常的消费习惯，只有高收入群体的消费，受到经济危机的影响。

表 6-2-3 显示，在中低收入群体中，家庭的物质生活在过去 12 个月

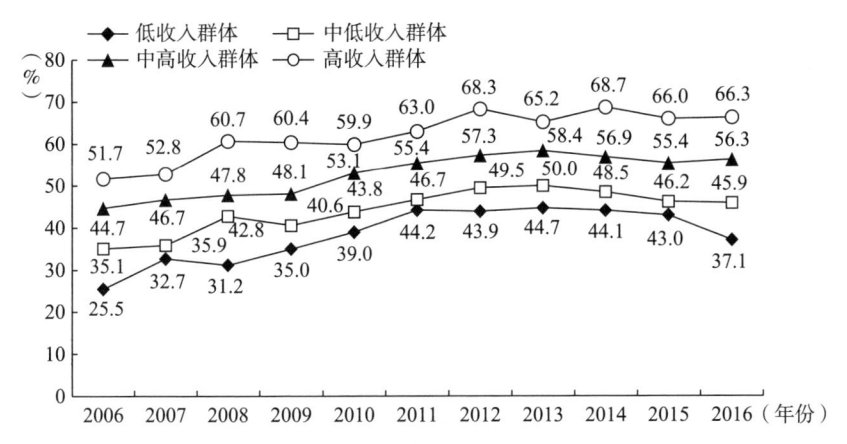

图 6-2-3 不同收入群体中对整体生活表示完全或基本满意的
受访者的比例（2006~2016）

说明：另一种类似的趋势也可以从其他大型社会学数据中推断出来，这些社会分析数据使用了稍微不同的方法。例如，中等收入群体对生活满意度的结论可以从我们在第一章中给出的、对生活好与不好的态度之间的差距的动态分析中得出。

中至少有所改善的受访者的比例下降超过了 1/3，从 2013 年的 20.4% 降至 2016 年的 12.0%，而那些说事情变得越来越糟的人的比例则上涨了 1 倍，从 15.6% 增至 32.8%。中高收入群体的看法的变化更为显著。在这一群体中，谈到家庭物质幸福有所改善的受访者的比例在同期下降超过了 1/3，从 28.2% 降至 17.5%，而感到他们的家庭物质生活有所下降的受访者的比例几乎上涨了 1.4 倍，从 11.4% 增至 27.0%。这一几乎影响到所有群体的严重的负面趋势首次出现在 2006 年。只有来自高收入群体的受访者，对家庭物质生活状况变化的负面评价才有所缓和。

表 6-2-3 对受访者家庭的物质生活在过去 12 个月的变化进行
评价的动态变化（2006~2016）

单位：%

收入群体	2006		2009		2013		2015		2016	
	越来越好	越来越糟	越来越好	越来越糟	越来越好	越来越糟	越来越好	越来越糟	越来越好	越来越糟
高收入群体	43.7	8.7	36.2	11.3	34.3	10.6	18.1	31.7	21.6	25.8

续表

收入群体	2006		2009		2013		2015		2016	
	越来越好	越来越糟	越来越好	越来越糟	越来越好	越来越糟	越来越好	越来越糟	越来越好	越来越糟
中高收入群体	35.0	11.4	32.5	13.6	28.2	11.4	16.4	27.6	17.5	27.0
中低收入群体	26.0	14.1	28.1	15.0	20.4	15.6	14.2	32.0	12.0	32.8
低收入群体	17.4	25.5	18.2	21.9	19.1	21.5	14.0	34.2	10.4	34.5

与此同时，中等收入的受访者对其物质生活的不满程度也在增加，表6-2-4中的数据清楚地说明了这一点。另一个有趣的趋势是，尽管发生了持久的经济危机，可这些受访者对其物质生活的满意度仍然高于2006年。

表6-2-4 受访者对物质生活的满意度的动态变化（2006~2016）

单位：%

收入群体	2006		2009		2013		2015		2016	
	满意	不满意	满意	不满意	满意	不满意	满意	不满意	满意	不满意
高收入群体	29.7	48.5	37.3	43.6	39.1	38.6	34.1	46.8	34.4	41.4
中高收入群体	24.7	56.1	26.2	51.9	29.7	46.2	28.3	49.1	25.8	52.6
中低收入群体	17.9	62.3	18.2	61.0	22.9	56.5	20.5	59.7	16.6	63.6
低收入群体	10.2	75.2	15.6	70.1	16.2	67.7	17.9	66.9	12.5	71.5

很显然，人们的收入越高，就越倾向于消费。既然如此，至关重要的因素就是提供给不同收入群体的机会上的差距。差距过大时就会削弱增加社会凝聚力的基础并且导致更大的社会排斥。在今天的俄罗斯，这一过大的差距在各收入群体对他们购买昂贵商品和服务的能力进行评估的动态变化的监测数据上均有所显示。

表6-2-5显示，从低收入群体到高收入群体，可以省钱去购买诸如轿车或村舍这样的大件商品的受访者的比例就会有两倍的增长。即便如此，即使在收入最高的受访者中，有购买能力的人的相对比例也没有高过42.9%；而在收入最低的受访者中，这一比例仅为6.1%。一个更惊人的差异体现在不同收入群体有能力负担家庭出国度假的数字上。特别值得注意的是，最低收入群体和最高收入群体在这方面几乎相差了3倍。

表 6-2-5　对购买昂贵商品和服务的能力进行评价的
动态变化（2006~2016）

单位：%

	高收入群体				中高收入群体				中低收入群体				低收入群体			
	2006	2009	2013	2016	2006	2009	2013	2016	2006	2009	2013	2016	2006	2009	2013	2016
改善他们的生活条件	15.1	11.6	13.3	17.6	7.2	8.4	7.1	10.1	5.4	3.4	5.0	4.2	3.7	5.2	3.4	3.8
支付孩子们上课外班的费用	73.0	74.2	78.9	75.8	63.6	68.1	71.6	70.3	52.5	56.5	62.5	59.9	35.7	48.3	44.6	47.7
省钱去购买大的商品	34.0	35.5	38.9	42.9	19.3	24.5	23.3	26.6	10.4	11.8	12.8	11.2	5.8	9.1	6.4	6.1
带全家到国外去度假	24.6	32.9	45.2	46.2	7.1	14.6	22.0	22.2	2.9	4.8	7.8	6.4	1.0	1.6	2.6	2.6
带全家到俄罗斯的旅游胜地去度假	—	—	—	57.3	—	—	—	38.9	—	—	—	20.6	—	—	—	8.1
支付孩子们上大学的费用	57.7	62.7	56.5	59.9	43.1	49.7	46.5	43.9	32.4	33.9	34.3	29.5	18.1	30.5	20.4	18.7

然而，当谈及在为更重要或更廉价的物品和服务付钱的意愿时，所有收入群体的数据都要高得多，而且从一个群体到另一个群体的转变也比以前的情况更为平稳。例如，支付孩子们上大学的费用是约 1/4 的来自低收入群体的受访者所能承受的事情，这略低于中低收入群体的约 1/3；而中高收入群体的受访者的这一比例约为 44%，而高收入群体的受访者的这一比例几乎达到 60%。2016 年 47.7% 的来自低收入群体的受访者负担得起孩子们上课外班的费用（如音乐课外班、外语课外班、体育俱乐部等），而来自高收入群体的受访者的这一比例则为 75.8%。

对上述数据加以评论时，首先要记住的是，从一个收入群体到另一个收入群体对于好的公寓、房子、汽车、名牌大学或国外度假的观念差别极大。更确切地说，在穷人或经济困难的人的最终梦想是要把孩子送到任何一所高等教育机构去学习的时候，富裕的受访者则将目光瞄向了最负盛名的高等院校。而且，为一辆俄罗斯产的二手车攒钱与从外国制造商那里买一辆全新的豪华车是不一样的。此外，由于经济危机导致人们实际收入的急剧下降和物价的急剧上涨，许多俄罗斯人发现自己要节省并改变消费方式和一些习惯。大多数家庭开始在衣着和鞋子、外出吃饭、维修汽车等方面加以节省，选择更经济的方式去挑选和购买食物，让自己不再购买昂贵的物品，并且开始从到国外去度假转向更便宜的旅行。所有节省下来的钱都被用于维持其原有的消费水平。

随着经济危机的日益恶化，在满足必需需求的条件变得越来越差的背景下，更多的俄罗斯人成了经济悲观主义者。社会和经济领域中的消极现象促使社会各阶层的观念发生了变化，人们对自己的未来感到更加的不安。

在2016年，大多数俄罗斯人没有预料到他们的经济情况会得到迅速的改善，他们为最坏的情况——物价上涨和失业率的增长、收入的进一步下降等做好了准备。当被问到"你认为你和你的家庭在未来的12个月比现在生活得更好还是更糟糕"时，受访者给出的答案进一步证实了悲观想法的扩散（见表6-2-6）。当对这一数据进行分析时，我们必须注意到，在每一年，在每个群体中大约有1/5的受访者发现对此很难给一个明确的答案，而其他的受访者（约40%）则说没有什么会改变自己的生活。此外，在2016年，低收入群体和中低收入群体的受访者对个人和家庭前景的预估大都呈现负面的趋势。负面预期占有主导性的态势也被担心在未来12个月至少在某种程度上得不到生活必需品的受访者在数量上有所增长的事实所证明。例如，从2013年至2016年，在中低收入群体中，这样的受访者的比例从64.7%升至69.5%，在中高收入群体中，这一比例从56.3%上升至62.2%。

表6-2-6 对个人和家庭的生活前景进行评价的动态变化（2006~2016）

单位：%

收入群体	2006年		2009年		2013年		2015年		2016年	
	将生活得更好	将生活得越来越糟	将生活得更好	将生活得越来越糟	将生活得更好	将生活得越来越糟	将生活得更好	将生活得越来越糟	将生活得更好	将生活得越来越糟
高收入群体	38.9	5.5	31.1	9.8	30.9	8.5	21.1	18.8	25.1	15.2
中高收入群体	29.5	6.3	29.5	9.2	25.2	10.8	19.5	17.9	21.5	14.0
中低收入群体	23.4	8.4	25.4	9.9	21.6	10.2	19.3	19.4	17.4	16.8
低收入群体	19.1	11.0	26.7	10.7	24.1	10.8	20.4	17.8	16.3	16.4

不用说，我们所揭示的现象，连同其他任何的现象，都远远不能公正地反映所有人口群体的心态。即使在所谓经济复苏的稳定增长期内，仍有一些相当大的年龄段人口在生活质量上几乎没有得到改善，被自己家庭经

济的不安全感所困扰。在这一时期里，生活水平上的变化是与社会和心理的紧张相伴而生的，因此，人们不得不不断地努力去满足需求。尽管如此，在危机经历了新的曲线之后，实际收入的显著减少和生活条件的恶化经常使包括社会地位较低的人在内的人们感觉到其生活方式在经济和社会方面的一系列的消极态势。遭受可怕的贫困的人口在数量上的增长渐渐开始负面地影响到更富裕群体的社会心理和态度。

经济危机期间，大多数人在心态上的一个重要特征是对就业问题的担忧和失业恐惧的加剧，这也是长久困扰俄罗斯人的最重要的问题。许多社会学家认为，在大多数人的收入水平和储蓄不足以在他们失去工作时提供一个安全保障的情况下，对失业威胁如此焦虑主要源于"未来经济形势和就业前景的高度的不确定性"（伊布拉吉英娃，2004）。然而，我们只能同意这一结论的部分观点。监测结果显示了另一个同样重要的原因——缺乏能让员工发挥潜能的高薪工作，这会导致在求职过程中，即使是高素质的专业人士，也会遇到很大的阻碍。因此，中等收入阶层的创造性潜能经常被忽视或被低效地使用。

尽管失业的威胁使拿着低工资的雇员更加担忧，然而担心这个问题的富人的人数也相当多（表6-2-7）。此外，在危机开始后，负面的观点在有着最高收入的人群中也变得更为普遍。从2013年到2016年，那些对失业非常关心或略有担忧的受访者在最贫困的人口群体中所占的比例只增加了6.6个百分点，而这一增长在中低收入群体和中高收入群体中分别为7.9个百分点和8.2个百分点，在收入最高的群体中则达到了13个百分点。但是，即便考虑到了这些变化，最贫困的受访者对失业危险上升的担忧和恐惧的程度也远远超过最富有的受访者。

表6-2-7 对可能失去工作表示担忧的动态变化（2006~2016）

单位：%

收入群体	2006年		2013年		2016年	
	担忧	不担忧	担忧	不担忧	担忧	不担忧
高收入群体	49.6	38.0	47.7	38.9	60.7	27.3
中高收入群体	48.3	36.4	52.6	34.3	60.8	25.1
中低收入群体	51.5	32.0	57.8	28.5	65.7	20.7
低收入群体	58.8	27.0	64.8	21.7	71.4	16.6

越来越多的经济挑战往往会引起雇主在劳动力市场中采取"非正统"的行为方式,从而导致失业率的上升,这在20世纪90年代的俄罗斯尤为突出。俄罗斯杰出的经济学家R. I. 卡佩柳什尼科夫将这些行为方式描述为各种自适应的机制(卡佩柳什尼科夫,2001)。尤其是,这涉及一些自发的适应性策略,如行政休假、有限的工作时间、副业、系统性的拖欠工资、"隐性"报酬等。尽管这种机制使雇主能够以最小的损失摆脱危机,然而与此同时,也对社会的安全造成了危害,因为它导致对劳工权益的侵犯。而且,受访者财产越少,他们的权利就越容易受到侵犯。

对RLMS-HSE数据的分析表明,在受雇和领取平均收入的人群中,在调查前12个月里所得工资或工作时间与他们的意愿相违背的受访者的比例,连同那些被强迫要求无薪休假的人的比例,从2013年至2015年增长了2倍。与之相比,在2008~2009年经济危机前,此类的雇员在数量上的增加更为显著(表6-2-8)。研究还表明,虽然工作但没有正式登记在册的来自低收入群体和中低收入群体的人数激增。另外,在富裕的俄罗斯人中也发现了许多此种类型的受访者,而许多是在没有签订正式劳动合同的情况下同意延时工作的年轻人,但前提是报酬丰厚。

从本质上讲,这样的雇员就与雇主的关系而言是被剥夺了权利:他们没有就业保障,也没有医疗和退休金,更不能享有任何的社会福利。尽管他们中的很多人都属于相对高收入的群体并且体会不到很多的经济困难,可他们在劳动权益保护方面仍然被视为弱势群体。一些研究表明,纵然贫困与权利受到侵犯相交叠,可被剥夺权利的现象〔这意味着"对大多数人而言,获取重要资源的途径极为有限"(社会政策研究院的研究团队,2005)〕会比贫困更经常发生。

表6-2-8 劳动权利受到侵犯的程度(2006~2016)

单位:%

	高收入群体			中高收入群体			中低收入群体			低收入群体		
	2006	2009	2016	2006	2009	2016	2006	2009	2016	2006	2009	2016
未足额领取工资的受访者	5.5	5.4	3.0	5.3	6.3	2.8	7.8	6.1	2.8	15.9	11.8	3.9
被拖欠工资的工人群体												
被拖欠1个月或少于1个月	65.2	46.2	60.0	67.9	51.7	65.6	70.2	53.4	73.2	56.3	47.6	68.3

续表

	高收入群体			中高收入群体			中低收入群体			低收入群体		
	2006	2009	2016	2006	2009	2016	2006	2009	2016	2006	2009	2016
被拖欠1~2个月	26.1	22.7	13.3	15.1	20.0	9.4	20.2	17.8	14.6	24.2	21.4	17.1
被拖欠2~3个月	4.3	8.6	2.1	9.4	6.7	3.1	3.6	13.7	7.3	6.7	11.7	9.8
3个月或3个月以上	4.4	22.5	24.6	7.6	21.6	21.9	6.0	15.1	4.9	12.8	19.3	4.8
在过去的12个月里经历了工资或工作时间的减少	4.8	11.2	6.2	5.1	12.0	8.5	5.9	12.3	7.6	7.4	13.7	8.8
在过去的12个月里被管理层要求无薪休假	2.3	3.1	1.3	1.6	3.2	2.6	2.3	5.7	2.7	3.4	5.8	3.6
未登记在册就工作	6.9	7.2	6.0	7.5	6.9	5.7	6.8	5.6	8.8	8.2	8.6	9.7

最新的积极趋势包括拖欠工资的现象显著地减少。从2006年到2016年，来自中高收入群体和中低收入群体的工资被拖欠的雇员的比例分别从5.3%和7.8%降至2.8%和2.8%。在先前的危机期间就已发生工资拖欠现象，2014年至2016年发生的拖欠工资的现象只略微超出危机前的水平，并没有演变成为一种"流行病"。从全国范围来看，拖欠工资的数额相对较小，它约占各种经济活动的月劳动补偿池的1%。在某种程度上，由通货膨胀的加剧所导致的雇员实际收入的下降起到了一个保护罩的作用，其防止了雇主采取大规模的裁员行动以及拖欠工资现象的蔓延。

先前的分析显示，在21世纪初，绝大多数受雇的受访者，不论其收入状况如何，都一直为依据法律而给予他们保障和福利的公司和组织工作，这些福利包括带薪年假、带薪病假、带薪产假（怀孕、分娩、照看3岁以下的孩子）等[1]（表6-2-9）。每五名雇员中有一人能够有机会享受虽是法律规定以外的，但传统上在俄罗斯的公司和组织中盛行的保障和福利，如在国营医疗机构的免费治疗，报销在一些医疗机构进行治疗的全部或部分的费用以及全部或部分地报销在健康度假村、休闲地、旅游营和儿童营度假的花费。雇主在自愿基础上所提供的所有其他福利大多是成功公司的所作所为，它们被更有价值和前途的雇员所享有。

---

[1] 即便如此，在过去的几年里，这类福利的提供呈现了稍许的负面趋势（迪霍诺娃，2015），而那些可能拥有这些福利的人并不总能充分享受到这些好处。

表6-2-9 工业企业和其他组织的雇员的福利（2010）

单位：%

保障和福利	高收入群体	中高收入群体	中低收入群体	低收入群体
带薪年假	88.7	90.5	90.3	87.6
带薪病假	86.3	88.7	87.7	86.0
带薪产假（怀孕、分娩、照看3岁以下的孩子）	71.4	74.1	73.3	72.2
在国营医疗机构的免费治疗、报销在其他类型医疗机构进行治疗的全部或部分的费用	21.9	20.7	20.3	16.4
全部或部分地报销在健康度假村、休闲地、旅游营和儿童营度假的花费	20.0	22.0	22.1	19.1
孩子在公立幼儿园免费接受儿童教育，报销在其他学前教育设施接受教育的全部或部分费用	3.9	3.7	4.2	3.1
免费或打折的膳食	12.9	10.8	9.6	7.8
报销旅行费用、上旅行保险	13.3	11.5	8.7	5.6
在组织进行培训的费用	23.4	22.8	20.2	17.1
房屋建设或修缮工作的预付款、贷款，给建筑材料打折	6.2	4.2	3.7	2.7
租房的金补助	2.2	1.6	2.0	1.6

面对严峻的经济危机，雇主们已经开始优化他们的生产以减少损失，而这导致包括"非强制性"福利开支在内的人事上更少的开支。同时，雇主们还开始增加雇员的工作量，分配给雇员更多的任务却不增加他们的工资，并且对雇员们实行更加严格的管控。雇主在没有提高工资和承担其他人事费用的情况下而渴望提高效率和工作量，这一直在破坏着工作的条件，导致劳工权利遭到了侵犯。其中最受影响的是那些不被认为有价值的雇员，换言之，那些从事非技术或技术含量低的劳动并且拿着低工资的雇员最不受保护。

如今，人们的态度之所以消极正是因为对政府一系列社会政策和国家在医疗及教育领域所采取的措施毫无成效而不满。此外，预算危机的加剧（这促使政府官员做出了不受欢迎的决策，如限制一些社会倡议）引发了人们对"这些或其他的政策和措施是否会在未来保持不变"越发的担忧。社会的不安全感有了某种程度的上升，这与社会保障制度的发展有关。

在此方面，对人们对可选择的保险的态度进行监测的结果尤其具有说服力，因为其揭示了人们在某种程度上的谨小慎微。正如大多数人一样，来自中等收入阶层的俄罗斯人对保险公司特别不信任，这阻碍了俄罗斯整个保险业体制的发展，而这一体制不仅是为了增强人民的社会保障并且保证他们在失去工作能力或收入的情况下得到适当的支持，而且是为了尽可能地满足不同类别的人们对保险服务的需求。

在 2016 年，只有 17.4% 的来自中低收入群体的受访者和 15.6% 的来自中高收入群体的受访者对保险公司表现出了一定程度的信任。这大约和最富有群体的比例差不多，但只比最贫穷群体的比例少一些（它们的比例分别为 16.1% 和 22.3%）。不仅如此，在过去的十年里，情况几乎没有发生改变。唯一值得注意的趋势是，最贫穷和弱势的群体对保险公司的信任几乎没有显著的增长，而在收入最高的受访者中，对保险公司的信任也只不过略有下降。

使用各种可选择的保险服务的人的数量仍然相对较低。然而，他们的总的比例随着他们收入的增加而增长。

在回应调查的受访者中，只有 4.2% 的人投保了人身意外险，5.4% 的受访者为他们的公寓或房子投保，3.8% 在农村拥有房产的受访者为自己的避暑农舍投保；而 4.8% 的车主投保了除汽车强制责任险之外的附加险。此外，很少有居住在农村地区的受访者为他们的农用设备、耕牛或其他牲畜投保。

让我们总结一下。无论物质生活如何，随着经济危机的加剧，人们的生活质量下降，生活条件的恶化已经削弱了俄罗斯人的切身权益。不过，最低收入的群体已经发觉自己身处水深火热之中。至于中等收入群体，在中高收入群体维持了相对稳定的同时，中低收入群体在国家步入经济动荡之后却有了快速的增长（增长了 1/3 以上）。不过从一个更近的角度来看，很明显，中高收入群体的结构也发生了实质性的变化，因为许多先前属于高收入群体的人已经加入他们这一阶层，而那些曾经属于中高收入群体的人滑落到中低收入群体。所有这一切都表明中等收入群体中的很大一部分人在社会和经济地位上是下降的，和其他大多数的俄罗斯人相比，他们也只是在最近才被认为是相对特殊的群体。在过去的几年里，中等收入群体已经丧失了经济的立足点和抵御经济威胁和危险的韧性。这一过程在大城市中表现得尤为明显。

实际收入的下降、失业率上升的威胁和充满变数的未来，都加剧了不同社会阶层中的人们的不满情绪。这种不满涉及生活的整体及其各个方面。对生活中负面变化最痛苦的回应来自特别强调个人安全和家庭安全、有着中等收入的受访者。持久的经济危机极大地破坏了他们对社会的乐观情绪，并且动摇了他们在社会地位方面得到的积极的肯定。希望在不远的将来经济可以得到改善，家庭生活质量可以更上一层的中等收入的市民在数量上有所上升。许多人被迫放弃了他们习惯的生活方式，并采取了紧缩银根的措施。基本劳动权利遭受侵犯，来自中等收入群体的人的数量已经增加了两倍。

然而，尽管出现了大量的负面趋势，中等收入群体的社会保障情况依然良好。在2014年至2016年经济危机期间，俄罗斯中等收入群体社会保障水平的数据仍高于在2008年至2009年经济危机时期的数据。

第七章

中等收入群体的社会认同

中国中等收入群体的身份认同和社会认同

崔 岩 黄永亮

中等收入群体对社会稳定和可持续发展有着重要的意义。近年来,扩大中等收入群体已经成为国家战略。党的十八届三中全会提出,要进一步规范收入分配秩序,完善收入分配调控体制和政策体系,增加低收入者收入,扩大中等收入者比重,努力缩小城乡、地域、行业收入分配差距,逐步形成橄榄型分配格局。但是,不能忽视的问题是,形成橄榄型分配格局,不仅仅是从收入结构上让中等收入群体的规模持续扩大。换言之,仅仅在客观收入指标上形成橄榄型分配格局,并不能代表中等收入群体认同其社会中产阶层的社会地位和社会身份,更不能将经济收入增长形成橄榄型社会与社会形成稳定的结构相等同。西方国家的经验表明,中产阶层能够成为社会发展的稳定器,他们有稳定的社会价值观和成熟的社会认知。但前提条件是,具有中等收入的群体认同其中产阶层的社会身份。而就我国实际国情来看,中等收入群体的社会身份认同通常会出现下移的情况。也就是说,他们虽然在经济收入上达到了中等以上收入,但是还是倾向于认同其在社会身份上属于社会中下层或者社会下层。而其在社会认知上也更倾向于认同社会中层和中下层。所以,要实现社会结构的稳定,不仅应当在客观收入上构建橄榄型社会,更应当实现中等收入群体在社会身份上对中产阶层身份的认同。只有在主观和客观上达到一致,才能真正实现社会结构的稳定。

一 中等收入群体身份认同下移的研究文献

(一) 中产阶层身份认同界定研究

当前学术界对于中产阶层的界定尚未形成一个清晰明确的标准。不同的学科类别对于中产阶层有着不同的界定标准。经济学通常倾向于使用经济指标即收入水平来衡量个人是否属于中产阶层。而社会学则更偏向于从职业、教育、声望、生活方式和价值取向等方面来对其是否属于中产阶层做出判断。国内不同的学者对中产阶层有着不同的定义界定。有学者认为，可以从职业、收入、消费以及生活方式和主观认同这几个维度出发来确定个人是否为中产阶层（李春玲，2003）。也有学者认为，我国的中产阶层是伴随着中国由再分配体制向市场体制的巨大转变而逐渐产生和形成的，由于再分配体制的变革以及市场体制的兴起所带来的新中间阶层在中国社会阶层结构中的涌现（李路路、李升，2007）。还有学者则指出，通过收入、职业声望、财富等有价资源的相对占有量来界定中产阶层是没有意义的，它是现代社会的产物，是位于社会基本阶层之间的阶层（刘欣，2007）。另外，还有学者从收入水平、职业类别和教育资本三个指标出发，将中产阶层分为三个类别：核心中产阶层、半核心中产阶层以及边缘中产阶层（李培林、张翼，2008）。

伴随着我国社会结构的转型和经济体制的变革，我国工业化进程迅猛发展。在快速工业化过程中，中产阶层随之兴起并逐渐发展壮大。而随着中产阶层人数规模的增加，阶层内部的阶层意识开始萌芽发展。就目前国内中产阶层的研究来看，更多的研究主要集中于中产阶层的划分标准、规模、特征以及组成成分等方面。关于中产阶层意识，特别是中产阶层身份认同的研究相对较少。所谓阶层的身份认同，指的是阶层内部成员对自身所处社会阶层结构中的地位的认知和感受。尽管当前社会上中产阶层已经具有了一定规模，但其内部成员对自身阶层认同却是模糊不清的。普通社会大众对中产阶层的界定也缺乏清晰明确的标准，他们更多的判断依据依然是从经济角度出发，依靠收入或物质财富来判断个人的阶层归属。

尽管中产阶层在社会阶层结构中的占比日益增加，但人们对中产阶层身份认同的步伐却尚未完全跟上。也就是说，人们对中产阶层目前所扮演社会角色、所处社会地位以及社会参与和社会功能等方面的认识还存在一定差距。因此，当前加强对中产阶层身份认同的研究显得尤为必要。

（二）中产阶层身份认同下移研究

在现有对中产阶层身份认同下移的研究中，不同学者从不同视角进行了分析和讨论。总体来说，对身份认同下移，学者们分别从"参照系转移"、"相对剥夺感"、"群体性焦虑"、"认同碎片论"等方面进行了分析。

首先，有学者提出"参照系转移"的观点，认为地位认同的基础"参照系"从单位类型等传统共同体归属转换为个体对市场机遇的占有，例如收入、职位晋升，"参照系转移"是地位层级认同下降的主要原因（高勇，2013）。

其次，有学者认为通过"相对剥夺感"可以对中产阶层身份认同下移做出解释。相对剥夺的概念最早由美国学者斯托弗等人提出，之后经过默顿的拓展，发展成为一种关于群体行为的理论。我国学者刘欣认为，在社会转型时期，人们生活机遇的变化，特别是社会经济地位的变动，对比其客观的阶层地位，对其主观的阶层认知的差异会更有解释力（2002b）。另外他还提出相对剥夺地位是相对剥夺感产生的前提，并且相对剥夺感是处于相对剥夺地位与阶层认知之间的一个中间变量（刘欣，2002a）。从相对剥夺的角度来分析，一旦中间阶层内部成员产生"相对剥夺感"，那么在阶层身份认知上就会产生阶层身份认同下移的现象。

同时，对于中产阶层的"群体性焦虑"，有学者提出，在物质生活水平飞速发展的今天，中产阶层同时面临多方面的压力和矛盾，会产生不安全感和焦虑感。在这种群体性焦虑的影响下，很多中产阶层对自己的中产身份并不认同（李春玲，2016a）。也有学者指出，中产阶层的焦虑在于感受到自身的身份地位受到外部因素的威胁进而导致其阶层认同产生偏差（雷开春，2014）。

就"认同碎片论"，有学者认为，阶层的客观存在与主观建构是一种复杂的关系，二者存在一致的可能，也存在不一致的可能，并且二者之间的不一致性要大于一致性（王春光、李炜，2002）。也有学者认为，客观的分层指标与主观阶层认同之间有着一定的联系，但是关联强度并不大，并且社会阶层的社会认同会出现断裂，中国社会阶层结构的固化与阶层意识的碎片化趋势会并发（李培林，2005）。基于"认同碎片论"的研究，可以解释为什么在客观分层指标提高的情况下，个体对自身阶层身份认同却出现向下偏移的现象。

(三) 对现有研究的进一步讨论

随着80后、90后进入劳动力市场，中等收入群体的结构也正在发生快速的变化，而现有研究在对中等收入群体进行分析时，通常把这一群体看作一个整体，不论是"相对剥夺"视角，还是"群体性焦虑"视角，都没有对不同群体内部的差异进行进一步的分析。我们认为，不同代际人群有着不同的成长背景和生活经历，40后、50后、60后群体完整地经历了计划经济时代，对"阶级"有着特殊的认识和回忆，因此这种成长历程对他们的社会阶层身份认同会有一定的影响。而70后、80后、90后，其成长、生活的大部分时间在全面改革开放时代，人生经历中缺乏前几代人的"红色记忆"，而对西方意识形态、价值观更有认同。同时，在市场经济时代，"阶级"、"阶层"这些概念更多被赋予的不是政治身份上的判定，而是经济上的意涵，所以这种人生经历必然也会对他们的中产阶层身份的认知产生一定的影响。所以，本文在对中等收入群体进行整体分析的同时，希望对不同代际进行深入讨论，发现不同代际群体在中产阶层身份认同上的异同。

二 中等收入群体身份认同因素的假设、数据与模型

(一) 中等收入群体对社会中产阶层地位的认同

就数据来说，本文使用了中国社会科学院社会状况综合调查（CSS）2015年的数据，该调查采用PPS概率抽样和入户问卷访问方式，共访问了10000多名城乡居民。在社会状况综合调查问卷中，对中等收入群体的身份认知、相对剥夺感和社会公平感、生活压力负担等问题进行了测量。就中等收入群体的界定，我们对受访者的家庭平均收入进行了划分，依据这一客观指标，以中位数为准，将全体样本划分为社会下层、社会中下层、社会中上层、社会上层。其中，将家庭平均收入为社会中下层和社会中上层的群体界定为中等收入群体。对中等收入群体的身份认知和社会认知，我们进行了全面的分析和讨论。

我们对中等收入群体是否认同其社会中产阶层地位进行了分析，数据表明，38.0%的受访者认为其属于社会中层，33.5%认为其属于社会中下

层，24.6%认为其属于社会下层。当进一步问到其家庭是否处于社会中层地位的时候，仅有28.1%的人认为其家庭属于社会中产阶层，71.9%表示其家庭不属于社会中产阶层。

（二）中等收入群体的相对剥夺感

就相对剥夺感的测量来看，重要指标之一就是财富和收入分配的公平感。从数据可看出，中等收入群体基本认为当前我国社会的公平情况为比较好。例如，就高考制度来说，有83.4%的中等收入群体认为比较公平或者很公平，仅有16.6%的人认为高考制度不公平。然而，就财富及收入分配来看，有57.1%的中等收入群体认为比较不公平或者非常不公平，超过了半数。这其中，有12.5%的中等收入群体认为当前我国的财富及收入分配非常不公平。同时，数据还显示，就城乡之间的权利待遇来看，有54.1%的中等收入群体认为比较不公平或者非常不公平，也超过了半数。这其中，有10.5%的中等收入群体认为当前我国的城乡之间的权利待遇非常不公平。

表7-1-1 中等收入群体的社会公平认知和相对剥夺感（2015）

单位：%

	非常不公平	比较不公平	比较公平	非常公平
高考制度	3.6	13.0	64.2	19.2
公民实际享有的政治权利	5.7	27.7	58.6	8.0
司法与执法	4.9	28.6	58.8	7.7
公共医疗	4.3	23.4	64.4	7.9
工作与就业机会	6.6	40.3	49.3	3.8
财富及收入分配	12.5	44.6	39.4	3.5
养老等社会保障待遇	6.8	30.5	55.4	7.3
城乡之间的权利待遇	10.5	43.6	42.6	3.3
总体上的社会公平状况	2.8	25.8	68.5	2.9

（三）中等收入群体的焦虑感

我们还对中等收入群体的焦虑感进行了测量。数据显示，中等收入群体中有相当一部分人存在一定的焦虑感。具体而言，就当前社会保障来说，有18.5%表示非常同意"现在的社会保障水平太低，起不到保障的作用"的说法，46.7%表示比较同意这一说法。除了对基本社会保障的焦虑，还有相当一部分中等收入群体有着较重的经济压力和生活压力。例如，在中等收入群体中，34.4%表示居住条件较差，但是没有能力改善居住条件；20.1%表示子女教育费用高，难以承受；30.4%表示家人无业失业或工作不稳定；33.6%表示医疗支出大，难以承受；38.5%表示家庭收入低，日常生活困难；更有54.4%表示物价上涨较快，影响生活水平。由此可见，在中等收入群体中，有近1/3的群体在生活中还是有着较大的经济压力，尤其是在涉及基本民生领域的就业、医疗、住房、物价上涨等方面问题最为突出。

（四）中等收入群体面临的社会歧视和制度性障碍

数据表明，制度性障碍和社会歧视在很大程度上影响着中等收入群体对于其社会中产阶层的身份认同。就社会歧视来看，在中等收入群体中，11.3%表示曾经受到过年龄歧视，13.9%表示曾经受到过教育程度歧视，5.7%表示受到过户籍歧视，13.9%表示受到过因家庭背景及社会关系方面而产生的歧视。与此同时，有20.5%表示当前我国年龄歧视问题非常严重或者比较严重，有16.2%表示性别歧视非常严重或者比较严重，34.3%表示教育歧视非常严重或者比较严重，14.5%表示户籍歧视非常严重或者比较严重，33.8%表示因为家庭背景及社会关系方面产生的歧视非常严重或者比较严重。

其中，在现有数据中的中等收入群体里，有8.8%在居住地没有当地户口，这其中，有6.7%属于从农村到城市工作生活的具有农业户籍的人口。就户籍歧视问题而言，在农业户口和非本地户口的中等收入群体中体现更为突出。在他们当中，19.5%表示受到过户籍歧视，28.1%表示当前我国户籍歧视问题非常严重或者比较严重。户籍与每个公民的社会福利和公民权利紧密相连。部分中等收入群体虽然在经济收入上成为社会中间阶层，却因为没有城镇户籍或者所在居住地户籍，在各方面权利上不能享有平等的对待，这必然会对其社会中产阶层身份的认同产生负面的影响。

(五) 通过模型对中等收入群体身份认同的进一步讨论

1. 模型和方法

从模型方法来看，本文采用了逻辑斯蒂回归分析方法。回归模型（Logistic regression）是通过对变量进行非线性转换，其自变量是定类变量。在模型中，回归模型可以分析因变量在各个类别之间发生转变的概率。也就是说，在控制其他自变量的情况下，我们可以对某一特定自变量对因变量变化的影响进行分析，从而检验提出的研究假设。回归模型中发生比率（odds ratio），即 $\exp\beta$，表明当自变量取值增加一个单位时，属于该组的发生比率是属于参照组的发生比率的 $\exp\beta$ 倍。

2. 研究假设

结合以往文献，在分析中，通过建立 Logistic 回归模型来分析不同变量对中等收入群体身份认同的影响效应。在模型中，作为因变量的是二分变量中等收入群体身份认同（1：认同中产阶层的身份；0：不认同中产阶层的身份），自变量主要有年龄组、城乡、受教育程度、社会认知等，并提出以下核心研究假设。

假设一：受访者的相对剥夺感越强，不认同中产阶层身份的可能性越高；

假设二：受访者的制度性歧视认同越强，不认同中产阶层身份的可能性越高；

假设三：受访者的焦虑感越强和生活压力越大，不认同中产阶层身份的可能性越高。

3. 当前我国社会中等收入群体身份认同的 Logistic 测量模型

结合提出的假设，本文通过模型对各个假设进行了逐一的检验，具体结果见表 7-1-2。具体来说，在模型中可以看出，就控制变量而言，受教育程度对中产阶层身份认同有着一定的影响，受教育程度越高，越倾向于认同中产阶层身份，具体来说，在控制其他变量的时候，受教育程度每增加一年，个体认同中产阶层身份的样本发生比是较低受教育程度个体认同中产阶层身份的样本发生比的 1.031 倍（$\exp\beta = 1.031$，$\rho < 0.05$）。同时，不同年龄组在中产阶层身份认同上有着非常显著的差异。具体来看，

以 70 后群体作为参照组，40 后群体和 50 后群体更倾向于认同自身的中产阶层身份（$\exp\beta = 1.768$，$\rho < 0.01$；$\exp\beta = 1.567$，$\rho < 0.001$），而 80 后和 90 后群体则倾向于不认同自身的中产阶层身份（$\exp\beta = 0.777$，$\rho < 0.100$；$\exp\beta = 0.564$，$\rho < 0.05$）。

从焦虑感假设来看，模型验证了焦虑感越强和生活压力越大，不认同中产阶层的身份的可能性越高这一假设。数据显示，受访者越倾向于同意当前社会保障水平太差，起不到保障作用这一说法，其倾向于不认同中产阶层社会身份的可能性越高（$\exp\beta = 0.872$，$\rho < 0.050$）。同时，从养老保障满意水平和医疗保障满意水平来看，养老保障和医疗保障满意水平越高的中等收入群体，越倾向于认同其中产阶层的社会身份（$\exp\beta = 1.070$，$\rho < 0.050$；$\exp\beta = 1.060$，$\rho < 0.100$）。

从相对剥夺感假设来看，模型验证了相对剥夺感越强，不认同中产阶层身份的可能性越高这一假设。具体来说，越倾向于认同当前社会财富收入不平等的群体，其不认同中产阶层社会身份的可能性越高（$\exp\beta = 1.403$，$\rho < 0.000$）。同时，城镇居民认同其中产阶层社会身份的可能性要显著低于农村居民（$\exp\beta = 0.716$，$\rho < 0.01$）。

从制度性歧视的效应来看，户籍制度的影响较为显著，具体来说，进城务工群体，即在城市工作生活的农村户籍群体倾向于不认同其中产阶层的社会身份（$\exp\beta = 0.620$，$\rho < 0.001$），支持了前文所述的研究假设。

从就业身份来看，在体制内的政府部门工作的群体较为倾向于认同自身的中产阶层社会地位（$\exp\beta = 1.371$，$\rho < 0.100$），但值得注意的是，个体经商群体更倾向于认同其中产阶层社会地位（$\exp\beta = 1.389$，$\rho < 0.050$）。

表 7-1-2　当前我国社会中等收入群体身份认同的 Logistic 测量模型（2015）

	B	标准误差	Wald 值	显著性	exp（β）
性别（男：1）	-0.312	0.100	9.675	0.002	0.732
年龄组★					
40 后群体	0.570	0.182	9.788	0.002	1.768

续表

	B	标准误差	Wald 值	显著性	exp（β）
50 后群体	0.449	0.141	10.116	0.001	1.567
60 后群体	0.076	0.136	0.315	0.575	1.079
80 后群体	-0.252	0.167	2.275	0.100	0.777
90 后群体	-0.572	0.247	5.349	0.021	0.564
政治身份★★					
共青团员	-0.043	0.312	0.019	0.891	0.958
群众	-0.251	0.166	2.291	0.130	0.778
受教育年限	0.031	0.015	4.030	0.045	1.031
进城务工群体	-0.478	0.127	14.210	0.000	0.620
就业部门★★★					
政府部门	0.316	0.300	1.110	0.092	1.371
国有/集体企事业单位	-0.166	0.212	0.616	0.433	0.847
民营单位	-0.194	0.151	1.639	0.200	0.824
个体经商	0.329	0.149	4.888	0.027	1.389
财富收入不平等	0.339	0.066	26.223	0.000	1.403
社会保障焦虑	-0.137	0.064	4.528	0.033	0.872
养老保障满意水平	0.067	0.034	3.892	0.049	1.070
医疗保障满意水平	0.059	0.034	2.978	0.084	1.060
城镇居民（农村居民：0）	-0.334	0.108	9.464	0.002	0.716
常数项	-1.038	0.356	8.499	0.004	0.354

注：★参照组为70后群体；★★参照组为党员；★★★参照组为无业群体。

4. 不同年龄组的中等收入群体身份认同的 Logistic 测量模型

我们还对不同年龄组的中等收入群体身份认同进行了分析。在这里，我们把40后、50后、60后的中老年群体与70后、80后、90后的中青年群体的中产阶层身份认同进行比较，具体结果见表7-1-3。

首先，从不同就业身份的群体来看，对中老年群体来说，在体制内的政府部门工作的群体较为倾向于认同自身的中产阶层社会地位（expβ = 1.371，ρ < 0.100），但是，对于中青年群体来说，个体经商群体更为倾向于认同其中产阶层社会地位（expβ = 2.35，ρ < 0.000）。这在一定程度上

验证了以往学者提出的"参照系转移"的观点。同时，值得注意的是，对中青年群体来说，相对剥夺感对其中产阶层身份认同的影响（expβ = 1.22，ρ = 0.200）并不像其对中老年群体的影响（expβ = 1.40，ρ = 0.010）那么显著。同时，从焦虑感假设来看，中老年群体的焦虑感越强和生活压力越大，不认同中产阶层的身份的可能性越高（expβ = 0.99，ρ = 0.050）；相比较而言，中青年群体的社会保障焦虑对其中产阶层身份认同的影响则并不显著（expβ = 0.86，ρ = 0.310）。

表 7-1-3　当前我国社会不同年龄组中等收入群体身份认同的 Logistic 测量模型（2015）

	中老年群体				中青年群体			
	B	标准误差	显著性	exp(β)	B	标准误差	显著性	exp(β)
性别（男：1）	-0.30	0.21	0.15	0.74	-0.74	0.24	0.00	0.48
政治身份★								
共青团员	2.29	1.39	0.10	9.84	0.64	1.17	0.59	1.89
群众	0.47	0.39	0.24	1.59	-0.47	0.41	0.26	0.63
受教育年限	0.01	0.03	0.03	1.01	-0.01	0.04	0.08	0.99
进城务工群体	-0.54	0.28	0.05	0.58	-0.18	0.30	0.55	0.84
就业部门★★								
政府部门	0.92	0.53	0.08	2.52	-0.08	0.74	0.91	0.92
国有/集体企事业单位	-0.49	0.43	0.26	0.61	0.32	0.42	0.45	1.37
民营单位	0.06	0.30	0.85	1.06	0.31	0.32	0.34	1.36
个体经商	0.33	0.24	0.17	1.38	0.85	0.28	0.00	2.35
财富收入不平等	0.34	0.14	0.01	1.40	0.20	0.15	0.20	1.22
社会保障焦虑	-0.01	0.14	0.05	0.99	-0.16	0.15	0.31	0.86
城镇居民（农村居民：0）	-0.49	0.22	0.02	0.61	-0.96	0.25	0.00	0.38
常数项	-2.68	0.86	0.00	0.07	-0.67	0.91	0.46	0.51

注：★参照组为党员；★★参照组为无业群体。

三　分析与讨论

综上所述，中等收入群体的主观社会地位下移现象在本文中得到了验证。这种现象对社会稳定和可持续发展会产生诸多负面影响。中等收入群体在主观社会地位认知上不认同其属于中间阶层，而更倾向于认同自己属于社会中下层或者社会下层，这在一定程度上反映了部分中等收入群体对个人处境的不满。

在一个稳定的社会形态中，社会中产阶层应当占主要部分。一般来说，中产阶层对社会整体价值观有着高度的认同，在政治取向上较为保守，对社会改良有着较高的容忍度。同时，在中产阶层占主体的社会，社会意识形态能够得到有效的维护，中产阶层对政府的反馈也通常是建设性的，而非破坏性的和颠覆性的。同时，中产阶层更倾向于建设性地参与到国家、社会生活中，以体制内的渠道表达个人的政治诉求。

从数据可以发现，当前我国社会存在主观社会地位认同和客观收入之间的错配现象，这反映出在社会发展中存在的一个重要的问题，即在客观收入上形成橄榄型社会，并不等同于主观认知上的橄榄型社会。

这种主观认知和客观收入的错配反映了当前中等收入群体中存在的相对剥夺感。虽然社会成员的经济收入随着改革开放和国家整体的经济发展而不断增加，但是，社会贫富差距的增大，社会上层与其他社会阶层之间差距的增加，都在一定程度上削弱了中产阶层的社会认同。有学者指出，在社会结构中，只有橄榄型社会才是比较稳定的（李培林、张翼，2014：7~16）。换言之，只有社会中产阶层成为社会主体，并占有社会大部分资源和财富，才能维持一个社会的可持续发展。然而，从我国实际情况来看，虽然中等收入群体在改革开放中属于受益群体，但是因为现有社会体制存在一定的不公平和不公正，社会中产阶层的内在相对剥夺感较为显著。正是这种相对剥夺感导致中产阶层在主观身份认同上更加倾向于认为自己属于社会中下层。这种身份认同必然会导致社会中产阶层在意识形态、社会价值观、政治参与等诸多方面趋同于社会底层群体。

同时，由于经济发展与社会发展的不协调，诸多民生领域的社会保障政策没有能够与经济发展速度保持一致，使得社会中产阶层在住房、医疗、养老、就业等多方面感受到了巨大的压力。生活负担的不断增加，使得中产阶层缺乏应有的安全感，在一定程度上使得中等收入群体并不完全认同其属于社会中产阶层。这种现象反映了我国当前在民生领域政策的缺位。从数据可以看出，因为缺乏民生领域充分的福利制度保障，部分中等收入群体在对未来的预期和生活负担等方面，都表现出了较大的焦虑感。

与此同时，现有制度性的藩篱和社会歧视更使得部分中等收入群体并不完全认同其属于中产阶层的社会身份。通过数据可以看出，现有的户籍制度安排导致了具有不同户籍的居民在中产阶层身份上认同的显著差异。具体来说，现有户籍制度的区域分割更导致了社会群体中"本地户籍"居民和"非本地户籍"居民之间的区隔。非本地户籍居民在就业、就医、就学等各个方面都与本地户籍居民有着显著的差异。这种差异化的制度安排导致部分非本地人虽然在经济收入上属于中间群体，但是在以户籍为代表的社会身份上，其很难认同中产阶层这一标签。换言之，中产阶层这一标签在内涵上应当包含平等的公民权利、完整的公民身份、稳定的社会心态、正面的政府评价、较高的生活满意度等意涵。但是对于因户籍制度藩篱而处于"二等公民"的非本地户籍群体而言，正是因为没有享有平等的公民权利，其不能认同中产阶层的身份。而对于在一线城市，例如北京、上海、广州等城市的非本地户籍群体，虽然在他们当中，有相当一部分人有着较高的学历和专业技能，在高新技术企业工作，在经济收入上也高于本地居民，但是在心理上却处于漂泊状态，这使得这些群体没有中产阶层应有的生活满意度，也没有中产阶层应有的健康积极的社会心态。

综上所述，中等收入群体自我身份认同的下移，一方面反映出社会中产阶层的相对剥夺感和社会不公平感，另一方面反映出在改革开放过程中，中产阶层因为缺乏相应的社会保障而产生的内在焦虑。同时，户籍制度等差异化的制度安排也削弱了部分中等收入群体在心理上认同中产阶层社会身份的基础。

四 政策建议

通过分析，我们可以发现，当前我国中等收入群体社会地位认同下移的现象仍然存在。有相当一部分在经济收入上已经成为社会中等收入群体的公众，在社会身份上更加认同自己社会下层的身份，而不认同自己属于中产阶层。从政策建议层面，本文认为，要提高中产阶层的身份认同，政府部门应当从以下几个方面改进工作。

首先，应当进一步调整收入分配结构，促进国家财政税收、转移支付等制度向中等收入群体和底层群体倾斜。消除不公平的利益输送，减少和消除社会特权阶层的存在，实现社会各个阶层在经济权利、公民权利、政治权利、法律权利等方面的均等化。如果社会中存在特权阶层，社会资源、经济资源在分配上向特权阶层倾斜，则必然会增加社会公众的不平衡心态和相对剥夺感。要调整当前不合理的社会结构，必须实现社会各个群体之间的公正分配的问题，这既需要进一步通过市场化手段对社会财富进行合理分配，也需要通过完善相关法律制度，消除灰色收入的渠道，合理调整财富再分配政策，促进收入分配领域的公平正义。

其次，应当大力促进民生领域的社会福利制度安排，切实提升社会成员的福利保障水平，提高公众内在的安全感。只有在社会保障政策领域提高福利保障水平，消除养老医疗等问题造成的内在焦虑，才能提高中等收入群体的身份认同。从数据可以看出，中等收入群体成员的主要组成部分是政府部门工作人员、专业技术人员、中小企业主、部分个体经商户、中高等级技术工人、农村土地承包经营户或专业种植养殖户。他们中间的相当一部分不享有体制内的社会福利保障。对于这部分中等收入群体来说，他们没有体制内群体享有的充分社会保障制度，在遇到生活经济困难时，生活质量会大幅度降低，从而很可能成为低收入群体甚至贫困群体。因此，要促进中等收入群体的身份认同，就要进一步完善社会保障体系，通过构筑健全的社会保障制度减少中等收入群体的后顾之忧。

再次，应当逐步消除具有制度性歧视的社会政策，保障公民权利的平等，不因户籍身份等制度性的差异造成社会身份认知上的偏误。只有逐渐剥离户籍制度与其他社会福利之间的关联，消除户籍制度在公民身份界定、公民权利划分的负面作用，还原户籍制度应有的社会统计、社会管理功能，才能更好地实现社会公平正义，促进社会的和谐稳定，增强社会凝聚力。

综上所述，只有通过上述领域的政策改革和制度创新，才能有效转变当前存在的一些社会负面心态，真正实现财富收入分配领域橄榄型社会与社会地位认同领域橄榄型社会的同步构建，维护社会和谐稳定与可持续发展。

俄罗斯中产阶层的社会认同

娜塔莉亚·拉托娃（N. V. Latova）

在研究社会及其成员时，研究者必然面对将个人划分为不同社会群体的问题。尽管正式的群体分类问题大多总是很清晰，然而，随着人们对各群体（"我们"或"他们"）以及他们在其生活中的作用（他们是否把人们聚在一起或将他们分离）的认知，他们确定自己与各社会群体关系的方式（即他们认为自己属于哪类社会群体）远没有那么简单明了。所有这些问题都可以通过对社会认同进行分析来回答。

个人的社会认同①意味着一个人将自己与某个特定的社会群体（一个专业的、性别的、地位的或其他任何的群体）联系在一起。一方面，它是个人自我认知和看待社会现实的结果；另一方面，它又是对这种认知和看法的强化，进而将其转变成生命活动的一个基础。个人的实际行为取决于其认为自己是谁以及最认同哪一群体，取决于其认为自己所属群体的成员数量和性质。

有广泛的方法可以用来研究社会认同。其中之一是将个人纳入一个预定的框架内，即事先挑选出某一群体并且让受访者来描述他们在其中的位置。这种研究社会认同的方式是定义纵向社会结构的最佳选择。例如，它可用来研究锚定在一个纵向社会阶层的受访者的地位。这里的假设是，那些以某种方式评价自己社会地位的人也会倾向于遵循那些他们认为与其社会地位相似的群体中的习惯性行为模式。

然而，这种类型的自我认同只告诉了我们受访者对其所处社会地

---

① 追溯到 1972 年，社会认同理论的奠基人亨利·塔杰菲尔（Henri Tajfel）将社会认同的范畴描述为某个人属于某一特定社会群体以及他的情感和价值观属于该群体的共同感知（特纳，1982）。后来，这位英国学者的追随者发展和进一步夯实了这一理论。

位最概括性的见解。当让受访者根据这一方法对自己进行识别时，有必要牢记于心的是，由此得到的数据所反映的将是每个人对其社会地位的总体满意度，而非他们在社会结构中所处位置有意识的和理性的选择以及将"我们"和"他们"的术语运用到特定的社会子群体中。为了了解个人具体的社会认同和真实的自我认同，只确定其如何看待自己的社会地位是不够的，需要做的是建立一个群体的分级制，这种方法可呈现横向的社会结构。当将这两种方法应用于收入群体的分析时，第一种方法向我们展示了不同收入群体在纵坐标上自我锚定的特征，而第二种方法则使我们可以找出人们定义自己属性并准备在横坐标上采取行动的依据。

让我们将这两种方法应用于在经济意义上定义的俄罗斯中产阶层上。

为了帮助受访者识别他们在社会中的地位，我们使用了一个受访者需要定位自己的纵向十点制社会地位量表（十级社会阶梯）。这种方法在国际研究中相当普遍，并且长期以来研究者一直在使用一系列不同的版本[①]。基于得出的数据，我们为俄罗斯不同的收入群体构建了不同的社会结构模型（见图7-2-1），其中第1级代表了在纵向社会阶层中最低的位置，而第10级则代表了最高的位置。

总体而言，如图7-2-1所示，大多数俄罗斯人将自己描述为中间群体。然而，受访者的群体收入排名越高，其主观社会结构的模型就越向量表的上方移动[②]。即便如此，该模型只是在高收入群体中有了一个全新的质的转换（因为社会地位评价的中间值为6，并且在社会地位量表中下面5级的人的比例只达到了37%）（见表7-2-1）。至于中等收入群体的两个子群体，他们对社会地位的看法在某种程度上介于低收入群体和高收入群体之间（见图7-2-1和表7-2-1）。

---

① 这一方法的原始出处是所谓的"坎特里尔阶梯"（Cantril's Ladder）（基尔帕特里克、坎特里尔，1960），该方法被用于一个人对其生活满意度所做出的评价。这一方法有许多变量，包括了麦克阿瑟的主观性社会地位量表。这是我们作为研究基础的一个方法论。

② 关于受访者社会地位评价的这一特殊性，已有许多成果，包括（林德曼，2007）。要了解更多关于这种模式在俄罗斯不同时期的表现方式，请参阅（迪霍诺娃，2014）。

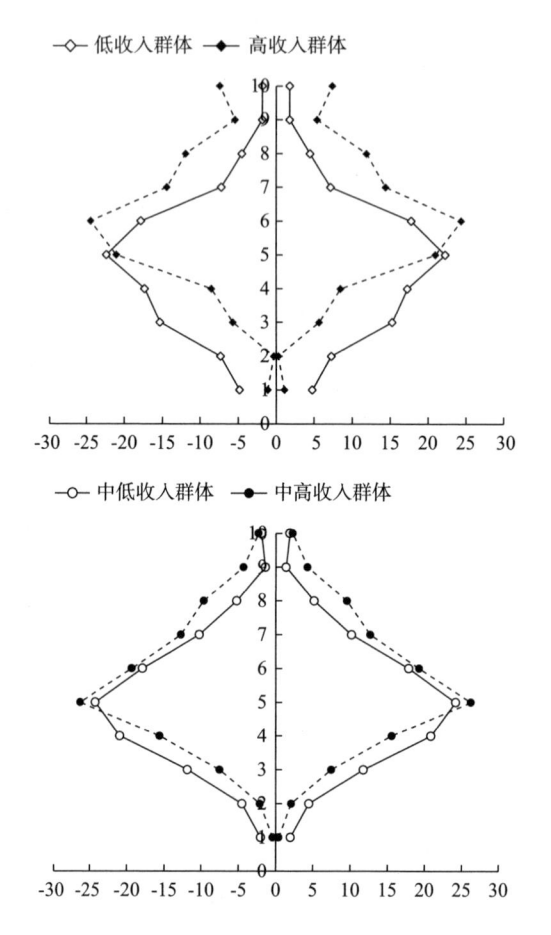

图 7-2-1 基于对社会地位自我评价的俄罗斯各收入群体的社会结构（2015）

说明：该模型的构建如下：由于社会地位量表是纵向的，所以我们使用了基准轴线来测量选择相关分数的人的百分比。为了使图形对称，我们把它翻转至负值平面。

乍一看，如同中高收入群体和中低收入群体所感知的那样，其主观社会结构模型间的差异最小（见图 7-2-1）。然而，仔细观察后可以发现，在中低收入群体模型的下段（第 4 级）具有"下垂"倾向，这隐约类似于低收入群体模型的趋势。另外，中高收入群体模型则处于第 8 级左右的水平，虽然不太明显，但仍然会让人联想到处于第 8 级的高收入群体模型的上升曲线。

表 7-2-1　俄罗斯不同收入群体对其社会地位的自我评价（2015 年）

	社会地位的平均值	社会地位的中间值	在社会地位量表中处于较低 5 级的人的比例（%）
高收入群体	6.2	6	37
中高收入群体	5.6	5	52
中低收入群体	5.0	5	63
低收入群体	4.7	5	67

尽管相当接近，但就其成员的地位认同而言，中等收入群体的这两个子群体不完全相同。在某种程度上，中低收入群体的俄罗斯人与低收入群体的俄罗斯人有些接近，而中高收入群体的成员则更倾向于视自己为地位高的人，这正是高收入群体的俄罗斯人的更为典型的表现。然而，一般而言，中等收入群体两个子群体的成员是以更加接近低收入群体而非高收入群体的方式来评价自己的社会地位。就社会地位的平均值、社会地位的中间值以及在社会地位量表中处于较低 5 级的人数而言，即便是中高收入群体，在将其与高收入群体进行比较时，在定性和定量方面也仍然存在一些差异（见表 7-2-1）。

我们已经注意到了收入水平与俄罗斯人对社会地位的自我认同之间的密切联系。这一因素的重要性被不同收入群体的俄罗斯人对其社会地位的满意度所证实（见图 7-2-2）。当我们审视各群体中的人们对其社会地位的满意度时，我们注意到先前的模式得到充分再现。首先，这些模式体现

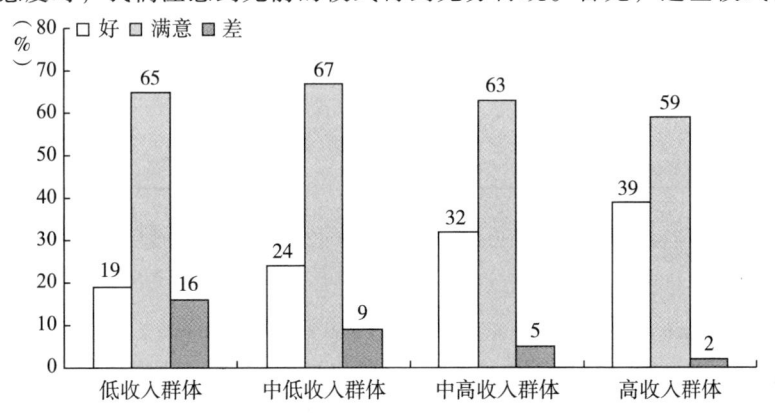

图 7-2-2　俄罗斯人对社会地位的满意度（2015 年）

在低收入群体和高收入群体之间显著的差异上。其次，中低收入群体与低收入群体相对接近（回答"高"的人数相差了5个百分点，回答"低"的人数相差了7个百分点）。最后，我们可以看到，中高收入群体兼具了高收入群体（1/3的受访者形容其社会地位"高"）和中低收入群体的典型特征，且（在回答社会地位"低"这点上）与后者有着略微相似之处。

但是，我们在现代俄罗斯所发现的模式有多稳定，它们会随时间的推移而发生改变吗？我们用2011年的数据来回答这个问题①。我们为当时的俄罗斯构建几个收入群体的社会结构模型（见图7-2-3），这与我们基于2015年的数据所构建的模型相似。

我们发现，尽管社会结构的所有模式在过去的3年里都经历了一定的变化，但总体而言，它们仍然保留了所有特征。这既反映了俄罗斯社会的主观结构在整体上的稳定性，也显示了中等收入群体的社会认同。

如表7-2-2所示，在过去的4年里，低收入群体是唯一一个在社会地位认同上经历了显著变化的群体。即便社会地位的平均值在所有收入群体中都有所上升，社会地位的中间值却只是在低收入群体中有所增加（从2011年的4分增至2015年的5分），这使得这个群体在某种程度上更加接近中低收入群体。

表7-2-2 俄罗斯不同收入群体对社会地位的自我评价（2011年）

	社会地位的平均值	社会地位的中间值	在社会地位量表中处于较低5级的人的比例（％）
高收入群体	5.8	6	46
中高收入群体	5.0	5	57
中低收入群体	4.7	5	64
低收入群体	4.4	4	65

由此我们可以得出这样的结论：不同收入群体的俄罗斯人基于社会地

---

① 必须指出，我们选择2011年4月的数据是有根有据的，部分在于我们的调查工具设置的特殊性（我们的调查包括了有关社会地位的自我锚定以及多个不同角色认同的问题）以及那一年形势的稳定和人们总体上的乐观情绪（详见拉托娃，2015）。在此期间，一方面，2008年的危机过去，经济有所增长；另一方面，2011年末的政治抗议还未到来。因此，我们断定俄罗斯人的文化心态在2011年4月还没有被任何政治或经济灾难所影响。

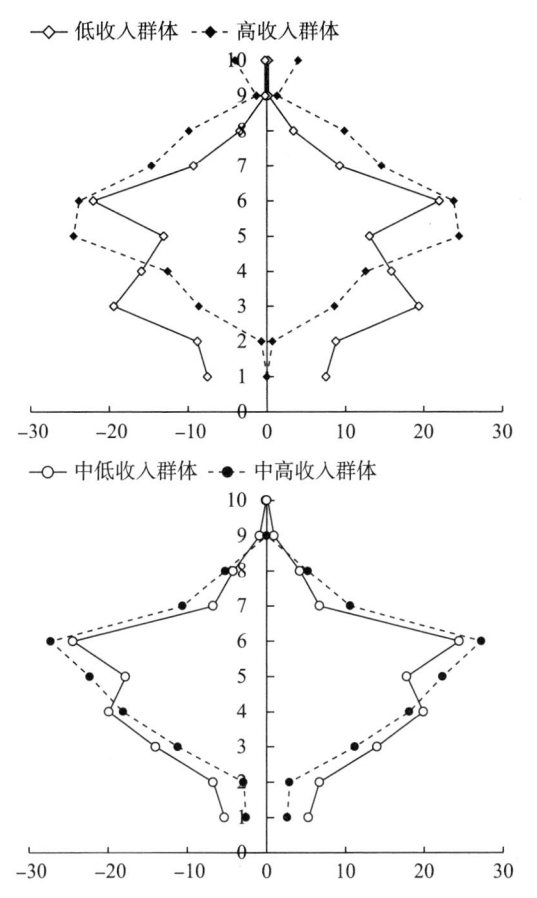

图 7-2-3 基于人们对社会地位的自我评价，俄罗斯不同收入群体的
社会结构模型（2011 年）

位的自我认同受收入水平的影响极大；收入群体的排名越高，受访者在社会地位量表中选择自己所处的社会地位就越高。在这方面，两个中等收入群体的子群体彼此非常的接近并与其他收入群体区别开来，尽管存在这样一个事实：中低收入群体往往会向低收入群体一侧偏移并且中高收入群体显示出了高收入群体的典型特征。从 2011 年至 2015 年，这些模式保持了稳定。

为了对就"经济"而言的俄罗斯中产阶层的社会认同有一个更加充分的了解，我们必须既对他们的地位锚定，也对他们基于角色的社会认同加以定义。我们可以通过要求受访者说出哪一群体是他们可以描述为"我们"的方法来获得这些数据,也就是说,这里的"我们"指的是他们很容易找到共同点的人以及激发出其一种归属感的社会团体。

2015年的调查提供了受访者被要求对"我们"或"他们"进行定义的11个群体的名称。受访者必须挑选出3个答案:如果受访者认为某个群体与"我们"相匹配,他就选择"显著的接近";如果受访者感觉与这一群体不太接近但同时又不认同该群体属于"他们"那一类别,则选择"有些接近";而如果受访者感觉自己完全不属于这个群体,便选择"感觉不接近"。"显著的接近"表示可持续的积极认同;"有些接近"表示不可持续的积极认同;"感觉不接近"表示否定的认同。在分析不同群体的自我认同时,可持续的积极认同和否定的认同这两个极端最令人感兴趣。

现在,我们将通过受访者的可持续的积极认同将中等收入群体与其他收入群体进行比对(表7-2-3)。

表7-2-3 俄罗斯不同收入群体的可持续积极自我认同排名结构(2015年)

单位:%

	中低收入群体	中高收入群体	中等收入群体的总体情况	参考对象	
				低收入群体	高收入群体
生活态度相同的人	62	59	**60**	55	57
相同爱好和激情的人	54	57	**55**	50	54
相同工作的人*	46	54	**49**	39	53
经济状况相同的人	36	35	**36**	34	34
俄罗斯的公民	32	35	**33**	29	33
同一种族的人	29	28	**29**	28	27
工人阶层的成员	23	18	**21**	25	17
中产阶层的成员	19	20	**19**	20	17

注:* 值得一提的是,我们只对此类别中在职的受访者数据进行了重新计算。尽管这导致了表中的数据略有上升,但未影响到可持续的积极认同的排名结构。由于大多数没有工作的俄罗斯人为退休人员,由此所得出的一个结论是,当一个人退休以后,其基于工作的认同不再像以前那样强烈,但不足以影响整体。此外,在中高收入群体中,基于工作的认同在退休人员中几乎完全没有减少。考虑到上述所有情况,表中的数据给出了所有受访者的百分比。

总体而言，我们还没有发现各收入群体之间在社会认同结构上存在重大的差异，这意味着收入差异并没有对俄罗斯人愿意与之互动的社会团体的性质产生显著影响。此外，我们必须承认，在谈及教育水平和职业地位时，收入群体在本质上是非常异质的，而这也影响了他们的世界观——要么将他们密切地联系在一起，要么将他们分离开来。

在中等收入的俄罗斯人中，对群体最普遍的认同包括："生活态度相同的人"，"相同爱好和激情的人"以及"相同工作的人"。在每个群体中，不少于50%的成员倾向于对其中之一表示认同。在中低收入群体和中高收入群体中，三分之一的受访者觉得与"经济状况相同的人"，"俄罗斯的公民"以及"同一种族的人"认同接近。相比之下，基于社会阶层的认同——对"工人阶级的成员"和"中产阶层的成员"的认同最不普遍。

虽然各收入群体在表达认同的程度上彼此接近，可这些认同在中等收入群体上表现更为突出。这主要涉及"生活态度相同的人"、"相同爱好和激情的人"、"经济状况相同的人"和"同一种族的人"。至于对"相同工作的人"和"俄罗斯的公民"的认同，一般来讲，中等收入群体所表达出的认同程度不如其他的收入群体。不过，审视一下基于层次的结构，我们会发现，这些认同在中等收入群体层面上比其他群体更加突出。

在各收入群体中，发生了显著变化的认同只有一个——"相同工作的人"。这表明，基于工作的认同可被视为一个区分各收入群体的特定因素。总体而言，这种认同至少在低收入群体（39%）和中高收入及高收入群体（分别为54%和53%）中被表达出来。这一认同还构成了中等收入群体的两个子群体间的差异性（相差8个百分点），尽管他们在表达其他认同方面较为相似。

现在，我们将从否定的自我认同这一角度来探讨中等收入群体的差异（见表7-2-4）。我们在这里看到的是俄罗斯人所排斥的群体，也就是被人们视为"他们"而非"我们"的群体。这样的认同有三个："欧洲人"、"穷人"和"最低社会阶层的成员"。

表 7-2-4　不同收入群体的否定的自我认同的排名结构（2015 年）

单位：%

	中低收入群体	中高收入群体	中等收入群体的总体情况	参考对象	
				低收入群体	高收入群体
欧洲人	56	46	**52**	64	46
最低社会阶层的成员	51	54	**52**	49	57
穷人	48	54	**50**	48	59

与可持续的积极认同同时呈现的否定的自我认同的排名结构在所有收入群体中总的来讲颇为相似。作为代表俄罗斯人总体情况的中等收入群体往往最视"欧洲人"为"他们"。其他被排斥的群体还包括"最低社会阶层的成员"和"穷人"。然而，我们可以看到，所有否定的认同取决于群体的收入排名。群体的收入排名越低，其成员就越不倾向于对"最低阶层的成员"和"穷人"持否定的态度。

对"欧洲人"的认同是一个单独的问题。总的来讲，这个问题对俄罗斯人而言一直存在传统上的争议。让我们再更加仔细地看一看中等收入群体在这方面的自我认同（见图 7-2-4）。尽管对"欧洲人"认同（可持续的积极认同）只有极少数的俄罗斯人，尽管这些人的数量会随着收入的增加而上升，尽管这种认同在所有群体的俄罗斯人中相当少见，但它仍

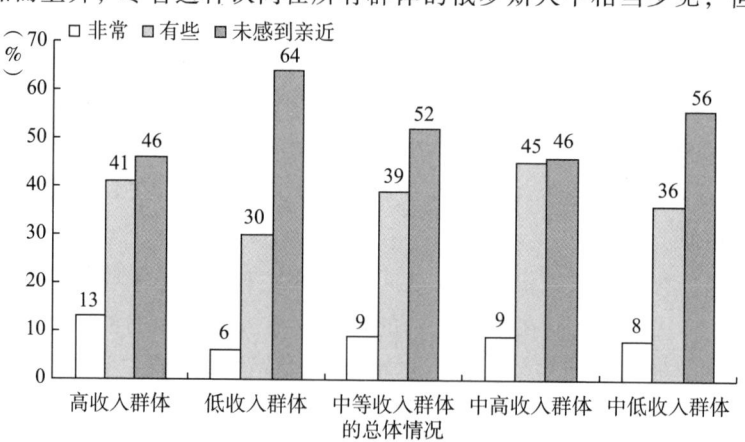

图 7-2-4　各收入群体对"欧洲人"的自我认同（2015 年）

然被高收入群体成员所表达，其人数远远超过了低收入群体。中等收入群体在这方面处于中间的位置。此外，正如我们在图 7-2-4 中所看到的那样，对"欧洲人"认同的负面回应可视为各收入群体的一个差异性标记（低收入群体和高收入群体在选择"未感觉到接近"这一回应的比例差距达到了 18 个百分点）。即使在中等收入群体（其中低和中高收入两个子群体的倾向差异不太大）中，认为自己是欧洲人的已经表现出了一定的差异性。例如，56% 的中低收入群体受访者根本感觉不到自己是欧洲人，而在中高收入群体中，这一数字为 46%。概括起来，在自己是欧洲人这一认同上，中等收入群体有诸多分歧。

我们先前提到过，关于阶层的认同在俄罗斯社会中不太普遍。尽管如此，约 1/5 的俄罗斯人觉得他们与同一阶层的人群接近。传统的社会阶层理论认为，不同的阶层有着不同的世界观。因此，当对某一社会阶层表述可持续的积极认同时，一个人必须感觉到与这一特定阶层接近并排斥其他的人。否则，我们就不得不得出这样的结论，即那些声称有着基于阶层的认同的受访者实际上没有任何基于阶层的心态。为了更好地判断这是否为俄罗斯的真实情况，我们汇集了所有三个基于阶层的认同并且从整体上加以考量（见表 7-2-5）。

我们应该注意到的是，在每一个收入群体中，大约有 20% 的受访者声称有着一个可持续的、基于阶层的认同时，实际上他们却是有着一个复合的认同，这使我们觉得他们好像同时属于三个阶层一样。双重的认同更为常见。然而，受访者认为自己既是最低阶层也是中产阶层的人（也就是说有着两个对立的且相互排斥的认同）的情况非常少见。此外，随着受访者收入的增加，我们可以看到，那些感觉自己有着"最低阶层/工人阶级"和"工人阶级/中产阶层"双重认同类型的人的比例有所下降。基于阶层的双重认同在低收入群体受访者中所占比例达到了 43%，在中等收入群体的中低收入子群体受访者中的比例达到了 34%，在中高收入群体受访者中的比例达到了 31%，而在高收入群体受访者中的比例则只有 17%。换句话说，收入越高，有着基于阶层的双重认同的人的比例就越低。在这方面，与低收入群体不同的是，中等收入群体的俄罗斯人彼此相似；然而，他们在总体上比高收入群体更接近低收入群体。

我们必须强调，受访者的职业地位对其阶层认同有至关重要的作用。有着不太受人尊敬的工作的人们，往往会形成所谓的"被破坏的认同"（戈夫曼，2017）。例如，在对所有三个阶层表示持续认同的受访者中，有27%的人来自农村地区，有21%的人是没有受过高等教育的蓝领工人。另外，有19%的人是城市退休人员，其目前的认同与以前的有重叠之处。而那些具有"工人阶级/中产阶层"双重认同的受访者中，28%的人是没有受过高等教育的蓝领工人，27%的人来自农村地区，19%的人是城市退休人员。

表7-2-5 各收入群体对社会阶层的自我锚定（2015年）

单位：%

	一致的认同			复合的认同			
	最底层	工人阶级	中产阶层	最底层/工人阶级/中产阶层	最底层/工人阶级	工人阶级/中产阶层	最底层/中产阶层
高收入群体	4	30	30	19	1	16	0
中高收入群体	2	18	27	22	6	25	0
中低收入群体	2	26	20	18	9	24	1
低收入群体	6	18	13	20	9	33	1

表7-2-6 多重标准的中产阶层和其他俄罗斯人对
社会阶层的自我锚定（2015年）

单位：%

	一致的认同			复合的认同			
	最底层	工人阶级	中产阶层	最底层/工人阶级/中产阶层	最底层/工人阶级	工人阶级/中产阶层	最底层/中产阶层
中产阶层	2	12	37	21	4	23	1
其他的群体	4	28	8	20	10	29	1

谈及单一的社会阶层的一致认同，其模式更加清晰：随着收入的增加，俄罗斯人越发意识到了他们基于阶层的认同。例如，收入和身份之间的显著相关性在始终认为自己属于中产阶层的受访者中非常明显：他们的

收入越高，就越是将中产阶层的人描述为"我们"。顺便说一句，关于这一问题，中高收入群体的认同肯定更接近高收入群体，而中低收入群体虽然尚未接近高收入群体，但与低收入群体已经相距甚远。由此得出的结论是，如果我们将受访者有意识的认同视为不同的社会阶层认同，我们将会发现，对中产阶层的认同关键在于收入水平。可以肯定的是，中等收入群体的阶层心态将中低收入群体和中高收入群体聚集在了一起，处于低收入群体和高收入群体之间。

如果我们对基于阶层的"多重标准"的中产阶层的认同加以分析①（见表7-2-6），那么情况将会变得更加清晰。在根据这种方法进行解释时，这一群体呈现了作中产阶层最为明确的认同（37%）。此外，23%的中产阶层的受访者将自己描述为既是中产阶层也是工人阶级。其他人则对于基于阶层的认同不太清晰并且对"工人阶级"的认同占有压倒性优势：28%的来自其他群体的受访者认为自己只属于工人阶级，29%的受访者有着工人阶级和中产阶层的双重认同。

因此，对中产阶层的积极的认同和否定的认同呈现以下的特征。

（1）如同所有其他收入群体，中等收入群体有着一个统一的群体认同结构。

（2）当我们对"欧洲人"的持续的积极认同和消极的认同进行审视时，各收入群体尤其是中等收入群体中两个子群体之间最显著的差异显现出来。这些认同起到了收入分层的作用，尽管人们不应夸大它们在这方面的作用。

（3）收入分层对中产阶层的认同产生影响，"经济的"中产阶层只是在一定程度表达了阶层认同。这种"模糊"阶层认同，主要是中产阶层涵盖了未受过高等教育但有着高收入的、有着双重阶层认同的蓝领工人的原因。

各收入群体特别是中等收入群体的上述特征总体上的稳定性如何？当对俄罗斯人在2015年的基于群体的自我认同与2011年类似的数据进行比

---

① 请参见本书第一章。

较时①，情况发生了重大的变化（见表7-2-7），尽管这些变化在所有收入群体中呈现单一的走向。

表7-2-7 俄罗斯不同收入群体的持续积极认同和否定的认同（2011年）

单位：%

	中低收入群体	中高收入群体	中等收入群体总的情况	参照对象	
				低收入群体	高收入群体
持续积极认同					
俄罗斯公民	72	68	**70**	76	64
生活态度相同的人	55	53	**54**	49	56
同一种族的人	51	48	**50**	50	54
经济状况相同的人	43	43	**43**	40	47
工作相同的人*	41	40	**40**	35	44
否定的认同					
欧洲人	55	57	**55**	54	38

注：*数据是以所有受访者的百分比的形式被呈现的。

首先，在2011年，对公民身份的认同在所有的收入群体中都很普遍，而在2015年，"生活态度相同的人"这一认同则占据了主导的地位。其次，在2011年，对公民身份的认同还是收入分层的一个标志；而在2015年，它的位置则被基于工作的认同所替代。最后，对欧洲人的认同在2011年和2015年是一个收入分层的标志，到2015年，它的这个角色的重要性极大地增强了。

我们必须对不同收入群体认同的另一个重要特征给予关注。在对2015年的持续的认同进行分析时，我们已经注意到，中等收入群体往往比其他群体更加强烈地表达出了这些认同。为了对不同收入群体有一个更广泛的可持续的认同有一个更清晰的了解，我们必须计算各收入群体在2015年和

---

① 在2011年，尽管为俄罗斯受访者提供的一组认同略有不同，但它包括了就比较分析而言所需的所有基本的关键参数。

2011 年的社会认同表达的综合平均程度（SIE）（表 7-2-8）。为了分析，我们只挑选出了那些得到了不少于 1/4 俄罗斯人肯定的认同，这意味着这种分类不包括诸如"穷人"、"最低阶层"、"欧洲人"、"工人阶级"和"中产阶层"之类的被勉强同意的认同。

表 7-2-8 俄罗斯不同收入群体的持续的社会认同表达
（2011 年和 2015 年）

单位：%

认同	低收入群体	中低收入群体	中高收入群体	高收入群体
相同爱好和激情的人	-/50	-/54	-/57	-/54
相同生活态度的人	49/55	55/61	53/59	56/57
相同工作的人	35/39	41/46	40/54	44/53
经济状况相同的人	40/34	43/36	43/35	47/34
俄罗斯的公民	76/29	71/32	68/35	64/33
同一种族的人	50/28	51/29	48/28	54/27
整体的 SIE 值	**50/39**	**52/43**	**50/45**	**53/43**

注：为了使持续的社会认同表达呈现得更加清晰，我们将把数据列为分数，在此，分子为 2011 年的数字，而分母则为 2015 年的数字。例如，在低收入群体中，与"相同生活态度的人"感觉接近在 2011 年被 49% 的受访者所表达，而在 2015 年，这一比例则达到了 55%。我们没有"相同爱好和激情的人"这一认同在 2011 年的数据，因为这一认同未作为 2011 年调查的一个选项。整体的 SIE 值被计算为与不同年份相关的各认同组别的简单平均数。

如表 7-2-8 所示，相较于 2011 年，2015 年的持续的认同并不太突出。此外，2011 年的社会认同表达的整体程度在所有收入群体中大致相同（约 50%），而到了 2015 年，低收入群体则与其他群体形成了鲜明的对比：他们的社会融合感有了一个急剧的下降，具体表现为他们作为基本社会群体成员的认同的比例有了一个急剧的下降。

我们相信，这些变化可被解释为是由 2011 年至 2015 年在俄罗斯发生的事件，包括始于 2014 年的经济危机在内的外交政策的戏剧性变化所引起的。对公民身份的认同（尤其是在低收入群体中）和国家的认同（特别是在高收入群体中）比例有了一个明显的下降。另一个典型的趋势是对欧洲人身份的认同有了些许下降——在低收入群体中下降了 9%，在中低收入群体中下降了 6%，而在中高收入群体中则下降了 4%，但在高收入群体中没有任何变化。

现在，让我们总结一下我们关于中等收入群体对地位和群体的自我认同。

俄罗斯人受到他们所属的收入群体的重要影响。中等收入群体的成员通常对其社会地位给予相当理性的评价，将自己置于低收入群体和高收入群体之间。就整体而言，两个中等收入子群体比低收入群体或高收入群体更加接近，尽管这两个中等收入子群体和高收入群体有着一些共同的特征。

在群体认同方面，我们可以看到在与其有联系的社会团体上中等收入群体对"我们"和"他们"有着一个明确的划分。我们所熟悉和可理解的"我们"这一社会团体包括了8个群体，首先是"相同生活态度的人"和"相同爱好和激情的人"。根据2015年的认同表达程度，这些认同的后面依次为"相同工作的人"、"相同经济状况的人"、"俄罗斯的公民"、"同一种族的人"、"工人阶级的成员"和"中产阶层的成员"。"他们"这一类别包括了中等收入群体受访者认为与其不相干的三个群体，这些群体是"穷人"、"最低阶层的成员"和"欧洲人"。总的来讲，所有收入群体在接受或拒绝各种社会团体时都有着相似的观点。

总之，当我们审视基于工作的持续认同和对欧洲人身份的否定认同时，各收入群体之间的差异最为明显。同样的参数也揭示了中低收入群体和中高收入群体之间的差异，其往往比其他的认同更为相似。

与所有其他积极的认同相比，中等收入群体基于阶层的认同不太显著。那些自称与各个社会阶层非常接近、来自中等收入群体的受访者的特点是阶层认同具有"模糊性"，因为他们会将工人阶级的成员和中产阶层的成员等同起来。在我们将视野转向明确的、一致的、基于阶层的认同时，我们可以看到，从中低收入群体到中高收入群体，人们对工人阶级认同的比例在下降，而对中产阶层认同的比例在上升。

第八章

中等收入群体的社会态度和价值观

中国中等收入群体的价值取向与社会政治态度

李 炜

让大多数人成为中等收入群体中的一员,是现代社会健康发展的重要标志,也是促进社会公平正义、建设和谐社会的必然要求。国内外的发展经验表明,除了共同贫穷与共同富裕的社会,贫富差距是长期存在的现象,而一个充满理性、平和的社会,必定是高收入者与低收入者占少数、中等收入群体占主流的"两头小、中间大"的橄榄型社会格局。

虽然中等收入群体和社会学研究惯用的以职业划分的"中产阶层"在概念上不同,但在研究者看来,鉴于收入水平与个人职业地位、受教育程度等均具有较为密切的关系,收入处于中等水平的群体往往在职业地位和受教育程度上也处于中间位置,因而中等收入群体和中产阶层在人群上具有很大的重叠性(李强、徐玲,2017)。因此,研究中等收入群体的特征,也势必涉及经济层面之外的社会功用。

传统的有关中产阶层的研究普遍认为,中产阶层对政治民主有着重要影响,是民主化和推动社会变革的主要力量。如李普塞特认为,社会富裕程度和经济发展水平与政治民主之间高度相关,产生中产阶层的富裕社会必然伴随着政治民主(Lipset,1959)。亨廷顿对发展中国家现代化过程的考察发现,城市中产阶层几乎在每一个国家的民主化过程中都是最积极的支持者。在社会转型过程中,一个中产阶层政治参与水平很高的社会,很容易产生不安定(亨廷顿,1989)。与此类似,国内的学者也认为,中国的中产阶层更具有社会批判意识,对政府和社会制度具有怀疑心理,把中产阶层的扩大当作稳定社会的必由之路的思想是不可靠的(张翼,2008)。但另一方面,国内研究者也认为中产阶层具有理性、温和、保守的意识形态,是社会上下层之间的"缓冲层""稳定器",降低了社会冲突的可能性

(李强，2001)，并体现了"政治后卫"的特征（周晓虹，2005）。李春玲的研究表明，持有不同态度取向的中国中产阶层发挥着不同的社会功能，中国中产阶层内部存在着多种价值取向，既有保守主义的成分也有自由主义的成分。作为一个整体，他们对现状较为满意，对政府较为支持，一部分成员期望更多的政治民主和社会公正。这种复杂和矛盾的社会政治态度预示着中国的中产阶层可能会选择第三条道路——渐进式的、稳步的社会政治转型（李春玲，2011）。

对于中国当前的中产阶层/中等收入群体的社会功能的研究虽然已经较为丰富，但是也要看到以往的研究还主要集中在政治功用的层面，即主要关注这一社会群体的激进抑或保守，对现实体制的批判抑或维护的政治取向，而缺乏对其政治取向之后的社会价值观的系统考察。因此，本文的主旨是从中国中等收入群体的基本特征、社会来源、价值取向、社会态度、政治态度等层面对这一群体进行分析。

一 中等收入群体的价值取向

本文以中国社会科学院社会学研究所2015年开展的中国社会状况综合调查（CSS，2015）数据为基础，按个人收入相对指标将样本人群划分为4个阶层群体，即将个人年总收入等于中位值的0.75倍及以下的人群定义为低收入阶层，个人年总收入高于中位值的0.75倍但是低于或等于中位值1.25倍的界定为中低收入阶层，个人年总收入高于中位值的1.25倍但是低于或等于中位值2倍的界定为中高收入阶层，高于中位值2倍的人群定义为高收入阶层。我们将中低收入和中高收入两个阶层看作"中等收入群体"的集合。

中等收入群体的构成，和中国近40年来农业人口的非农化有密切的关联。具有农业户籍而从事非农工作的人口，即广义上的"农民工"，最有可能进入中等收入群体的序列中。从图8-1-1可以看出，在当前的就业人群中，农业户籍且从事非农工作者里有近49.7%属于中等收入群体，有34.4%是高收入群体；而非农户籍从事非农工作的人里，进入高收入群体的比例更多（44.2%），但中等收入群体的比例为46.0%，低于农业户籍的非农就业者；在非农户籍从事农业劳动的人中，成为中等收入者的比例下降到39.6%,他们之中的相当一部分(49.9%)是低收入群体;在农业户籍的务农者中,中等收入群体的比例更低,仅为19.8%。

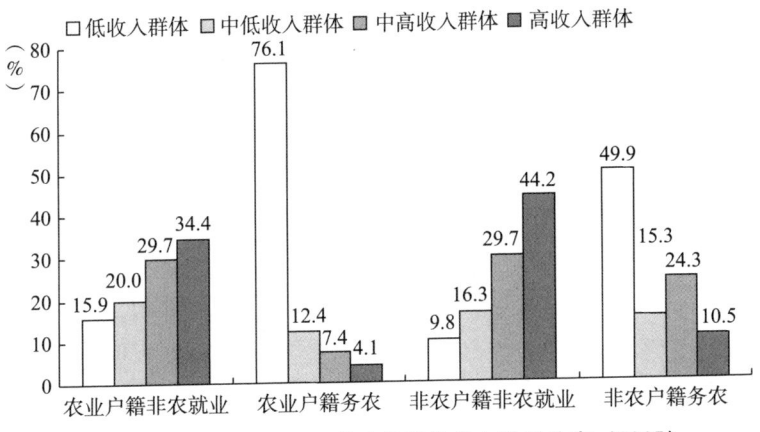

图8-1-1 户籍身份和从业类型的收入阶层分布(2015)

总体来看,我国的中等收入群体是以目前在城镇居住生活、受过中等以上教育、非农就业的中青年为主的群体。他们之中50%左右是由传统农民身份转变而来的,大致而言,应该属于"新市民"群体。

20世纪70年代美国学者阿列克斯·英克尔斯通过多国跨文化比较研究,认为现代的工商业社会不但改变了传统的社会结构,也同样造就了具有"现代人格"(Modern Personality)的社会成员。在他看来,工厂经历、大众传播媒介、城市生活和学校教育使人具有现代性,使传统人变为现代人(英克尔斯、史密斯,1992)。中国的中等收入群体的人口特征,反映出他们是城镇化和工商业化进程中的中青年"新市民",他们的社会价值观是否反映出"现代人格"的文化心理特征?英克尔斯概括出个人现代性12个方面的特征[①],在调查中我们借鉴了个人现代性的测量,从权利意识、能力与平等意识、规划意识、创新意识、社会变革意识等几个方面来衡量中等收入群体的传统-现代价值取向。

---

① 具体为:乐于接受新事物;准备接受社会的改革与变化;头脑开放,尊重不同的看法;注重未来与现在,守时惜时;注重效率、效能,对人和社会的能力充满信心;注重计划;尊重知识,追求知识;相信理性及理性支配下的社会;重视专门技术;敢于正视传统,不唯传统是从;相互了解、尊重和自重;了解生产及过程。

(一) 权利意识

从表 8-1-1 可以看出，中等收入群体有较高的个人权利意识，有 68.2%~72.1% 的中等收入群体赞同"如果个人权利受到损害就应当据理抗争"的观点，远远高于低收入群体的 59.3% 的赞同率。

表 8-1-1 不同收入群体的个人权利意识比较 (2015)

单位：%，人

	如果个人权利受到损害就应当据理抗争	个人权利受到损害时最好还是接受现实，能忍则忍	总计	样本数
低收入群体	59.3	40.7	100.0	3012
中低收入群体	68.2	31.8	100.0	651
中高收入群体	72.1	27.9	100.0	1001
高收入群体	77.1	22.9	100.0	2499
总计	67.3	32.7	100.0	7163

(二) 能力与平等意识

从表 8-1-2 可以看出，超过 60% 的中等收入群体认为"在中国，人们通过个人的才能和努力能获得成功"，表明他们看重个人拼搏奋斗的"获致性"因素，但也有近 40% 的人认为金钱、权力和社会关系等资源是现实社会中获取社会地位的重要凭借。值得注意的是，中等收入群体和高收入群体认可此观点的比例也要高于低收入群体约 4 个百分点。这在一定程度上反映出他们对造就了当前中国社会地位不平等状况的稀缺社会资源的感知。

表 8-1-2 不同收入群体的能力意识比较 (2015)

单位：%，人

	在中国，人们通过个人的才能和努力能获得成功	在中国，只有那些有权有钱有关系的人才能过上好日子	总计	样本数
低收入群体	64.6	35.4	100.0	2994
中低收入群体	60.5	39.5	100.0	647
中高收入群体	60.9	39.1	100.0	996
高收入群体	60.2	39.8	100.0	2485
总计	62.1	37.9	100.0	7122

正因为能力主义的取向和对社会资源不平等配置的体认，他们半数以上都主张"应当根据个人能力的高低来决定收入和社会地位"，而不是追求一个收入和社会地位趋近平等状态的社会。其中中高收入群体的个人能力决定社会地位的意识更为强烈，有58.4%的人赞同这一观点，明显高于低收入群体的50.1%的赞同率（见表8-1-3）。从这一点来看，中等收入群体有一定的市场主义取向。

表8-1-3 不同收入群体的平等意识比较（2015）

单位：%，人

	人们之间的收入和社会地位差距不应当太大越平等越好	应当根据个人能力的高低来决定收入和社会地位	总计	样本数
低收入群体	49.9	50.1	100.0	2995
中低收入群体	48.0	52.0	100.0	647
中高收入群体	41.6	58.4	100.0	992
高收入群体	36.0	64.0	100.0	2489
总计	44.9	55.1	100.0	7123

（三）规划意识

正如弗洛姆所言，时间观念是现代工业社会的社会性格的主要特征之一（弗洛姆，2007），与之相关联的便是对生命时间的规划利用。时间规划体现的是生活与工作目标的确认，以及理性管理的行为方式。调查中我们了解了各收入群体的时间规划意识，结果发现，与低收入群体相比，中等收入群体有明确的时间规划意识，中高收入群体的规划性更强（见表8-1-4）。

表8-1-4 不同收入群体的平等意识比较

单位:%，人

	我不规划我的生活，因为对我来说很难提前规划什么	我对未来一年到两年的生活有规划	我会规划未来三年到五年的生活	我会提前规划自己未来五年到十年的生活	总计	样本数
低收入群体	58.8	21.3	14.3	5.6	100.0	2995
中低收入群体	53.3	22.8	18.4	5.5	100.0	647

续表

	我不规划我的生活，因为对我来说很难提前规划什么	我对未来一年到两年的生活有规划	我会规划未来三年到五年的生活	我会提前规划自己未来五年到十年的生活	总计	样本数
中高收入群体	42.1	25.5	27.6	4.7	100.0	992
高收入群体	30.2	27.0	33.8	8.9	100.0	2489
总计	48.3	23.7	21.9	6.1	100.0	7123

（四）创新意识

从表8-1-5可以看出，中等收入群体有较强的进取心，有65.4%的中低收入群体和71.3%的中高收入群体赞同"就工作和生活来说，有进取心、突破常规、力图创新最重要"的观点，对传统和习俗不唯命是从。这一价值取向明显高于低收入群体（58.4%）。

表8-1-5 不同收入群体的创新意识比较（2015）

单位：%，人

	就工作和生活来说，有进取心、突破常规、力图创新最重要	尊重已有的传统和习俗是最重要的	总计	样本数
低收入群体	58.4	41.6	100.0	2999
中低收入群体	65.4	34.6	100.0	651
中高收入群体	71.3	28.7	100.0	999
高收入群体	78.5	21.5	100.0	2499
总计	66.6	33.4	100.0	7148

（五）社会变革意识

从表8-1-6可以看出，中等收入群体（包括中低收入群体和中高收入群体）比较看重国家和社会的稳定，有64.6%~66.6%的人认为"稳定对于中国来说是最重要的"，而选择"即便有各种风险，中国都需要社会变革"的人数比例较少（33.4%~35.4%）。在个人生活和工作的领域中追求创新，但在国家和社会层面希求稳定，这在一定程度上印证了国内学者对于中产阶层"政治后卫"的判断。

表 8-1-6 不同收入群体的社会变革意识比较 (2015)

单位：%，人

	稳定对于中国来说是最重要的	即便有各种风险，中国都需要社会变革	总计	样本数
低收入群体	66.3	33.7	100.0	3002
中低收入群体	66.6	33.4	100.0	648
中高收入群体	64.6	35.4	100.0	994
高收入群体	59.2	40.8	100.0	2492
总计	64.5	35.5	100.0	7136

综合上面的数据分析，可以看出当代中国的中等收入群体具有较强的个人权利意识，注重能力取向，强调时间规划，乐于进取创新，有明显的"现代人格"特征；希求国家和社会稳定，对社会变革持审慎的态度。

二 中等收入群体的社会态度

在现代工商业文明和城市化生活中熏陶并具有"个人现代性"的中等收入群体，他们期盼一个怎样的社会？他们的社会参与程度如何？对现实社会的评价如何？这便是对其社会态度考察的内容。社会态度指人们对社会事项的认知、情感和行为取向，它在更具体的层面反映社会成员对其所处的社会情境的感知和看法。从心理-行为的视角来看，对社会持有何种看法，也意味着自身的立场和行动倾向。在调查中我们从社会信任、社会包容、社会公平、社会参与、社会评价五个方面，考察中等收入群体的社会态度。

（一）社会信任

公众的信任水平是衡量社会经济平稳发展、防范社会风险和化解潜在危机的重要指标。在社会信任的理论中，信任分为熟人之间交往的人际信任和互动对象是制度或者实施制度的代表（比如医生、法官、警察等）的制度信任。对于市场化造就的"陌生人"社会，制度信任的确立是社会整合更为基础的内容。

在调查中我们测量了人们对 11 类社会角色的信任程度。从表 8-1-7 可以看出：(1) 中等收入群体和其他群体一样，存在着人际信任的"差序格局"，即对亲人的信任度几乎接近百分之百，后续为朋友、邻居、同事，而对陌生人的信任度最低，不足 10%。这反映了亲缘、友缘、居缘、业缘的人际交往互动对信任的培植。(2) 在制度信任中，中等收入群体对教师、医生的信任度最高 (75%~85%)；警察、法官、党政机关干部次之 (60%~70%)；对商人的信任度较低，仅有 30% 左右。(3) 中等收入群体的制度信任普遍低于低收入群体，其中对警察、法官的信任程度比低收入群体低了 5~8 个百分点，对党政机关干部的信任度更是低了将近 10 个百分点。对代表公权力及其制度的警察、法官和党政机关干部角色的信任不足，反映了他们对政府的戒备心态。

表 8-1-7 不同收入群体的社会信任比较（2015）

单位：%

	低收入群体	中低收入群体	中高收入群体	高收入群体
亲人	97.2	97.8	98.4	98.6
朋友	84.0	83.6	88.4	90.4
教师	88.6	83.4	84.5	85.3
邻居	84.0	79.5	79.2	77.9
医生	82.4	76.4	76.0	73.6
同事	64.3	74.4	77.0	79.9
警察	72.4	65.8	64.4	64.9
法官	65.2	59.7	56.5	58.6
党政机关干部	59.7	50.7	51.0	50.4
商人	31.4	29.8	28.1	30.2
陌生人	5.9	4.4	4.8	7.5

(二) 社会包容

社会包容指对具有不同社会特征的社会成员及其所表现出的各种社会行为不加排斥地宽容对待，并扶持弱者，消除身份歧视，给人以平等发展的机会。这是保证社会和谐、实现社会公正所必须具有的公民精神。在调查中我们通过询问受访者是否经历过户籍、年龄、性别、受教育程度等因素所带来的社会歧视，及其对一些特殊的社会群体的接纳程度，分别考察了目前的社会歧视和社会包容状况。

调查数据显示，中等收入群体实际遭遇到的社会歧视现象甚少，最高未超过20%的比例，大大低于低收入群体。表8-1-8展示了各收入群体对当前存在的各类社会歧视的严重程度的评价，其比例为选择"非常严重"和"比较严重"选项的人数占比之和。从表8-1-8可以看出：（1）各收入群体对当前社会歧视严重程度的评价总体趋势一致，均认为社会歧视的严重程度并不太高，最高也未达到40%。（2）均认为因受教育程度与因家庭背景及社会关系而遭遇到的社会歧视情况最为普遍，比例约36%；其次为因年龄、性别和户籍受到的社会歧视，比例在15%~21%之间；种族或民族原因所致的社会歧视最少，比例在7%左右。（3）中等收入群体对当前存在的社会歧视现象的严重程度评价略高于低收入群体，虽然他们实际遭遇到的社会歧视要比低收入群体少。中等收入群体对因家庭背景及社会关系产生的社会歧视的严重程度的评价，比低收入群体高约4个百分点。

表8-1-8 不同收入群体对当前各类社会歧视严重程度的评价（2015）

单位：%，人

	年龄	性别	受教育程度	种族或民族	户籍	家庭背景及社会关系	样本数
低收入群体	19.8	16.1	34.5	7.0	16.0	31.8	3385
中低收入群体	19.2	15.5	35.7	8.7	15.1	36.7	1446
中高收入群体	20.3	17.4	37.3	6.0	15.2	34.8	1674
高收入群体	20.7	17.5	37.9	8.3	19.0	39.5	1844
总计	20.0	16.5	36.0	7.4	16.3	34.9	8349

表8-1-9的数据显示，对各类特殊社会群体的接纳程度（完全能接纳和比较能接纳两项之和），大致随着收入层级的提高而提升。中等收入群体的社会接纳程度要明显高于低收入群体。比如对婚前同居者的接纳度，低收入群体的接纳比例不足40%，但中等收入群体的接纳度在49.9%

~57.6%；对刑满释放者的接纳程度，中等收入群体要高出低收入群体4.7～6个百分点；对不同宗教信仰者的接纳度高出6.9～11.6个百分点。唯一例外的是对乞讨者的接纳程度，中等收入群体的接纳程度要比低收入群体低。这些数据表明，中等收入群体有较高的社会包容精神，这对于"包容性增长"的发展目标是一个正向的推动。

表8-1-9 不同收入群体对各类特殊社会群体的接纳程度（2015）

单位：%，人

	婚前同居者	同性恋者	乞讨者	刑满释放者	有不同宗教信仰者	艾滋病患者	样本数
低收入群体	39.9	11.4	61.7	57.9	64.3	25.9	3440
中低收入群体	49.9	10.1	58.8	62.6	71.2	27.9	1465
中高收入群体	57.6	11.4	54.3	63.9	75.9	29.1	1699
高收入群体	66.6	18.2	57.4	67.7	82.8	34.4	1866
总计	51.1	12.7	58.8	62.1	71.9	28.8	8470

（三）社会公平

在调查中我们询问了如下的问题，"您认为当前社会下列方面的公平程度如何"，共列举了高考制度、公民公共医疗等八个具体方面和总体上的社会公平状况，可选答案为"非常公平""比较公平""不太公平"和"很不公平"。从表8-1-10可以看出：（1）各收入群体对整体的社会公平状况评价尚可（"非常公平"+"比较公平"的百分比），均超过了65%。其中教育领域的公平状况评价最高，对民生和社会保障、政治和公权力方面的公平评价次之，而对城乡差距、贫富差距方面的公平度评价较低，均未过50%。（2）随着收入等级的升高，对社会公平度的评价呈现下降趋势。中等收入群体几乎在各项上的评价都比低收入群体低。其中最为明显的是在司法与执法领域，中等收入群体比低收入群体的公平评价低了4.4～9.2个百分点；在公民实际享有的政治权利的公平评价方面，低了3.3～5.5个百分点；在养老等社会保障待遇的公平评价方面低了4.6～5.5个百分点。

以上数据揭示，客观社会经济地位低下的社会群体反而有着较高的社会公平感知，而社会经济地位占优势的群体社会公平评价却处于低位。这意味着我们常用的"地位不平等—社会不公正"这样的阐释逻辑对解读现今中国社会不公平感的群体差异是不适用的。

表8-1-10　不同收入群体的社会公平感比较（2015）

单位：%，人

	低收入群体	中低收入群体	中高收入群体	高收入群体
高考制度	85.0	83.8	80.5	77.3
公共医疗	73.8	69.6	70.1	66.8
司法与执法	70.3	65.9	61.1	59.3
公民实际享有的政治权利	67.2	63.9	61.7	57.9
养老等社会保障待遇	66.3	60.8	61.7	60.5
工作与就业机会	53.8	50.7	52.5	55.8
城乡之间的权利待遇	42.9	42.3	45.7	45.7
财富及收入分配	43.2	42.2	41.4	44.6
总体上的社会公平状况	70.5	68.9	68.2	65.6
样本数	3000	1327	1556	1763

（四）社会参与

在调查中我们列举了9种社会参与类型，询问受访者在过去2年中是否有相应的参与行为。从表8-1-11可以看出，中等收入群体的社会参与有以下几个特点：(1) 参与政治话题的讨论要远高于低收入群体。在中低收入群体和中高收入群体中分别有37.2%和45.2%的人在过去2年中与他人讨论过政治问题，而在低收入群体中的相应比例仅为27.9%，相差了9.3~17.3个百分点。(2) 参加志愿者活动或社会公益活动的比例明显高于低收入群体。中低收入群体和中高收入群体参加政府单位学校组织的志愿者活动的比例分别为17.0%和23.5%，高于低收入群体参与比例（14.9%）2.1~8.6个百分点；参加自发组织的社会公益活动的比例，也分别比低收入群体高1.8~4.3个百分点。(3) 中等收入群体参加村居委会选举，虽然在各项社会参与中最高，但其参与比例要大幅低于低收入群体。中低收入群体和中高收入群体参加村居委会选举的比例分别为68.1%和55.8%，要比低收入群体低5.1~17.4个百分点。

表 8-1-11 不同收入群体的社会参与状况比较（2015）

单位：%，人

	低收入群体	中低收入群体	中高收入群体	高收入群体
与他人讨论政治问题	27.9	37.2	45.2	53.7
向报刊电台等媒体反映社会问题	3.5	3.8	5.9	6.2
向政府部门反映意见	11.9	12.5	13.3	13.2
参加政府单位学校组织的志愿者活动	14.9	17.0	23.5	28.3
参加村居委会选举	73.2	68.1	55.8	48.3
参加宗教活动	12.7	10.3	10.9	11.4
参加自发组织的社会公益活动	23.0	24.8	27.3	34.1
到政府部门上访	5.2	5.3	5.6	4.7
参与示威游行罢工罢市罢课等行动	1.0	1.9	1.2	2.2
总计	100.0	100.0	100.0	100.0
样本数	3000	1327	1556	1763

调查也考察了人们社会参与的意愿。从表 8-1-12 可以看出，各收入群体对自发组织的社会公益活动和正式机构组织的志愿者活动参与意愿最高，分别超过了 60% 和 50%。其中中低收入群体和中高收入群体对自发组织的社会公益活动的参与意愿分别高达 67.2% 和 70.2%，比低收入群体高出 6.7~9.7 个百分点；对正式机构组织的志愿者活动的参与意愿分别高达 58.4% 和 60.5%，也高出低收入群体 7~9.1 个百分点。另外，他们向大众传媒反映社会问题的参与意愿也明显高于低收入群体，分别为 36.4% 和 37.3%，高出低收入群体 3.9~4.8 个百分点。由上述数据可见，中等收入群体的社会参与行为与参与意愿，在内容上主要集中在社会公益活动和志愿服务，在方式上偏好自发组织的参与行动。这说明他们有较高的意见表达和社会参与意愿，也具有实际行动的能力，是社会参与的中坚力量。

表 8-1-12 不同收入群体的社会参与意愿比较（2015）

单位：%，人

	低收入群体	中低收入群体	中高收入群体	高收入群体
与他人讨论政治问题	25.4	26.9	26.4	26.0
向报刊电台等媒体反映社会问题	32.5	36.4	37.3	38.6

续表

	低收入群体	中低收入群体	中高收入群体	高收入群体
向政府部门反映意见	36.9	37.5	40.9	39.9
参加政府单位学校组织的志愿者活动	51.4	58.4	60.5	60.8
参加村居委会选举	49.0	48.5	52.8	46.5
参加宗教活动	8.0	8.3	8.8	11.1
参加自发组织的社会公益活动	60.5	67.2	70.2	70.8
到政府部门上访	17.2	18.5	16.2	15.9
参与示威游行罢工罢市罢课等行动	5.0	4.4	8.0	7.4
总计	100.0	100.0	100.0	100.0
样本数	3000	1327	1556	1763

（五）社会评价

在调查中我们了解了受访者对于当前社会状况诸方面的评价。以 1~10 分为评价尺度，1 分表示最差，10 分表示最好。数据显示：（1）人们对当前社会状况的评价并不太高，均值在 5~7 分。总体来看，相对最高的是整体社会状况，均值为 6.37 分，其后为社会的遵纪守法水平（6.17 分）、社会的宽容程度（6.11 分），评分较低的是社会的道德水平（5.84 分），评分最低的是社会的信任程度（5.49 分）。（2）一般来说，收入水平越高，对社会状况的评价越低。中等收入群体对各项社会状况的评价都低于低收入群体。如对社会信任程度的评价，低收入群体评分为 5.62 分，而中低收入群体和中高收入群体分别为 5.40 分和 5.43 分；对社会道德水平的评价，低收入群体评分为 6.01 分，而中低收入群体和中高收入群体分别为 5.77 分与 5.71 分，见表 8-1-13。

表 8-1-13　不同收入群体对社会状况的评价（2015）

单位：分，人

	信任程度	宽容程度	道德水平	遵纪守法水平	整体社会状况	样本数
低收入群体	5.62	6.14	6.01	6.30	6.44	3433
中低收入群体	5.40	6.12	5.77	6.16	6.25	1468
中高收入群体	5.43	6.12	5.71	6.06	6.39	1699

续表

	信任程度	宽容程度	道德水平	遵纪守法水平	整体社会状况	样本数
高收入群体	5.36	6.04	5.67	6.03	6.33	1866
总计	5.49	6.11	5.84	6.17	6.37	8466

从上述的社会态度的多个层面综合来看，中等收入群体有较强的社会包容精神，有较高的意见表达和社会参与意愿，偏好自我组织的社会公益行动。对现实社会的评价差强人意，对社会信任（特别是对公权力的制度信任）、社会公平感以及当今社会各方面状况的评价，明显低于低收入群体。

三 中等收入群体的政治态度

对中等收入群体的政治态度，我们从政治自由民主意识、对国家政治道路的选择、政治效能感、对政府工作的评价四个方面予以考察。

（一）政治自由民主意识

在调查中我们采用了一组含义相反的题目来了解人们在政治自由和政府权力方面的不同取向。从表8-1-14可以看出，与对政治自由和民主的诉求相比，中等收入群体和低收入群体、高收入群体一样，更为看重强大政府权力来维护社会秩序。有过半数的中等收入群体认为"中国需要强大的政府权力来维持国家秩序"。但也要看到，其对政治自由和民主的诉求虽然弱于对国家权力的依赖，但还是要明显高于低收入群体。比如，选择"政治自由和民主在任何时候都不允许被损害"的比例，中低收入群体和中高收入群体分别为43.4%和47.7%，比低收入群体的42.2%高出1.2~5.5个百分点。

表8-1-14 不同收入群体的政治自由和民主意识比较（2015）

单位：%，人

	政治自由和民主在任何时候都不允许被损害	中国需要强大的政府权力来维持国家秩序	总计	样本数
低收入群体	42.2	57.8	100.0	2961
中低收入群体	43.4	56.6	100.0	644

续表

	政治自由和民主在任何时候都不允许被损害	中国需要强大的政府权力来维持国家秩序	总计	样本数
中高收入群体	47.7	52.3	100.0	987
高收入群体	48.9	51.1	100.0	2481
总计	45.0	55.0	100.0	7073

(二) 对国家政治道路的选择

从表 8-1-15 可以看出，近 90% 的受访者认为，"在政治上中国有自己的特殊性，应该走自己的路"，选择"在政治上中国将来也会走与西方相同的发展道路"的仅在 10% 左右。中等收入群体和其他群体相比，没有太大的差异。这一结果说明，中国当前的中等收入群体，对中国目前的政治制度和发展方向有着极高的认同。

表 8-1-15 不同收入群体对国家政治道路选择的比较 (2015)

单位: %, 人

	在政治上中国将来也会走与西方相同的发展道路	在政治上中国有自己的特殊性，应该走自己的路	总计	样本数
低收入群体	9.8	90.2	100.0	2979
中低收入群体	8.4	91.6	100.0	645
中高收入群体	11.0	89.0	100.0	992
高收入群体	13.9	86.1	100.0	2482
总计	10.7	89.3	100.0	7098

(三) 政治效能感

政治效能感是指一个人认为他自己的参与行为影响政治体系和政府决策的能力，也是指个人去实践其公民责任的感觉 (Campbell et al., 1954: 187)。对于个人来说，政治效能感是影响其政治参与的最主要的因素。一般来说，政治效能感强的人比政治效能感弱的人会更多地参与政治。政治效能感又分为内在效能感和外在效能感两个部分，前者指个人相信自己有能力影响政治决策,后者指个人相信政府对公众的参与有所反应并予以重视(李蓉蓉,2010)。

在调查中我们采用了 4 项题目测量受访者的政治效能感,表 8-1-16 显示的是他们对 4 项题目选择赞同(非常赞同+比较赞同)的比例。可以看出,公众的政治效能感较低。在内在效能感测量中,除高收入群体外,其余的收入群体表示自己"有能力和知识对政治进行评论和参加政治活动"的比例均不足 50%;相对而言,中等收入群体的内在效能感要高于低收入群体 4.6~5.4 个百分点。对于政治不感兴趣,不愿为此花时间和精力的人的比例也超过了 50%。

在外在效能感上,中等收入群体和其他群体的差别不大,有超过 50% 的人认为参与政治活动没用,对政府部门不足以产生影响。这说明他们感受到缺乏相应的政治参与渠道和参与机会。值得关注的是,有超过 40% 的中等收入者认为,参与政治活动的自由会受到来自政府部门的限制,其中中高收入群体的比例最高,为 48.9%,高于低收入群体 4.7 个百分点。

表 8-1-16　不同收入群体的政治效能感比较 (2015)

单位:%,人

	低收入群体	中低收入群体	中高收入群体	高收入群体
我有能力和知识对政治进行评论和参加政治活动	41.3	45.9	46.7	50.1
我对政治不感兴趣,不愿意花时间和精力在这上面	55.4	54.1	52.9	52.4
参与政治活动没有用处,对政府部门不能产生什么根本的影响	54.3	53.5	54.7	54.2
我参与政治活动的自由会受到来自政府部门的限制	44.2	43.2	48.9	47.7
样本数	3376	1447	1667	1830

(四) 对政府工作的评价

公众对政府工作的评价,可以看作其政治态度的现实指标。在调查中我们就地方政府(在 CSS 调查中特指调查所在的县级政府,包括县、旗、县级市、城市区的政府）的 11 项基本职能工作及总体表现询问公众的评价。表 8-1-17 是对地方政府工作持肯定态度（选择"很好"和"比较好"）的百分比，从中可以看到：（1）不同收入群体对地方政府工作的评价依然显示出高收入群体评价低、低收入群体评价高、中等收入群体评价居中的态势。（2）中等收入群体对地方政府的总评价尚可，超过 63%，其中对"打击犯罪维护社会治安""提供医疗卫生服务""为群众提供社会保障""保障公民的政治权利"4 项评价较高，赞同比例在 63.6% ~ 74.8%；赞同比例最低的是"有服务意识，能及时回应百姓的诉求"，未超过 50%；其余"依法办事执法公平""保护环境治理污染"等 6 项处于中等满意程度，赞同率在 51.0% ~ 58.9%。（3）和低收入群体相比，中等收入群体中的中高收入群体对政府工作的评价更低一些。其中对治安、社保、政治权利保障三个方面的评价低约 4 个百分点；对司法执法、环境治理、廉政三个方面的评价低约 6 个百分点。

表 8-1-17　不同收入群体的政治效能感比较（2015）

单位：%，人

	低收入群体	中低收入群体	中高收入群体	高收入群体
打击犯罪维护社会治安	78.4	74.8	74.3	75.3
提供医疗卫生服务	72.7	69.9	71.7	70.7
为群众提供社会保障	69.1	66.9	65.1	65.3
保障公民的政治权利	67.7	66.7	63.6	63.5
依法办事执法公平	63.8	58.9	56.7	58.6
保护环境治理污染	60.1	55.4	54.2	51.2
发展经济增加人们的收入	54.6	55.0	56.5	59.0
廉洁奉公惩治腐败	59.0	55.3	53.9	53.0
扩大就业增加就业机会	49.5	51.0	55.6	58.2
政府信息公开提高政府工作的透明度	54.1	54.3	53.0	48.8
有服务意识，能及时回应百姓的诉求	52.2	49.0	49.8	49.6
地方政府工作总评价	64.5	63.1	63.7	60.5
样本数	3000	1327	1556	1763

综上所述，中等收入群体在政治态度上高度强调中国的政治发展应走一条和西方不同的道路，他们虽较低收入群体有较高的民主自由诉求，但更希望依靠政府权力稳定国家和社会秩序；他们有利益表达和政治参与的能力，但又因无法影响现实政治而对其显现出相当程度的疏离；他们对地方政府的评价基本上是正向的，但在许多方面要低于低收入群体对政府的评价。

四　结论

当前中国的中等收入群体主要由居住在城镇的非农就业者构成，其主要的来源（Social Origination）是原来的农业人口。他们之中45%左右的人在40岁以下，大致属于改革开放之后的世代，是中国近40年的高速工业化、市场化和城镇化造就的具有时代特征的人群。因为低收入群体大多数生活在农村，因此全国意义上的"中等收入群体"实际上大多是城市中的"低收入"和"中低收入"群体。研究中国的"中等收入群体"要深入理解他们这种"新市民"特征。

由于城镇就业对人力资本的要求，他们大多具有中高程度的受教育水平。现代教育、工商业机构的工作经历和城市生活形态，塑造了他们的"现代人格"。他们具有明确的个体权利意识，注重能力，规划自我，接受创新，乐于进取。这让他们和依然生活在乡村、以务农为主要生计的低收入群体，拉开了观念意识的距离。

他们本身就带有传统城乡二元社会的身份制烙印：虽然80%左右的中等收入群体从事非农劳动，但60%以上还是农业户籍。城市生活的多元化，使得他们对各类社会成员有较高的包容性，反对身份歧视；城镇化将传统的熟人社会改造为陌生人社会，也影响了他们的社会信任。特别是对承担社会公共管理职能的干部官员，信任不足。他们认为当前中国是一个大体公平的社会，并敏感于社会发展中的各类社会问题，公平诉求强，因此和低收入群体相比，他们对当前的社会公平状况评价不高，特别是在司法与执法、公民政治权利的享有、社会保障方面，认为公平程度还远未达到预期水平。同样，他们对整个社会的信任、宽容、道德、遵纪守法状况也有所不满。

在城镇化过程中,"新市民"生活的地域空间也发生了重构。城市社区生活环境给予了他们不同以往的城市社会认同和社会参与方式。近年来兴起的公益热,在各个领域快速发展的社会组织、志愿服务组织等,都为中等收入群体的社会参与提供了良好的环境和低成本的参与途径,这为一部分对公共事务感兴趣和有社会责任感的中等收入群体参与非政治类的社会活动提供了机会。他们也在各类公益活动的投入中强化了自身的"新市民"角色。在社会参与方面,他们是政治和社会议题的积极讨论者,有志愿服务意识,乐于参加各类公益活动。中等收入群体有望成为新市民文化的价值承担者和践行者。

在政治态度方面,中等收入群体显现出一定程度的混杂和矛盾心态。他们有较高的民主自由诉求,但更希望依靠政府权力稳定国家和社会秩序,高度强调中国的政治发展应走一条和西方不同的道路,体现出他们对现有的政治经济结构具有很强的依赖性,与该结构的利益攸关度很高;他们有利益表达和政治参与的能力,但又因无法影响现实政治而显现出相当程度的政治疏离与冷淡;他们对地方政府的评价基本上是正向的,但在社会治安、社保、环境治理、政治权利保障、司法执法、廉政等多个方面要低于低收入群体对政府的评价。

总而言之,当前中国的中等收入群体,基本上属于"新市民"群落,还是一个逐步成长发展的、需要更深层次城市化的社会阶层。在城市化的历程中,他们已经走完了职业非农化阶段,正在走向均享城镇公共服务、获取完整的市民权利、实现心理和文化完全融入城市文明的路途中。

俄罗斯中产阶层的社会价值观

N. N. 塞多娃（Natalia N. Sedova）

在当今的俄罗斯社会中，中产阶层不仅是社会和政治稳定的重要基础，而且是推动社会价值观转型的重要力量。

从历史上看，俄罗斯的中产阶层还很年轻，而且作为一个动态发展的社会主体，其起源具有异质性。它在俄罗斯社会的所有领域发生全面变化的背景下发展而来，既是一个客体，也是一个主体；更确切地说，它同时创造了许多示范性的事物并带头去适应它们。因此，俄罗斯的中产阶层是一个在价值观转变上具有巨大潜能的群体。

当然，社会的价值观和标准及其各自独立的群体相当守旧，在发生改变时会有明显的迟缓，而这给所有新事物提供了一个用时间来证明自己的机会。不过，价值观即便经历迟缓的改变也终究会发生变化且变化深刻，并给社会的发展带来了重要且根本性的改变，反映了世代的更替、从社会到经济和从社会到政治的变革以及社会结构的变化。近年来，金融危机、经济危机和外部政治的不稳定加剧了这一变化。

让我们将迪霍诺娃（2012）描述的社会文化的基本趋势（描述了社会规范和价值观体系在当今的动向）作为分析当今社会价值观转型的主要趋势的起始点（迪霍诺娃，2012）。这些趋势显示出，在价值观体系演变过程中，实用且务实的追求愈加明显[1]：自我肯定的价值观（个人的成功、社会地位高、统治力强，等等）广泛传播，而表达集体利益的价值观普遍

---

[1] 关于它的更多详情参见 N. I. 拉宾和 L. 贝尔雅艾娃研究小组的成果《改革后的俄罗斯的人口的价值观的动态》（1996），N. I. 拉宾的《俄罗斯的方法：社会文化的转型》《俄罗斯及其各地区的人口的基本价值观的职能》《俄罗斯的各地区：俄罗斯总体情况下的社会文化的写照》，等等。

下降①;相比其他国家,安全和财富在俄罗斯的受重视度较高,而"超越自我"(宽容、他人的幸福,等等)的受重视程度较低②。总而言之,研究结果表明,在俄罗斯,个人主义价值观走强,而集体主义价值观式微。

上述的社会文化的演变形成了在价值观两端(可以有条件地确定为传统价值观和现代价值观)之间的连续过程。传统价值观一端,包含了在传统社会中基于"理所应当"和"不言自明"的习俗和思想以及被普遍接受的生活目标和取得成就的策略[例如,I. 库兹涅佐夫(2016)的解释]。另一端是现代社会的现代型价值观,它不仅是经济和政治的产物,还是社会和文化的现代化的结果[正如 N. 迪霍诺娃和 S. 马瑞娃(2009)界定的那样]。

对调查数据的分析表明,俄罗斯中产阶层因其价值观的不同而被划分。相对多数的人(57%~60%)支持现代主义的态度并且认为个人利益是生活中最重要的事情;倡导主动性、进取心和对新事物的追求;愿意为他们自己的权益而斗争。尽管如此,那些选择了反映传统立场、认为适应现实而非对抗它是正确的选择、尊重现有习俗和传统的人的比例也相当大(40%~43%)。就自我独立性或依赖国家的表述而言,如今的中产阶层实际上被划分为两部分:略少于一半的人(48%的受访者)宣称他们有养活自己和家人的能力,在这个问题上无须国家的支持;略多于一半的人(52%的受访者)则声称他们及其家人在没有政府支持的情况下将难以生存(见表8-2-1)。

---

① 关于它的更多详情以及 N. 勒贝德娃和 A. 塔塔尔科研究小组的其他结论,请参见:N. M. 勒贝德娃、M. A. 科兹洛娃、A. N. 塔塔尔科的《社会文化现代化的心理研究》(2007);N. M. 勒贝德娃、A. N. 塔塔尔科的《作为社会进步因素的文化》(2009);N. M. 勒贝德娃、A. N. 塔塔尔科的《文化与社会发展的价值观》(2007),以及其他人的研究。

② 关于它的更多详情以及 V. 马甘和 M. 鲁德涅夫研究小组的其他结论,请参见:V. 马甘、M. 鲁德涅夫的《欧洲背景下俄罗斯人的基本价值观》(2010);V. 马甘、M. 鲁德涅夫的《基本价值观——2008年:俄罗斯人与其他欧洲人的异同》(2010)。

表 8-2-1 中产阶层的世界观 (2016 年)

单位：%

一对备选的表述中的第一个表述（现代主义）	对第一个或第二个表述的赞同度				一对备选的表述中的第二个表述（传统主义）
	绝对赞同第一个表述	比较赞同第一个表述	比较赞同第二个表述	绝对赞同第二个表述	
我能够养活我自己和我的家庭，我不需要任何的国家支持	17	31	31	21	我和我的家庭在没有政府支持的情况下难以生存
你要积极地为你的利益和权利而斗争	25	32	30	13	你必须能够适应现实，而不是与之斗争
最主要的是主动性、进取心、对新事物的追寻	21	38	27	14	最主要的是尊重现有的习俗和传统
对任何人而言，个人利益是最主要的事情	23	37	32	7	个人利益应被限定在国家和社会利益之内

俄罗斯科学院社会学研究所的研究表明，在过去的15年世界观态度的发展过程中，存在着一种趋势，即代表积极行动态度的指标持续走强（塞多娃，2016）。在自我独立、无须国家支持的可能性方面，一场真正的革命发生在了这一时期：尽管在2005年，"自我独立的俄罗斯人"群体实际上比要依赖国家支持的群体少了近一半（34%对66%），但是在今天，这两个群体在数量上几乎持平（48%和52%）。原先明显是少数的"自我独立的俄罗斯人"现如今已经变成一个在地位上与先前占主导地位的"有依赖性的人"平起平坐的群体。

这是怎样的一种趋势？这一问题在一定程度上可以通过将中产阶层（包括中低收入群体和中高收入群体）代表对价值观的态度与低收入群体和高收入群体代表进行比对的方法来弄清楚。为了进行这样的比对，具有现代主义/激进主义价值观和传统主义/消极主义价值观倾向的受访者群体以及具有混合型价值取向的群体被挑选出来①。正如我们在图8-2-1中看到的那样，就现代或传统价值观的分布而言，没有一个按收入而被划分的单一人口阶层在如今可以被称为具有同质性；在持现代主义价值观的人

---

① 在四对表述中选择了3项或以上相关表述的受访者也被划分为现代主义/激进主义类型或传统主义/消极主义类型价值观的支持者。其他的受访者则被划分为具有混合态度的群体。

数量相对占优势（39%~59%的受访者）的情况下，持传统价值观的人们也占有相当大的比例（19%~31%的受访者）。同时，21%~31%的不同收入群体的代表在其人生观中具有传统主义价值观与现代主义价值观混合的倾向。不过，在居民收入水平和他们的价值观体系之间的确有着一个明显的关联——"现代主义者"的比例增长了20个百分点（从39%增至59%），而从低收入群体到高收入群体，"传统主义者"的比例则有所下降（从30%降至19%）。这种趋势在中产阶层中也有所体现——其中低收入群体更加"传统"，而其中高收入群体则更具现代主义/激进主义的态度。

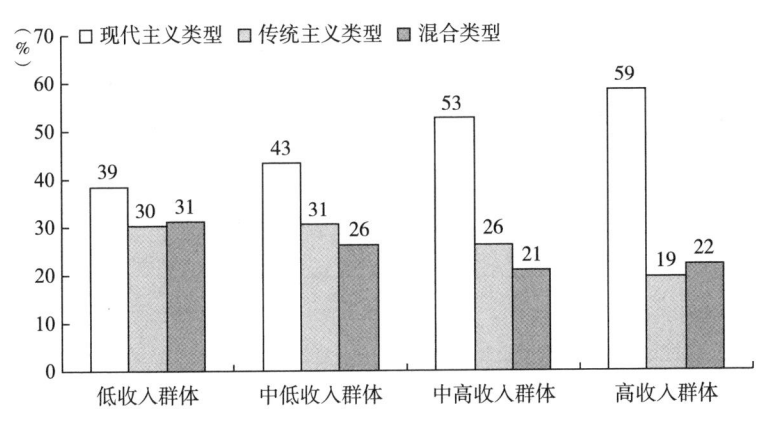

图8-2-1 中等收入、低收入和高收入群体的现代主义和传统主义类型世界观的分布（2016年）

因此，从价值观在传统主义—现代主义这一连续过程中的工具性体系的角度来看①，俄罗斯的中等收入群体具有以现代主义态度为主的不同类型的价值观体系相结合的特征。同时，就"价值观转换"阶梯而言，他们居于低收入群体和高收入群体之间的中间位置。

年龄是价值观形成的关键因素：在包括中产阶层群体在内的所有被挑选出来用于分析的收入群体中，它的影响最大。在注重自我独立性和独立的生活、积极争取个人利益先于社会利益、为一切新事物而奋斗的年轻人中，持现代主义价值观的人最多。年轻人的现代主义价值观不仅在中等收

---

① 工具性价值观（使用了M. 罗卡奇的术语）定义了日常行为的原则，意味着更高层次的价值观的存在——抽象的意识形态本质或终极价值观的原则。

入群体和高收入群体的代表中被旗帜鲜明地表达出来（67%～69%的受访者），甚至在低收入阶层中，持现代主义价值观的人也是18～30岁的年轻人的主流（59%的受访者）。随着年龄的增长，人们愈加倾向于认同传统的价值观——尊重习俗和传统、渴望适应周围的环境、愿意为社会利益而牺牲个人利益以及注重国家的支持。在不同收入群体的老年受访者中，"传统主义者"的比例达到了53%～55%。

表8-2-2 不同人口阶层中不同年龄群体的现代主义和传统主义世界观的分布（2016年）

单位：%

世界观的类型	18～30岁	31～40岁	41～50岁	51～60岁	60岁以上
低收入群体					
现代主义类型	**59**	41	42	22	20
传统主义类型	18	21	23	40	**53**
混合型	23	38	36	38	27
中等收入群体					
现代主义类型	**67**	**53**	**52**	38	20
传统主义类型	14	24	23	32	**55**
混合型	19	24	24	30	25
高收入群体					
现代主义类型	**69**	**71**	**64**	34	20
传统主义类型	10	16	17	27	**55**
混合型	21	13	19	39	25

注：超过50%的用粗体来标记。

现在，让我们看一看有关中等收入群体的社会价值观（他们对他人的态度）的数据。他们看重的人性特征是什么？就其他人而言，他们在行动、交流和对待自己的态度中缺少什么？根据调查，中产阶层代表如今最看重的是诚实（74%的受访者）、勤劳（62%的受访者）、对自己和最亲近的人负责（52%的受访者）以及公正（52%的受访者）（见表8-2-3）。更确切地说，中产阶层最显著的特征是看重与个人生活和亲近人际关系有关的品质，其他的特征则远不及这些特征。例如，他们对与人们商业活动相关的特征的要求要少得多（28%的受访者提到了进取心和取得成功的能力，22%的受访者提到了主动性和能动性）。中产阶层代表在对主动性和能动性的评价方面与高收入群体代表相差甚远。高收入的受访者对主动性和能动性的价值观（以及合理性和实用主义的价值观）不断增加的兴趣似乎与他们中有相当比例的人占据着管理职位进而将要求传递给他们的下属有关。书面和非书面的人与人之间的互动规范也处于低相关的区域内：只有18%的中等收入群体的代表认为秩序井然、清晰的原则和理想重要，15%的人认为遵从传统的道德规范重要。还有少量的赞同票投给了集体性的公民活动（团结、乐于助人——16%的受访者，城市和社区问题解决的个人参与——13%的受访者，集体主义、愿意参与一般问题的解决——5%的受访者）。

表8-2-3 不同阶层最看重的个人特征（2016年）

单位：%

特征	低收入群体	中低收入群体	中高收入群体	中等收入群体的总体情况	高收入群体
诚实	77	76	73	**74**	72
勤劳	63	63	59	**62**	61
对自己和最亲近的人负责	52	52	52	**52**	50
正义	57	51	54	**52**	55
进取心、取得成功的能力	26	26	30	**28**	29
主动性、能动性	19	22	21	**22**	30
爱国主义	17	18	20	**19**	21
秩序井然	17	19	18	**18**	13
清晰的原则和理想	17	18	18	**18**	22
团结、乐于助人	18	16	16	**16**	13
热爱自由、自尊	14	15	17	**16**	22
遵从传统的道德规范	13	13	17	**15**	11
所在城市和社区问题解决的个人参与	16	15	10	**13**	9
包容外来民族的人们	9	10	9	**10**	7
合理性、实用主义	7	9	8	**9**	16

续表

特征	低收入群体	中低收入群体	中高收入群体	中等收入群体的总体情况	高收入群体
宗教信仰	7	6	5	**6**	6
集体主义、愿意参与一般问题的解决	7	5	5	**5**	5
顺从、谦逊	4	4	4	**4**	7

注：最多可选5个答案；在中等收入群体的总体情况中，以其重要性为序。

让我们详述一下乍看起来有些矛盾的俄罗斯不同群体在此方面的总体情况。一方面，那些与道德相关的特征（诚实、勤劳、公正）在最需要的特征列表中排名靠前。另一方面，表明要依赖道德和法律规范的行为和行动的一般原则却不是很有关联性。这种矛盾似乎反映出当今生活的现实，即在不违背公认的规范的情况下，要取得成功往往不太可能。中等收入群体尤其是其上层的子群体（中高收入群体）正是处于这一困境中的主要人群：他们中的大多数人（59%的中低收入群体和61%的中高收入群体）认为道德规范非常重要，赞同国家支持社会良好道德风气，但又有几乎相同数量的人（分别为57%和60%）承认，要取得成功有时就需要跳出这些规范。

表8-2-4 不同阶层的道德价值观（2015年）

单位：%

	低收入群体	中低收入群体	中高收入群体	中等收入群体的总体情况	高收入群体
我们今天生活在一个不同的世界，许多道德规范已经过时	41	41	39	**40**	36
主要的道德规范不受时间的影响，它们总具相关性并与时俱进	59	59	61	**60**	64
当今世界是残酷的，要在生活中取得成功有时就需要跳出道德的规范和原则	46	43	40	**42**	45
要是超越道德规范和原则的话，我最好不要在生活中取得成功	54	57	60	**58**	55

	低收入群体	中低收入群体	中高收入群体	中等收入群体的总体情况	高收入群体
道德和伦理属个人私生活的范围，国家不应干涉	33	28	31	**29**	30
没有国家参与，保持社会良好的道德规范是不可能的	67	72	69	**71**	70

在中产阶层不同年龄群体中，与老年人相比，18~30岁的年轻人更需要诸如勤劳和取得成功的能力（比60岁及以上的老年人群体高出了18个百分点）、主动性和能动性（高出了15个百分点）、热爱自由和自尊、合理性和实用主义（高出了9~11个百分点）这样的品质。

俄罗斯中产阶层的社会价值观体系的另一个重要方面，是被访者对成功人生的理解。大多数低收入群体代表认为的成功人生的三大指标是家庭和孩子（57%的受访者在一个5分制的量表中给出了5分——"非常重要"）、家庭经济富裕（55%的受访者）、工作和生意（50%的受访者），见图8-2-2。这种模式的成功人生的指标还包括如自我实现和自我展示（45%受访者），教育（43%的受访者），健康、美丽、运动（33%的受访者）。因此，成功人生指标中排名靠前的各项聚焦在个人的人生目标上。唯一与"外界"所发生的事情有关而不是与个人生活环境相联系的成功指标是"在一个公平、理性的社会里生活"（23%的受访者）。

俄罗斯中产阶层在评价成功人生的标准上具有同质性，而且在中高收入和中低收入子群体代表的回答中没有太大的差异。不过，他们还是有一些差别。在中等收入群体中，中高收入子群体代表往往比中低收入子群体代表更重视像自我实现（51%的中高收入群体受访者和42%的中低收入群体受访者）这样的成功人生的标准。反过来，中低收入子群体代表的回答则更多地包含了对诸如在一个更公正、更合理的社会中生活（26%的中低收入群体受访者和19%的中高收入群体受访者）这样的标准。

就对成功人生的评价而言，中等收入群体很接近低收入的俄罗斯人；但与高收入群体的比较则表明，他们在什么可以被认为是成功人生的观念上还存在着一定的差异。首先，高收入群体中的成功人生评价有一整套标准：职业、自我实现、友谊与交流、音乐与文化、爱与性、获取信息。作

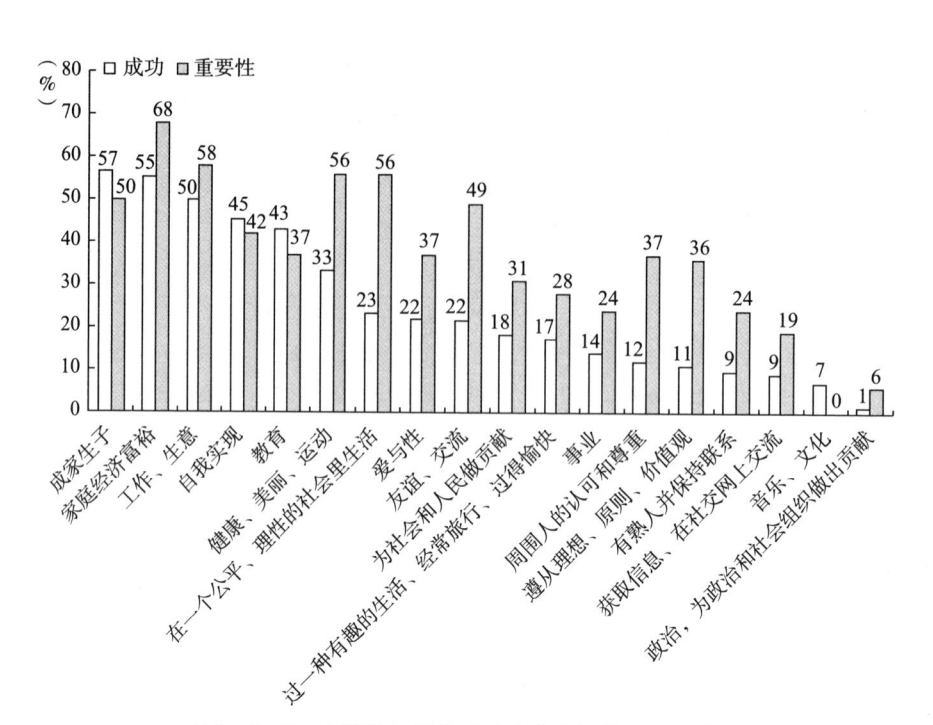

图 8-2-2 中等收入群体成功人生的评价（2016 年）

说明：此图根据受访者对问题"现在，对你个人而言，……的重要性如何？"［根据重要性选择分值（一共 5 分）］和"在你看来，是什么首先决定了一个人的成功人生？"（最多可选 5 个答案）的回答绘制。

为成功人生标准，它们被提及的频率，高收入群体比中等收入群体高出了 5~9 个百分点。此外，列表中前两个标准在中等收入群体的成功人生规范模式中也起到了重要的作用：首先是成家生子，其次是家庭经济富裕（比高收入群体分别高出了 7 个百分点和 11 个百分点）。这些差异可以被解释为俄罗斯的中等收入群体如今发现自己生活在一个被密切关注的成功人生的模式之中，他们在为取得成功蓄积着力量。同时，高收入群体在所取得的物质幸福和社会福祉水平的基础上正朝着更加多样化和和谐的成功模式发展。

中等收入群体不同年龄段的受访者在成功人生的观念上有其独特之处。相比于老年人，年轻人在成功标准中更频繁地提到了爱与性（比 60 岁及以上的老年受访者高出了 27 个百分点）、自我实现（高出了 17 个百分点）、旅游和娱乐这些有趣的生活、事业（高出了 12~13 个百分点）；

而相比于年轻人，老年人更关切的是健康、在一个更公正的社会里生活（比年轻人高出了 20～23 个百分点）、家庭经济富裕、做一个对社会和人民可能有用的人、尊重周围的人以及遵从理想、原则和价值观（高出了 8～12 个百分点）。

成功的规范模式是一种指导原则，它为几个群体的成员提供了生活策略。然而，个人、群体和国家的特殊情况和生活环境从整体上调整了这些策略，明确了中等收入群体的生活重心。如果我们将上述的成功规范模式和群体代表所设定的生活目标进行比较，就会清楚地看到这一点（见图 8-2-2）。

如果我们对图 8-2-2 中给出的数据进行比较，首先引起我们注意的就是，当人们从他们自己认为是成功人生的抽象标准向列表中所包含的、对个人而言是很重要的特定目标转变时，大多数参数的相关性会越来越强。总体的趋势只被三个显示出相关性在某种程度上有所降低的参数所破坏：成家生子、自我实现和教育。中等收入群体的个人重要生活目标通常包括家庭经济富裕（68% 的受访者），工作和生意（58% 的受访者），健康、美丽、运动（56% 的受访者），在一个更加公正合理的社会里生活（56% 的受访者），成家生子（50% 的受访者），友谊和交流（49% 的受访者）。因此，在与成功人生的规范模式进行比较时，极为重要的个人抱负清单显示出在中产阶层代表中存在着更多的变化，因为它包含了诸如健康、友谊和交流、社会公正等项目。

除与半数以上的中产阶层代表高度相关的项目之外，一组比较普遍的人生目标还包括自我实现（42% 的受访者），教育，爱与性，周围人的认可和尊重，遵从理想、原则和价值观（后 4 项均有 36%～37% 的受访者）。进入清单的与受访群体代表相关的其他项目还包括为社会和人民做贡献（31% 的受访者）。

在一般情况下，更加少见的最重要的人生目标包括了有趣的旅游和娱乐生活（28% 的受访者），事业，有熟人并保持联系（各为 24% 的受访者），获取信息、在社交网上交流（19% 的受访者）。至于政治以及为政治和社会组织做出贡献，只有 6% 的中产阶层代表将它们涵盖在相关的生活目标之中。

现在，让我们看看中产阶层在特殊抱负方面与低收入和高收入群体的差异（见表8-2-5）。当中等收入群体代表从对成功人生的一般理解过渡到个人的生活目标时，他们展示出在诸如在一个更公正的社会里生活，友谊和交流，为社会和人民做贡献，周围人的认可和尊重，遵从理想、原则和价值观等这些参数上更高程度的实现。至于低收入阶层，他们的特征是最大可能地去实现中等收入群体和高收入群体所拥有的家庭经济富裕。

表8-2-5 不同收入群体代表从对成功人生标准的规范性评价过渡到对重要的个人生活目标的选择的相关的变化（2016年）

（以中等收入群体的目标为序）

单位：%

成功人生/生活目标的标准	低收入群体			中等收入群体			高收入群体		
	成功*	目标**	差数***	成功	目标	差数	成功	目标	差数
家庭经济富裕	53	**71**	18	55	**68**	13	44	**59**	14
工作、生意	49	**55**	6	50	**58**	8	47	**59**	12
在一个更加公正的社会里生活	28	**63**	35	23	**56**	33	22	**47**	25
健康、美丽、运动	35	**54**	19	33	**56**	23	31	**51**	19
成家生子	58	**49**	-9	57	**50**	-7	49	**46**	-3
友谊、交流	23	**50**	27	22	**49**	27	29	**50**	22
自我实现	41	41	-1	45	42	-3	52	41	-11
周围人的认可与尊重	13	**45**	32	12	**37**	25	11	**24**	12
教育	40	33	-6	43	37	-6	40	40	0
爱与性	20	**36**	16	22	**37**	15	27	**38**	11
遵从理想、原则、价值观	11	**41**	30	11	**36**	25	9	**27**	18
为社会和人民做贡献	21	**33**	12	18	**31**	13	17	**24**	6
过一种有趣的生活、经常旅行、过得愉快	19	**26**	7	17	**28**	11	21	**32**	11
事业	16	**27**	11	14	**24**	10	21	**29**	7
有熟人并保持联系	9	**28**	19	9	**24**	15	6	**20**	13

续表

成功人生/生活目标的标准	低收入群体			中等收入群体			高收入群体		
	成功*	目标**	差数***	成功	目标	差数	成功	目标	差数
获取信息、在社交网上交流	9	21	12	9	19	10	14	20	5
政治,为政治和社会组织做出贡献	1	7	5	1	6	5	1	3	2

注:* 成功——在成功人生标准中包括这一参数的受访者的比例。

** 目标——在个人最重要人生目标的 5 分制量表中给了这一参数 5 分(作为一个非常重要的参数)的受访者的比例。

*** 把这个参数指定为个人重要目标的受访者的比例与把它作为成功人生的抽象标准的受访者的比例之间的差数。正值意味着这个参数作为一个特定人生目标比作为成功的标准更具相关性;负值意味着这个参数是作为成功人生的标准比作为个人生活目标更加重要。

与一半(49%~50%)及以上的群体代表高度相关的人生目标的数值使用粗体来显示。

对"现代人"和"传统主义者"来说,中等收入群体的人生价值观的层次结构有其特殊性。与"传统主义者"的情况相比,"现代人"对成功人生的抽象理解通常与个人和职业的发展(爱和性、工作和生意、自我实现、有趣的旅游和娱乐生活、事业)有关。至于个人的人生目标,在与"传统主义者"相比时,"现代人"在包括对个人来讲是非常重要的项目在内的绝对多数的项目中处于领先地位。与"现代人"相比,"传统主义者"群体对成功人生的理解通常有几个优先的选项:15%的受访者选择健康,9%的受访者选择对社会和人民做贡献,6%的受访者选择成家生子。关于个人人生计划的水平,在所有目标的相关性方面,"传统主义者"低于"现代人"。

同时,对在中等收入的"现代人"和"传统主义者"中形成的人生价值观的分层特征的分析证明了这样一个事实,即这两个群体在这个问题上没有巨大的差异。在这两个群体中,生活中最重要的优先事项包括了工作和生意、成家生子、家庭经济富裕。第二等级的优先事项也都一致,包括了自我实现、教育和健康。尽管如此,在对第三等级的人生优先事项(在成功人生标准的重要性的排行榜中居于第七和更低的位置)的重要性进行评价时会发现这两个群体的特殊性。例如,在"现代人"的成功人生标准的排名中,与个人利益相关的项目,如爱与性、有趣的生活、事业排位更高(相较于"传统主义者"，在排名中的位置高出了3~4位）。"传统主义者"排名的特征是像在一个公正的社会里生活，为社会和人民做贡献，周围人的认可和尊重，遵从理想、原则、价值观这样的项目居于高位。

为了扩展对中产阶层代表的社会价值观体系的分析，让我们转向对基本观念的评价（描述了他们对俄罗斯社会的过去、现在和未来的看法）。在为评价所提出的34个观念中，中等收入群体代表的积极情感在大多数情况下被公正、祖国、自由、俄罗斯人、爱国主义、怜悯、人权、道德、信仰、进步、传统、平等、财产、团结等观念所激发（62%~68%的受访者有正面的反应）。如果我们提到"革命"（48%的受访者有负面情绪）、西方资本主义（34%~35%的受访者有负面情绪）、权力（30%的受访者有负面情绪）、保守主义、改革（18%~19%的受访者有负面情绪），负面反应通常会随之而来。如我们所见，能唤起最正面反应的一组观念显示了中等收入群体鲜明的爱国主义和道德主导的价值观，而政治和意识形态上的观念则被摒弃，不管他们是否与苏联时期或现今的国家生活有关。同时，民主观念处于"情感把握"的地带：41%的受访者认为它是积极的，而49%的受访者认为它是中立的，表现出积极或消极情况出现的可能性。同样值得注意的是，如果我们提到诸如社会主义、苏联（肯定的回答多出了12~13个百分点）、过去、团结（肯定的回答多出了8~9个百分点）、教会、进步（肯定的回答多出了6个百分点）等这样的观念，那些有着积极情感的人在中等收入群体代表中数量更多。

总的来看，中等收入群体在其评价中与低收入阶层十分接近（差数在5~6个百分点之内）。同时，与高收入的俄罗斯人相比，中等收入群体代表对进步、苏联、社会主义、集体主义（多了9~10个百分点）、人权、平等、国家（多了7个百分点）、爱国主义（多了6个百分点）等观念表达了积极的态度。反过来，高收入阶层代表常常对个人主义（多了12个百分点）、西方（多了10个百分点）、自治（多了7个百分点）、民族（多了6个百分点）等观念持积极的看法。

"现代人"和"传统主义者"对列表中的观念的态度展示了两种不同的世界观。"现代人"对世界的具体描述由生意、个人主义、竞争、自治、改革、民主、西方、市场等观念所决定。同时，他们在整体上表现出对进步、财产和人权的积极态度。要注意到这样一个事实,即"现代人"持积极看法的一组观念首先有两个主基调:经济和民主;其次,它们与生活中积极的部分有关,描述了这部分生活的条件和规则。至于"传统主义者",他们所持的积极的观念是不同的:苏联、教会、传统、国家、信仰、怜悯、爱国主义、民族、俄罗斯人、道德、社会主义、过去、集体主义。这里我们看到,在他们的视野与国家地位和团结一致的概念相关联的情况下,他们的价值观转向了这个国家的过去(表8-2-6)。

表8-2-6 在中等收入群体及其不同子群体中激发积极情感的排名最靠前的一组观念(2016年)
(以表现出正面反应的人的比例为序)

"现代人"	中等收入群体的总体情况 (以指出是它们激发了自己的积极情感的那些人的比例为序的排名最靠前的一组观念)	"传统主义者"
生意	公正	苏联
个人主义	祖国	教会
竞争	自由	社会主义
进步	俄罗斯人	过去
财产	爱国主义	传统
自治	怜悯	国家
改革	道德	信仰
人权	人权	怜悯
民主	信仰	爱国主义
西方	进步	集体主义
市场	传统	民族
	平等	俄罗斯人
	财产	道德
	团结	
	国家	
	苏联	
	民族	
	教会	

注:突出显示的区域表示整个中产阶层与"现代人"和"传统主义者"在相关立场上的交集。本表只显示了"现代人"与"传统主义者"在正面反应上的差数超过5个百分点的那些观念。

中等收入群体代表对有关改革、民主和国家的表述所进行的评价（见表8-2-7）让我们更加充分地勾勒出俄罗斯的理想的未来。总的来说，他们表现出一种适度的保守态度，主张维护稳定和渐进改革（71%的受访者），拥护复兴俄罗斯民族的传统、道德和宗教价值观（67%的受访者），支持俄罗斯成为一个团结不同民族的国家，认为俄罗斯应该发展成为一个提供人权和言论自由的民主国家（各63%的受访者）。今天，激进的变革只吸引了28%的中产阶层代表，而拒绝俄罗斯民主发展的可能性并且拥护强硬的个人统治、构建一个俄罗斯民族的国家（各36%~37%的受访者）或欧洲式的经济和生活方式的发展（32%的受访者）的那些人也是少数。使几乎一半的中等收入群体代表的立场分裂的唯一问题是俄罗斯现在的首要任务是什么——是凭借相关的武力恢复国家权力并具有影响世界政治进程的可能性（55%的受访者），还是关心公民的福祉（45%的受访者）。

表8-2-7 中等收入群体不同子群体以及低收入和高收入群体的世界观（2016年）（对一对备选的表述的选择）

单位：%

一对备选的表述	低收入群体	中等收入群体					高收入群体
		中低收入群体	中高收入群体	"现代人"	"传统主义者"	中等收入群体的总体情况	
国家需要改变，需要激进的经济和政治改革	29	30	25	37	16	**28**	29
国家需要稳定，需要渐进的改革	69	70	74	63	84	**71**	71
俄罗斯应该成为一个提供人权和言论自由的民主国家	62	61	65	71	50	**63**	72
民主不会留在俄罗斯。这个国家需要强硬的个人统治来确保国家的秩序、团结一致和主权	37	39	34	29	50	**37**	28
俄罗斯需要复兴俄罗斯民族的传统、道德和宗教价值观	66	68	67	61	75	**67**	59
俄罗斯应该像欧洲其他国家那样走向现代的经济和生活方式	33	32	33	39	25	**32**	40

续表

一对备选的表述	低收入群体	中等收入群体					高收入群体
		中低收入群体	中高收入群体	"现代人"	"传统主义者"	中等收入群体的总体情况	
俄罗斯必须是一个拥有强大武装力量并影响世界所有政治进程的大国	50	53	58	56	55	**55**	63
俄国应该照顾国民的福祉，而不是争取国家权力的巩固	49	47	42	44	45	**45**	37
俄罗斯首先要努力构建一个俄罗斯民族的国家	37	37	35	41	33	**36**	37
俄罗斯应该是团结不同民族的大国	62	63	64	59	67	**63**	63

注：表中的数值是对每一表述的回答（"非常同意"和"比较同意"）的数值之和。

从表8-2-7可以看出，传统主义者有着更加保守的社会和政治思想：他们中有84%的人拥护稳定，有75%的人对依赖传统、道德和宗教表示支持。此外，他们中的每一个人都否认俄罗斯有可能建成一个民主国家并且拥护强硬的个人统治（50%的受访者）。尽管有稳定和传统等主导的价值观存在，但准备在国家发展过程中进行实质性变革的"现代人"却占有相当大的比例（激进的经济和政治改革得到了37%的受访者的支持，欧洲路线得到了39%的受访者的支持）。总之，就适度的保守矢量和"俄罗斯式"的国家发展而言，"现代人"和"传统主义者"的立场具有高度一致性。

在对俄罗斯中等收入群体的传统主义和现代主义的社会价值观体系的不同方面进行分析和总结的同时，我们应注意其存在的一些差异。中等收入群体代表所选择的社会和经济领域中的日常活动的原则意味着以现代主义态度为主的不同类型的价值观的共存（不因循守旧，愿意为个人的利益而斗争，重视主动性、进取心、追求新事物，个人利益）。

通过对中等收入群体代表最为欣赏的人性特征的分析而得出的价值观表明，诚实、勤奋和公正是最为重要的。以依赖道德和法律规范为先决条件的特征没有太明显的相关性。这也体现了中产阶层代表所面临的"是要成功的人生还是要道德"的两难选择：在认识到道德规范的相关性的同时，他们不得不为了取得成功而跨越它们。因此，他们对环境形成了一种要求，即国家要积极参与支持社会良好道德的建设，而这可以被解释为首先要求包括国家在内的所有人遵守现行的"游戏规则"。总的来讲，中等收入群体对某些人性特征的要求证明了他们形成了一种以个人利益为主的自我取向的世界观模式。

对成功人生的理解（显示出中等收入群体社会价值观体系的一个侧面）也聚焦在个人的人生目标上（家庭和孩子、家庭经济富裕、工作和生意、自我实现、教育、健康），并且强调了成功的标准与周围环境（政治和社会的参与、有熟人并保持联系、获取信息、得到周围人的尊重）的低相关性。

在个人生活目标的体系中，相较于高收入阶层，中产阶层代表对传统价值观显露出一种相当高的、系统性的倾向；在为生活而付出努力的关键矢量中，生存、安全、建立自己的"城堡"（家庭经济富裕、工作和生意、健康、生活在一个公正的社会里、家庭和孩子、友谊和交流）的价值观最为突出。

描述过去、现在和俄罗斯未来的一套价值观显示出一个明显的趋势——中等收入群体有着传统型的观念，爱国主义和道德的思想充盈在他们的脑海中。不过，中等收入群体在这方面并不统一。"现代人"对世界细节的描述由制度形成的经济和民主的基调决定。而"传统主义者"的视野则更多地聚焦在这个国家的过去，并且与国家地位和团结一致的概念联系在一起。

总的来说，中产阶层实现了适度保守的方针。他们主张国家和社会的稳定，拥护民族、道德和宗教传统的回归，支持争取大国地位和"俄罗斯"方式，把这一切与国家的民主发展和经济繁荣联系在一起。

第九章

中等收入群体的社会政治参与

中国中等收入群体的社会政治参与

崔 岩

伴随着我国改革的深入和社会经济转型，社会利益格局呈现多元化特征。在快速的发展中，各种不同发展阶段的社会问题集中显现，部分社会矛盾有激化的趋势，甚至演化为群体性事件，有的人到政府部门上访，参与游行、示威、罢工、罢市等。这些对维护社会和谐稳定、实现社会可持续发展带来了较为负面的影响。中等收入群体在社会生活、政治生活中是否能够起到社会"稳定器"的作用，对维护社会和谐稳定有着重要的意义。

一般来说，中等收入群体由于受教育程度和收入水平较高，信息渠道较为丰富，社会经济资源较多，具备较高的社会认知能力和社会行动能力，在社会政治行动取向上更倾向于通过建设性、非对抗性的互动模式实现个体对国家、政府的诉求；而低收入群体在个体利益受到损害时，由于缺乏相应的渠道和信息，可能会采取激进的对抗性行动，对政府进行"倒逼"。因此，如何改进社会公众制度内社会政治参与渠道，消除信息不对称，通过构建各种利益协商机制和平台，发挥社会组织制度性参与的渠道作用，是当前我国社会政治建设的重点。

长期以来，我国的社会治理一直是强政府、弱社会，社会的自组织能力和自治能力较弱，公众的社会政治参与制度化保障也不完善，这使得我国社会成员的社会政治参与能动不足，个体的效能感不高。以下我们将重点讨论当前我国社会公众的社会政治参与情况和公众的参与效能感。

一 当前我国中等收入群体社会参与情况

（一）当前我国社会参与的意义

随着社会发展水平的提升，社会只有通过建立健全的自我管理机制，才能真正实现社会治理能力与经济社会发展相适应，从而实现社会资源的最佳配置。因此，扩大公众的社会参与是对应社会需求日益复杂化的必然要求，只有通过政府部门的适当引导，促进社会成员、社会组织对各个社会公共领域的事务和公益事业进行自我管理，才能有效应对社会转型与发展过程中社会环境的变化。同时，只有促进社会治理的主体由单一化向多元化发展，才能全面实现新形势下社会治理的目标，才能进一步丰富社会治理的手段。在这里，中等收入群体的作用是至关重要的。具体而言，中等收入群体有较高的社会认知能力和社会组织能力，充分调动中等收入群体社会参与的积极性，能够有效缓解政府公共管理资源的稀缺性，从而有效填补传统体制下社会管理的真空地带。

不同于公众政治参与中强调对公众与国家、政府之间互动关系的功能，公众社会参与体现出社会群体之间互动的模式。公众的社会参与功能既能够满足公众的多元化需求，尤其是能满足公众在日常生活中的个体需求，又能满足公众在社会互动中的需求。因此，公众社会参与的实质是社会生活的自我管理与自我服务，体现的是个体社会参与和社会服务的结合，从某种意义上来说，社会参与的本质是社会服务，这其中既包括对自身的服务，也包括对他人的服务。

社会参与过程也体现出个体社会意义的自我实现，在社会互动中实现个体的社会价值。个体在社会参与过程中，与其他社会成员建立良性的互动关系，扩展了个体的社会交往圈，同时通过各种适当的平台和途径参与公共事务的管理，实现个人价值与社会价值的统一。因此，社会参与在一定意义上讲，具有增强社会凝聚、促进社会共识、提升社会认同的重要功能。

（二）当前我国中等收入群体的社会参与水平和形式

当前我国公众的社会参与形式主要可以分为组织动员式参与和公众自发式参与。首先来说，组织动员式参与通常是以政府部门、学校、基层自治组织（也就是村居委会）为主导的公众参与形式，这是当前公众参与的主要形式之一。在传统的单位制和社会管理模式下，公众作为被管理者，其社会参与表现形式是以国家、政府为主体的自上而下的治理制度安排。这种社会参与模式对公众的参与机制、参与动机、参与范围、参与效果、参与形式有着很大的影响。在这种组织化参与中，动员者在参与中以其权威主导了参与的各个方面。正如有学者指出："在社区动员式参与活动中，参与者有明确的个人利益诉求或期望，一般对社区居委会有着一定的利益依赖或是希望通过社区活动的参与得到一定的认同与回报。因为社区参与能够给当事人带来物质或是精神上的回报，所以参与的自主性较差，对社区参与的目标期望值不高。"（向德平、王志丹，2012）

与组织动员式参与相对应，公众自发式参与是以个体和社会需求为起点，通过自我组织发起的社会参与。具体而言，公众自发式参与体现了个体利益和社会利益的有效结合，公民通过自愿组织形成自下而上的社会治理参与模式。同时，通过自发式参与形成的公民之间的有机组织建立了"国家与社会"，或者"政府与公民"之间的桥梁，形成了两者之间的良性互动机制。这一方面能够更好地通过协商式合作来实现公共事务的共同管理，另一方面，通过公众的自组织，能够促使公共利益的最大化和资源配置最优化，避免在传统体制下经常出现的社会资源错配和政府失灵的情况发生，防止了公共资源因配置误差而产生的浪费，最大效力地实现公众社会参与的利益共享、风险共担机制。并且，在自愿基础上形成的公众社会参与，能使得参与者在最大程度上认同社会行动的意义与价值，从而更有效地形成社会身份认同，充分实现通过个体互动而形成的社会凝聚力。

根据中国社会科学院2015年社会状况综合调查的数据[①]，就当前我国社会参与的整体情况来说，公众的社会参与较少，仅有10.7%参加过政府、单位或者学校组织的志愿者活动，仅有15.8%参加过自发组织的社会公益活动，比如义务清理环境，为老年人、残疾人、病人提供义务帮助等活动。从参与意愿来说，还是有相当一部分公众表示愿意参加公益性的社会活动，例如，约有58%表示愿意参加政府、单位或者学校组织的志愿者活动，约有65%表示愿意参加自发组织的社会公益活动。

同时，数据表明，不同收入群体在社会参与情况和社会参与意愿上呈现一定的差异性（见表9-1-1、表9-1-2）。首先，就社会参与情况来看，中等收入群体和高收入群体的社会参与较为显著地高于低收入群体。具体而言，有18.77%的高收入群体参加过志愿者活动，有12.33%的中高

---

① 笔者所用数据，凡未特别说明的均来自此项调查。

收入群体参加过志愿者活动,有9.58%的中低收入群体参加过志愿者活动,仅有7.37%的低收入群体参加过志愿者活动。同样,就参加自发组织的社会公益活动情况来看,中等收入群体和高收入群体的参与比例也显著高于低收入群体:有21.09%的高收入群体参加过自发组织的社会公益活动,而这一比例在低收入群体中仅为14.22%。

表9-1-1 不同收入群体社会参与情况(2015年)

单位:%

	低收入群体	中低收入群体	中高收入群体	高收入群体
给媒体反映社会问题	1.85	2.60	2.91	4.17
参加志愿者活动	7.37	9.58	12.33	18.77
参加宗教活动	9.32	6.76	5.44	8.32
参加自发组织的社会公益活动	14.22	14.47	16.64	21.09

其次,就社会参与意愿来看,中等收入群体和高收入群体的社会参与意愿要高于低收入群体。例如,有58.66%的高收入群体表示愿意参加志愿者活动,而有51.01%的低收入群体表示愿意参加志愿者活动。就参加自发组织的社会公益活动意愿来看,有69.29%的高收入群体表示愿意参加,而这一比例在低收入群体中为59.55%。

表9-1-2 不同收入群体社会参与意愿(2015年)

单位:%

	低收入群体	中低收入群体	中等收入群体	高收入群体
给媒体反映社会问题	31.50	35.13	32.98	36.03
参加志愿者活动	51.01	55.96	58.60	58.66
参加宗教活动	7.25	8.23	8.62	9.78
参加自发组织的社会公益活动	59.55	65.95	65.56	69.29

二 当前我国中等收入群体政治参与情况

(一)政治参与水平是个体能动性的体现

政治参与是个体能动性的重要表现形式之一,其指普通公民通过特定的方式来影响政府行为、政治权力体系以及公共社会、政治生活的行为。换言之，政治参与是指公民通过一定组织形式和程序参加社会政治生活，介入决策制定的过程中，并表达个人或集体的诉求和意愿，以影响国家政治体系和社会管理的规则制定、决策过程和效果评估的行为（孙欢、廖小平，2010）。亨廷顿在界定这一定义时指出，政治参与是平民试图影响政府的所有行动，不论这一行动是否合法、是否使用暴力，以及是否表现出自愿性特征。亨廷顿不仅区分了自主参与和动员参与这两个重要类别，还区分了合法参与、不合法参与等概念，如以选举投票为代表的常规政治参与和抵制、游行、示威等非常规的政治参与的划分（亨廷顿、多明格斯，1996：188~189）。与亨廷顿不同，诺曼·尼、西德尼·伏巴等学者则持一种较为狭窄的意见，将政治参与视为平民为影响政府人员的选择而进行的合法行动，在这一界定下，参与行动仅仅包括自主参与，而不包括动员参与，同时，参与行为只能是合法参与，而不能是非法参与（尼、伏巴，1996：290）。

笔者认为，在政治参与的研究中，应当重视合法的、常规的参与行为，也应当关注不合法的、非常规的参与行为。首先，行动本身的合法性直接取决于特定的社会政治结构，某个社会中的非法行为在另一个社会中可能具有合法性。因此，政治参与这一概念所涵盖的范畴不应当受政治法律制度和意识形态的局限。其次，政治参与行动，特别是某些"非法行动"是个体对社会结构的直接反馈，是个体能动水平的体现，反映了社会治理中的结构性问题。因此，只有充分考量"非法行动"存在的合理性，才能全面研究公众社会参与的行动机制。

就我国当前实际情况来看，社会公众，尤其是具有一定经济能力和社会地位的中等收入群体在政治活动中日渐活跃，一方面，中等收入群体的利益呈现多层次、多维度的特征，另一方面，中等收入群体具备的社会资源和动员能力使其有能力通过各种形式、各种渠道与国家、政府进行协商谈判，谋求各方利益的平衡点和最大公约数。在政治参与中，中等收入群体利用各种信息渠道，在体制机制范畴内，通过现实和虚拟公共领域中的集体行动，与政府建立有效互动。正如有学者指出的，社会地位较高的群体一般具有较为活跃的政治参与，因为这一部分群体拥有较为丰富的社会资源，同时对自身诉求是否能够得到当政者的及时有效回应有较高的要求，且行动能力较强，因此在政治参与中也通常被称为积极行动者（蒲岛郁夫，1989：108）。然而，就中等收入群体的政治参与行动来看，大部分有一定的维权属性，而常规性、体制性的政治活动较少，这一现象已经引起了学界的重视（游传耀，2008：96~98；黄荣贵，2010：178~197）。

（二）当前我国中等收入群体的政治参与水平和形式

就政治参与整体水平来看，当前我国公众的参与渠道主要还是制度性和体制内的选举活动，例如，有43.3%的受访者表示曾经参加过村居委会的选举活动。与之相比较，其他形式的政治参与活动则较不普遍，仅有8.1%的受访者曾经向政府部门反映意见。

在对不同收入群体的情况进行具体分析时可以看出，高收入群体和中等收入群体对基层选举活动的参与水平并不高，其中，32.44%的高收入群体参加过基层选举，有37.03%的中高收入群体参加过基层选举，而这一比例在低收入群体中为53.17%。而在与他人讨论政治问题上，高收入群体和中等收入群体，与低收入群体相比较，则表现出更高的热情。在高收入群体中，31.96%会与他人讨论政治问题；在中高收入群体中，24.25%会与他人讨论政治问题；在中低收入群体中，21.05%会与他人讨论政治问题；而这一比例在低收入群体中为17.13%（见表9-1-3）。

表9-1-3 不同收入群体政治参与情况：参加过（2015年）

单位：%

	低收入群体	中低收入群体	中高收入群体	高收入群体
与他人讨论政治问题	17.13	21.05	24.25	31.96
向政府部门反映意见	8.38	8.13	6.99	8.25
参加村居委会选举	53.17	45.67	37.03	32.44
到政府部门上访	3.77	3.51	3.61	2.62
参与示威游行等行动	0.64	0.63	0.75	0.91

从当前我国公众的政治参与意愿来看，各个收入阶层在不同形式的政

治活动中的差异并不非常显著。例如，在没有参加过基层选举的群体中，不论是低收入群体、中等收入群体，还是高收入群体，均只有50%左右表示今后愿意参与到基层组织选举中。

表9-1-4 不同收入群体政治参与意愿：愿意参与（2015年）

单位：%

	低收入群体	中低收入群体	中高收入群体	高收入群体
与他人讨论政治问题	25.11	26.83	24.3	25.63
向政府部门反映意见	34.73	39.22	35.35	38.54
参加村居委会选举	48.25	51.07	48.24	47.79
到政府部门上访	17.33	18.11	13.47	15.69
参与示威游行等行动	4.75	5.67	4.97	6.76

综上所述，可以看出，当前我国公众普遍政治参与水平较低，政治参与意愿不强。中等收入群体本应当是社会政治生活中较为活跃的群体，但是，在基层组织选举中，他们的参与水平还不及低收入群体。在各种政治参与形式中，中等收入群体的参与意愿与其他收入群体相比并没有呈现显著的差异。因此，为了进一步分析中等收入群体的政治参与水平低、参与意愿不高的现象，我们对他们的政治效能感进行了深入分析。

三 当前我国中等收入群体的政治效能感分析

（一）政治效能感的界定

政治参与的前提是公众具有较高的效能感，作为内在动因的效能感在很大程度上决定了一个社会政治生活的水平。所以，在这里，我们进一步对公众的政治效能感进行深入的讨论。对于政治效能感的测量，我们认为，可以分为以下几个层面。

①基层自治组织效能感：主要反映受访者对村居委会等基层自治组织开展的选举和自治活动的效能感评价，就一般公众而言，其主要政治参与是通过基层自治组织来实现的。基层自治组织，也就是村居委会，承担了沟通公众和政府之间信息的桥梁作用。体制内最主要的政治参与活动——

基层民主选举，村居委会是主持者和组织者。只有当公众对村居委会有着较高的效能感时，才有可能主动地参与其中。

②个体效能感：也可以称为内在效能感，主要反映受访者对自身的政治领域的知识储备，政治生活规则的认知，以及参与政治活动的能力的自我评价。如果公众对自身的知识水平和参与能力评价较低，就有可能有较低的政治参与意愿；相反，则有可能具有较高的政治参与意愿。

③政治冷漠程度：主要反映受访者对政治生活的热情与积极程度。有学者对政治冷漠现象进行了研究。杨光斌指出，政治冷漠的成因有心理、社会文化和政治三种变量，这些变量又可化约为四个具体因素，即政治主体"对报酬的估量"、"对选择的判断"、"政治效能感"以及"对结局的满意感"（杨光斌，1995：99~104）。美国学者亨廷顿提出："对大多数人来说，政治参与只是实现其他目标的手段。如果个人能够通过移居都市、获得地位较高的职业或改善他们经济福利等方式实现这些目标，那么，这些方式将在一定程度上成为他们参与政治的替代物。"（亨廷顿、纳尔逊，1989：56）因此，有学者将当前我国社会公众的政治冷漠归因于个体对经济利益有更多的关注，"由于经济发展水平低，加上对经济利益的十分关注，人们没有多少时间、精力也没有多少兴趣去了解决策程序、分析决策效果、获取决策信息"，"相对于参与政治生活来说，普通民众在经济领域中显然更容易实现和满足个人的利益，从而退出政治参与"（刘德霓，2002）。从公民团体论的角度来看，有学者认为，在当代中国，公民组织和社会团体还不够发达，从社会治理的模式和社会管理的主体来看，主要还是政府对社会经济生活的各个方面采取全面的控制，政府主导模式使得社会自发的利益群体发展不够，社会自治程度较低，同时公民的自发组织化程度也较低（黄建，2014）。西方学者亨廷顿等提出："如果人们加入某个组织并在其中积极活动，那么他们参与政治的可能性就会大得多。"（亨廷顿、纳尔逊，1989：91）

④政府效能感：主要反映受访者对政府部门对个体政治诉求反馈能力的评价。一方面，政府效能感反映出个体对其政治行动是否会对政府产生影响做出的预期评价；另一方面，政府效能感也反映出个体认为其政治行动在现有体制下是否会受到空间自由的限制的认知。

(二) 当前我国公众政治效能感基本情况分析

就当前我国公众政治效能感的整体情况来看，公众的参与效能感不高。例如，有49.9%的受访者表示在村（居）委会选举中，选民的投票对最后的选举结果没有影响，有48.7%表示参与政治活动没有用处，对政府部门不能产生什么根本的影响。同时，在相当一部分公众中，还存在着一定程度的政治冷漠情绪，有53.2%的受访者表示对政治不感兴趣，不愿意花时间和精力在这上面（见表9-1-5）。

表9-1-5 当前我国公众的政治效能感（2015年）

单位：%

		很同意	比较同意	不大同意	很不同意	不清楚
基层自治组织效能感	我关注村（居）委会的选举	17.8	41.6	29.8	8.7	2.1
	在村（居）委会选举中，选民的投票对最后的选举结果没有影响	12.0	37.9	34.4	7.8	8.0
个体效能感	我有能力和知识对政治进行评论和参加政治活动	6.6	33.7	41.5	12.3	5.8
政治冷漠	我对政治不感兴趣，不愿意花时间和精力在这上面	13.0	40.2	35.6	6.8	4.4
政府效能感	参与政治活动没有用处，对政府部门不能产生什么根本的影响	10.5	38.2	35.5	6.0	9.8
	我参与政治活动的自由会受到来自政府部门的限制	6.4	30.9	39.3	7.5	15.9

如果对不同收入群体进行细致分析，可以看出，在政治效能感上，不同收入群体之间并没有非常显著的差异。就基层自治组织效能感来看，中高收入群体对基层选举的关注和投票的作用认同程度较低，例如，在高收入群体中，有52.37%表示关注基层组织选举，在中高收入群体中，有55.08%表示关注基层组织选举，而在低收入群体中，有65.15%关注基层组织选举。而就基层选举中选民的投票对最后的选举结果是否有影响这一问题，不论是高收入群体还是低收入群体，都有近一半左右的人认为选民

的投票对最后的选举结果没有影响。

从政治冷漠程度来看，在高收入群体中，51.62%表示对政治不感兴趣，不愿意花时间和精力在这上面，在中高收入群体中，53.67%表现出一定程度的政治冷漠，在中低收入群体中，51.74%表现出一定程度的政治冷漠，在低收入群体中，这一比例为53.83%。

对于上述较为普遍的政治冷漠情况，公众的低政府效能感从一个侧面反映出政治冷漠的成因。具体而言，不论是高收入群体还是低收入群体，都有50%左右的人表示，参与政治活动没有用处，对政府部门不能产生什么根本的影响。同时，在高收入群体中，有39.88%表示其参与政治活动的自由会受到来自政府部门的限制，在中等收入群体中（包括中低收入群体和中高收入群体），有37.5%的人表示其参与政治活动的自由会受到来自政府部门的限制（见表9-1-6）。

表9-1-6 不同收入群体政治效能感分析（2015年）

单位：%

对以下说法表示同意	低收入群体	中低收入群体	中高收入群体	高收入群体
我关注村（居）委会的选举	65.15	60.32	55.08	52.37
在村（居）委会选举中，选民的投票对最后的选举结果没有影响	52.11	50.51	48.16	47.6
我有能力和知识对政治进行评论和参加政治活动	37.67	41.26	39.68	45.96
我对政治不感兴趣，不愿意花时间和精力在这上面	53.83	51.74	53.67	51.62
参与政治活动没有用处，对政府部门不能产生什么根本的影响	49.14	49.57	49.07	50.26
我参与政治活动的自由会受到来自政府部门的限制	36.49	38.28	37.07	39.88

中等收入群体广泛的社会参与和政治参与是国家民主化、法治化的基础，更是社会治理模式创新的前提。只有中等收入群体这一最有活力的群体具有较高的热情和动力参与社会政治生活，社会整体才能够更有活力。但是，就我国当前实际情况来看，中等收入群体的参与水平普遍较低。这主要有两个原因：首先，公众对参与的效能感较低，有相当一部分中等收

入群体认为参与政治活动没有用处，不能对政府部门产生影响；其次，当前中等收入群体的政治参与渠道较为狭窄，尤其是体制内的常规参与没有充分的空间，有三分之一左右的中等收入者表示参与政治活动的自由会受到来自政府部门的限制。

综上所述，当前我国社会中等收入群体整体的政治参与水平不高，社会公众，不仅仅是中等收入群体，普遍存在一定程度的政治冷漠情况。要提高社会治理水平，实现国家治理现代化，就应当进一步提升公众，尤其是中等收入群体的政治参与水平。个体通过有制度保障的体制内政治参与，与社会形成良性沟通协调机制，进而通过多种渠道和组织建立建设性的个体－社会关系，从而以有组织、有秩序的方式参与到与国家、政府以及其他社会成员的互动中。从国家政策制定层面来说，只有在具有较高政治参与水平的社会中，公众才有可能实质性地参与政治决策过程，更有效地获得信息和资源，更全面地参与对国家和社会的建设和改造。

四 基于当前我国中等收入群体社会政治参与情况的建议

要提高社会治理水平，实现社会和谐稳定，就要进一步提高中等收入群体的社会参与和政治参与水平。只有让中等收入群体在社会政治生活中承担中间力量，才能为社会自组织能力的提升提供基础性条件。数据显示，我国当前的社会自我组织、自我管理水平较低的表现之一是中等收入群体的社会参与和政治参与率较低，尤其是自发式的参与行为更是较少。同时，中等收入群体的政治效能感较低，有相当一部分中等收入群体认为个体的社会政治参与行为没有意义，不能有效地影响政府部门的决策，还有近一半的中等收入群体具有政治冷漠心态，对政治生活没有兴趣。上述情况表明，当前我国的社会自组织水平较低，一方面，中等收入群体因为缺乏政治效能感，没有多元的政治参与渠道，从而对社会政治参与的意义质疑；另一方面，政治体制改革滞后于社会经济发展水平，加之长期以来政府部门对公众诉求回应不足，导致相当一部分中等收入群体对政治生活逐渐失去积极性，呈现较为普遍的政治冷漠的社会心态。这些因素在很大程度上影响了我国政治民主化建设的进程，阻碍了新型社会治理模式的建构，进而影响了社会整体发展水平的提升。因此笔者提出以下建议。

首先，应当扩大公众社会政治参与的渠道，建立多层次的社会政治参与机制。现有的公众社会政治参与的发起者通常是政府部门和企事业单位，公众的自发参与行动较少。同时，在政治参与领域，现有的参与渠道较少，主要集中在选举和听证等形式。要提高社会治理模式创新，就应当进一步提高公众在政策制定过程中的发言权，提高公众在政策执行过程中的监督权利，切实从知情权、参与权、监督权、质询权等方面建立公众参与的规章制度和组织形式。

其次，应当培育和保障社会组织有序和持续发展，从动员式的民间力量组织模式转变为制度化、组织化的有序参与。中等收入群体作为社会主体，一般有着较高的经济能力和较多的社会资源，同时，他们在社会政治行动中倾向采取建设性和渐进性的良性互动模式，对维护社会稳定能够起到较为积极的作用。在社会政治生活中，只要为他们提供平台和空间，他们就能在社会治理中发挥重要的作用，在社会自我管理中释放出巨大的潜能。只有通过激发中等收入群体的社会动员能力，才能实现公众社会政治参与的高度组织化，进而有更为规范的参与行为，由此提高公众社会政治参与的效能和效率，实现公众与政府之间的有效互动。另外，组织化的社会政治参与能提高中等收入群体的组织归属感，常规化的参与行动能更好地提高中等收入群体的社会主体意识和社会认同，更为有效地促进积极的、建设性的社会治理创新。

最后，应当提升政府部门对公众诉求的回应。一些政府部门对公众的合理诉求只是敷衍，这在很大程度上影响了公众对政府工作的评价，削弱了公众对政府的信心。要提高公众社会政治参与水平，首要的是树立政府部门的威信，提高公众对政府回应能力的评价。只有这样，才能有效地消除公众的政治冷漠心态，使其以主人翁的心态参与到社会治理创新中。

俄罗斯中等收入群体的社会政治活动水平

尤里·拉托夫（Yu V. Latov）、
V. V. 佩特尤科夫（Vladimir V. Petuhov）

在当今的历史经典中，社会和政治科学的专家们已经将中产阶层视为确保国家社会和政治稳定的核心力量。中产阶层这一特有概念，也频繁出现于反对政治激进主义的讨论中。一般认为，不同于富人的是，中产阶层或中等收入群体更关切他们在生活中获得成功的机会；但他们并不像穷人那样过激。

一个世纪以前，当中等收入群体的规模还很小时，激进的革命者对这些"小资产阶级"在政治上的麻木不仁进行了猛烈的批判。但随着时间的推移，一个高度发展了的中产阶层已经成为一股令人生畏的社会政治力量，能够在从大都市到全国各地的任何层面实现自我组织和持续行动。中产阶层在社会中越是强大，渐进的改革之路就越能居于主导地位（相较于有停滞不前趋势和走向激进主义的改革）。相应地，非欧洲文明所面临的严重问题应归因于中等收入群体的虚弱。新兴中等收入群体的社会和政治行动主义被视为能够使这些文明实现社会、政治和经济稳定的安全支柱。

对中产阶层的社会和政治行动主义在现代世界中的作用的上述评论只是一个大致的轮廓，而在表面之下还有很多的例外。例如，20世纪初的俄罗斯的历史表明，最激进的革命实际上是由中等收入群体发起的（"革命知识分子"包括了列宁），在俄罗斯，中产阶层在社会中发挥的稳定作用并不突出。来自其他国家甚至是那些比俄罗斯更发达的国家（像20世纪30年代的德国）的例证表明了中产阶层在社会和政治生活中最初引发的是动乱而非稳定这一似是而非的趋势。

解释这种差异，值得一看的是奥尔森和亨廷顿有关经济发展水平与社会政治不稳定之间的"钟形"关系的假说（早在 20 世纪 60 年代就已提出）：当所谓的"追赶增长"型国家进行现代化时，政治灾难的威胁都是先升后降[①]。当被应用于中等收入群体的社会和政治作用时，这一假说可以有如下的解释：在追赶增长的国家中，中等收入群体的兴起首先成为一个推动激进的社会抗争的附加刺激因素，其后才有助于政治生活的稳定。中等收入群体的这种双重角色源于这样一个事实：起初，当其规模还很小时，这一群体的成员往往对低收入群体（他们从这一群体中发展而来）有着更多的认同并且会为这两个群体的利益而努力。直到后来，当中等收入群体扩大和发展了一种认同感时，他们才开始与富人和穷人保持距离，而且首先保护的是他们自己的利益。因此，对发展中国家而言，中等收入群体发展初期的生存和成长环境至关重要，因为这个群体在发展初期的作用可能更多地是促生激进主义而非促进社会稳定。

本文中，我们将使用在俄罗斯（与中国、印度和巴西一道，是主要的发展中国家之一）收集的经验数据和社会学数据来确定中等收入群体在地方的社会和政治活动究竟有多大的规模和建设性。本文将更多地从广义的视角来关注公民的行动主义而不会过多地触及政治活动本身（如成员的党籍、游行示威的参与或投票）。发达国家的案例研究表明，公民的行动主义之所以会发生是因为中等收入者停止将所有问题的解决方案交给政府以及不仅要批评政府的失职而且还要在不出状况的情况下参与消除阻碍他们生活和工作的各种障碍的时候，社会会变得更加的稳定。换句话说，我们在这里要研究的是作为民主国家的伙伴而非对手的一个公民社会的发展问题（主要由中等收入群体的行动主义所引发）。同样重要的是，O. N. 雅尼特斯基恰如其分地指出，对集体行动的正式分类，在我们这个多样化和充满活力的时代，并不是一种有效的研究方式。在当今世界中，几乎没有任何的社会运动可以被置于一个被严格定义的单一类别之中。即使是所谓的单一需求运动（在一个特定的范围、时间和地方去追求某一单一的目标）也几乎不可避免地会变成完全不同的、更持久的和更大规模的事情（雅尼特斯基，2013）。

---

① 例证请参见 A. 科罗塔耶夫、I. 瓦西津、S. 毕尤加，2017。

我们将从两个方面来审视俄罗斯中等收入群体的行动主义，首先是对这一群体成员参与各种社会和政治活动的调查数据进行分析，其次是对他们就在未来参与这一行动的可能的形式所发表的看法加以评论。

后苏维埃时代的俄罗斯，其发展的主要问题是人们早在20世纪90年代就感觉被欺骗了：激进的自由化改革对大多数人的幸福产生了一个巨大的负面影响，而新的民主制度却未能使其人民更接近执政者；与此相反，它们甚至将人民与执政者更加割裂开来。因此，在20世纪80年代和90年代之交的政治激进主义浪潮之后，俄罗斯人对他们可以影响这个国家走向的能力很快失去了信心。

在2016年春的调查中，当问他们是否有能力影响到国家、地区或者至少是都市的政策制定者时，很少有俄罗斯人选择"肯定有"这一回答。就影响市政政策而言，回答"肯定有"的人在高收入群体成员中的比例（5%）更高一些；在所有其他群体（包括中等收入群体）中，只有2%~3%的受访者选择了这一选项。相比之下，"绝对没有"的回答被约三分之一的俄罗斯人（主要是中低收入群体成员）所选择。来自中低收入群体的40%的受访者完全否认他们有能力去影响国家的政策，而在中高收入群体中，认为能如此的受访者占34%；在低收入群体和高收入群体中，受访者的这一比例分别为36%和29%。在影响市政当局的能力方面也有着类似的回答：来自中低收入群体的33%的受访者绝对否认具有这种能力，而来自中高收入群体、低收入群体和高收入群体的受访者的这一比例则分别为29%、31%和24%。

如果我们从一个更广泛的视角来审视受访者的回答（见表9-2-1），我们清楚地看到，高收入群体相较于其他所有的俄罗斯人，他们与政府的疏远并不太明显（在此，多达60%~70%的高收入者甚至不认为他们自己置身于政治之中）。反过来，中等收入的受访者与低收入的受访者一样，都感觉到了与政府的疏远。值得注意的是，中高收入群体略接近于高收入群体，而临界水平的数字（参与度最低而疏远感则最高）则表明了中低收入群体的特征。

表 9-2-1　俄罗斯人对他们影响政治进程的能力的看法（2016 年春）

单位：%

给受访者提出的一组问题： 如今，俄罗斯公民有……的机会吗？	回答"肯定有"和回答"有一些"的受访者的比例				
	中低收入群体	中高收入群体	中等收入群体的总体情况	低收入群体	高收入群体
全面影响国家的政策	14	16	15	17	15
影响地区的政策制定者	17	21	19	19	30
影响都市的政策制定者	21	28	24	24	39

尽管人们与国家有着明显的疏远，但如果受到国家约束的话，那么现代俄罗斯的社会行动主义者仍不会危及社会稳定。同时，政治与非政治的行动主义之间的界限正在变得更加模糊、难以区分和随意。此外，政治激进主义的许多种形式越来越接近于自我表现的普通形式，即在主观层面上，它们不被认为是政治的，而实际上，它们就其本质而言也不完全是政治的（也就是说与有意识地参与权力斗争的愿望联系在一起）。即使在极少参与活动的低收入群体中，每五个受访者中就有一人声称要参与某一特定组织或社团的活动，相比之下，在中等收入群体和高收入群体中，受访者的这一比例分别是 25% 和 33.3%。

表 9-2-2　俄罗斯各人口群体和各人口阶层参与基层组织、工会和社区活动的情况（2016 年）

单位：%

基层组织、工会和社区的类型	中低收入群体	中高收入群体	中等收入群体的总体情况	低收入群体	高收入群体
比较频繁的参与					
邻里关系改善团体和业主协会	8	9	**8**	4	11
行业工会	6	8	**7**	6	10
网络社区（Live Journal 群和 Facebook 群）	4	8	**6**	4	12
慈善组织（帮助残疾人或有特殊需求的孩子）	4	7	**5**	5	7
青年和学生团体	4	5	**4**	3	8

续表

基层组织、工会和社区的类型	中低收入群体	中高收入群体	中等收入群体的总体情况	低收入群体	高收入群体
极少参与					
专业兴趣俱乐部（医生、科学家、教师，等等）	1	2	**2**	2	2
环保团体	2	3	**2**	1	5
社会志愿者活动（为遭受火灾、水灾等的灾民提供帮助）	1	3	**2**	1	1
消费者权益保护协会	1	2	**2**	1	2
老年人/退伍军人协会	2	2	**2**	1	0
提倡保护和恢复历史、文化、建筑等遗产地的团体	1	1	**1**	1	2
宗教（信仰）团体	1	1	**1**	1	0
提倡保护社区财产的团体（反对未经授权/不留空间余地的建设或高速公路和商场的建设）	1	1	**1**	1	0
"单一需求运动"（被欺骗的股东、投资者或放贷人的团体，反对滥用应急灯的蓝桶协会等）	0	1	**0**	0	2
民族和文化的少数民族团体（流亡犹太人）	0	1	**0**	0	0
未参与任何团体或活动	77	71	**74**	80	64

现代俄罗斯人广泛参与的基层组织、工会和社区团体可被划分为定义相对清晰的两个组别。一方面，有4%~8%的俄罗斯人参加了一小部分的组织（仅有5类）；而另一方面，还有一个非常长的其他实体的名单，俄罗斯人参加其中每一团体和组织的比例为1%~2%。

在中等收入群体中，8%的受访者参加了邻里关系改善团体和业主协会，7%的受访者是行业工会会员，5%的受访者是活跃的慈善工作者。毫无疑问，这些数字值得我们密切的关注。要强调的是，参与其中的受访者的比例在大城市和年轻人中更高。

此外，表9-2-2也显示出了以下的趋势：一个社会群体/子群体的物质生活水平越高，参加基层组织/工会/社区团体的成员数量就越多。在低收入群体中，受访者的参与度为3%；在中低收入子群体中，参与度为4%；在中高收入子群体中，参与度为5%；而在高收入群体中，参与度则高达8%。即便如此，还是有一些例外的情况，主要涉及的是一些极少参与的组织（社会志愿者活动、退伍军人协会等），而在这些组织的参与度方面，中等收入人群要略高于高收入人群。

我们必须注意，如今的互联网社区在整个俄罗斯特别是中等收入人群中有着广泛的影响力：有6%的中等收入的受访者参加了网络社区（中高收入子群体的比例甚至高达8%），高收入的受访者的这一比例达到了12%。在大多数情况下，互联网社区只是与志同道合（如热衷于各种逃避现实的游戏）的人进行交流、远离公共生活或政治生活的一种形式。过去几年的实践经验证明，通过各种网络平台进行的自我组织活动越来越多地成为了许多基层工作（从召集人们应对火灾、水灾或帮助有特殊需要的儿童到坚定一个人的反腐立场）的一种手段。在这些方面网络社区往往组织得更好，而且比相关的国家机关效率更高。

值得注意的是，包括中等收入群体在内的大多数俄罗斯人表达出对作为基层活动一种形式的宗教团体的需求相当少——在任何收入群体/子群体中，参与这类组织的受访者的比例未超过1%。这一数字表明，所谓后苏联时代的"宗教心态的恢复"，就算真的有，也只是有信仰的信教者个人的取向，教会并不被视为社会和政治活动的主要平台，也未对市民社会的生活产生影响。

关于参与各种基层组织/工会/社区团体这一问题的另一个重要的发现就是参加公开政治化的组织/团体的现象极为罕见。尽管人们参加行业工会比较普遍，但现代俄罗斯的工会更像是企业的常规部门而非保护工人权利的政治组织。步入21世纪，尽管政治学者们开始谈论新的政治运动在俄罗斯的成因——比传统的政党更灵活和更注重实践，但调查却显示人们很少参加此类活动。例如，"单一需求运动"（被欺骗的股东和投资者的团体或抗议自私且鲁莽的司机的运动）即便是在中高收入群体中也只吸引了1%的受访者。在高收入群体中，参与率仅达到2%，而在其他群体/子群体中，它完全不存在。在与其有些许类似的提倡保护社会财产的运动中（反对未经授权或不留任何空间的建设，等等），情况则稍有不同：在中等收入群体中，参与率达到了1%，这与在低收入群体中的比例相同，但高收入者则完全没有参与这类运动。

不过，根据在莫斯科的公民自我组织实践的最新研究，在中等收入群体比例特别高的大城市中（首先是在首都），社区逐步具有了民权斗争的经验，创建了积极公民的网络、各种专业协会以及由共同利益驱动的行动团体。生活在同一公寓楼里的人们在社交网络中组建了团体，而社区则通过电子邮件和居住在同一街区的邻居或乐于助人的各位业主的电话号码建立了数据库，等等（沃尔科夫、科勒斯尼科夫，2016）。这已有了例证：在2017年春季和夏季，居住在莫斯科的人们自我组织起来，针对市议会在几个地区所谓的"修复"计划（大规模拆除被宣布为危险的建筑物并将租户搬迁到质量低劣的公寓里）走上大街去保护他们的利益。除首都之外，公民行动主义的新形式和新实践也正在俄罗斯其他地区出现和/或积极发展①。

对过去三年的调查数据进行比较和对比后（见表9-2-3），我们可以得出这样的结论：总的来说，俄罗斯人参与基层组织/工会/社团的上述特征保持了稳定。唯一有清晰动态变化的趋势是在中等收入群体和高收入群体中，参与业主协会的人数明显地增加（分别增长了2倍多和5倍多）。这是由于此类社团广泛存在于新建房屋的购买者中，而这些购房者主要属于中等收入群体而且从未属于低收入群体。置身事外者的下降趋势（即从未参与过任何基层组织的俄罗斯人在数量上的下滑）远非那么明显：它只在中高收入子群体（数字从2014年的76%降至2016年的71%）和高收入群体（从2014年的71%降至2016年的64%）中较为显著，这主要是由于正式参与业主协会的人数有所上升。

表9-2-3 俄罗斯人参与一些基层组织/工会/社团活动的动态变化
（2014年/2015年/2016年）

单位：%

基层组织/工会/社团的类型	中低收入群体	中高收入群体	中等收入群体的总体情况	低收入群体	高收入群体
邻里关系改善团体和业主协会	5/6/8	5/7/9	**5/7/8**	4/5/4	2/8/11
行业工会	8/4/6	8/6/8	**8/5/7**	6/5/6	8/5/10

---

① 欲了解更多信息，请参阅（佩特尤科夫等，2015；塞多娃，2016）。

续表

基层组织/工会/社团的类型	中低收入群体	中高收入群体	中等收入群体的总体情况	低收入群体	高收入群体
互联网社区（Live Journal 群和 Facebook 群）	6/7/4	7/10/8	7/8/6	4/5/4	10/13/12
慈善组织（帮助残疾人或有特殊需求的孩子）	2/3/4	4/3/7	3/3/5	2/3/5	4/6/7
未参与任何团体或活动	78/79/77	76/75/71	78/78/74	82/81/80	71/65/64

正如预期的那样，纯粹的政治参与在现代俄罗斯中比较少见（表9-2-4）。即便如此，正式的政治参与往往比在基层组织/工会/社团的参与上更加频繁：只有50%的俄罗斯人表示他们完全没有参与国家的政治生活（在此方面，中等收入群体的成员略少于低收入和高收入群体的受访者）。但要强调的是，人们在最常见的政治参与形式上也最消极——人们参与不是基于个人的主动性。这些包括投票（33%的中等收入群体的受访者）和与朋友、同事或同学讨论政治事件（27%的中等收入群体的受访者）。尽管高收入群体往往表现出最高水平的行动主义，可在投票的时候，他们却被中等收入群体和低收入群体所超越（22%的受访者）。相比之下，就与朋友、同事或同学讨论政治事件而言，中等收入群体（27%的受访者）与高收入群体（28%的受访者）几乎没有差异，但略高于低收入群体（24%的受访者）。

表9-2-4 俄罗斯不同收入群体参与政治生活的情况（2016年春）

单位：%

政治参与的类型	中低收入群体	中高收入群体	中等收入群体的总体情况	低收入群体	高收入群体
频繁参与					
选举投票	34	31	**33**	33	22
与朋友、同事或同学讨论政治事件	28	27	**27**	24	28
很少参与					
作为一名观察员、检票员、选票收集员等为选举活动服务	6	4	**5**	4	5

续表

政治参与的类型	中低收入群体	中高收入群体	中等收入群体的总体情况	低收入群体	高收入群体
参加公共政治活动（集会、示威等）	2	4	**3**	1	6
为地方选举机构工作	2	3	**3**	3	3
为政党工作	2	2	**2**	1	5
参加公民投票和公众听证会，向当局提出诉求，等等	2	3	**2**	2	2
极少参与					
为人权倡导团体服务	1	1	**1**	1	1
通过社交网络或在线论坛与有共同政治观点的人保持联系	1	1	**1**	1	3
未参与政治生活	49	51	**50**	53	55

当涉及源于个人主动性的公共政治活动时，经常参与其中的人们的比例在来自任何社会阶层或社会群体的受访者中都未超过5%。例如，在中等收入群体中，仅有2%的受访者有兴趣为政党工作；3%的受访者有兴趣参加公共政治活动（集会、示威）；5%的受访者有兴趣作为一名观察员、检票员、选票收集员来助选。尽管中低收入群体和中高收入群体在政治行动上的差异非常小，但是中等收入群体在整体上还是明显地比低收入群体更加积极，并且其积极和不积极的程度与俄罗斯的高收入群体相当。

特别要注意的是，互联网上的政治活动已经成为行动主义各种类型中最为少见的活动：这意味着网络社区的政治活动比人们通常认为的要小得多。虽然6%的来自中等收入群体的受访者和12%的来自高收入群体的受访者将自己描述为网络社区的成员，但他们中分别只有1%和3%的人使用了这些社区（社交网络或论坛）作为一个与志同道合的人交流政治观点的平台。

通过对比2014年和2016年的数据来分析政治参与的动态变化的尝试揭示了一个真正的悖论（表9-2-5）。一方面，在这两年中，承认未参与政治生活的人数显著下降（在中等收入群体中下降了近三分之一，即从70%降至50%，而在低收入群体中下降得更多）。另一方面，如果我们看某些特定类型的政治参与（与朋友、同事或同学讨论政治事件，为政党工作）的动态变化，人数几乎没有什么增长，而且在某些情况下，甚至出现了下降（为作为一名观察员、检票员、选票收集员等为选举活动服务）。

表 9–2–5　俄罗斯各社会群体和各社会阶层参与政治生活情况的动态变化
（2014 年/2016 年）

单位：%

政治参与的类型	中低收入群体	中高收入群体	中等收入群体的总体情况	低收入群体	高收入群体
频繁参与					
与朋友、同事或同学讨论政治事件	22/28	26/27	**23/27**	14/24	32/28
很少参与					
作为一名观察员、检票员、选票收集员等为选举活动服务	7/6	8/4	**7/5**	5/4	8/5
参加公共政治活动（集会、示威等）	2/2	2/4	**2/3**	2/1	2/6
为政党工作	2/2	1/2	**2/2**	2/1	4/5
极少参与					
通过社交网络或在线论坛与有共同政治观点的人保持联系	3/1	3/1	**3/1**	1/1	2/3
未参与政治生活	**71/49**	**67/51**	**70/50**	**81/53**	**63/55**

这个悖论背后的原因是，在 2016 年，作为一种政治活动的选举投票权的增加扩大了调查问卷中受访者的范围（之前，许多受访者不被认为真正地参与了政治）。因此，许多受访者突然意识到他们对政治的作用更为有用。撇开统计错觉，唯一客观的事实是收入相对较低的人们开始更频繁地讨论政治事件。在中低收入子群体中，这类人的比例增长了近四分之一（从 22% 增至 28%），并且在低收入群体中，这一比例从 14% 增至 24%；在中高收入子群体中，这一数字几乎完全未变，而在高收入群体中有所下降。尽管讨论政治事件是一种非常被动的政治参与形式，然而过去几年的动态变化却显示在最不富裕的人口群体中政治的包容性有了大幅度的增加（最富有的群体正经历着一个相反的下降趋势）。

一些研究人员指出，在政治参与度较低的背后有一个政治参与朝着更高质量迈进的隐形趋势。正如俄罗斯科学院社会学研究所在2014年进行的题为"公民的行动主义：新的社会角色"的全国性调查所表明的那样，这种参与变得越来越有意识，有社会动机以及（对大多数人而言）是纯粹利他的。的确，在大多数情况下，参与社会和政治活动（表9-2-6）是由真正"独创性的"动机来解释，如让世界变得更好或帮助他人的愿望（在不同群体和阶层中大约有10%的受访者）。纯粹地以利益和事业为侧重点的解释甚为少见——一种抗议政府的愿望（在高收入群体中有3%的受访者，在中高收入群体中有2%的受访者，而在中低收入群体和低收入群体中都只有1%的受访者）。

表9-2-6 俄罗斯人参与社会和政治生活背后的动机（2016年春）

单位：%

行动主义的动机	中低收入群体	中高收入群体	中等收入群体的总体情况	低收入群体	高收入群体
常见的动机					
公民责任感和使世界变得更美好的愿望	11	10	**11**	10	10
要采取具体行动并找机会去帮助别人的愿望	8	12	**10**	8	9
定期发生的动机					
一个保护我的权利和我所爱的人的权利的机会	6	9	**7**	5	10
一个让我的生活体验更加有趣和多样化的机会	7	7	**7**	5	7
一个遇见与我有同样价值观和观点的人的机会	6	8	**7**	7	7
一个结交新朋友的机会	4	6	**5**	4	7
个人的成长与发展，个人的新经验	4	5	**5**	5	10
和我的亲朋好友在一起	5	4	**4**	2	5
赚外快的机会	3	2	**3**	3	2
罕见的动机					
追求政治或社会事业的愿望	0	1	**1**	0	1
抗议政府的愿望	1	2	**1**	1	3
对任何政治或社会活动不感兴趣	73	68	**71**	75	62

必须强调的是，虽然无直接利益的积极行动主义仍然盛行，但过去几年已经呈现一个相反的趋势：连同志愿行动和"单一需求"运动一道，人们对各种非正式的基层活动越来越感兴趣，人们参与其中大部分是基于利他原则并无偿参与。基层行动主义的利他性动机的普遍表明，俄罗斯正在逐渐增进使其未来政治生活更加民主的潜力。尽管现代俄罗斯的基层行动主义尚未为专业性的政策制定铺平道路，然而对于新一代的俄罗斯人而言，它可能会成为更新该国政治家群体的手段之一。

俄罗斯人积极且定期参与政治活动的相对较低的数字，不应该被解释为他们去政治化和长期政治现状的一个指标。毕竟，在现代信息社会中，即使是最小的活动家群体也可以利用最新的交流方式，对国家、他们所在的城市或城镇的生活产生显著的影响，进而引爆一个政治上的"爆炸"。不过，为了达到这些群体激励别人去追随他们的目的，总得有人听他们说话并且听听他们要说什么。因此，对政治有一个基本的兴趣是反映政治参与潜力的一个非常重要的因素。长久以来，这种兴趣可能一直是纯超然的，然而，在所造声势足够大的情况下，冷漠的观察者会"突然"转变为政治进程的积极参与者。

表9-2-7 俄罗斯人对政治表示兴趣的方式
（2015年春/2016年春）

单位：%

对政治的态度	中低收入群体	中高收入群体	中等收入群体的总体情况	低收入群体	高收入群体
密切关注国家政治的最新情况	28/22	33/22	30/22	25/17	33/18
不太关注政治事件，但偶尔会与朋友和亲人讨论它们	42/45	41/45	42/45	39/45	38/52
对政治不感兴趣	29/33	25/33	27/33	35/38	26/30

2016年春进行的一项全国性调查的数据表明，对政治有一定程度兴趣的人的圈子比实际参与其中的人的圈子要大得多，正如我们在先前所提到的。尽管71%的来自中等收入群体的受访者并不认为社会和政治活动特别吸引人，但只有50%的受访者完全不涉足政治，并且只有33%的受访者对

政治没有丝毫的兴趣。就对政治的总体兴趣而言，中等收入群体居于相对置身事外的低收入群体（38%的受访者对政治不感兴趣）和相对参与其中的高收入群体（只有30%的受访者对政治不感兴趣）之间。同时，22%的中等收入群体（包括中低和中高收入子群体）的受访者"紧跟"政治的最新进展。在这方面，中等收入群体远远超过了低收入群体（17%）和高收入群体（18%）。

即便如此，如果我们对不同年份的数据进行比对，我们会发现俄罗斯人对政治的兴趣正在经历一个下降的趋势：例如，从2015年到2016年，中等收入群体中对政治不感兴趣的人的比例有了显著的增加（从27%增至33%），而有意愿去密切关注政治最新动态的人的比例几乎下降了三分之一（虽然未一直关注政治但偶尔也会在他们的社交圈内讨论政治的最新进展的人数在同期略有增长）。这一下降趋势首先表明了政治紧张局势的普遍缓解并且很可能只是一个暂时的波动。

为了更好地理解中等收入群体的政治活动的发展前景，让我们看看对"俄国人对假想的侵权可能采取的回击方式"这些问题的反应的构成（表9-2-8）。

表9-2-8 俄罗斯人对侵权做出反应的政治形式（2016年春）

单位：%

对可能的侵权的反应类型	中低收入群体	中高收入群体	中等收入群体的总体情况	低收入群体	高收入群体
频繁选择的可能的政治行动类型					
向当局提出申诉和呼吁	19	21	**20**	18	19
为地方和联邦官员投票，为政党服务	13	12	**13**	12	15
很少选择的可能的政治行动类型					
参与罢工、集会、示威和其他社会抗议活动	10	10	**10**	11	13
平和的公民抗争（拒绝缴纳税费，公共缴费等）	10	9	**10**	10	8
参与工会集会或工作团队委员会的活动	7	8	**8**	5	8
参加非政治基层组织（如消费者权益保护协会）	6	6	**6**	6	7

续表

对可能的侵权的反应类型	中低收入群体	中高收入群体	中等收入群体的总体情况	低收入群体	高收入群体
极少选择的可能的政治行动类型					
武力反抗	1	2	**2**	2	2
对政治置身事外					
未参加任何的政治行动，因为如今没有有效的影响政府的方式	30	23	**27**	28	19
未参加任何的政治行动，因为我们常常靠自己解决问题	25	26	**25**	25	34

俄罗斯人倾向于在法律范围内对可能的侵权做出反应，这是非常重要的。例如，中等收入群体对权利遭受侵犯的最常见的反应，是向政府提交请愿书（20%的受访者）或通过参与政党的活动的方式为地方联邦选举助一臂之力（13%的受访者）。他们远没有准备好去参加诸如罢工、集会或公民示威等平和的抗议活动（采用平和的抗议活动的仅10%的受访者）。准备将政治行动付诸实施的在所有社会群体中差别不大，差异仅有2~3个百分点（这一比例在高收入群体中通常要更高一些）。

另一个值得注意的因素是准备拿起武器去捍卫其利益的超激进分子的百分比很低。2016年，在所有社会群体和社会阶层中，这类人的比例在1%~3%波动；就对极端激进主义的态度而言，中等收入群体与低收入群体和高收入群体差异甚微。

我们必须注意一些专家的观点。他们认为，俄罗斯人已经对2011年至2012年的莫斯科游行示威感到失望，这意味着其正面临新一波的抗议浪潮，特别是因为已经有了一个合适的造势时机：即将到来的2018年总统选举为批评联邦政府的政策打开了一个新的机会窗口。在这方面，我们有必要知道在什么情况下和在什么程度上俄罗斯人准备参与很有可能在不久的将来爆发的大众抗议活动。

2016年春的一项全国性的调查表明，导致如此抗议活动的最可能的原因会是为了保护人民的经济和社会权利或反对政府的滥用职权（表9-2-9）。针对前一种情况，分别有30%的来自低收入群体和中等收入群体的受访者和21%的来自高收入群体的受访者声称他们在一定程度上已经准备好了去参加集会和示威游行。尽管潜在的抗议者的总体比例略低，然而更果断的人（那些肯定准备参加抗议活动的人）却为数众多：10%的来自低收入群体的受访者，7%的来自中等收入群体的受访者和5%的来自高收入群体的受访者。然而，即使是在这种情况下，这些受访者在数量上也大大地不如肯定不准备参加集会和游行示威的俄罗斯人（在所有收入群体中有约40%的受访者）。"支持反对党及其运动的集会和游行示威"这一最政治化的选项，所选之人最少，6%的来自低收入群体和中等收入群体的受访者和8%的来自高收入群体的受访者表示准备参加这样的集会和游行示威（而前者表示肯定准备参加的受访者的比例只有1%，后者的比例只有3%）。相比之下，坚决反对参加支持反对派的大众抗议活动的人的比例在每一收入群体中都超过了50%。

表9-2-9 俄罗斯人对他们个人置身大众政治事件的可能性的看法（2016年春）

单位：%

事件的类型	回答"肯定参加"和"也许参加"的受访者的比例				
	中低收入群体	中高收入群体	中等收入群体的总体情况	低收入群体	高收入群体
倡导人们经济和社会权利的集会和示威游行	32	26	**30**	30	21
反对地方政府和当局非法滥用权力的集会和示威游行	28	23	**26**	30	23
倡导当地社区的权利和反对移民的集会与示威游行	21	20	**21**	24	15
倡导民主权利和自由的集会与示威游行（言论自由、集会自由、示威游行自由，等等）	19	18	**19**	17	12
支持地方和联邦政府的集会和示威游行	12	12	**13**	10	11
支持反对党及其运动的集会和示威游行	7	7	**6**	6	8

值得注意的是，当对俄罗斯人准备去集会和示威游行进行分析时，我们还没有观察到中等收入群体的维护稳定作用。当涉及保护经济和社会权

利时，中低收入群体已被证明最有可能参加抗议活动（32%的受访者）。因此，尽管俄罗斯的中等收入群体很难被称为激进主义的源泉，可他们更不像社会稳定的压舱石。

现在，我们来对中等收入的俄罗斯人的社会和政治活动加以总结。

（1）中等收入的俄罗斯人与政府有着高度的疏远：他们中只有24%的人认为有能力影响城市政策，并且只有15%的人认为自己能够影响国家政策。中高收入群子群体的疏远度不那么地大，接近于疏远度最小的高收入群体。另外，中低收入子群体具有政治参与度最低的特征（甚至低于低收入的俄罗斯人），用以作为这一群体普遍抗议情绪的一个间接指标。

（2）调查结果显示，参与基层组织和各类社团的频次往往取决于收入水平。因此，中等收入者的政治参与也处于中等水平：他们比低收入者更多地参与组织/社团（4%～9%对3%～6%），但低于高收入者（7%～12%）。对于诸如志愿者活动协会或退伍军人协会这样的参与度较低的组织来讲（参与的比例在1%～3%），也有一定的例外。中等收入的受访者往往比高收入或低收入的受访者更频繁地参加这些组织。

（3）中等收入群体还具有中等水平的政治行动主义的特征。例如，他们在政治上的积极性，比低收入群体更高，但不及高收入群体。此外，中低收入群体和中高收入群体这两个收入子群体之间的差异极小。唯一的例外是选举的投票：低收入群体和中等收入群体参与度最高（各为33%），高收入群体参与度较低（22%）。

（4）如其他社会阶层一样，中等收入群体主要是出于利他主义（希望帮助社会和他人）或健康的利己主义（保护自己的民事权利和保证个人的发展）而涉身政治。在现代的俄罗斯，很少有人因渴望赚更多的钱或提高自己的职业前景而成为积极分子。

（5）就他们对政治的普遍兴趣而言（作为政治包容和有可能准备投身运动的一个指标），中等收入群体（有67%的受访者对政治感兴趣）居于低收入群体（62%的受访者）和高收入群体（30%的受访者）之间。同时，对政治最新情况非常感兴趣并且密切关注它们的人的百分比在中等收入群体中也最高。

（6）在有可能准备采取政治行动以回应侵权方面，中等收入群体与其他群体几乎没有差异，俄罗斯社会在这方面具有高度的同质性。我们要强调的是，基于调查数据，中等收入者最倾向于采取合法行动，以请愿的方式向当局提出申诉（20%的受访者），而武力抗争相当少见（只有2%的受访者）。

（7）在出于多种原因（主要是为了保护他们的社会和经济权利，阻止政府滥用权力）而有可能准备参与集会和示威游行方面，中等收入群体居于更激进的低收入群体和不倾向于采取抗议活动的高收入群体之间的中间位置。

因此，对全国性调查数据的分析表明，现代俄罗斯的中等收入群体没有完全发挥人们期望的稳定政治因素的作用。基于一般的中产阶层理论，中等收入群体应该在社会和政治中更为积极并且应该发挥其实现建设性目标的功能，如公民社会与国家之间的积极合作、对激进的抗议活动进行抑制等。然而在现实中，相较于其他群体，高水平地融入社会协作和政治参与网络的是俄罗斯的高收入群体而非中等收入群体。与此同时，我们几乎没有看到纳尔逊-亨廷顿模型所产生的恐惧，即其中所讲到的中等收入群体会产生激进的情绪，但中低收入子群体的确偶尔显示了激进主义倾向。在现代的俄罗斯，中等收入者倾向于将自己放在在政治上更积极但也更温和的高收入群体和在政治上最不积极、更倾向于做激进的抗议活动的低收入群体中间的位置。这种中间的社会和政治立场，连同其相当模糊的自我认同一道，说明了俄罗斯的中产阶层尚未形成一个独特的社会实体，这在本书先前的章节中被多次强调过。

第十章

大城市和特大城市的中等收入群体

中国特大城市的中等收入群体

——以北京、上海和广州为例

张海东　姚烨琳

中等收入群体既是推动社会结构由"金字塔型"向"橄榄型"转变、促进社会稳定的重要因素，也是经济发展的中坚力量，是市场消费的主体，具有强劲的购买力，是消费需求持续扩大的主要来源。随着经济全球化进程的加快，收入两极化趋势的不断加剧以及社会发展不平衡性的增强，全球中等收入群体的规模出现了一定程度的萎缩。皮尤研究中心的最新研究显示，美国中产阶层家庭所占比例已不到一半，从1971年的61%减少到2015年的49.4%。德国经济研究所也发现1997～2013年，德国中等收入群体的比例从64%下降到58%；同时，接近贫困的人口从30%增长到35%；而高收入群体从14%增长到17%。与此同时，新兴市场国家的中等收入群体却在迅速崛起。布鲁金斯学会高级研究员、经济学家霍米·卡拉斯认为，亚洲的中产阶层将快速增长并壮大，从而取代美国，成为驱动全球经济增长的主要力量。按亚洲开发银行对于中等收入群体的定义，1990年亚洲中等收入群体占总人口的21%，到2008年，已快速增长到56%。

中国经济经过三十多年的高速增长，人均收入水平显著提高，中等收入群体迅速崛起。众所周知，北京、上海、广州是中国经济、社会、文化最发达的地区，也是最具备形成中等收入群体土壤的地区。这三个地方的中等收入群体最具有典型性，对他们的研究能够揭示中国其他地方中等收入群体的动向。本研究将依据在北京、上海、广州三个特大城市开展的调查，聚焦中等收入群体的特征进行分析。

一　中国特大城市中等收入群体研究

本研究使用的数据来自2014年11月至2015年10月上海大学上海社

会科学调查中心在北京、上海、广州这三个特大城市统一组织的"特大城市居民生活状况调查"。本次调查采用两阶段抽样，第一阶段为常规的地图法随机抽样，目的在于获得具有代表性的社会各阶层人口样本以及中产阶层人口的分布起点。该阶段在每个城市抽取 50 个社区，每个社区抽取 20 个家庭户，每个家庭户抽取一个成年人入样，每个城市合计获得 1000 个样本。第二阶段为针对中产阶层的适应性区群抽样（Adaptive Cluster Sampling），目的在于获得具有代表性的中产阶层的样本，该阶段在每个城市抽取 1000 个样本。经过两阶段的抽样，本次调查最终成功访问了 6010 名居民。本文主要考察特大城市中等收入群体的各个特征，以收入作为划分中等收入群体的标准，因此排除学生和收入缺失的个案，最终依据北上广两阶段的 5611 个调查数据进行分析，其中第一阶段为 2854 个样本，第二阶段为 2757 个样本。

二　中等收入群体的界定、规模推定及构成性特征

（一）中等收入群体的界定

单从字面来看，中等收入群体是一个收入概念，不包含职业。中等收入群体从收入上衡量，有两种办法：一是绝对指标，二是相对指标。绝对标准就像贫困线一样，可以有国际标准和国别标准，它的好处是简单明了，容易测算和进行比较，但欠缺的是难以反映收入结构的变化。要建设橄榄型社会，就意味着要改变现有的收入分配结构，所以需要采用相对标准。李培林等人认为使用相对标准来定义中等收入群体较为恰当，既考虑了收入差距，也能够衡量中等收入群体的比重及其发展趋势，并且排除了货币购买力差异带来的干扰，因而能够从收入水平和人口比重两个维度来分析中等收入群体。

因此，本文采用相对标准，将受访者根据个人年收入区分为四个收入群体，低于中位值的 0.75 倍为低收入群体，在中位值的 0.75 倍至 1.25 倍之间的为中低收入群体，在收入中位值的 1.25 倍至 2.00 倍之间的为中高收入群体，超过收入中位值的 2.00 倍的为高收入群体。其中，本文中的中等收入群体包括中低收入群体和中高收入群体。

(二) 中等收入群体的规模推定

上文提到,本次调查采用两阶段抽样,第一阶段为常规的地图法随机抽样,第二阶段为针对中产阶层的适应性区群抽样,因此中等收入群体的规模推定应基于随机抽样阶段的样本,即第一阶段的 2854 个调查数据进行分析。第一阶段受访者个人年收入中位数为 4.8 万元,根据这一标准我们界定了四个收入群体(见表 10-1-1)。其中,符合中等收入群体界定标准的受访者为 1182 人,占 41.42%;低收入群体为 1137 人,占 39.84%;高收入群体为 535 人,占 18.75%。

表 10-1-1 北上广各收入群体规模(2015)

单位:人,%

	标准	人数	比例
低收入群体	3.6 万元及以下	1137	39.84
中低收入群体	3.6 万元至 6 万元(不含)	801	28.07
中高收入群体	6 万元至 9.6 万元(不含)	381	13.35
高收入群体	9.6 万元及以上	535	18.75
总计		2854	100

在地域方面,中等收入群体中有 435 人居住在北京,按照北京受访者 897 人推算,北京中等收入群体的比例为 48.50%;368 人居住在上海,按照上海受访者 1001 人推算,上海中等收入群体人口比例为 36.77%;379 人居住在广州,按照广州受访者 956 人推算,广州中等收入群体人口比例为 39.65%。值得注意的是,上海和广州低收入群体比例较高,在 45.00% 左右,而北京低收入群体的比例则不到 30.00%;此外,北京高收入群体的比例是最高的,达到 22.85%,其次为上海,广州最低(见表 10-1-2)。

表 10-1-2 北上广各收入群体规模比较(2015)

单位:人,%

	北京		上海		广州	
	人数	比例	人数	比例	人数	比例
低收入群体	257	28.65	454	45.35	426	44.56

续表

	北京		上海		广州	
	人数	比例	人数	比例	人数	比例
中低收入群体	287	32.00	239	23.88	275	28.77
中高收入群体	148	16.50	129	12.89	104	10.88
高收入群体	205	22.85	179	17.88	151	15.79
总计	897	100	1001	100	956	100

（三）中等收入群体的构成性特征

我们将从性别、年龄、政治面貌、户口类型、户口所在地、受教育程度、工作身份等方面来分析中国特大城市中等收入群体的构成性特征，以下分析基于两阶段调查的全部5611个样本。

从性别来看，低收入群体中男性的比例最低，仅为33.02%；中低收入群体和中高收入群体男性的比例分别为46.28%和55.83%；高收入群体男性的比例最高，达62.32%。在北京、上海、广州三地中，广州中等收入群体中男性比例最高，为52.15%，其次为北京（48.66%），上海中等收入群体中男性的比例最低，为47.31%。

从年龄来看，低收入群体的平均年龄最大，为46岁；中低收入群体的平均年龄为43岁，中高收入群体的平均年龄为38岁；高收入群体的平均年龄最小，为36岁。整体而言，中等收入群体的平均年龄为42岁。在北京、上海、广州三地中，广州的中等收入群体平均年龄最小，为40岁；其次为北京，平均年龄是41岁；上海中等收入群体的平均年龄最大，为44岁。

从政治面貌来看，低收入群体中党员的比例最低，仅为8.53%，中高收入群体中党员的比例最高，达19.47%。此外，中低收入群体（15.99%）和高收入群体（17.45%）的党员比例均在15.00%以上。在北京、上海、广州三地中，上海中等收入群体中党员的比例最高，为21.04%，其次为广州（17.09%），北京中等收入群体中党员的比例最低，仅为14.09%。

从户口类型来看，高收入群体的非农户口比例最高，为84.23%，中高收入群体的非农户口比例最低，为77.99%。低收入群体和中低收入群体的非农户口比例分别为79.48%和80.65%。在北京、上海、广州三地中，上海中等收入群体中非农户口的比例明显高于北京和广州，高达87.97%。北京和广州中等收入群体中非农户口的比例分别为78.78%和73.37%。

从户口所在地来看，有22.92%的低收入群体为本市以外户口，中低收入群体和中高收入群体中本市以外户口的比例分别为23.66%和27.38%，高收入群体中本市以外户口的比例为24.68%。在北京、上海、广州三地中，上海中等收入群体中本市以外户口的比例最低（21.04%），其次为北京（21.49%），广州最高，达32.54%。

从受教育程度来看，高收入群体中学历为本科及以上的比例达到57.36%，其次为中高收入群体（42.61%）和中低收入群体（17.58%），低收入群体中学历为本科及以上的比例仅为12.03%（见表10-1-3）。在北京、上海、广州三地中，上海中等收入群体的受教育程度最高，学历在本科及以上的比例达到27.58%，北京和广州中等收入群体学历在本科及以上的比例均未达到25%。

表10-1-3 北上广各收入群体居民受教育情况（2015）

单位：人，%

学历	低收入群体		中低收入群体		中高收入群体		高收入群体	
	人数	比例	人数	比例	人数	比例	人数	比例
本科以下	1763	87.97	1186	82.42	392	57.39	629	42.64
本科及以上	241	12.03	253	17.58	291	42.61	846	57.36
合计	2004	100	1439	100	683	100	1475	100

从工作身份来看，80.00%以上的受访者都是有固定雇主/单位的雇员或工薪收入者。高收入群体中雇主/老板的比例明显高于其他群体，达到11.81%，中等收入群体中雇主/老板的比例明显下降，约为2.00%。低收入群体中自由职业者、劳务工/劳务派遣人员和无固定雇主的零工、散工的比例均为最高（见表10-1-4）。

表10-1-4 北上广各收入群体居民的工作身份情况（2015）

单位：人，%

	低收入群体		中低收入群体		中高收入群体		高收入群体	
	人数	比例	人数	比例	人数	比例	人数	比例
有固定雇主/单位的雇员或工薪收入者	1404	80.41	1254	87.39	604	88.43	1172	80.49

续表

	低收入群体		中低收入群体		中高收入群体		高收入群体	
	人数	比例	人数	比例	人数	比例	人数	比例
雇主/老板	28	1.60	27	1.88	15	2.20	172	11.81
自营劳动者	72	4.12	56	3.90	30	4.39	64	4.40
家庭帮工	9	0.52	10	0.70	3	0.44	4	0.27
自由职业者	54	3.09	36	2.51	18	2.64	28	1.92
劳务工/劳务派遣人员	40	2.29	22	1.53	5	0.73	2	0.14
无固定雇主的零工、散工	72	4.12	16	1.11	2	0.29	1	0.07
其他	67	3.84	14	0.98	6	0.88	13	0.89
合计	1746	100	1435	100	683	100	1456	100

在北京、上海、广州三地，北京和上海中等收入群体中有固定雇主/单位的雇员或工薪收入者的比例均在90.00%以上，而广州中等收入群体中具有这一工作身份的受访者的比例则只有77.12%。值得注意的是，广州中等收入群体中自营劳动者、雇主/老板、自由职业者、劳务工/劳务派遣人员的比例均明显高于北京和上海（见表10-1-5）。

表10-1-5　北上广中等收入群体工作身份（2015）

单位：人，%

	北京		上海		广州	
	人数	比例	人数	比例	人数	比例
有固定雇主/单位的雇员或工薪收入者	754	92.40	585	93.00	519	77.12
雇主/老板	8	0.98	11	1.75	23	3.42
自营劳动者	24	2.94	18	2.86	44	6.54
家庭帮工	3	0.37	0	0	10	1.49
自由职业者	17	2.08	6	0.95	31	4.61
劳务工/劳务派遣人员	4	0.49	5	0.79	18	2.67
无固定雇主的零工、散工	3	0.37	4	0.64	11	1.63
其他	3	0.37	0	0	17	2.53
合计	816	100	629	100	673	100

从管理活动的情况来看，高收入群体从事管理活动的比例明显高于其他收入群体，有近60.00%的高收入群体从事管理活动，其中47.25%的高收入群体既管理别人，又受别人管理，有11.43%的高收入群体只管理别人，不受别人管理（见表10-1-6）。此外，同属中等收入群体的两个群体在管理活动上存在明显差距，37.42%的中高收入群体从事管理活动，比中低收入群体高了14.10个百分点。低收入群体中只受别人管理，不管理别人的比例为70.25%，明显高于其他收入群体。

表10-1-6 北上广各收入群体的管理活动情况（2015）

单位：人，%

	低收入群体		中低收入群体		中高收入群体		高收入群体	
	人数	比例	人数	比例	人数	比例	人数	比例
只管理别人，不受别人管理	26	1.50	30	2.10	20	2.92	166	11.43
既管理别人，又受别人管理	267	15.42	303	21.22	236	34.50	686	47.25
只受别人管理，不管理别人	1216	70.25	939	65.76	351	51.32	477	32.85
既不管理别人，也不受别人管理	222	12.82	156	10.92	77	11.26	123	8.47
合计	1731	100	1428	100	684	100	1452	100

在北京、上海、广州三地中，上海从事管理活动的中等收入群体比例最高，为35.93%；其次是广州，将近30.00%；北京最低，仅20.05%。广州中等收入群体中"只管理别人，不受别人管理"和"既不管理别人，也不受别人管理"的受访者比例均高于北京和上海，这说明广州中等收入群体中自雇者的比例较高。而北京中等收入群体中"只受别人管理，不管理别人"的比例为70.90%，明显高于上海和广州（见表10-1-7）。

表10-1-7 北上广中等收入群体的管理活动情况（2015）

单位：人，%

	北京		上海		广州	
	人数	比例	人数	比例	人数	比例
只管理别人，不受别人管理	10	1.22	16	2.54	24	3.61
既管理别人，又受别人管理	154	18.83	210	33.39	175	26.32
只受别人管理，不管理别人	580	70.90	359	57.07	351	52.78

续表

	北京		上海		广州	
	人数	比例	人数	比例	人数	比例
既不管理别人，也不受别人管理	74	9.05	44	7.00	115	17.29
合计	818	100	629	100	665	100

综上所述，我们可以发现，虽然都属于中等收入群体，但是中低收入群体和中高收入群体在各项结构性特征上均存在显著差异，如在性别、年龄、受教育程度、管理活动等方面。中高收入群体受教育程度更高，从事更多的管理活动，有着更高的职业地位，在各方面都处于优势地位。另外，在区域比较上，北京、上海、广州三地的中等收入群体也呈现相似性和差异性。相似性体现在，三地中等收入群体以男性青壮年为主，80%左右为非农户口，25%左右学历在本科及以上。而差异性体现在三地中等收入群体的职业身份和管理活动上。广州中等收入群体中的自雇人员比例明显高于北京和上海，而上海中等收入群体中具有管理职能的人的比例明显高于北京和广州。

三　中国中等收入群体的群体特征

本文从家庭经济状况、工作状况和生活保障、生活方式、阶层认同、社会态度和社会参与这六个方面来展现我国特大城市中等收入群体的群体特征，并在此基础上，对北京、上海、广州三地的中等收入群体的具体情况进行详细对比。

（一）家庭经济状况

本调查用固定资产、资金流动、年收入情况、年支出情况、房产情况等来分别展现各收入群体的家庭经济状况。

1. 中等收入群体在资产状况方面较为优越，但群体内部存在差异

本研究通过询问是否拥有自有房屋和汽车来考察受访者的固定资产状况。房屋产权类型包括：完全自有、和单位共有产权、租住、政府免费提供、单位免费提供、父母/子女提供、向其他亲友借助以及其他。本文中我们只把完全属于受访者自有算作自有住房。从表10-1-8可以看出，有

68.81%的高收入群体拥有自有住房，在各群体中比例最高，其次为低收入群体，中高收入群体和中低收入群体的自有住房比例相对较低，在65.00%左右。我们进一步分析了各收入群体自有住房的类型，发现低收入群体的自有住房中自建房和继承而来的比例明显高于高收入群体，而自购房的比例则低于高收入群体。在自有汽车方面，超过60.00%的高收入群体拥有自有汽车，低收入群体中拥有自有汽车的比例则很低，仅为30.07%。中低收入群体和中高收入群体拥有自有汽车的比例差距较大，接近半数的中高收入群体拥有自有汽车，而在中低收入群体中这一比例仅为32.81%。

表10-1-8 北上广各收入群体固定资产状况比较（2015）

单位：人，%

分类	低收入群体		中低收入群体		中高收入群体		高收入群体	
	人数	比例	人数	比例	人数	比例	人数	比例
自有住房	1320	67.59	895	64.30	440	65.97	451	68.81
自有汽车	301	30.07	232	32.81	164	49.40	460	64.79

注：因本调查分A、B两卷进行，是否拥有自有汽车的问题仅为B卷受访者回答，故样本量与受访者总人数有较大出入。

上海中等收入群体对两项固定资产的拥有比例在北京、上海、广州三地中均为最高，其中有将近80.00%的上海中等收入群体拥有自有住房，拥有自有汽车的比例也将近45.00%。北京中等收入群体拥有自有住房的比例最低，不到60.00%；广州中等收入群体拥有自有汽车的比例在三城市中最低，仅为30.15%（见图10-1-1）。

在资金流动方面，我们询问受访者是否曾将钱借予他人（别人/机构/公司），或是曾向他人借钱。结果显示，各收入群体在这方面的金钱往来都并不频繁，其中高收入群体对外的金钱流动会稍多，约15.00%的高收入群体曾将钱借予他人，低收入群体和中低收入群体的比例仅为高收入群体的一半。有14.62%的高收入群体曾向他人借钱，明显高于其他收入群体，而低收入群体向他人借钱的比例也在10.00%以上（见表10-1-9）。整体而言，中等收入群体在资金流动方面较不频繁。

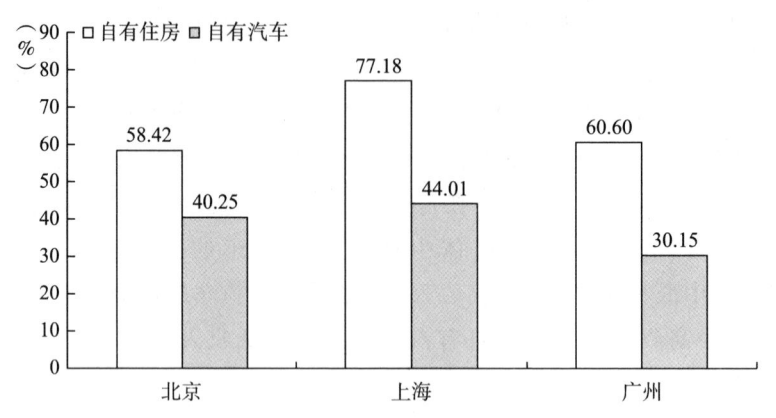

图 10-1-1　北上广中等收入群体固定资产状况比较（2015）

表 10-1-9　北上广各收入群体资金流动状况比较（2015）

单位：人，%

	低收入群体		中低收入群体		中高收入群体		高收入群体	
	人数	比例	人数	比例	人数	比例	人数	比例
将钱借予他人	138	6.89	88	6.11	68	9.93	217	14.70
向他人借钱	224	11.19	135	9.41	75	10.95	215	14.62

注：因本调查分 A、B 两卷进行，是否拥有自有汽车的问题仅为 B 卷受访者回答，故样本量与受访者总人数有较大出入。

在北京、上海、广州三地中，广州中等收入群体在借贷方面的资金流动最为频繁，有 11.70% 的中等收入群体曾将钱借予他人，比上海高了 3.95 个百分点，比北京高了 8.28 个百分点。有 17.04% 的广州中等收入群体曾向他人借钱，远高于北京和上海。北京中等收入群体在借贷方面的金钱往来最不频繁，不管是将钱借予他人还是向他人借钱的比例都不到 4.00%（见图 10-1-2）。

2. 中等收入群体的收入以工资性收入为主

本次调查测量了受访者家庭 2013 年全年的总收入以及构成总收入的不同类型收入（工资性收入、经营性收入、财产性收入以及其他收入）。调查显示：中等收入群体（包括中低收入群体和中高收入群体）的平均家庭年收入超过 15 万元，约为低收入群体家庭年收入的 1.2 倍，但仅为高收入群体家庭收入的 1/3（见图 10-1-3）。首先，工资性收入构成了总收入

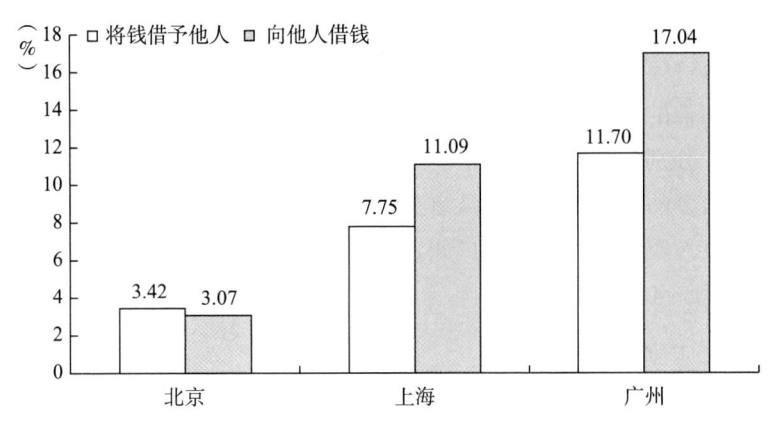

图 10-1-2 北上广中等收入群体固定资产状况比较（2015）

的大部分，中等收入群体的年均工资收入为127950元；其次是经营性收入（11912元），再次是其他收入（1211元）。与高收入群体和低收入群体相比，中等收入群体的财产性收入和经营性收入明显偏低；经营性收入仅为高收入群体的1/8，甚至不到低收入群体的1/2；财产性收入约为高收入群体的1/10。

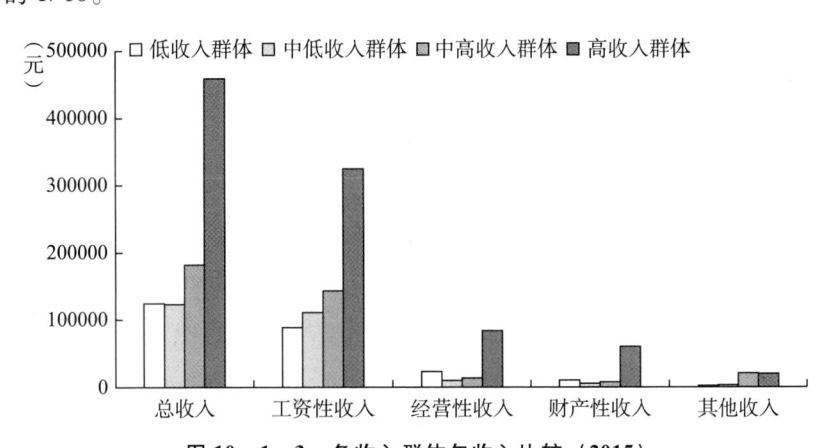

图 10-1-3 各收入群体年收入比较（2015）

虽然同属中等收入群体，但是中低收入群体和中高收入群体在各项家庭收入方面存在明显差距，中低收入群体的总收入、工资性收入、经营性收入和财产性收入均为中高收入群体的70%左右。

中等收入群体的家庭收入也存在较大的地区差距。上海的中等收入群体家庭年总收入最高，为 164475 元；其次是北京的，为 143878 元；广州的中等收入群体家庭年总收入最低，为 118045 元。工资性收入和财产性收入也呈现相似的状况。而在经营性收入和其他收入方面，广州的中等收入群体最高，分别为 16701 元和 19163 元，这也反映了广州的商业氛围较为浓郁，有较多的中等收入群体从事生产经营活动。上海中等收入群体家庭的财产性收入明显高于北京和广州，这反映了上海居民收入结构的多元化（见图 10-1-4）。

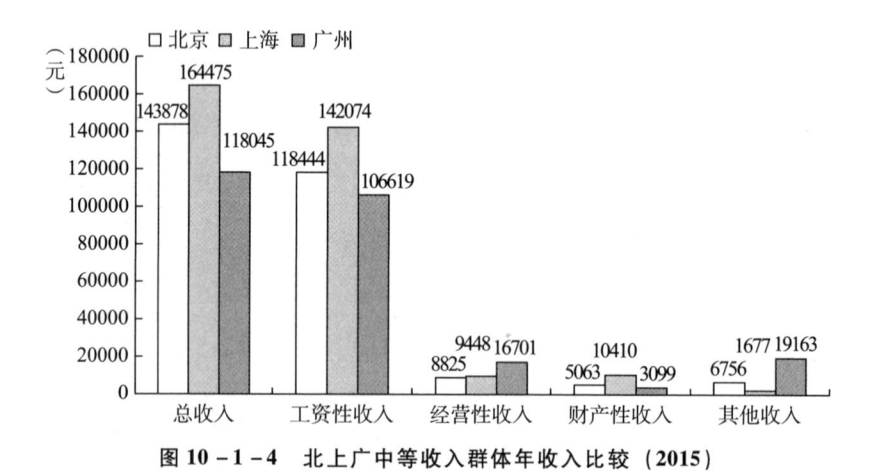

图 10-1-4 北上广中等收入群体年收入比较（2015）

3. 中等收入家庭在消费方面具有较大的增长潜力

在消费支出方面，本次调查询问了受访者 2015 年全年的总支出以及支出构成，包括饮食消费支出、服饰支出、医疗支出、教育支出（包括成人和孩子的教育费用总和）、衣食外的基本日常支出（如水、电、煤、交通费等）、住房支出（购房、建房、房租或还房贷等）、礼品和礼金支出、赡养/抚养费用、娱乐文化支出和其他支出的情况。

从表 10-1-10 可以看出，与收入的情况类似，支出也体现着群体差异。高收入群体的各项支出均为最高。在中等收入群体的消费结构中，饮食消费支出占比最高，中等收入群体每年花费逾 3 万元在饮食上；其次是住房支出，中等收入群体每年约花费 10001 元。值得注意的是，中低收入群体的各项消费支出在各群体中均为最低，而中高收入群体也仅在总支出和饮食支出上略高于低收入群体。这说明中等家庭的消费偏于保守，但同时表明中等收入家庭在"娱乐""教育""服饰""礼品"等多项家庭消费项目上具有较大的增长潜力。

表10-1-10 北上广各收入群体年消费支出比较(2015)

单位:元

	低收入群体	中低收入群体	中高收入群体	高收入群体
总支出	76640	75238	98261	188437
饮食消费支出	30711	26759	34308	44380
服饰支出	11653	6895	10098	21968
医疗支出	10603	4636	4909	11503
教育支出	12487	5372	8591	26455
日常支出	11525	6233	7907	21511
住房支出	12560	8145	11857	28309
礼品和礼金支出	8661	3808	4988	16354
赡养/抚养费用	8654	3372	5058	20663
娱乐文化支出	10413	6619	10066	31698
其他支出	14109	3899	5641	16003

北京、上海、广州三地中等收入群体的支出也不尽相同。在总支出方面,上海最高,为91411元;其次是北京,为79587元;广州最低,为78007元。饮食消费支出占总支出的比例最高,北京和广州都约为26000元,上海最高,将近35000元。上海的中等收入群体除了在医疗、赡养/抚养两方面的支出稍低于北京和广州以外,在其余各项支出上均为最高。对比北京和上海,广州的中等收入群体在各项支出上都相对较低。可见上海中等收入群体的生活压力较大(见图10-1-5)。

(二)工作状况和社会保障

中等收入群体的工作状况包括客观的基本情况和主观的工作态度。客观情况包括工作的获得渠道、单位类型、每月平均工作时间和每月收入;而主观态度则体现为工作满意度。此外,我们也对不同收入群体和不同地区的情况进行了比较。

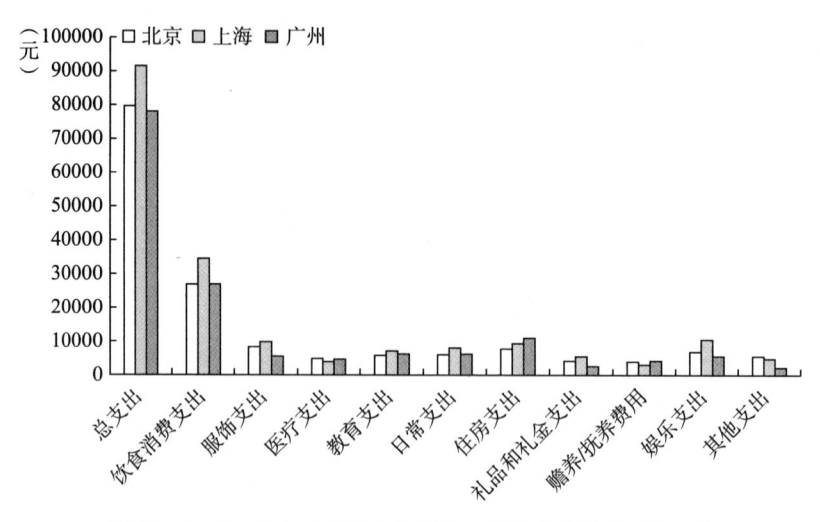

图 10-1-5　北上广中等收入群体年消费支出比较（2015）

1. 中等收入群体以个人应聘为主要的求职方式

调查询问了受访者通过何种方式获得目前/最后这份工作，并且划分了"顶替亲属、国家招录、个人应聘、职业介绍机构、他人介绍推荐、其他"六种渠道，以了解各收入群体的主要求职方式。从表10-1-11可以看出，随着单位制的解体，统一分配工作的时代早已一去不复返，个人应聘成为主要的求职方式，这一特点在中高收入群体和高收入群体上体现得更为突出。有约60%的中高收入群体和高收入群体通过个人应聘找到工作，高人力资本使他们在劳动力市场上有着更完备的信息以及更多的自主权，他们更倾向于在比较不同职位之后做出自己的选择。国家招录也是一个较为有效的求职渠道，这与当前的"公务员热"也有关系，但通过此渠道找到工作的更多为中低收入群体和低收入群体。在我国这个具有人情传统的社会中，社会网络在求职过程中发挥着一定的作用，有15%左右的人通过他人介绍推荐找到了工作。而只有为数不多的人通过顶替亲属获得工作，这表现出在当下中国，特别是在北京、上海、广州这样的特大城市，求职更加公平，任人唯贤取代了任人唯亲，直接的代际职位传递可能性越来越低。

对比中低收入群体和中高收入群体的求职渠道，我们发现，中低收入群体的求职渠道更接近低收入群体，呈现国家招录和个人应聘相结合的特点；而中高收入群体则更接近高收入群体，呈现以个人应聘为主，国家招录为辅的特点。

表 10-1-11 北上广各收入群体求职渠道比较（2015）

单位：%

	低收入群体	中低收入群体	中高收入群体	高收入群体
顶替亲属	5.17	3.62	1.61	1.36
国家招录	29.15	31.02	19.88	15.38
个人应聘	32.81	43.32	58.77	59.21
职业介绍机构	1.72	3.2	3.95	4.61
他人介绍推荐	17.19	14.95	12.43	12.13
其他	5.96	3.27	4.39	9.56

注：此题为多选题。

进一步比较北京、上海、广州三地中等收入群体的求职渠道，我们发现，仅有不到20%的广州中等收入群体通过国家招录进行求职，而上海和北京的比例均超过30%（见图10-1-6）。此外，有近20%的广州中等收入群体通过他人介绍推荐获得工作，甚至超过了通过国家招录获得工作的比例，而北京和上海的比例分别为13.05%和10.38%。可见社会网络在广州中等收入群体求职的过程中发挥着重要作用。

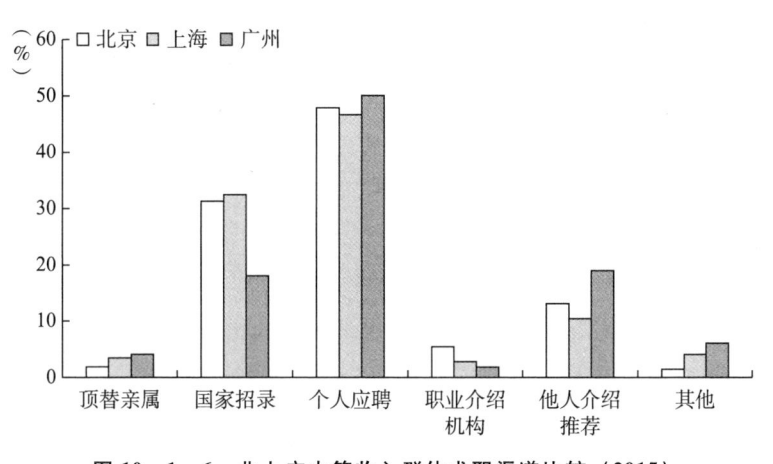

图 10-1-6 北上广中等收入群体求职渠道比较（2015）

2. 中等收入群体在私营企业就职的比例最高

随着市场经济的高速发展，各类所有制经济都进入了繁荣时期，从表 10-1-12 可以看出，中等收入群体和高收入群体占比最高的单位类型为私有企业，这类企业的收入回报直接与绩效挂钩，极大地激励了劳动者的积极性，因此具备了相当的吸引力。尽管伴随着国企改制，国企已不再是一家独大，但它稳定且较为丰厚的收入以及较高的社会声望还是吸引了相当一部分人，有 40.00% 左右的中等收入群体就职于国有单位（见表 10-1-12）。还有 6.50% 左右的中等收入群体选择下海经商，成为个体工商户。与低收入群体和高收入群体相比，中等收入群体在国有事业、民办非企业单位就职的比例最高，在集体企业和其他类型单位就职的比例最低。

表 10-1-12 北上广各收入群体所在单位类型比较（2015）

单位：%

	低收入群体	中低收入群体	中高收入群体	高收入群体
党政机关	2.59	3.57	4.25	3.99
国有企业	29.72	27.19	19.79	17.36
国有事业	12.73	17.52	20.09	14.19
集体企业	6.74	5.61	5.43	5.72
私有企业	25.17	28.45	34.02	37.53
三资企业	3.40	4.77	5.57	8.20
社会团体	0.17	0.35	0.44	0.41
民办非企业单位	0.75	1.26	0.73	0.62
自治组织	2.71	1.12	0.59	0.14
个体工商户	7.55	6.87	5.72	10.06
其他	1.27	0.84	0.88	1.03
无单位	7.20	2.45	2.49	0.76
总计	100	100	100	100

在北京、上海、广州三地中，广州中等收入群体在私有企业中就职的比例为 36.32%，比例最高，而北京和上海两地则均没有超过 30.00%（见图 10-1-7）。此外，广州中等收入群体中为个体工商户、在民办非企业和自治组织就职的比例，高于北京和上海。但是，广州中等收入群体就职于国有企业的比例最低，约 15.00%，约为上海和北京的 1/2。上海中等收

入群体就职于三资企业的比例远高于北京和广州,为 10.17%,高出北京和广州约 7.00 个百分点。

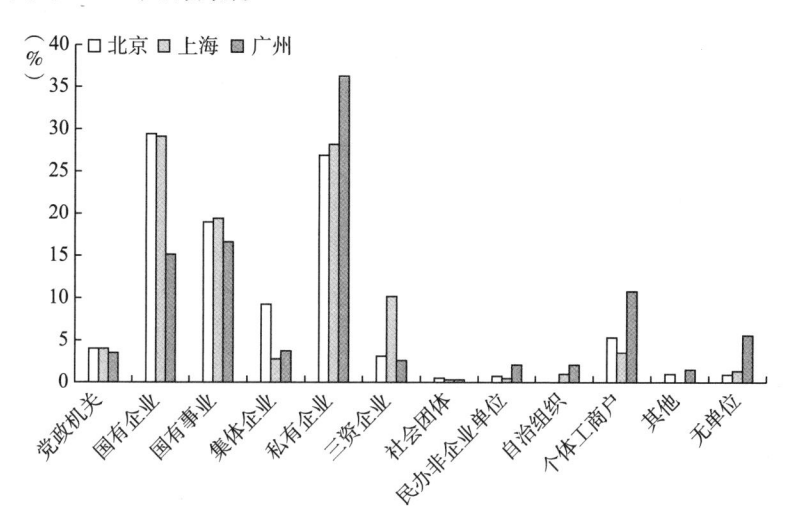

图 10-1-7 北上广中等收入群体所在单位类型比较(2015)

3. 中等收入群体较低收入群体的经济回报更为优越

在工作时间方面,中等收入群体每月平均工作约 22.75 天,而低收入群体和高收入群体则略高一些,平均工作 23.01 天和 22.81 天。三者在收入方面则体现了较大的差异,工资收入仍然是收入的主要来源,中等收入群体的每月平均工资为 7661.56 元,几乎是低收入群体的两倍,却不到高收入群体的 1/3。中等收入群体经营和投资所得收入每月为 1117.83 元,虽然远高于低收入群体,却不到高收入群体的 1/10(见表 10-1-13)。由此可以看出,在工作时间投入相近的情况下,高收入群体和中等收入群体获得了更丰厚的物质回报,各收入群体之间收入差距依然较大。

表 10-1-13 北上广各收入群体每月工作时间和收入的比较(2015)

单位:天,元

	低收入群体	中等收入群体	高收入群体
每月平均工作时间	23.01	22.75	22.81
每月收入			
工资	4172.22	7661.56	25681.71

续表

	低收入群体	中等收入群体	高收入群体
经营和投资所得	517.60	1117.83	13141.41
其他收入	118.09	206.53	12126.71

在北京、上海、广州三地中，上海中等收入群体每月工作时间最长，为23.54天；其次为北京，为22.90天；广州最短，为21.65天。但在每月收入方面，上海中等收入群体的平均工资却最低，不到6000元，广州为7465.97元，北京最高，达到9128.73元。在经营和投资所得方面，上海仍然最低，仅为326.01元，而北京和广州均在1000元以上，其中广州最高，达到1724.08元（见表10-1-14）。

表10-1-14 北上广中等收入群体每月工作时间和收入的比较（2015）

单位：天，元

分类	北京	上海	广州
每月平均工作时间	22.90	23.54	21.65
每月收入			
工资	9128.73	5878.33	7465.97
经营和投资所得	1242.69	326.01	1724.08
其他收入	256.65	75.24	268.45

4. 中等收入群体的社会保障水平较高

本次调查分别就是否拥有六类社会保障（五险一金），以及是否购买了意外伤害、养老、医疗、子女教育金、家庭财产、机动车辆、贷款保证七类商业保险为问题询问所有受访者。从表10-1-15可见，各收入群体对养老保险和医疗保险的拥有率相对较高，中高收入群体和高收入群体中拥有养老保险的比例超过85%，拥有医疗保险的比例则超过90%。比较各群体的社会保障水平，我们发现低收入群体的社会保障水平与中等收入群体存在明显差距，尤其在失业保险、工伤保险、生育保险和住房公积金方面。此外，中高收入群体的各项社会保障均优于中低收入群体，尤其在后四项社会保险上的比例均高于中低收入群体10个百分点以上（见表10-1-15）。

表 10-1-15　北上广各收入群体社会保障拥有情况对比（2015）

单位：%

	低收入群体	中低收入群体	中高收入群体	高收入群体
养老保险	70.93	82.45	85.11	85.19
医疗保险	81.15	85.55	90.04	92.88
失业保险	26.04	54.08	67.70	65.18
工伤保险	24.23	53.76	70.03	67.81
生育保险	19.73	44.19	54.90	54.00
住房公积金	20.76	46.57	64.64	68.54

在北京、上海、广州三地中，上海中等收入群体在养老保险和医疗保险的拥有率上均超过90%，在三个城市中最高。广州中等收入群体的社会保障拥有情况有待提高，除生育保险拥有率略高于上海外，其他五项社会保障均为最低。尤其是住房公积金、失业保险和工伤保险比北京低了10个百分点左右（见图10-1-8）。

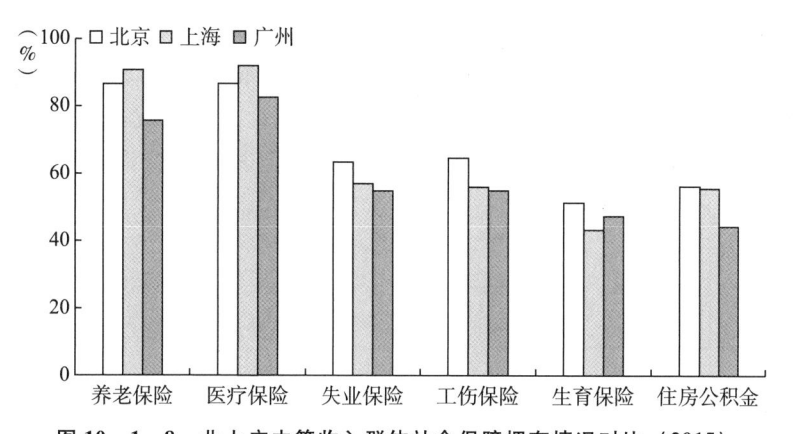

图 10-1-8　北上广中等收入群体社会保障拥有情况对比（2015）

5. 中等收入群体的风险意识有待加强

在商业保险方面，中等收入群体对各类商业保险的拥有率均高于低收入群体，但与高收入群体存在显著差距。有55.63%的中等收入群体表示这几类商业保险都没买，比高收入群体高了约30个百分点。在意外伤害、养老保险、医疗保险和机动车辆保险这四项商业保险上，中等收入群体比高收入群体低了20个百分点以上；而在子女教育金、家庭财产方面也低了

10 个百分点以上。低收入群体和中等收入群体在商业保险的拥有上差距并不明显。

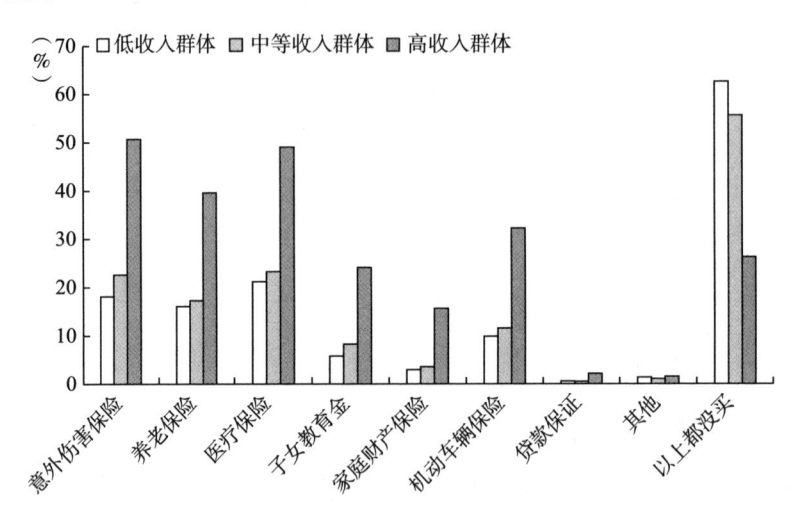

图 10-1-9 北上广各收入群体商业保险拥有情况对比（2015）

说明：此题为多选题。

在北京、上海、广州三地中，上海中等收入群体购买商业保险的意识最强，超过一半的中等收入群体都购买了商业保险，而北京则不到 40%（见图 10-1-10）。上海中等收入群体在购买养老保险、子女教育金、家

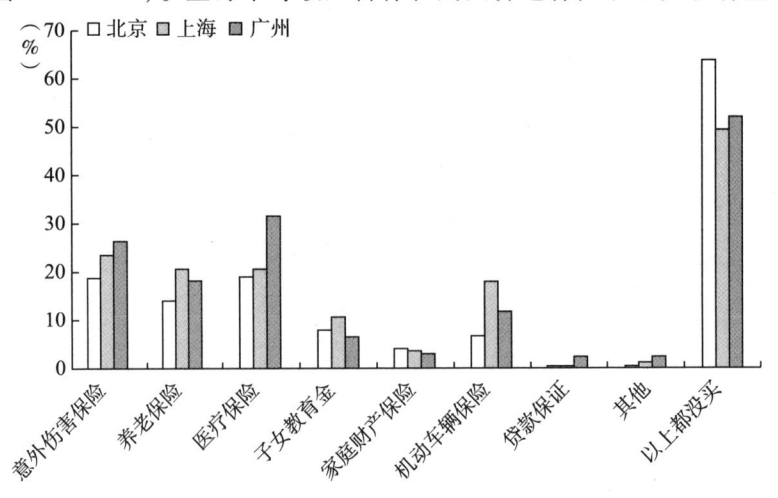

图 10-1-10 北上广中等收入群体商业保险拥有情况对比（2015）

庭财产保险、机动车辆保险这四项商业保险上的比例最高,这在一定程度上体现了上海中等收入群体对子女教育的重视和较高的风险意识;而广州中等收入群体则在意外伤害保险、医疗保险和贷款保证这三项商业保险上的比例最高。总体而言,北京中等收入群体商业保险的拥有率偏低。

6. 中等收入群体的工作满意度总体一般

我们对中等收入群体的工作满意度从 11 个维度进行了测量,分别是工作收入、工作安全性、工作稳定性、工作环境、工作时间、晋升机会、工作趣味性、工作合作者、能力和技能的展现、他人给予工作的尊重、在工作中表达意见的机会,并最终整合成整体满意度。表 10 – 1 – 16 显示,中等收入群体对于工作的整体满意度的平均得分为 3.43 分,介于一般和比较满意之间,说明满意度一般。满意度最低的是晋升机会(2.65 分)、工作收入(3.15 分)和工作趣味性(3.10 分),而工作安全性、工作稳定性、工作环境以及他人给予工作的尊重等方面的满意度较高。可以看出,中等收入群体对于所在机构展示出的"软实力"较为满意,整体的工作氛围较为良好,但中等收入群体较高的人力资本使得他们对于工作报酬有着相对高的要求,对于未来的职业发展有着更多的规划,对于个人价值的实现有着更高的要求,因此当现实与理想不符时,他们对于工作的满意度就会下降。高收入群体对各项的满意度都较高。

表 10 – 1 – 16　北上广各收入群体工作满意度(2015)

分类	低收入群体	中等收入群体	高收入群体
工作收入	2.72	3.15	3.63
工作安全性	3.53	3.67	3.92
工作稳定性	3.37	3.64	3.87
工作环境	3.31	3.53	3.80
工作时间	3.29	3.43	3.64
晋升机会	1.69	2.65	3.09
工作趣味性	2.82	3.10	3.42
工作合作者	2.89	3.31	3.55
能力和技能的展现	2.76	3.33	3.68
他人给予工作的尊重	3.27	3.48	3.74

续表

分类	低收入群体	中等收入群体	高收入群体
在工作中表达意见的机会	2.68	3.24	3.62
整体满意度	3.26	3.43	3.71

注：表中数据为基于5级量表的得分，分值越高表示满意度越高，5分为非常满意，1分为非常不满意。

在北京、上海、广州三地中，北京中等收入群体的工作满意度高于上海和广州，除他人给予工作的尊重和整体满意度略低于上海外，其余各项的工作满意度均为最高。上海中等收入群体对工作收入的满意度最低（见表10-1-17）。而广州中等收入群体对各项的满意度都不高，尤其是在晋升机会、工作趣味性这两个方面。

表10-1-17　北上广中等收入群体工作满意度（2015）

分类	北京	上海	广州
工作收入	3.32	3.04	3.06
工作安全性	3.73	3.69	3.57
工作稳定性	3.71	3.70	3.49
工作环境	3.61	3.57	3.41
工作时间	3.54	3.47	3.27
晋升机会	3.10	2.45	2.30
工作趣味性	3.32	3.03	2.91
工作合作者	3.42	3.36	3.12
能力和技能的展现	3.45	3.34	3.18
他人给予工作的尊重	3.53	3.59	3.33
在工作中表达意见的机会	3.36	3.30	3.04
整体满意度	3.46	3.47	3.35

注：表中数据为基于5级量表的得分，分值越高表示满意度越高，5分为非常满意，1分为非常不满意。

（三）生活方式

在调查中，我们分别从每日时间分配、日常生活习惯和休闲方式等不同侧面反映中等收入群体的日常生活方式,并且进行不同收入群体和不同地区的对比。

1. 中等收入群体与其他收入群体每日时间分配差异不大

在调查中,我们主要询问了受访者每日在六个方面的时间分配,分别是工作学习、路途交通、家务、照顾家人、休闲、睡眠,并且比较了工作日和非工作日这些事项的时间分配差异。现代人的生活节奏快已然成为一种常态,各收入群体在每日时间安排上并无太大差异,唯一的差别是中等收入群体和高收入群体花在工作学习和路途交通这种与工作相关事项上的时间略多于低收入群体,而低收入群体则将更多的时间投入了家庭生活,表现在工作日时,他们在家务、照顾家人和休闲的投入上要多于中等收入群体和高收入群体。而中等收入群体和高收入群体则寻求在非工作日增加工作之外的人际互动,包括照顾家人和休闲,以达到工作生活的平衡(见表10-1-18)。

表 10-1-18　北上广各收入群体每日时间分配比较 (2015)

		低收入群体	中等收入群体	高收入群体
工作学习	工作日(小时)	4.06	6.69	8.17
	非工作日(小时)	1.67	1.80	2.85
路途交通	工作日(分钟)	38.65	55.32	68.62
	非工作日(分钟)	32.84	35.85	43.64
家务	工作日(分钟)	113.80	76.57	53.55
	非工作日(分钟)	126.30	100.08	84.14
照顾家人	工作日(小时)	2.90	1.91	2.08
	非工作日(小时)	3.30	2.70	3.36
休闲	工作日(小时)	3.52	2.90	2.82
	非工作日(小时)	4.61	4.89	4.97
睡眠	工作日(小时)	7.53	7.61	7.71
	非工作日(小时)	8.11	8.23	8.49

2. 北京的中等收入群体生活节奏最快,广州的中等收入群体最悠闲

表10-1-19显示,除睡眠以外,占用中等收入群体时间最多的是工作学习。在工作日里,广州的中等收入群体每日有7.29小时用于工作学

习,比北京、上海多出了将近一个小时,即使在非工作日,广州的中等收入群体花在工作学习上的时间也是最多的。三地花在路途交通的时间都接近 1 小时,其中北京最久,其次是上海,最后为广州;而在非工作日,广州、上海的路途交通时间大大缩短,而北京的情况则没有显著的改变,这可能与交通拥堵情况以及城市的空间范围有关。在家务劳动方面,北京的中等收入群体花费了最多的时间,即使是在工作日,他们也会花费约81.35 分钟在处理家务上,其次是上海,而广州的中等收入群体在工作日时只有约 67.11 分钟用于做家务。在三地的比较中,广州的中等收入群体陪伴家人的时间最多,即使是工作日他们也会用超过 2.65 小时照顾家人,北京和上海的中等收入群体在工作日只有约 1.50 小时用于陪伴家人。上海的中等收入群体用于休闲的时间最多。综合来看,虽然都为特大城市,但相对于广州、上海而言,北京的中等收入群体生活节奏最快,生活压力最大,而上海和广州的中等收入群体生活节奏相对较慢,有更多的时间照顾家人和休闲娱乐。

表 10-1-19　北上广中等收入群体每日时间分配比较(2015)

		北京	上海	广州
工作学习	工作日(小时)	6.39	6.45	7.29
	非工作日(小时)	2.05	0.94	2.35
路途交通	工作日(分钟)	59.95	54.63	50.02
	非工作日(分钟)	43.16	29.56	32.72
家务	工作日(分钟)	81.35	79.83	67.11
	非工作日(分钟)	104.04	108.96	85.56
照顾家人	工作日(小时)	1.53	1.68	2.65
	非工作日(小时)	2.34	2.59	3.30
休闲	工作日(小时)	2.67	3.27	2.81
	非工作日(小时)	4.39	5.53	4.90
睡眠	工作日(小时)	7.83	7.50	7.43
	非工作日(小时)	8.37	8.14	8.15

3. 中等收入群体更看重生活品质

我们通过询问五个问题来了解受访者的日常生活习惯,这些问题是:

是否经常去大型超市购买食材、是否经常食用绿色食品、是否不吃转基因食品、是否经常食用进口品牌的食品、是否进行垃圾分类。从表10－1－20可以看出，有64.02%的中等收入群体经常去大型超市购买食材，远高于低收入群体的49.05%；有64.70%的中等收入群体经常食用绿色食品，有59.30%的中等收入群体不吃转基因食品，比例都要高于低收入群体。而进口食品的普及度则相对较低，21.73%的中等收入群体表示经常食用进口食品，低收入群体中只有16.52%的人这样做，而高收入群体中的这一比例则达到43.42%。有58.18%的中等收入群体会进行垃圾分类。总的来说，相对于低收入群体而言，中等收入群体和高收入群体更加看重生活质量，基本养成了绿色、环保、健康的生活习惯，较高的社会经济地位使得他们有意愿也有能力追求更高品质的生活，也更容易接纳时下流行的一些理念。

表10－1－20 北上广各收入群体日常生活习惯比较（2015）

单位：人,%

分类	低收入群体		中等收入群体		高收入群体	
	人数	比例	人数	比例	人数	比例
经常去大型超市购买食材	491	49.05	662	64.02	524	74.01
经常食用绿色食品	591	59.04	669	64.70	547	77.37
不吃转基因食品	516	51.76	612	59.30	453	64.35
经常食用进口品牌的食品	165	16.52	224	21.73	307	43.42
进行垃圾分类	557	55.76	601	58.18	450	63.83

注：因本调查分A、B两卷进行，此问题为B卷受访者回答，故样本量与受访者总人数有较大出入。

在北京、上海、广州三地中，北京中等收入群体经常去大型超市购买食材和进行垃圾分类这两项上的比例最高；而上海中等收入群体在经常食用绿色食品、不吃转基因食品和经常去大型超市购买食材这三项上的比例最高。除进行垃圾分类以外，广州中等收入群体在其余五项上的比重均最低（见表10－1－21）。

表 10－1－21　北上广中等收入群体日常生活习惯比较（2015）

单位：人，%

分类	北京		上海		广州	
	人数	比例	人数	比例	人数	比例
经常去大型超市购买食材	302	76.84	202	65.37	158	47.59
经常食用绿色食品	247	62.85	228	73.79	194	58.43
不吃转基因食品	252	64.12	200	64.94	160	48.34
经常食用进口品牌的食品	84	21.43	80	25.89	60	18.18
进行垃圾分类	255	65.05	163	52.75	183	55.12

注：因本调查分 A、B 两卷进行，此问题为 B 卷受访者回答，故样本量与受访者总人数有较大出入。

4. 中等收入群体有更好的休闲生活

不同收入群体的休闲、消费方式之间存在显著差异。本次调查分别询问了受访者在过去一年中境内外旅游的次数、读书本数及每周的健身次数，并分别计算各收入群体在这些指标上的均值。表 10－1－22 显示，在旅游指标上，无论境内境外，中等收入群体的旅游次数均略高于低收入群体，而明显低于高收入群体。在读书数量上，中等收入群体也明显多于低收入群体。在健身次数上，三个群体没有明显差异。从整体来看，中等收入群体的休闲生活优于低收入群体，其原因可能是中等收入群体具有更好的经济物质基础，所需参与的体力性、物质生产性劳动更少，因此在休闲生活上具备更好的客观条件。

表 10－1－22　北上广各收入群体休闲生活比较（2015）

项目	低收入群体	中等收入群体	高收入群体
一年国内旅游（次）	1.10	1.20	2.23
一年境外旅游（包括中国港澳台）（次）	0.26	0.40	0.80
一年读书（本）	17.65	24.56	30.63
一周健身（次）	14.81	13.54	15.18

（四）阶层认同

1. 中等收入群体在全国的自我阶层认知高于在一线特大城市的自我阶层认知

我们以"您认为您的综合地位在本地/全国大体属于哪个层次"来测

量居民对个人阶层的认知和认同感,其答案分为"上层、中上层、中层、中下层、下层"五级。调查显示,无论是在本地还是在全国的阶层认知中,中等收入群体的社会阶层认同均介于低收入群体和高收入群体之间,其中,分别有46.91%的中低收入群体和64.82%的中高收入群体认为自己在本地属于中层或以上(见表10-1-23)。而高收入群体在中层、中上层和上层这三类自我认知层次较高的选项上的比例则高达79.34%。值得注意的是,有超过60.00%的低收入群体认为自己在本地属于中下层及下层。

表10-1-23 北上广各收入群体地位认同比较(2015)

单位:%,人

		上层	中上层	中层	中下层	下层	总计	人数
本地阶层认同	低收入群体	0.25	3.60	35.52	38.97	21.66	100	1999
	中低收入群体	0.35	4.44	42.12	42.61	10.48	100	1441
	中高收入群体	0.29	7.30	57.23	31.39	3.80	100	685
	高收入群体	1.63	18.70	59.01	18.90	1.76	100	1476
全国阶层认同	低收入群体	0.70	6.06	37.59	36.79	18.87	100	1998
	中低收入群体	0.49	7.85	43.71	38.85	9.10	100	1439
	中高收入群体	0.73	14.06	56.66	25.18	3.37	100	683
	高收入群体	2.10	26.66	55.90	13.77	1.56	100	1474

比较各群体在本地阶层认同和全国阶层认同上的差异,我们可以发现相对于在本地的自我阶层认知,被调查者在全国的自我认知阶层均普遍上升。如中高收入群体认为自己在本地属于中层或以上的占总人数的64.82%,但认为自己在全国属于中层及以上的则为71.45%。类似的,高收入群体认为自己在本地属于中层或以上的为79.34%,但在全国来看,这个比例则上升至84.66%,可见各收入群体在全国的自我阶层认知均高于在一线特大城市的自我阶层认知。这可能是由于北京、上海、广州三个特大城市相对全国的二、三线城市,有激烈的竞争、更多的高收入群体及更大的市场规模(梁玉成等,2016)。

2. 不同城市中等收入群体的个人阶层认同存在差异

首先,对比三个城市中的中等收入群体对自身在本地的阶层认知,我们可以发现上海和广州均有一半左右的中等收入群体认为自己在该地所属的阶层为中层及以上,其中上海最高,为59.43%（见表10-1-24）。而北京则有52.07%的中等收入群体认为自己在本地中属于中下层或下层,在三地中比例最高。

表 10-1-24 北上广中等收入群体个人阶层认同（2015）

单位:%，人

类别		上层	中上层	中层	中下层	下层	合计	人数
本地阶层认同	北京	0.49	4.76	42.68	45.12	6.95	100	820
	上海	0	6.18	53.25	31.22	9.35	100	631
	广州	0.44	5.33	46.37	38.81	9.04	100	675
全国阶层认同	北京	0.61	7.58	47.31	38.26	6.23	100	818
	上海	0.48	16.32	54.36	23.61	5.23	100	631
	广州	0.59	6.54	42.50	39.97	10.40	100	673

其次,我们发现北京和上海的中等收入群体对个人阶层地位在全国范围内等级的判断都要高于个人阶层在当地范围内的判断。具体而言,两地中等收入群体认为自己属于中下层或下层所占的比例都比本地阶层地位的比例有所减少。但是同时我们也发现,两地减少的幅度并不一致。具体而言,认为自己属于中下层或下层的中等收入群体在上海减少的比例最大,在本地范围内衡量时有40.57%,但在全国范围内衡量时仅占28.84%。其次为北京,由52.07%,降至44.49%。值得注意的是,广州中等收入群体中对个人阶层地位在全国范围内等级的判断略低于个人阶层在当地范围内的判断,认为自己属于中下层或下层的中等收入群体增加了2.52个百分点。由此可以推测在居民心目中其对所处城市等级的信心及认同：上海和北京的中等收入群体很可能认为上海在全国范围内的竞争激烈程度为顶尖水平,而广州的中等收入群体实际上不认为广州的市场规模及竞争水平与全国平均水平有太大差距。

3. 中等收入群体对自身家庭层级的认同低,但对未来预期乐观

除去中等收入群体对个人的等级认同外,在本研究中,我们研究了他们对自己家庭等级的评价。我们以1~10分作为不同的层级划分（10分代表社会最顶层,1分代表社会最底层）,询问受访者"您认为您家目前在哪个等级上""您认为您家五年前在哪个等级上""您认为您家五年后将在哪个等级上",以此探究中等收入群体的家庭阶层等级认同、这个群体的阶层流动和变化,以及其对未来的预期和信心。因为我们的研究以中等收入群体作为主要研究群体,所以我们将本文定义的中等收入群体样本单独提取探讨,统计其中认为自己的家庭在社会中的层级大于等于 5 的受访者,以此探究中等收入群体对自身家庭的阶层认同。

不管是在全国范围内还是在本地,中等收入群体对自己的家庭层级认同均低于对自身个人的层级认同。当询问中等收入群体认为自己在本地范围内属于哪一层级时,北京、上海、广州三地中等收入群体认为自己属于中层及以上的受访者的比例分别为 47.93%、59.43% 和 52.14%,然而在对家庭层级进行评估时,三地中等收入群体认为目前自己的家庭属于中层及以上的比例均有不同程度的下降。其中广州下降的幅度最大,下降了 6.46 个百分点。

表 10 - 1 - 25　北上广中等收入群体对自身家庭阶层认同的比较 (2015)

单位:%

	五年前	2015 年	五年后
北京	25.37	43.66	58.78
上海	45.73	58.86	67.35
广州	33.28	45.68	60.15
总计	33.93	48.82	61.76

注:此表中的比例为中等收入群体对自身家庭阶层等级评定为 5 级及以上的比例。

根据五年前、2015 年、五年后的时间变化分析中等收入群体的家庭阶层认知,可以发现从五年前至 2015 年,三个城市认为自己的家庭在中层以上的中等收入群体的比例都明显增多了,并且在增加幅度上,北京的增幅较大,为 18.29 个百分点,而上海和广州的比例虽然相对较低,但增加幅度也都超过了 12.00 个百分点。此外,再分析五年后的数据,可发现有更大部分中等收入群体受访者认为自己的家庭在五年后的社会位阶可达 5 分及以上。而这个比例增长以北京和广州居多,均为 15.00 个百分点左右,而上海认为自己的家庭层级在五年后将属于社会中 5 分及以上的受访者,则由 2015 年的 58.86% 增加到了 67.35%。由此可见，不少中等收入群体在过去的五年中认为自己的家庭实现了向上的社会流动，并且认为在将来五年内自己的家庭位阶还将得到提高，可见该群体虽然对当前的家庭阶层认同感不强，但对未来的发展还是具有较强的信心的。

4. 中等收入群体对中产阶层的认同感较低

中等收入群体和中产阶层在很大程度上是重合的，因此在研究阶层认同的时候，我们通过询问受访者"您认为您的家庭是中产阶层家庭吗"和"您认为您本人是中产阶层吗"来考察其对个人和家庭是否归属于中产阶层的评价。在家庭中产阶层认同方面，中低收入群体的认同感最低，仅有不到 15.00% 的中低收入群体认为自己的家庭是中产阶层家庭；高收入群体的认同感最高，超过 40.00% 的高收入群体认为自己的家庭是中产阶层家庭（见表 10-1-26）。在个人中产阶层认同方面，各收入群体之间差距明显，分别有 11.49%、11.23% 的低收入群体、中低收入群体认为自己是中产阶层，不到 20.00% 的中高收入群体认为自己是中产阶层，超过 40.00% 的高收入群体认为自己是中产阶层。总体而言，不管是在家庭还是个人层面，各收入群体对中产阶层的认同感较低，个人中产阶层认同感低于家庭中产阶层认同感。

表 10-1-26　北上广各收入群体对中产阶层认同的比较（2015）

单位：人，%

		是	不是	不清楚	总计	人数
家庭中产阶层认同	低收入群体	17.73	77.62	4.65	100	2002
	中低收入群体	14.17	82.71	3.13	100	1440
	中高收入群体	23.65	71.82	4.53	100	685
	高收入群体	42.41	52.71	4.88	100	1476
个人中产阶层认同	低收入群体	11.49	85.46	3.05	100	2001
	中低收入群体	11.23	85.85	2.91	100	1442
	中高收入群体	19.71	76.35	3.94	100	685
	高收入群体	41.44	54.91	3.66	100	1477

在北京、上海、广州三地中，不管是家庭中产阶层认同还是个人中产阶层认同，上海居民的认同感最高，其次为广州，北京最低。在家庭中产

阶层认同方面，超过 1/5 的上海中等收入群体认为自己的家庭属于中产阶层家庭，而在北京则有超过 85% 的中等收入群体不认为自己的家庭属于中产阶层家庭（见表 10-1-27）。在个人中产阶层认同方面，三城市均有 15% 左右的中等收入群体认为自己属于中产阶层，上海最高，达到 17.41%。通过比较家庭和个人层面的认同，我们可以发现北京中等收入群体在两个层面的认同差异并不明显，而上海和广州的中等收入群体在两个层面的认同则存在一定的差距。

表 10-1-27 北上广中等收入群体对中产阶层认同的比较（2015）

单位：人，%

类别		是	不是	不清楚	总计	人数
家庭中产阶层认同	北京	11.74	86.06	2.2	100	818
	上海	23.42	72.94	3.64	100	632
	广州	18.07	76.74	5.19	100	675
个人中产阶层认同	北京	10.49	86.71	2.8	100	820
	上海	17.41	79.75	2.85	100	632
	广州	14.96	80.89	4.15	100	675

（五）社会态度

在调查中我们以公平感、信任感及对生活的满意度三大指标分别衡量各收入群体的社会态度，从而比较他们对社会各方面的认知态度。

1. 中等收入群体对社会公平程度的正向评价一般

我们以"总的来说，您认为当今社会是否公平"来了解居民对当前社会公平状况的评价。从此问题的回答情况来看，整体而言，大部分受访者的态度都比较温和，40% 左右的受访者对公平程度的评价都是"一般"。但相比而言，中等收入群体对社会的公平程度的正向评价要低于低收入群体和高收入群体，中等收入群体有 20.98% 的人认为当今社会比较公平或非常公平，低收入群体和高收入群体相应的比例为 22.34% 和 26.81%。低收入群体对当前社会公平程度的负面评价比例较高，有 40.63% 的低收入群体认为当前社会比较不公平或非常不公平，而中等收入群体的这一比例为 37.41%，高收入群体最低，为 30.34%（见表 10-1-28）。

表 10-1-28　北上广各收入群体公平感比较（2015）

单位：%，人

	非常不公平	比较不公平	一般	比较公平	非常公平	总计	人数
低收入群体	11.49	29.14	37.03	21.74	0.60	100	2001
中等收入群体	7.48	29.93	41.60	20.56	0.42	100	2125
高收入群体	6.03	24.31	42.86	26.13	0.68	100	1477

在中等收入群体内部的三地公平感对比上，大部分人的评价处于"一般"，但在各城市之间存在差异。北京的中等收入群体中认为当今社会公平程度一般、比较公平及非常公平的受访者比例占 67.36%；上海三项为 59.01%；而广州为 60.15%。

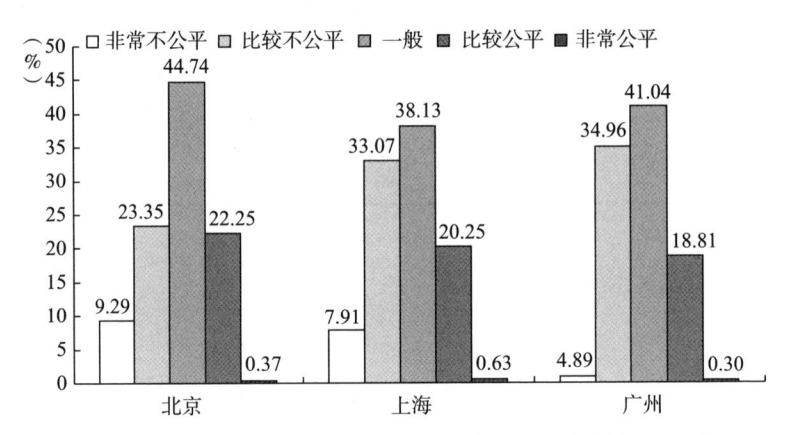

图 10-1-11　北上广中等收入群体社会公平评价比较（2015）

2. 中等收入群体的社会信任程度高于低收入群体

在调查中我们以"一般说来，您对现在社会上的大多数人是否信任"的题目来测量受访者的社会信任程度。表 10-1-29 的数据结果表明，大多数受访者的社会信任程度居于中间，认为对他人信任程度"一般"的比例最高，中等收入群体为 49.32%，低收入群体为 47.88%，而高收入群体为 50.75%。相比而言，中等收入群体的社会信任程度要略好于低收入群体，对他人表示信任的比例（比较信任和非常信任合计）为 32.33%，比低收入群体的同一比例 29.86% 高出了 2.47 个百分点。超过 20.00% 的低收入群体对社会上的大多数人表示根本不信任或不信任。

表 10-1-29　北上广各收入群体信任感比较（2015）

单位：%，人

	根本不信任	不信任	一般	比较信任	非常信任	总计	人数
低收入群体	2.6	19.67	47.88	28.91	0.95	100	2003
中等收入群体	1.79	16.56	49.32	31.29	1.04	100	2125
高收入群体	1.22	14.02	50.75	33.47	0.54	100	1476

此外，我们也将中等收入群体的信任感情况进行单独统计和具体分析，如图 10-1-12 所示，从一般信任到非常信任的人数比例，上海为 82.60%，广州为 82.51%，北京最低，为 80.19%。可见，三地中等收入群体的信任感没有明显差异。

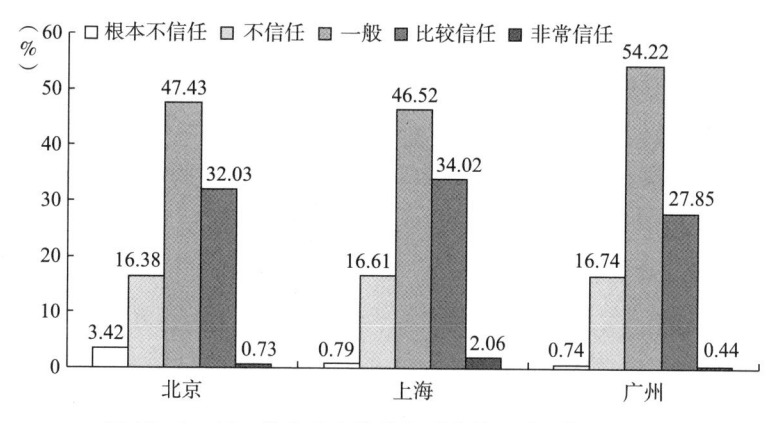

图 10-1-12　北上广中等收入群体信任感比较（2015）

3. 中等收入群体的生活满意度较高

除了信任感和公平感外，我们还测量了三个特大城市居民的生活满意度，包括家庭生活、社交生活、家庭经济状况和总体生活满意度这四个测量问题，以 1~10 作为分值进行估算。经过统计，高收入群体的各项生活满意度均为最高，中等收入群体次之，低收入群体的生活满意度最低。中等收入群体对家庭生活最为满意，其次为社交生活，对家庭经济状况最不满意（见图 10-1-13）。

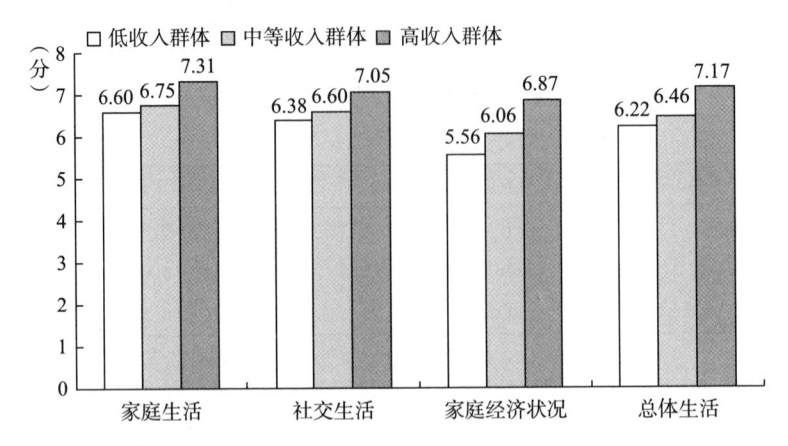

图 10 – 1 – 13　北上广各收入群体生活满意度（2015）

说明：表中数据为基于 10 级量表的得分，分值越高表示满意度越高，10 分为非常满意，1 分为非常不满意。

此外，在北京、上海、广州三地的满意度对比上，北京的中等收入群体总体生活满意度最高，评分均值为 6.71 分，上海次之，均值为 6.61 分，而广州最低，仅为 6.02 分。在分项生活满意度上，上海中等收入群体对家庭生活的满意度最高，广州中等收入群体对社交生活和家庭经济状况的满意度最低（见图 10 – 1 – 14）。

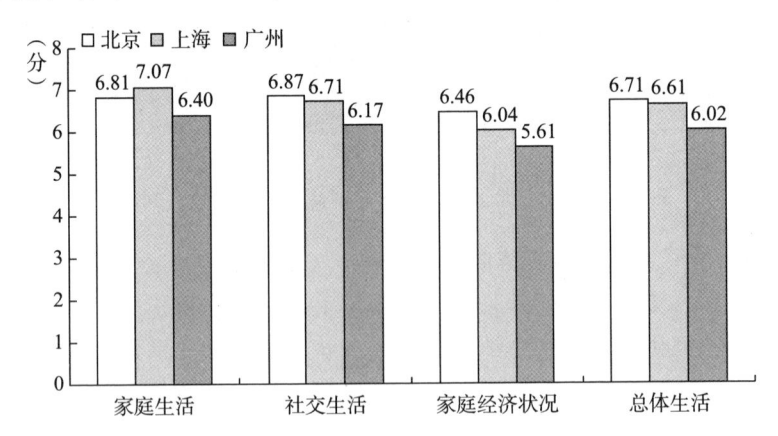

图 10 – 1 – 14　北上广中等收入群体生活满意度（2015）

说明：表中数据为基于 10 级量表的得分，分值越高表示满意度越高，10 分为非常满意，1 分为非常不满意。

综上可见，一方面，在社会态度的群体对比上，中等收入群体的社会态度总体比低收入群体更积极正向。具体体现在，对社会态度和立场的选择更温和，选择正向态度的人比例更高，同时对自身生活的认可度更高。但另一方面，我们也可从三个指标中分析发现，三个群体在各方面的态度和变化上都是较为一致的，如公平感普遍不高，信任感则总体乐观，这也能在一定程度上反映了我国特大城市的整体社会风气和居民态度。

（六）社会参与

社会参与是考察居民社会融入的重要影响因素，这个维度包括公益活动的参与、政治活动的参与、社会组织的参与。本研究也针对这三大维度进行了具体的指标测量。其中，用是否曾义务献血、向慈善机构捐款捐物、义务打扫社区或村里的卫生、义务照顾社区或村里的孤寡老人、参加环境保护活动、义务参加专业咨询活动六大指标衡量居民的公益活动参与程度；用是否与周围人讨论政治问题、在互联网上讨论政治问题、向新闻媒体写信反映意见、向政府部门反映意见、到政府部门上访、参与示威游行、参与罢工、罢市、罢课等行动7个指标衡量政治活动参与程度；再用是否是工会、业主委员会、商会/行业协会、宗教/教会组织、环境保护组织、教育艺术组织、兴趣娱乐组织、宗族会/老乡会、校友会九类社会组织的成员，衡量居民对业余的社会事务的参与度。

1. 中等收入群体的公益活动参与度不高

数据显示，除义务打扫社区或村里的卫生外，高收入群体对各类公益活动的参与度均明显高于中等收入群体和低收入群体。其中，超过一半的高收入群体曾向慈善机构捐款捐物。在义务献血和义务参加专业咨询活动两大指标上，中等收入群体的参与比例分别为13.71%和10.13%，分别高于低收入群体3.91和1.92个百分点（见表10-1-30）。但是中等收入群体在向慈善机构捐款捐物、义务打扫社区或村里的卫生、义务照顾社区或村里的孤寡老人和参加环境保护活动这四大指标上的参与比例均为最低。总体而言，中等收入群体的公益活动参与度不高。

表 10-1-30　北上广各收入群体公益活动参与情况比较（2015）

单位：%

分类	低收入群体	中等收入群体	高收入群体
义务献血	9.80	13.71	26.43
向慈善机构捐款捐物	39.60	37.79	53.52
义务打扫社区或村里的卫生	15.10	12.80	13.02
义务照顾社区或村里的孤寡老人	8.30	5.80	10.33
参加环境保护活动	19.80	17.96	26.95
义务参加专业咨询活动	8.21	10.13	19.92

在北京、上海、广州三地中，上海中等收入群体对公益活动的参与度较高，在向慈善机构捐款捐物、义务打扫社区或村里的卫生、义务照顾社区或村里的孤寡老人、参加环境保护活动四项公益活动上都高于北京、广州。北京中等收入群体对公益活动的参与度最低，除义务献血外，其他几项公益活动的参与比例均为三城市中最低。由此可见，上海的中等收入群体参与公益活动的积极性最高。

表 10-1-31　北上广中等收入群体公益活动参与情况比较（2015）

单位：人,%

分类	北京		上海		广州	
	人数	比例	人数	比例	人数	比例
义务献血	72	19.60	32	9.91	45	13.24
向慈善机构捐款捐物	96	22.64	172	53.25	142	42.01
义务打扫社区或村里的卫生	42	9.91	57	17.65	40	11.80
义务照顾社区或村里的孤寡老人	21	4.95	21	6.50	21	6.19
参加环境保护活动	67	15.80	69	21.36	59	17.40
义务参加专业咨询活动	36	8.49	34	10.53	40	11.80

2. 中等收入群体讨论政治问题和反映意见的参与度明显低于高收入群体

在与周围人讨论政治问题、在互联网上讨论政治问题、向新闻媒体或政府部门写信反映意见方面，中等收入群体的参与度还是明显高于低收入群体。但在到政府部门上访、参与游行示威、参与群体性行动等较为激烈激进的政治活动上，各收入群体的参与人数都不多，但高收入群体比例略高于中等收入群体和低收入群体。高收入群体对各项政治活动的参与度都明显高于中等收入群体和低收入群体，这可以归结于，高收入群体中由于接受高等教育等因素，其国家大事参与意识及公民意识相对较强，因此讨论政治问题、反映意见等政治活动参与得更多。而低收入群体中，工薪阶层的比例更大，权益被侵害的可能性更高，且自身维权能力较低，因此如信访这类主要针对群众的诉求反映方式，以及如示威游行、群体性行动等激烈的申诉方式，在这一群体中有更多需求（见图10-1-15）。

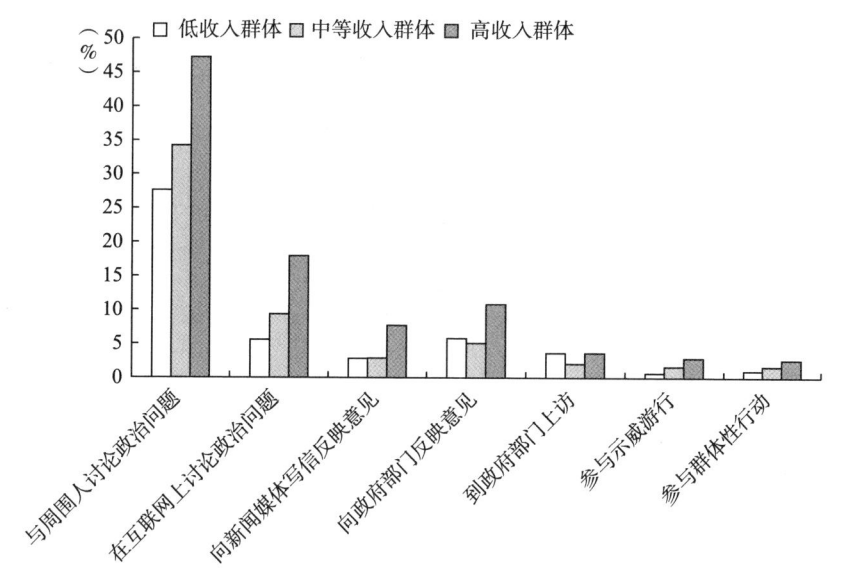

图10-1-15　北上广各收入群体政治参与情况对比（2015）

在北京、上海、广州三地中，上海中等收入群体的政治参与度最低，除与周围人讨论政治问题这一项参与度最高，向政府部门反映意见略高于北京外，其他几项政治活动参与度均低于北京和广州。北京中等收入群体在向新闻媒体写信反映意见，参与示威游行，参与群体性行动这三项政治活动的参与度最高。广州中等收入群体在互联网上讨论政治问题、向政府部门反映意见、到政府部门上访这三项政治活动的参与度最高。

表 10-1-32 北上广中等收入群体政治参与情况对比

单位：人，%

分类	北京		上海		广州	
	人数	比例	人数	比例	人数	比例
与周围人讨论政治问题	118	27.76	133	41.18	120	35.71
在互联网上讨论政治问题	34	8.02	23	7.12	44	13.13
向新闻媒体写信反映意见	20	4.72	3	0.93	8	2.40
向政府部门反映意见	18	4.24	14	4.33	23	6.89
到政府部门上访	9	2.12	4	1.24	9	2.69
参与示威游行	10	2.35	3	0.93	5	1.51
参与群体性行动	8	1.88	4	1.24	6	1.80

3. 中等收入群体的社会组织参与度较高

在社会组织的参与上，各收入群体趋势大致相同，工会、校友会和兴趣娱乐组织的参与率较高。但相比而言，除宗教组织、环境保护组织和宗族会/老乡会外，中等收入群体在其他 6 类组织的参与比例均高于低收入群体，其中工会参与率高近 12.82 个百分点，校友会的参与率高近 4.54 个百分点（见图 10-1-16）。但是，中等收入群体的社会组织参与度与高收入群体有明显差距，其中高收入群体中有 33.07%、23.33% 和 8.94% 的人参

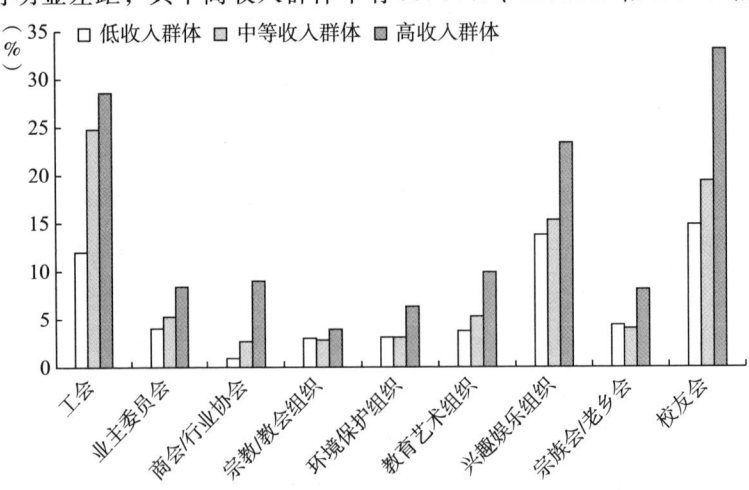

图 10-1-16 北上广各收入群体社会组织参与情况

与了校友会、兴趣娱乐组织和商会/行业协会，分别高出中等收入群体13.71、6.25和8.02个百分点。

在地区对比上，三城市中等收入群体对社会组织的参与也有较为明显的区分。上海的中等收入群体在工会、教育艺术组织、校友会这三类社会组织中的参与比例均为三城市中最高的；而北京则在业主委员会、商会/行业协会、环境保护组织、兴趣娱乐组织这几类社会组织中的参与比例最高。总体看来，除在宗族会/老乡会和宗教/教会组织的参与比例上广州的中等收入群体参与比例最高外，无论其他哪类社会组织，广州的参与率均不高，这说明广州的中等收入群体对社会组织的参与积极性不高（见表10-1-33）。

表10-1-33　北上广中等收入群体社会组织参与情况

单位：人，%

分类	北京		上海		广州	
	人数	比例	人数	比例	人数	比例
工会	78	18.40	117	36.22	73	21.79
业主委员会	26	6.13	14	4.22	17	5.26
商会/行业协会	15	3.55	10	3.10	4	1.20
宗教/教会组织	13	3.07	6	1.86	11	3.31
环境保护组织	24	5.66	6	1.86	3	0.90
教育艺术组织	24	5.66	21	6.50	12	3.61
兴趣娱乐组织	74	17.54	47	14.55	44	13.21
宗族会/老乡会	19	4.48	8	2.48	16	4.82
校友会	68	16.63	77	23.91	60	18.29

综上所述，中等收入群体的社会参与意识有待加强，其不仅与高收入群体存在明显差距，而且在多项公益活动上的参与度还低于低收入群体。另外，就各城市的对比来说，无论是公益活动的参与还是社会组织的参与，广州的中等收入群体参与程度均为最低，而上海的中等收入群体参与公益活动的积极性最高，政治参与度则最低。

四　结语

中等收入群体规模的不断扩大是我国经济社会发展取得巨大进步的重

要表现,在很多方面都具有积极的意义。通过对北京、上海、广州中等收入群体的实证研究可以发现如下几点。首先,中等收入群体具有较强的经济实力,中等收入群体规模的不断扩大,对促进消费、拉动经济增长具有巨大的推动作用。其次,中等收入群体的社会态度和价值观念中包含非常多的正能量,对其他社会群体具有积极的引领作用。再次,中等收入群体更多的是通过市场渠道形成,是市场经济的主力军。最后,中等收入群体的扩大对于我国社会避免两极分化和走出中等收入陷阱,使社会结构朝向更加合理的橄榄型社会迈进具有重要的意义。

我们在看到中等收入群体不断扩大的同时,也要看到一个规模同样庞大的低收入群体的存在,他们在生活质量的各方面和中等收入群体具有显著的差距,如何进一步扩大中等收入群体的规模,使更多的人享受到更加高质量的生活是我国经济社会发展的重要课题。十八届五中全会提出"共享"的发展理念,如何将这一理念转化为具体的政策,例如合理调节收入分配、缩小贫富差距等都是十分艰巨的任务。而只有将"共享"的理念转换为现实的政策行动,中等收入群体的规模才能不断扩大。

当然,北京、上海、广州作为我国经济社会发展最为发达的地区,中等收入群体的规模较全国其他地区而言相对较高,这是特定的经济社会条件导致的,具有一定的典型性,可能代表我国社会未来中等收入群体发展的趋势,但无法反映我国中等收入群体的现实整体状况,这也是我们应该意识到的。

俄罗斯大都市的中等收入群体

鲍丽娜·科兹列娃（P. M. Kozyreva）、
亚历山大·斯米尔诺夫（A. I. Smirnov）

大都会的生活水平和其他大城市一样，有着许多与众不同的矛盾之处。一方面，大都市中的人们都面临诸多问题，比如人口过剩、环境污染、社会隔离、生活节奏过快、信息过载、抑郁和压力大等。居住在大城市中的人们易遭受自然灾害和各种各样的安全隐患，比如猖獗的犯罪、偷盗、抢劫、谋杀、恐怖袭击等。这种脆弱性在移民带来的持续危急和压力下被进一步放大了。另一方面，大都市能提供人们各式各样的便利，如宝贵的工作机会、良好的教育、有趣的工作和专业、实现个人理想抱负、解决财务问题、免费或自费的高质量医疗及其他服务、各种各样的文化和娱乐活动。

这些特点在很大程度上决定了大都市或其他大城市的人口数量和构成、发展速度和主要趋势以及人们的生活水平和质量。换言之，这些积极从事生产经营的群体通过消费大宗商品和服务，促进了生产的发展，并为国家税收收入做出了巨大贡献。

目前，俄罗斯共有15个人口过百万的大城市。诚然，只有莫斯科和圣彼得堡可以算得上是真正意义上的世界大都会。这两个城市的人口分别为1240万人和530万人[①]。大城市几乎囊括了所有的联邦政府管理服务、最大的科技和制造中心和众多的生产设施。它们是国家的主要经济活动中心，超过一半的国家税收收入来自这里。这些大的经济中心设有专门的人才市场，其规模远超许多欧洲国家的人才市场。

本章我们主要探讨俄国大都市中的中等收入群体的规模和构成，分析它们

[①] 俄罗斯联邦国家统计局，2017年1月1日和2016年永久居民平均人数的评估。网址：http://www.gks.ru/wps/wcm/connect/rosstat_main/rosstat/ru/statistics/population/demography/（访问日期：2017年8月24日）。

形成的特点。这些将会帮助我们解答与中等收入人群日常生活的方方面面有关的问题、分析他们在社会中扮演的角色以及进一步发展的预期。特别要注意的是对俄罗斯中等收入群体的就业问题、人才市场的定位和消费者的机会的研究。我们从他们在长期经济危机中的状况的调整来考察居民的社会福利。

本项研究以 HSE 的第 25 波（2016 年 12 月）俄罗斯纵向监测调查为基础[1]。基于本研究的目的和目标以及俄罗斯纵向监测调查样本（这些样本代表全国水平）的形成特点，我们确定了三组超过 14 岁的调查对象：①莫斯科居民（N = 1274）；②车里雅宾斯克居民（N = 2095）；③其他城市居民（N = 8153）。这种方法使我们能够获取并分析不同类型的大城市中收入群体的形成和生活条件的可靠和可比的实证数据。

然后，根据本书前几章所涉及的其他问题的分析，根据不同的收入水平将所有调查对象分成四组：低收入群体（小于等于平均数的 0.75 倍）；中低收入群体（平均数的 0.75 至 1.25 倍）；中高收入群体（平均数的 1.25 至 2.00 倍）；高收入群体（平均数的 2.00 倍）。

根据 RLMS – HSE 的数据分析，一方面，俄罗斯大城市的人均收入水平远远高于其他城市；另一方面，我们可以清楚地看到收入水平出现了更明显的分化和贫富差距，这一分化加剧了收入和社会的不平等。在本案例中，莫斯科居民目前拥有全俄罗斯最高的收入水平。根据表 10 – 2 – 1，莫斯科有 2/3 的人口为中等收入群体，其他百万人口城市人口中约有 3/4 为中等收入群体。在莫斯科，中高收入群体占绝大多数，而在其他百万人口的城市中，中低收入群体是主体。

表 10 – 2 – 1　不同收入群体在不同类型城市中的规模（2016）

单位：%

收入群体	莫斯科	人口超过 100 万的城市	人口低于 100 万的城市
高收入群体	25.4	10.4	9.2
中高收入群体	36.8	30.1	21.7

---

[1] 俄罗斯纵向监测调查（RLMS – HSE），由国家研究大学高等经济学院、卡罗来纳人口中心、北卡罗来纳大学教堂山分校和社会学研究所联合执行（RLMS – HSE 网站：http://www.hse.ru/rlms，http://www.cpc.unc.edu/projects/rlms）。

续表

收入群体	莫斯科	人口超过 100 万的城市	人口低于 100 万的城市
中低收入群体	29.9	42.5	40.4
低收入群体	7.9	17.0	28.7

值得注意的是，在俄罗斯首都，高收入群体的比例是低收入群体的 3 倍多，而在其他城市恰恰相反。尽管俄罗斯在市场关系的形成和发展中不断涌现出一些新机遇，但中小城市中最脆弱的人群和就业人口陷入贫困的风险远远超过福利持续增长的机会，因而阻碍了中等收入群体的增长。而一场严重的经济危机无疑是雪上加霜，不仅恶化了中等收入群体的生活状况，还阻碍了扶贫工作。

大城市中日益加剧的贫富分化限制了大多数人对各种社会和经济资源的获取，包括住房和其他财产、食物、人才市场和社会服务。正是由于这个原因，许多中等收入群体在面临生活水平下降的问题时也开始感到自身的贫穷。2016 年底，当把他们放在包含 9 个等级（从最低——"贫困"到最高——"富裕"）的财务状况的标尺上时，莫斯科成年人口中有 46.0% 的中低收入群体代表和 40.6% 的中高收入群体代表处在较低的三个位置，依次对应的是贫困和低收入。尤其是，其中有 4.0% 和 1.3% 的人认为自身贫困，也就是说，他们处在标尺的第一级。在其他百万人口城市中，中低收入群体和中高收入群体中分别有 51.8% 和 36.1% 的人感到自身贫困，包括承认自己贫困的人（分别占 5.3% 和 1.8%）。这些结论在其他研究中也得到了证实。因此在 2017 年 5 月俄罗斯舆论研究中心的一份社会调查中，有 39.0% 的俄罗斯人承认自身贫困。这一比例仅次于 2009 年的 41.0%[①]。

在大都市中，社会弱势群体包括残疾人、多子女家庭和单亲家庭等，他们的处境依然十分艰难，作为低收入群体，他们面临更多的风险。长期缺乏资金会加剧获得各种其他资源的限制。在 2014~2016 年经济危机条件下，人们试图减轻生活条件下降带来的负面影响，并部分弥补经济危机所造成的损失。然而，这关于工资、养老金、社会福利和人口的其他财政收

---

① 俄罗斯舆论研究中心，《俄罗斯人的消费机会》（新闻稿第 3407 号），网址：https://wci-om.ru/index.php? id=236&uid=116289（访问日期：2017 年 8 月 20 日）。

入指数化的补偿措施实行得太晚或者不足以弥补这些损失。

在俄罗斯,男女之间的收入差距依然很大。据 RLMS-HSE 有关统计,俄罗斯男性的平均收入比女性高四倍。在几乎所有的经济行业和不同专业的工人中都能看出男女收入的差别。在大都市中,人们的收入高于其他城市,但与其他城市不同的是女性的收入几乎与男性收入持平。这主要是因为在大城市高薪就业妇女的就业水平高。据分析,在莫斯科,女性比男性更多地属于高收入阶层,更少地属于低收入阶层。但在其他百万人口城市中,男女机会几乎均等。同时,在所有大城市中,妇女往往更少地属于中上收入阶层,更多地属于中低收入阶层。

中等收入阶层的教育水平在所有城市都处于中等水平。我们可以清楚地看到一个趋势,在不同的群体中,受过高等教育的人,通常收入水平也较高。表 10-2-2 显示的监测数据很好地说明了这点。中等职业教育对城市中收入群体的形成的影响是微不足道的。我们还可以清楚地发现莫斯科所有收入群体的教育水平明显高于其他城市居民。2016 年底,在莫斯科,有 2/3 的中高收入水平的受访者(分别为 41.5% 和 24.0%)拥有高等或中等职业教育水平,有将近 61.0% 的中低收入群体(分别为 34.5% 和 26.1%)受过此类教育。

表 10-2-2 不同类型城市中具有中高等教育水平的收入群体比例(2016)

单位:%

收入群体	莫斯科		人口超过100万的城市		人口低于100万的城市	
	高等教育	中等职业教育	高等教育	中等职业教育	高等教育	中等职业教育
高收入群体	56.5	24.1	47.4	25.6	47.2	27.7
中高收入群体	41.5	24.0	38.6	24.7	35.1	27.4
中低收入群体	34.5	26.1	29.5	25.2	26.2	27.6
低收入群体	21.4	22.4	21.1	25.7	18.5	26.2

中等收入群体非常显著的特点之一是他们大多比城市里的其他人年龄大。例如,在莫斯科,中等收入群体的受访者平均年龄分别为 50.2 岁(中低收入群体)和 49.3 岁(中高收入群体),而低收入群体的受访者平均年龄只有 41.5 岁,高收入群体的受访者平均年龄为 47.1 岁(见表 10-

2-3)。在中等收入群体（包括中高收入群体和中低收入群体）中，60岁以上的受访者比30岁以下的所占比例更高（分别为39.6%和31.7%、20.8%和18.3%）。在低收入受访者中，老一辈人的比例比年轻人的比例小得多（分别为19.4%和27.6%），而在高收入受访者中，不同年龄层的比例差距小很多（分别为22.2%和25.7%）。

在其他百万人口的城市中，中低收入群体和中高收入群体受访居民的平均年龄分别为46.7岁和45.9岁，而低收入群体和高收入群体的平均年龄要小得多，分别为41.1岁和44.3岁。很明显，在这些城市中，中年受访者在中低和中高收入群体中所占比例要高于30岁以下的年轻受访者，而在莫斯科就没有这种情况（其他城市：30.8%和26.3%，莫斯科：22.5%和23.7%）。

表10-2-3　不同类型城市收入人群的平均年龄和领取养老金的人口比例（2016）

单位：岁，%

收入群体	莫斯科		人口超过100万的城市		人口低于100万的城市	
	平均年龄	领取养老金的人口比例	平均年龄	领取养老金的人口比例	平均年龄	领取养老金的人口比例
高收入群体	47.1	35.2	44.3	34.4	43.7	33.8
中高收入群体	49.3	40.8	45.9	35.9	46.0	38.4
中低收入群体	50.2	47.4	46.7	37.5	47.5	40.6
低收入群体	41.5	26.5	41.1	27.7	41.8	27.2

此外，中等收入群体比其他群体拥有更多的领取养老金的老年人，其中包括领取基于年龄的退休养老金的人。表10-2-3显示在莫斯科和其他百万人口城市中，中等收入群体领取养老金的人口比例都要高于低收入和高收入群体。对大多数领取养老金的人来说，养老金是确保他们进入更高收入群体的一个非常重要的因素。例如，到2016年底，在莫斯科领取养老金的受访者中，只有5.2%的人属于低收入群体，而有35.2%的人和37.4%的人属于中低收入和中高收入群体，有22.2%属于最富有的群体。

值得注意的是，外来务工人员比那些在大城市出生和长大的人更容易获得经济上的成功。因此，那些出生并一直居住在同一大都市的人，更多地属于低收入群体和中低收入群体，只有少数人属于中高收入群体。在莫斯科，这一现象不比其他百万人口的城市更明显。

就业是决定大城市不同收入阶层群体形成特征的一个非常重要的因素。RLMS - HSE 的数据分析表明，大城市中的中高收入群体受雇用的人数是低收入群体的 1.5~2.0 倍，而高收入群体受雇用的人数更是低收入群体的 2.0 倍。在这种情况下，莫斯科受雇居民在低收入和中低收入群体中所占的比例，远低于其他城市，但在中高收入和高收入群体的受雇居民中，莫斯科则远高于其他城市。

在区分不同收入群体时，就业因素的重要性是由工资水平决定的。工资仍是俄罗斯人的主要收入来源，这充分说明了莫斯科居民收入水平较高。官方数据显示，莫斯科雇员的月平均名义工资大约比圣彼得堡和其他百万人口城市高 1.5 倍①。

与其他城市一样，在大都市中，由于行业间和行业内工资不平等，薪水也有所不同。因为收入并不总是与专业技能和个人的贡献水平对等，许多员工通常不依靠先进的教育和培训，而是靠其他影响收入的因素。大都市中对人才的需求，为人们"寻找"更高的薪水提供了条件，人们获得高收入也相对容易。但是，如果考虑整体的情况，我们可以说："在俄罗斯劳动力市场中，累计的人力资本更加提高了员工的竞争力，高等教育受重视的程度与其他国家的劳动力市场上的情况大致相当"（金普尔森等，2011：71）。

值得注意的是，大城市不同收入水平的受雇人群分布几乎不依赖于雇主企业的所有制形式。虽然许多居住在城市的人认为，在民营企业工作是提供家庭收入水平的大好机会，也标志着能够成功适应市场经济，但民营企业的工资通常并不高。RLMS - HSE 数据显示，在民营企业工作的人的薪水不比在国有企业工作的人更高。只有在莫斯科，民营企业的员工比国有企业的员工更多地属于高收入人群（分别为 37.5% 和 29.0%），但他们更少地属于中高收入人群（分别为 34.6% 和 46.7%）。据官方统计，在 2017 年中，莫斯科的国有企业、教育机构和组织的雇员占就业人群的 23%，而在企业中就业者的比例高达 77%，其中民营企业占 51%，混合所

---

① 俄罗斯联邦国家统计局，《2013~2017 年俄罗斯联邦所有组织的员工的月平均名义工资》，网址：http://www.gks.ru/wps/wcm/connect/rosstat_main/rosstat/ru/statistics/wages/（访问日期：2017 年 8 月 10 日）。

有制企业占12%，社会组织占1%，外资企业占13%①。

在其他百万人口城市中，将受访者根据企业所有制形式划分为不同收入水平的受雇人群，并没有发现他们之间有明显的区别。在私营企业上班收入不高且不稳定，这是人们不愿进入私营企业的最重要因素。

根据表10-2-4，在大城市，中等收入群体的主体是专业和半专业人群。此外，高层次专业人员在大城市的中等收入群体所占的比例，远远高于人口较少的城市。换言之，在俄罗斯大城市的就业结构中，就业人口的很大一部分（在莫斯科大约占一半）集中在商业和金融服务领域，包括科学研究。另外，我们也可以明显地看到，大城市中的中高收入群体，与其他城市相比，非技术工人的比例较小（13%比19.5%）。

该监测数据的分析再次表明，俄罗斯工人的专业资格和工资之间存在明显的相关性，但远非线性关系（金普尔森等，2007：410~427）。我们可以看到，在首都和其他城市的许多高等、中等技能水平的专业人员并不比熟练工人以及运营商、中间商或非技术工人赚得更多，甚至赚得还少，所以他们经常沦为低收入和中低收入群体。同时，尽管受过正规专业教育的专业人员数量很多，熟练员工却普遍短缺。据专家介绍，目前有87%的俄罗斯企业在不同程度上缺乏有资质的专业人员。高度专业化的工程和技术专家特别紧缺（塞民，2017）。这种不平衡使俄罗斯经济的现代化进程变得非常复杂。

表10-2-4　大都市和其他城市不同收入群体的专业结构及占受雇人员的百分比（2016）

单位：%

专业群体	莫斯科和其他百万人口城市				人口低于百万的城市			
	高收入群体	中高收入群体	中低收入群体	低收入群体	高收入群体	中高收入群体	中低收入群体	低收入群体
高层/中层管理人员	8.9	7.8	4.6	3.8	11.5	7.1	4.9	3.2
高等技能水平的专业人员	28.8	22.5	18.2	11.5	29.3	19.6	14.8	12.9
中等技能水平的专业人员	22.9	21.4	19.4	19.1	20.4	20.3	20.9	18.7

---

① 俄罗斯联邦国家统计局，《每年受雇于莫斯科国有和民营企业的员工平均数量》，网址：http://moscow.gks.ru/wps/wcm/connect/rosstat_ts/moscow/ru/statistics/employment/（访问日期：2017年8月11日）。

续表

专业群体	莫斯科和其他百万人口城市				人口低于百万的城市			
	高收入群体	中高收入群体	中低收入群体	低收入群体	高收入群体	中高收入群体	中低收入群体	低收入群体
办公室和客户服务人员	5.9	6.6	5.9	7.2	7.1	5.8	5.6	5.5
服务业工人	11.9	16.7	18.0	21.1	10.4	16.2	19.4	20.3
技术工人	7.8	12.0	14.8	15.8	9.4	11.5	15.4	15.9
运营商、中间商	9.2	8.6	11.7	14.4	9.5	13.3	12.3	13.7
非技术工人	4.6	4.4	7.4	7.1	2.4	6.2	6.7	9.8

不论城市类型，受雇于企业和组织的人的收入比在非组织工作的人更高，其中有很大一部分与非正规部门相关。同时，在莫斯科和其他百万人口城市中，在企业和组织以外就业的人的薪水比其他城市更高。正式全职员工中，中高收入和高收入群体的比例比非正式员工（那些没有劳动协议或合同等的员工）高。在莫斯科的正式和非正式员工中，高收入群体的占比超过了所有其他城市。特别是，在莫斯科，正式雇员的中高收入和高收入群体的比例分别达到40.0%和35.1%，而非正式雇员的这一比例分别为33.2%和27.8%。在其他百万人口城市中，中高收入和高收入群体在正式雇员中所占的比例分别为34.1%和14.9%，而非正式雇员的这一比例为27.0%和11.1%。

如同其他城市一样，大都市的副业最常与最低和最高收入有关。2016年，大城市中高收入和低收入群体中有6.2%的受访员工都有主业和副业；中低收入群体中有5.4%的员工、中高收入群体有4.6%的员工也有主业和副业。在百万人口城市中，在低收入和高收入群体中，受访雇员中有副业的人的比例分别为9.8%和8.3%。中低和中高收入群体的这一比例分别为5.6%和6.7%。在劳动关系和副业中出现的劳动报酬问题，不论工资结算为什么类型，更多是在口头上解决（未形成具有法律效用的文本）。在中小城市中，非技能或低技能工人群体是最大的副业群体，但在大城市中，副业群体还包括具有高等、中等级技能水平的专业人才。

就业有助于提高俄罗斯养老金领取者的收入水平。调查所得的数据表明，在莫斯科，绝大多数就业的养老金领取者属于高收入群体或中高收入群体（分别为 47.6% 和 44%）。值得注意的是，在其他百万人口城市中，就业因素在增加养老金领取者的收入方面，不比在莫斯科重要。然而，在大城市中，养老金使得失业的养老金领取者被纳入中等收入群体。但这并不意味着养老金领取者"以收入为基础"的贫困问题完全消除了。事实证明，由于高昂的生活成本，包括昂贵的医药费，没有任何支持的独居失业的养老金者在大都会城市面临的贫困风险最大（迪克霍诺娃，2003：83~84）。

就俄罗斯整体的失业状况而言，大城市中的失业更多与低收入密切相关。也就是说，失业在资源较少的群体（低收入和中低收入群体）中更常见。在家庭中出现失业者是贫困的常见原因。但失业对大城市中不同收入群体形成中的作用目前还很小。这是由于俄罗斯大城市的失业率在过去几年里一直很低。根据图 10-2-1，莫斯科和圣彼得堡的失业率最后一次显著增加的记录出现在 2009 年经济危机期间。2016 年，莫斯科的失业率只有 1.8%，圣彼得堡的失业率只有 1.6%，俄罗斯联邦整体失业率为 5.5%。在大城市中，登记失业率（用来衡量登记的失业者与劳动力之间的关系）最近没有超过 0.6%。

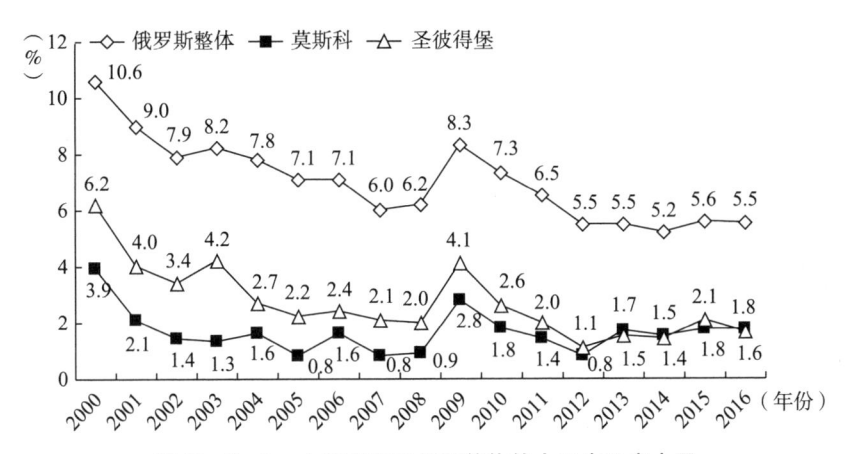

图 10-2-1　大都市和俄罗斯整体的人口失业率水平
（RFSSS，2000~2016 年）

资料来源：俄罗斯联邦国家统计局，《俄罗斯联邦平均每年的整体失业率》，URL：http://www.gks.ru/wps/wcm/connect/rosstat_main/rosstat/ru/statistics/wages/labour_force/#（访问日期：2017 年 8 月 8 日）。

2017年，大城市失业人数进一步减少，这进一步表明了大城市中的就业机会更多。2017年，莫斯科和圣彼得堡的登记就业率下降到劳动力的0.4%。经济恢复增长为俄罗斯城市降低失业率和优化就业提供了最重要的条件，促进了经济危机期间被减少的就业岗位的恢复和新岗位的增加。大都市中极低的失业率是提高有专业技能的妇女和移民地位的一个重要因素。非技能劳动力的迁移与失业的关系非常具体而细微，因为移民在大都市和其他大城市的劳动力市场中的收入水平低于各城市的平均收入水平（索波列斯长雅、波蓬，2009：170~172）。

根据表10-2-5，就业机会更多的大都市居民比其他城市居民有更少的失业恐惧和更多的安全感，因为如果被解雇，他们能够找到新工作而且不会比目前的工作差。但在莫斯科，就业问题是高收入公民的主要担忧，而在其他城市则恰恰相反，低收入群体才会担心就业问题。如果面临失业，莫斯科居民中的高收入和中高收入群体比中低收入和低收入群体对成功就业的机会更不确定。

在大都市，中等收入群体的员工的工作满意度几乎与其他城市相当。2016年底，在莫斯科和其他百万人口城市，有66.1%的中等收入群体完全或比较满意他们的工作，有11.0%几乎不满意或完全不满意；属于中高收入群体的员工，对工作多少感到满意的人占70.1%，而不满意的人占11.5%。对工作不满意的最常见的原因是低工资，这是所有收入群体的典型特征，但这对那些不太富裕的人来说是典型特征，而对较富裕的人来说则是不太典型的特征。

同时，大城市的劳动力市场大，人们更渴望找到一个新的、更体面或更高薪的工作。城市越大，希望能找到这样一份工作的人就越多（见表10-2-5）。2016年底，这在莫斯科中低收入群体中为20.1%，在中高收入群体中为17.9%（人口不足百万的城市中，分别为15.2%和15.7%）。然而，并不是每个希望找到一个新工作的人都真正采取了实际行动。中等收入群体中希望换工作并采取积极措施的人比低收入和高收入群体的更多。

表 10-2-5　大都市和其他城市就业的几个方面的态度（2006）

单位：%

收入群体	对潜在失业的担忧						失业时对新工作机会的信心					
	莫斯科		人口超过100万的城市		人口低于100万的城市		莫斯科		人口超过100万的城市		人口低于100万的城市	
	担忧	不担忧	担忧	不担忧	担忧	不担忧	肯定	不确定	肯定	不确定	肯定	不确定
高收入群体	59.3	28.0	57.1	32.7	60.1	26.7	43.3	38.3	43.6	36.6	43.1	40.3
中高收入群体	55.8	33.0	54.8	28.7	62.4	22.2	44.5	36.4	42.0	36.4	36.3	43.1
中低收入群体	53.4	31.3	62.6	22.8	63.8	21.3	60.7	28.6	35.2	40.4	35.2	41.4
低收入群体	50.1	35.2	58.6	26.8	69.0	17.4	54.5	18.2	44.9	31.6	34.6	40.8

大都市的居民对生活的满意度几乎与其他城市的居民相同。除了莫斯科居民，他们表现出更多的正能量。在所有类型的城市中，一个人对生活的满意度一般随着收入的增加而增加，而中等收入群体在这项指标中处于中间位置。2016 年底，在莫斯科，对自己的生活完全或比较满意的人，在中低收入群体的受访者中占 53.1%，而在中高收入群体的受访者中占55.1%。在其他百万人口城市中，这两个的比例分别为 44.2% 和 54.3%，在人口不足 100 万的城市中，分别为 48.3% 和 58%。

在金融危机期间，尽管城市居民对经济状况的不满情绪持续增长，但居民对生活的总体满意度较高。在俄罗斯首都，对自身经济状况不太满意或完全不满意的人，在中低收入群体的受访者中占 61.2%。在中高收入群体的受访者中占 63.3%。在其他百万人口城市中，这两个比例分别为 70% 和51.3%，其他城市分别为 62.4% 和 50.9%。然而，一般来说，大都市的居民的经济状况比其他城市的居民更好，根据调查研究，他们不太关心财务状况的问题，反而更关注其他紧迫的问题（戈尔什科夫等，2015：89）。

受经济危机的影响，大约一半的受访者指出，2015 年的家庭财务状况没有改变，超过 1/3 的人表示他们生活水平略微或大幅下降。受访者对其未来的生活预期非常保守。只有 1/5 的受访者认为，12 个月后他们和他们的家人会比现在活得更好。2/3 的大都市和其他城市的居民担心他们将无法在未来一年中为自己和家庭提供良好的生活条件。富裕群体的代表认为 2014~2016 年的经济危机对他们的打击比 2008~2009 年的经济危机更为严重，而许多低收入群体担心他们家庭的生活水平将再也无法达到21世纪初的经济恢复期的水平。

大都市居民对其消费机会的评估看起来相当矛盾，但这只是乍看之下的情况。大城市居民与其他城市居民对通过购买一个房间、公寓或房子，汽车、乡村住宅，家具等来改善住房条件的机会的评估大致相当（见表10-2-6）。中高收入群体的大都市城市居民中，有8.1%和25.5%的受访者认为这些机会是积极的，而对于中低收入群体来说，这些比例分别为5.8%和13.3%。值得注意的是，在代表所有收入群体的普通城市的居民中，更多人比大都市的居民相信他们自己能支付孩子在大学或补习班的学费，比如音乐学校、外语班、运动队等。在人口低于百万的城市中，中高收入群体中能支付孩子的大学学费的受访者比例是51.3%，而在中低收入群体中为35.8%。在大都市，这两者比例分别是37.3%和20.6%。然而，当涉及对每个人来说都很昂贵的东西时，比如带全家到国外度假，大城市居民的经济优势就很明显。

表10-2-6 昂贵商品和服务的购买能力评估（2016）

单位：%

愿意并能够购买	莫斯科和其他百万人口城市				人口低于百万的城市			
	高收入群体	中高收入群体	中低收入群体	低收入群体	高收入群体	中高收入群体	中低收入群体	低收入群体
改善自身住房条件	16.2	8.1	5.8	4.7	16.1	12.2	5.3	4.5
支付孩子的课外活动产生的费用*	73.5	70.2	52.5	48.9	81.8	78.1	71.0	56.3
存钱大采购	43.2	25.5	13.3	8.5	41.9	29.0	12.5	6.5
带全家去国外度假	49.9	27.2	10.3	6.4	42.6	23.9	7.2	2.7
带全家去俄罗斯本地景点度假	60.1	40.9	23.5	14.7	54.2	42.9	24.3	10.9
支付孩子的大学学费*	52.6	37.3	20.6	17.2	63.5	51.3	35.8	19.3

＊数据由带相应年龄孩子的受访者提供。

在2014~2016年的经济危机中，城市居民所采取的措施与在过去危机期间所采取的措施基本上不变。在认识到上一次危机的长期性和深刻性之后，人们开始更加理性地消费。农村家庭应对经济危机最普遍的策略是在商品和服务的消费上省钱。即使是高收入群体，特别是中高收入群体，也不得不精打细算。然而，中低收入和低收入群体发现自己处于最弱势的地位。

在这场危机中，日常生活变得越来越困难，许多城市居民不仅开始减少消费，而且更加珍惜自己现有的东西。穷人和低收入家庭开始将不必要的消费推迟到经济恢复期，在此之前只购买他们缺少的耐用品。

但自2017年初以来，随着经济复苏，俄罗斯人民的收入开始缓慢增长。

最后，让我们来总结一下上述分析。

俄罗斯各大都市中的中等收入群体在总人口中占比最多但分布不均匀。在莫斯科，中等收入群体占主导地位，但在其他百万人口城市中，中低收入群体有更大的代表性。中等收入群体与其他收入群体的不同在于他们的年龄较大，并且他们包括较少的年轻人和更多的老年人。

与俄罗斯其他城市相比，大都市中基于行业间和行业内的薪资差异导致的收入不平等更严重。虽然养老金和一定程度上的其他政府补贴能保证俄罗斯公民的生活水平维持在的中等收入标准，从而减轻不平等，但工资仍是最重要的影响因素。

大都市中等收入群体的专业结构的基础主要是高等、中等技能水平的专业人员。即便在极低的失业率条件下，具有高教育水平、专业资格和丰富的工作经验也确保了他们在劳动力市场上的稳定地位。同时，尽管许多中等收入群体对自身工作的总体满意度较高，但他们也试图利用位置优势和劳动力市场提供的机会在大城市寻找具有更高的工资和更好的工作条件的工作。

2014~2016年经济危机期间，大多数居住在大都市和其他城市的中等收入群体不得不节省资金和大幅削减消费。他们对危机的担忧体现在对个人和家庭的生活条件下降和无法在未来维持当前的生活的恐惧。然而，随着经济的复苏，中等收入群体的焦虑情绪减少和消费活动不断增加的迹象越来越明显，这一点在最大的城市中尤为明显。

参考文献

贝克尔，加里·S，1987，《家庭经济分析》，彭松建译，北京：华夏出版社。

波德里亚，让，2001，《消费社会》，刘成富、全志刚译，南京：南京大学出版社。

布尔迪厄，皮埃尔，2015，《区分：判断力的社会批判》，刘晖译，北京：商务印书馆。

曹景林、邰凌楠，2015，《基于消费视角的我国中等收入群体人口分布及变动测度》，《广东财经大学学报》第6期。

陈琳、袁志刚，2012，《授之以鱼不如授之以渔？——财富资本、社会资本、人力资本与中国代际收入流动》，《复旦学报》（社会科学版）第4期。

陈千雪，2008，《基于韦伯分层理论的灰领阶层研究》，《南京审计学院学报》第4期。

崔友平，2015，《缩小行业收入差距须破除行政垄断》，网易新闻（http://news.163.com/15/1109/18/B80H9P3N00014AED.html），最后访问时间：2015年11月9日。

戴慧思、卢汉龙，2001，《消费文化与消费革命》，《社会学研究》第5期。

凡勃伦，1964，《有闲阶级论》，蔡受百译，北京：商务印书馆。

封进，2013，《中国城镇职工社会保险制度的参与激励》，《经济学研究》第7期。

弗洛姆，艾里希，2007，《健全的社会》，李健鸣译，上海译文出版社。

高勇，2013，《地位阶层认同为何下移——兼论地位层级认同基础的转变》，《社会》第 4 期。

国家发改委社会发展研究所课题组，2012，《扩大中等收入者比重的实证分析和政策建议》，《经济学动态》第 5 期。

国家统计局城调总队课题组，2005，《6 万 - 50 万：中国城市中等收入群体探究》，《数据》第 6 期。

亨廷顿，1989，《变化社会中的政治秩序》，王冠华等译，华夏出版社，1989。

亨廷顿，塞缪尔、琼·纳尔逊，1989，《难以抉择——发展中国家的政治参与》，宁夏出版社。

亨廷顿，塞缪尔·P、乔治·I. 多明格斯，1996，《政治发展》，载格林斯坦·波尔斯比《政治学手册精选》（下卷），储复耘译，商务印书馆。

黄建，2014，《民主政治视域下中国非政府组织发展研究》，博士学位论文，中共中央党校。

黄荣贵，2010，《互联网与抗争行动：理论模型、中国经验及研究进展》，《社会》第 2 期。

纪宏、陈云，2009，《我国中等收入者比重及其变动的测度研究》，《经济学动态》，第 6 期。

景天魁，1999，《中国社会发展的时空结构》，《社会学研究》第 6 期。

景天魁，2015，《时空压缩与中国社会建设》，《兰州大学学报》（社会科学版）第 5 期。

雷开春，2014，《青年白领社会焦虑现象的本质：中产地位身份威胁》，《江苏行政学院学报》第 5 期。

李春玲，2003，《中国当代中产阶层的构成及比例》，《中国人口科学》第 6 期。

李春玲，2011a，《寻求变革还是安于现状——中产阶层社会政治态度测量》，《社会》第 2 期。

李春玲，2011b，《中产阶层的消费水平和消费方式》，《广东社会科学》第 4 期。

李春玲，2014a，《教育不平等的年代变化趋势（1940—2010）——对城乡教育机会不平等的再考察》,《社会学研究》第 2 期。

李春玲,2014b,《"80 后"的教育经历与机会不平等——兼评〈无声的革命〉》,《中国社会科学》第 4 期。

李春玲,2016a,《中等收入标准需要精准界定》,《人民日报》12 月 7 日。

李春玲,2016b,《中国中产阶层的不安全感和焦虑心态》,《文化纵横》第 4 期。

李力行、周广肃,2015,《家庭借贷约束、公共教育支出与社会流动性》,《经济学》(季刊)第 1 期。

李路路、朱斌,2015,《当代中国的代际流动模式及其变迁》,《中国社会科学》第 5 期。

李路路,2002,《制度转型与分层结构的变迁——阶层间相对关系模式的"双重再生产"》,《中国社会科学》第 6 期。

李路路、李升,2007,《"殊途异类":当代中国城镇中产阶层的类型化分析》,《社会学研究》第 6 期。

李培林、朱迪,2015,《努力形成橄榄型分配格局——基于 2006—2013 年中国社会状况调查数据的分析》,《中国社会科学》第 1 期。

李培林,2005,《社会冲突与阶级意识:当代中国社会矛盾研究》,《社会》第 1 期。

李培林,2015,《中产阶层成长和橄榄型社会》,《国际经济评论》第 1 期

李培林、陈光金、张翼,2016,《社会蓝皮书:2017 年中国社会形势分析与预测》,社科科学文献出版社。

李培林、张翼,2001,《消费分层:启动经济的另外一个视角》,《中国社会科学》第 2 期。

李培林、张翼,2008,《中国中产阶层的规模、认同和社会态度》,《社会》第 2 期。

李培林、张翼,2014,《建成橄榄型分配格局问题研究》,《江苏社会科学》第 5 期。

李培林、朱迪,2015,《努力形成橄榄型分配格局——基于 2006—2013

年中国社会状况调查数据的分析》,《中国社会科学》第1期。

李强,2001,《关于中产阶层和中间阶层》,《中国人民大学学报》第2期。

李强、徐玲,2017,《如何界定中等收入群体》,《北京社会科学》第7期。

李蓉蓉,2010,《海外政治效能感研究述评》,《国外理论动态》第9期。

李涛、任远,2011,《城市户籍制度改革与流动人口社会融合》,《南方人口》第3期。

李伟、王少国,2014,《收入增长和收入分配对中等收入者比重变化的影响》,《统计研究》第3期。

李有刚,2013,《大学生跳槽行为与成因的实证研究》,《中国大学生就业》第7期。

李忠路、邱泽奇,2016,《家庭背景如何影响儿童学业成就？——义务教育阶段家庭社会经济地位影响差异分析》,《社会学研究》第4期。

梁玉成、贾小双,2016,《中国特大城市中等收入群体的职业特征》,《中国社会科学报》12月20日。

刘德霓,2002,《当代中国政治冷漠现象成因探析》,《山东社会科学》第1期。

刘建和、胡跃峰,2014,《基于家庭财富资本的居民收入代际传递研究》,《浙江金融》第9期。

刘精明,2005,《国家、社会阶层与教育：教育获得的社会学研究》,中国人民大学出版社。

刘欣,2002a,《相对剥夺地位与阶层认知》,《社会学研究》第1期。

刘欣,2002b,《转型期中国大陆城市居民的阶层意识》,《社会学研究》第3期。

刘欣,2007,《中国城市的阶层结构与中产阶层的定位》,《社会学研究》第6期。

刘志国、范亚静,2013,《教育的代际流动性影响因素分析》,《教育科学》第1期。

刘志国、James Ma，2016，《劳动力市场的部门分割与体制内就业优势研究》，《中国人口科学》第4期。

龙莹，2012，《中国中等收入群体规模动态变迁与收入两极分化：统计描述与测算》，《财贸研究》第2期。

陆学艺，2010，《当代中国社会结构》，社会科学文献出版社。

满燕云，2013，《中国的住房改革与崛起的中产阶层》，载李成编著《中产中国》，上海译文出版社。

米尔斯，C. 莱特，2006，《白领：美国的中产阶级》，周晓虹译，南京大学出版社。

尼，诺曼、西德尼·伏巴，1996，《政治参与》，载格林斯坦、波尔斯比《政治学手册精选》（下卷），储复耘译，商务印书馆。

蒲岛郁夫，1989，《政治参与》，解莉莉译，经济日报出版社。

钱民辉、陈旭峰，2011，《发挥中等收入群体"社会稳定器"功能》，《人民论坛》第5期。

秦广强，2011，《代际流动与外群体歧视——基于2005年全国综合社会调查数据的实证分析》，《社会》第4期。

上海研究院社会调查和数据中心课题组，2016，《扩大中等收入群体，促进消费拉动经济——上海中等收入群体研究报告》，《江苏社会科学》第5期。

世界银行和国务院发展研究中心，2013，《中国2030：建设现代、和谐、有创造力的社会》，中国财政经济出版社。

孙欢、廖小平，2010，《政治参与主体的伦理维度——兼及环境伦理的视角》，《北京师范大学学报》（社会科学版）第6期（总第222期）。

孙立平、王汉生、王思斌等，1994，《改革以来中国社会结构的变迁》，《中国社会科学》第2期。

唐俊超，2015，《输在起跑线——再议中国社会的教育不平等（1978 - 2008）》，《社会学研究》第3期。

汪燕敏、钱珍，2009，《收入代际流动计量偏误的文献综述》，《生产力研究》第21期。

王春光、李炜，2002，《当代中国社会阶层的主观性建构和客观实在》,《江苏社会科学》第 4 期。

王建平,2007,《中国中产阶层的内在焦虑与惶惑》,《当代中国研究》第 1 期。

王美今、李仲达,2012,《中国居民收入代际流动性测度——"二代"现象经济分析》,《中山大学学报》(社会科学版) 第 1 期。

王宁,2014,《地方消费主义、城市舒适物与产业结构优化——从消费社会学视角看产业转型升级》,《社会学研究》第 4 期。

王艳明、许启发、徐金菊,2014,《中等收入人口规模统计测度新方法及应用》,《统计研究》第 10 期。

魏颖,2009,《中国代际收入流动与收入不平等问题研究》,中国财政经济出版社。

沃勒斯坦,伊曼纽尔,2013,《现代世界体系》(第一卷),郭方等译,社会科学文献出版社。

吴晓刚,2007,《中国的户籍制度与代际职业流动》,《社会学研究》第 6 期。

吴晓刚,2016,《中国当代的高等教育,精英形成与社会分层——来自"首都大学生成长追踪调查"的初步发现》,《社会》第 3 期。

吴愈晓,2013,《教育分流体制与中国的教育分层 (1978—2008)》,《社会学研究》第 4 期。

向德平、王志丹,2012,《城市社区管理中的公众参与》,《学习与探索》第 2 期。

辛凯璇,2016,《我国教育代际流动的城乡差异》,硕士学位论文,西南财经大学。

徐俊武、易祥瑞,2014,《增加公共教育支出能够缓解"二代"现象吗?——基于 CHNS 的代际收入流动性分析》,《财经研究》第 11 期。

阳义南、连玉君,2015,《中国社会代际流动性的动态解析——CGSS 与 CLDS 混合横截面数据的经验证据》,《管理世界》第 4 期。

杨光斌,1995,《政治冷漠论》,《中国人民大学学报》第 3 期。

杨中超,2016,《教育扩招促进了代际流动?》,《社会》第 6 期。

伊曼纽尔,2013,《现代世界体系(第一卷)》,郭方等译,社会科学文献出版社。

尹卫国，2010，《劳动者收入偏低是最大不公》，《工人日报》5月18日。

英克尔斯，阿列克斯，戴维·H. 史密斯，1992，《从传统人到现代人——六个发展中国家中的个人变化》，顾昕译，中国人民大学出版社。

游传耀，2008，《互联网是公民政治参与的重要途径》，《发展研究》第9期。

余秀兰，2005，《城乡二元社会结构的再生产——对1978年至1990年代末教育政策的分析》，《教育发展研究》第4期。

张德荣，2013，《"中等收入陷阱"发生机理与中国经济增长的阶段性动力》，《经济研究》第9期。

张桂金、张东、周文，2016，《多代流动效应：来自中国的证据》，《社会》第3期。

张海东，2016，《特大城市中等收入群体的形成与社会结构特征》，《中国社会科学报》12月20日。

张林江、赵卫华，2016，《中产阶层壮大、扩大内需与经济转型》，《中国党政干部论坛》第9期。

张宛丽，2007，《中国"新中产阶层"遭遇"精英联盟""权力排斥"》，《人民论坛》第9期。

张翼，2004，《中国人社会地位的获得——阶级继承和代内流动》，《社会学研究》第4期。

张翼，2008，《当前中国中产阶层的政治态度》，《中国社会科学》第2期。

张翼，2011，《网络中国社会阶层及治理发生重大转型》，《凤凰新闻》1月26日。

张翼，2016a，《当前中国社会各阶层的消费倾向——从生存性消费到发展性消费》，《社会学研究》第4期。

张翼，2016b，《网络中国社会阶层及治理发生重大转型》，http://news.ifeng.com/a/20161226/50475656_0.shtml，最后访问日期：2016年12月26日。

郑秉文，2011，《"中等收入陷阱"与中国发展道路——基于国际经验教训的视角》，《中国人口科学》第 1 期。

周晓虹，2005，《中国中产阶层调查》，社会科学文献出版社。

周晓虹、陈青，2013，《全球化、社会转型以及中国中产阶层的构建》，载李成编著《中产中国》，上海译文出版社。

朱长存，2012，《城镇中等收入群体测度与分解——基于非参数估计的收入分布方法》，《云南财经大学学报》第 2 期。

朱迪，2016，《金砖国家中产阶层的发展概况和困境》，《文化纵横》第 8 期。

庄健、张永光，2007，《基尼系数和中等收入群体比重的关联性分析》，《数量经济技术经济研究》第 4 期。

阿芙拉莫娃，E. M.，2008，《普京时代的中产阶级》，《社会科学与当今的时代》第 1 期．

阿芙拉莫娃，E. M.、T. M. 马瑞娃，2014，《俄罗斯中产阶级的演变：使命与方法论》，《社会科学与当今的时代》第 4 期。

阿勒什娜，M. V.，2013，《社会凝聚力：观念的概念化以及社会和文化的教具》，莫斯科：Variant OJSC 出版社。

阿尼金，V. A.，2013，《在俄罗斯工作的动机：从非竞争性到竞争性的长期过渡》，《比较经济研究杂志》第 8 卷。

阿尼金，V.、Y. 勒兹妮娜、S. 马瑞娃、E. 斯洛博登尤克、N. 迪霍诺娃，2016，《收入分层：主要的方法及其在俄罗斯的应用》，载《公共和社会政策》系列。

阿特金森，A.、A. 布兰多里尼，2013，《论中产阶级的认同》，载 J. 戈尼克、M. 简蒂主编《收入的不平等：富裕国家的经济差距和中产阶级》，斯坦福：斯坦福大学出版社。

奥西波夫，G. V.、L. N. 莫斯科维切夫，2008，《社会学词典》，莫斯科：诺那出版社。

巴罗，R.，2000，《在一组国家中的不平等和增长》，《经济增长杂志》第 5 卷。

贝克尔，G. S.，1993，《看待行为的经济学方法》（在诺贝尔奖颁奖仪式上的发言稿），《政治经济学杂志》第 101 卷第 3 期。

比尔雅埃娃，L. A.，2007，《再说俄罗斯的中产阶级》，《社会学研究》第 5 期。

伯索尔，N.、C. 格雷汉姆、S. 佩蒂纳托，2000，《受困于隧道中：全球化能左右逢源吗?》，社会和经济动态变化研究中心工作文件，第 1 卷。

布林，R.、J. O. 琼森，2005，《比较视野中的机会不平等：教育成就和社会流动的最新研究》，载《社会学年度评论》。

布鲁明，1989，《中产阶层的兴起：美国城市的社会经验，1760—1900 年》，纽约：剑桥大学出版社。

迪纳尔多，J. E.、J.-S. 皮斯切克，1997，《重新审视计算机使用的回报：铅笔也改变了工资的结构吗?》，《经济学季刊》第 112 卷第 1 号。

迪霍诺娃，N. E.，2012，《俄罗斯现代人的特征与俄罗斯文化动态的前景》，《社会科学与现代性》第 2 期。

迪霍诺娃，N. E.，2014，《俄罗斯的社会结构：理论与现实》，莫斯科：诺威科罗诺格拉夫出版社。

迪霍诺娃，N. E.，2015，《俄罗斯经济危机的显性和隐性的后果》，《社会学研究》第 12 期。

迪霍诺娃，N. E.，2017，《俄罗斯的收入分层：模型的具体特征和变化方向》，《社会科学与当今时代》第 2 期。

迪霍诺娃，N. E.、S. V. 马瑞娃，2009，《中产阶级：理论与现实》。莫斯科：威斯米出版社。

迪霍诺娃，N. E.、S. V. 马瑞娃，2009，《现代俄罗斯的中产阶级》，莫斯科：阿尔法出版社。

迪霍诺娃，N. E.、V. A. 阿尼金，2016，《与其他国家相比较的俄罗斯的贫困》，《俄罗斯的世界：社会学、民族学》第 4 期。

费丽尔，A.、L. 赛尔斯，2003，《临时就业和就业能力：比利时临时雇员和永久雇员的培训机会和尝试》，《工作、就业和社会》第 17 卷第 4 号。

戈尔德索普，J. H.，2000，《租金、阶级冲突和阶级结构：关于索尔森的述评》，《美国社会学杂志》第 105 卷第 6 号。

戈尔德索普，J.、D. 洛克伍德，1971，《富裕工人：政治态度和行为》，剑桥：剑桥大学出版社。

戈尔什科夫，M. K.、李培林、Z. T. 格伦科娃，2012，《俄罗斯与中国：社会结构的变迁》，莫斯科：诺威科罗诺格拉夫出版社。

戈尔什科夫、李春玲、Z. T. 格伦科娃、P. M. 科兹列娃，2014，《俄罗斯与中国：二十一世纪的青年》，莫斯科：诺威科罗诺格拉夫出版社。

M. K. 戈尔什科夫、P. M. 科兹列娃、李培林、N. E. 迪霍诺娃，2016，《俄罗斯人和中国人梦想中的理想社会》，莫斯科：诺威科罗诺格拉夫出版社。

戈尔什科夫，M. K.、F. E. 谢里嘉，2010，《俄罗斯教育的现代化：问题与展望》，莫斯科：TsSPiM（社会预测与市场营销研究中心）。

戈尔什科夫，M. K.、G. A. 科柳察列夫，2011，《现代化背景下的终身教育》，莫斯科：俄罗斯科学院社会学研究所，联邦政府研究机构——"社会研究中心"。

戈尔什科夫，M. K.、N. E. 迪霍诺娃，1999，《现代俄罗斯社会的中产阶层》，莫斯科：ROSSPEN 出版社。

戈尔什科夫，M. K.、N. E. 迪霍诺娃，2004，《俄罗斯：新的社会现实——富人、穷人、中产阶层》，莫斯科：Nauka 出版社。

戈尔什科夫，M. K.、N. E. 迪霍诺娃，2016a，《现代俄罗斯的中产阶层：多年的研究综述》，莫斯科：威斯米出版社。

戈尔什科夫，M. K.、N. E. 迪霍诺娃，2016b，《俄罗斯社会与时代的挑战》第三册，莫斯科：威斯米出版社。

戈尔什科夫，M. K.、N. E. 迪霍诺娃，2016c，《现代俄罗斯的中产阶级》，载《多年值得研究的总结》，莫斯科：威斯米出版社。

戈尔什科夫，M. K.、R. 克鲁姆、N. E. 迪霍诺娃，2009，《危机中的俄罗斯人的日常生活》，莫斯科：阿尔法出版社。

戈尔什科夫，M. K.、R. 克鲁姆、N. E. 迪霍诺娃，2010，《俄罗斯社会为现代化做好准备了吗？》，莫斯科：威斯米出版社。

戈夫曼，E.，《烙印：关于被破坏的认同的管理札记》，URL：http://ecsocman.hse.ru/text/17687311/。

格拉巴，M.、J. 弗里克，2008，《萎缩的德国中产阶级：可支配收入长期两极分化的迹象?》，《柏林 DIW 周报》第 4 卷。

格伦科娃，Z. T.，2015，《现代俄罗斯的受雇工人》，莫斯科：诺威科罗诺格拉夫出版社。

古尔科，T. A.，2011，《后工业社会的家庭机构》，《价值观与重要性》第 4 期。

哈拉斯，H.，2010，《发展中国家的新兴中产阶级》，经合组织发展中心工作文件，285 卷。

怀特，E. O.，1997，《阶级》，Verso Book 出版社。

基尔帕特里克，F.、H. 坎特里尔，1960，《自锚定标：一种个人独特现实世界的测量方法》，《个性心理学杂志》第 16 卷第 2 期。

吉姆佩尔森，V. E.、R. I. 卡佩尔尤什尼科夫，2007，《俄罗斯的工资：演变与分化》，莫斯科：国立大学高等经济学院出版社。

吉塞克，J.、M. Groß，2003，《临时就业：机会还是风险?》，《欧洲社会学评论》第 19 卷第 2 号。

季伟宁，M.，2004，《现代俄罗斯的中产阶级》，《俄罗斯的世界：社会学、民族学》第 4 期.

津琴科，N. I.，2007，《俄罗斯安全的社会维度》，《社会学研究》第 2 期。

卡迪纳斯，M.、H. 哈拉斯、C. 赫纳奥，2011，《拉丁美洲的全球中产阶级》，布鲁金斯学会全球经济与发展论坛工作文件。

卡拉瓦伊，A. V.，2016，《俄罗斯工人人力资本：条件与因素》，《社会学研究所公报》第 17 号。

卡佩柳什尼科夫，R. I.，2001，《俄罗斯的劳动力市场：未加重组的自适应性》，莫斯科：国家研究大学经济学院。

卡特塞娃，L. V.，2003，《俄罗斯社会转型时期的家庭模式》，《社会学研究》第 7 期。

康斯坦迪诺夫斯基，D. L.、E. D. 沃兹尼森斯卡娅、G. A. 切里尼钦科、F. A. 库克卢什基娜，2011，《年轻人的教育及生活方式的路径：1998～2008 年》，莫斯科：TsSPiM（社会预测与市场营销研究中心）。

科罗塔耶夫，A.、I. 瓦西津、S. 毕尤加，2017，《奥尔森－亨廷顿有关经济发展水平与社会政治不稳定之间的"钟形"关系的假说：定量的分析研究》，《社会学评论》第 16 卷第 1 期。

库兹涅佐夫，I. M.，2016，《价值取向在传统至现代过程中的演进》，载 M. K. 戈尔什科夫、V. V. 佩图科夫主编《俄罗斯的社会与当下的挑战》系列丛书之四，莫斯科：威斯米出版社。

拉宾，N. I.，2010，《俄罗斯及其各地区的人口的基本价值观的职能》，《社会学研究》第 1 期。

拉托夫，N. V.、Yu. V. 拉托夫－罗斯西斯卡娅，2001，《世界背景下俄罗斯的经济心态》，《社会科学与现代性》第 4 期。

拉托夫，Yu. V.，2014，《作为一种对个人发展产生激励作用的终身教育以及社会和经济不平等的因素》，莫斯科：TsSPiM（社会预测与市场营销研究中心）。

拉托娃，N. V.，2016，《俄罗斯人在危机期间的生活满意度：作为分水岭的 2015 年》，《舆情监测：经济和社会的改变》第 3 期。

莱曼，H.、A. 扎伊采娃，2015，《重新定义非形式性和测量其决定性因素：俄罗斯劳动力市场的证据》，《国际发展杂志》第 27 卷。

勒兹妮娜，Y. P.，2016，《俄罗斯的家庭制度：在转型之路上》，《社会学与社会实践》第 2 期。

里姆斯基，V. L.，2013，《市场理性与社会安排》，载 S. V. 帕特鲁舍夫主编《俄罗斯社会实践中的公民与政治》，莫斯科：俄罗斯政治百科全书出版社。

林德曼，K.，2007，《客观特征对主观社会地位的影响》第 11 卷，特拉姆斯出版社。

刘德霓，2002，《当代中国政治冷漠现象成因探析》，《山东社会科学》第 1 期。

卢克亚诺娃，A. L.，2010，《教育的回报：Meta 分析的结果》，《高等经济学院经济杂志》第 14（3）期。

罗斯，S.，2016，《规模和收入不断增长的中上阶层》，城市研究所，2016 年 7 月的研究报告。

洛佩斯-卡尔瓦，L.、E. 奥尔蒂斯-华雷斯，2014，《对中产阶级定义的彻底性探讨》，《经济不平等期刊》第 12 卷。

马甘，V.、M. 鲁德涅夫，2010，《欧洲背景下俄罗斯人的基本价值观》，《社会科学与现代性》第 3 期。

马瑞娃，T. M.，2003，《俄罗斯的中产阶级：经济和社会的战略》，莫斯科：Gandalf Publishers 出版社。

迈耶，M.、C. 桑切斯-帕拉莫，2014，《透视：经济流动和中产阶级的形成》，载《信任危机暴露经济疲软》。

米尔斯，C.，2002，《白领阶层：美国的中产阶级》，牛津大学出版社。

米拉诺维奇，B.、S. 伊萨基，2002，《世界收入分配的分解：世界上有中产阶级吗？》，《收入与财富评论》第 48 卷第 2 期。

米特里卡斯，A. A.，2004，《作为一种价值观的家庭：欧洲国家价值观选择的现状和未来的可能性》，《社会学研究》第 5 期。

莫兹戈瓦娅，A. V.、E. V. 莎莉科娃，2016，《作为社会学监测目标的区域安全》，《俄罗斯人民友谊大学新闻快报》（社会学系列）第 16 卷第 4 期。

佩特拉科夫，N. Ya.，2011，《俄罗斯的现代化：社会与人道主义方面》，莫斯科：Nestor - Istoriya 出版社。

佩特尤科夫，V.、R. 佩特尤科夫，2015，《参与的民主政治：制度危机与新的前景》，《政治研究》第 5 期。

彭，G.、R. V. G. R. V. 尤尼，2011，《计算机技能、非日常性的工作及工资的溢价：一项纵向的研究》，《战略信息系统杂志》第 20 卷第 4 号。

皮尤研究中心，2015，《美国中产阶级正在遭受重挫：不再是大多数且在经济上正在落伍》。

切尔尼科娃，S. A.、V. P. 切尔丹采夫、G. A. 弗什弗科娃，2015，《当代的社会保障问题》，《基础研究》第 11 期。

萨比利亚诺娃，Z.，2002，《庞大的人力资本的再分配：转型时期俄罗斯的职业流动研究》，《比较经济学期刊》第 30 卷。

萨米金，S. I.、A. V. 维莉什卡津娜、I. V. 佩什库洛夫，2016，《基于真实信息的俄罗斯的社会保障》,莫斯科:科学出版社。

塞多娃,N.,2016,《激情驱动下的俄罗斯人的生活目标与生活策略》,《社会学杂志》第 2 期。

塞多娃,N. N.,2016,《生活的优先次序:从需求和利益到采取行动》,载 M. K. 戈尔什科夫和 V. V. 佩图科夫主编《俄罗斯的社会与当下的挑战》系列丛书之四,莫斯科:威斯米出版社。

社会政策独立研究院的研究团队,2005,《收入和社会服务:不平等、脆弱性、贫困》,莫斯科:国家研究大学经济学院出版社。

索里马诺,A.,2008,《中产阶级与发展进程:国际的证据》,圣地亚哥:拉丁美洲和加勒比海地区国家经济委员会,印刷文件。

特纳,J.,1982,《社会认同与群体间关系》,剑桥大学出版社。

瓦尔拉莫娃,S. N.、A. V. 诺斯科娃、N. N. 塞多娃,2006,《家庭和孩子在俄罗斯人生活目标中的地位》,《社会学研究》第 11 期。

雅尼特斯基,O. N.,2013,《理论、实践与展望》,莫斯科:卡耐基莫斯科中心出版。

雅斯特利波夫,G. A.,2016,《苏联与后苏联时代的俄罗斯的社会流动:基于 1994 年、2002 年、2006 年和 2013 年的代表性调查材料进行的新的定量评估》,《俄罗斯天地:社会学、民族学》第 24 卷第 1 号、第 2 号。

伊布拉吉莫娃,D. Kh.、N. V. 阿金蒂诺瓦、S. P. 奥库特西奥年科、A. E. 巴塔艾娃,2004,《失业预期的形成及其对人口经济行为的影响》,《社会政策:二十一世纪的现实》,第四次格兰特竞赛(the Fourth Grant Competition)获奖者作品集,莫斯科:社会政策独立研究所。

伊斯特利,W.,2001,《中产阶级的共识与经济发展》,《经济增长杂志》第 6 卷第 4 期。

Adler, N., & Stewart J. 2007. The MacArthur Scale of Subjective Social Status. [Web resource]. The MacArthur Research Network on Socioeconomic Status and Health. URL: http://www.macses.ucsf.edu/research/psychosocial/subjective.php. Accessed on 04/22/2017.

Aleshina, M. V. 2013. Social Cohesion: The Conceptualization of the Notion and the Social and Cultural Realia. A Monograph. Moscow: Variant OJSC

Publishers.

Analitika, Polit. 2014. Civic Activism: The New Social and Political Actors. [Online resource]. Publication date – June 25, URL: http://www.politanalitika.ru/doklad/grazhdanskiy_aktivizm_novye_subekty_obshchestvenno_politicheskogo_deystviya/ (Accessed on: 04.05.2017).

Anikin, Vasiliy A., Yulia P. Lezhnina, Svetlana V. Mareeva, Ekaterina D. Slobodenyuk & Nataliya N. Tikhonova. 2016. Income Stratification: Key Approaches and Application to Russia NRU Higher School of Economics. WP BRP Series: Public and Social Policy.

Anikin, V., Lezhnina Y., Mareeva S., Slobodenyuk E. & Tikhonova N. 2016. Income Stratification: Key Approaches and Their Application to Russia. NRU HSE. Series WP BRP / PSP "Public and Social Policy". No. WP BRP 02/PSP/2016.

Anikin, V. A. & Tikhonova N. E. 2016. Poverty and Inequality in the BRICS Nations: The Specific Case of Russia. In: Society and Economy. Issue 1. pp. 78 – 114.

Anikin, V. A. 2013. Motivation to Work in Russia: The Case of Protracted Transition from Non – competitive to Competitive System. *The Journal of Comparative Economic Studies*, Vol. 8, pp. 35 – 60.

Atkinson, A. & Brandolini A. 2013. On the Identification of the Middle Class. In Gornick J. & Jäntti M. (Eds.). *Income inequality: Economic Disparities and the Middle Class in Affluent Countries*. Stanford, California: Stanford University Press, pp. 77 – 100.

Avraamova, E. M. & Maleva T. M. 2014. The Evolution of the Russian Middle Class: Missions and Methodology. *Social Sciences and Contemporary Age*, Issue 4. pp. 5 – 17.

Avraamova, E. M. 2008. The Middle Class in the Putin Era. *Social Sciences and Contemporary Age*, Issue 1.

Barro, R. 2000. Inequality and Growth in a Panel of Countries. *Journal of Economic Growth*, vol. 5, pp. 5 – 32.

Becker, G. S. 1993. Nobel lecture: The Economic Way of Looking at Behavior. *Journal of Political Economy*, Vol. 101 (3), pp. 385 – 409.

Belanovsky, S. A., Dmitriev M. E. & Misikhina S. G. 2010. Middle Class in a Rent – Oriented Economy: Why Did Moscow Stop Being Russia? – SPERO, Issue 13, fall – winter, pp. 69 – 86.

Belyaeva, L. A. 2007. And Again on the Russian Middle Class. *Sociological Research*, Issue 5.

Besstremiannaia, G. E., A. Ia. Burdiak, A. S. Zaborovskaia, et al. 2005. Author team led by. T. N. Ovcharova. Income and Social Services: Inequality, Vulnerability, Poverty; Independent Institute for Social Policy. M.: Higher School of Economics National Research University Publishing House.

Bezhin, A., Ivanter O., Inozemtseva V., Kozlov D. & Tolmachov D. 2016. Post – Crisis Puzzle. Expert. Issue 25. pp. 40 – 47.

Birdsall, Nancy, Carol Graham, and Stefano Pettinato. 2000. Stuck in Tunnel: Is Globalization Muddling the Middle Class? [J]. Working Paper (14), Brookings Institution, Washington, D. C.

Birdsall, Nancy, Carol Graham, and Stefano Pettinato. 2000. Stuck In The Tunnel: Is Globalization Muddling The Middle Class? Working Paper, No. 14, Washington, D. C.: Brookings Institution.

Birdsall, N., Graham C. & Pettinato S. 2000. Stuck in Tunnel: Is Globalization Muddling the Middle? Center on Social and Economic Dynamics Working Paper, vol. 1.

Bourdieu, P. 2001. Forms of Capital. Granovetter, M. and R. Swedberg (eds.). *The Sociology of Economic Life*. 2nd ed. Boulder: Westview Press.

Breen, R., & Jonsson J. O. 2005. Inequality of Opportunity in Comparative Perspective: Recent Research on Educational Attainment and Social Mobility. *Annual Review of Sociology*. V. P. 223 – 243.

Campbell, Angus, Gerald Gurin, & Warren E. Miller. 1954. The Voter Decides, Row Peterson and Company.

Castells, Manuel. 1977. *The Urban Question: A Marxist Approach*. Cambridge, Massachusetts: The MIT Press.

Chen, Shaohua and Martin Ravallion. 2010. The Developing World Is Poorer Than We Thought, But No Less Successful in the Fight Against Poverty. Policy Research Working Paper, No. 4703, World Bank.

Chernikova, S. A. , Cherdantsev V. P. & Vshivkova G. A. 2015. Contemporary Issues of Social Security. *Fundamental Studies*, Issue 11 (Part 4).

Credit Suisse Research Institute. 2015. Global Wealth Report 2015. Zurich: Credit Suisse AG.

Danilova, E. N. , V. A. Yadov & Pan Davei (eds). 2012. Petersburg and Shanghai at the Beginning of the 21th Century. Moscow Logos.

Decree No. 497 of the Government of the Russian Federation on the Federal Targeted Education Program for 2016 – 2000. 2015. Dated May 23. URL: http://dokipedia. ru/document/5221854 (Accessed on 9. 04. 2017).

Didenko, D. V. & Dorofeeva Z. E. 2016. Additional Professional Education in Russia: The Dynamics of Scale and Economic Efficiency (2000 – 2013). In: *Mir Rossii*, Issue 4. pp. 87 – 110.

DiNardo, J. E. & Pischke, J. – S. 1997. The Returns to Computer Use Revisited: Have Pencils Changed the Wage Structure too? *The Quarterly Journal of Economics*, Vol. 112, No. 1, pp. 291 – 303.

Easterly, W. 2001. The Middle Class Consensus and Economic Development. *Journal of Economic Growth*, vol. 6 (4), pp. 317 – 335.

Forrier, A. , Sels L. 2003. Temporary Employment and Employability: Training Opportunities and Efforts of Temporary and Permanent Employees in Belgium. *Work, Employment and Society*, Vol. 17, No. 4, pp. 641 – 666.

Foster J. E. and Wolfson M. C. 2010 Polarization and the Decline of the Middle class: Canada and the US [J]. *The Journal of Economic Inequality* (2).

Giesecke, J. & Groß M. 2003. Temporary Employment: Chance or Risk? *European Sociological Review*, Vol. 19, No. 2, pp. 161 – 177.

Gill, Indermit and Homi Kharas. 2007. An East Asian Renaissance: Ideas for Economic Growth. Washington, D. C. : World Bank.

Gimpelson, V. E. & Kapelyushnikov R. I. 2007. Wages in Russia: Evolution and Differentiation. Moscow: Publishing House of the State University – Higher School of Economics.

Gimpelson, V. E., & R. I. Kapelyushnikov (eds). 2001. Russian Employee: Education, Profession, Qualification. Moscow. Publishing House of the Higher School of Economics.

Gofman, E. 2017. Stigma: Notes on the Management of Spoiled Identity. Part 1. Stigma and Social Identity. [Web resource]. Federal Education Portal. Economics. Sociology. Management. URL: http://ecsocman.hse.ru/text/17687311/ Accessed on 04/22/2017.

Goldthorpe, J. & H. Rent. 2000. Class Conflict, and Class Structure: A Commentary on Sorensen. *The American Journal of Sociology*, Vol. 105, No. 6, pp. 1572 – 1582.

Goldthorpe, J. & Lockwood D. 1971. *The Affluent Worker: Political Attitudes and Behaviour.* Cambridge: Cambridge University Press.

Goldthorpe, John H. 1987. *Social Mobility and Class Structure in Modern Britain*, Oxford: Clarendon Press.

Golenkova, Z. T. (eds). 2015. *The Hired Worker in Modern Russia.* Moscow: Novy Khronograf.

Gorshkov M. & Tikhonova N. (eds). 2008. Russian Identity in Sociological Terms.

Gorshkov, M. & Tikhonova N. (eds). 2005. Russian Identity under Transformation Conditions. Experience of Sociological Analysis.

Gorshkov, M. & Tikhonova, N. (eds). 2004. Changing Russia in the Mirror of Sociology. Moscow.

Gorshkov, M. K. & F. E. Sheregi. 2010. The Modernization of Russian Education: Issues and Prospects. Moscow: TsSPiM [Center of Social Forecasting and Marketing].

Gorshkov, M. K. & Klyucharev G. A. 2011. Life – Long Education in the Modernization Context. Moscow: IS RAS, Federal State Research Institution

"Center for Social Research".

Gorshkov, M. K. & N. E. Tikhonova (eds). 2016. Middle Class in Modern Russia. *Summary of Many Years' Worth of Research.* Moscow: Ves Mir Publishing Company.

Gorshkov, M. K. et al. 2015. *Russian Society and the Challenges of Today.* Book Two. Edited by Gorshkov M. K. & Petukhov V. V. Moscow: Ves Mir Publishing Company.

Gorshkov, M. K. et al. 2016. *Russian Society and the Challenges of the Time.* Book Three. Edited by Gorshkov M. K. & Tikhonova N. E. M.: Ves Mir.

Gorshkov, M. K., Krumm R., Tikhonova N. E (eds). 2010. *Is Russian Society Ready for Modernization?* Moscow: Ves Mir.

Grabka, Markus M., Jan Goebel, Carsten Schröder and Jürgen Schupp. 2016. Shrinking Share of Middle – Income Group in Germany and the US. DIW Economic Bulletin (18).

Grabka, M. & Frick J. 2008. The Shrinking German Middle Class – Signs of Long – Term Polarization in Disposable Income? *DIW Berlin Weekly Report*, Vol. 4 (4), pp. 21 –27.

Gurko, T. A. 2011. Institute of Family in Post – industrial Societies. *Values and Meanings*, Issue 4 (13). pp. 26 – 44

Homi Kharas, The Emerging Middle Classin Developing Countries, OECD DevelopmentCentreWorkingPaper, no. 285, 2010.

Ibragimova, D. Kh., Akindinova N. V., Aukutsionek S. P. & Bataeva A. E. 2004. The Formation of Unemployment Expectations and Their Influence on the Economic Behavior of the Population. Social Policy: The Realities of the 21st Century. Collection of works by winners of the Fourth Grant Competition. Moscow: Independent Institute for Social Policy.

Inequality, in Wiermer Salverda, Brian Nolanand and Timothy Smeeding (eds). The Oxford Handbook on Economic Inequality. Oxford: Oxford University Press.

Inglehart R. & Welzel C. 2011. *Modernization, Cultural Change and De-*

mocracy: *The Human Development Sequence*. Moscow: Novoye Izdatelstvo.

Jenkins, Stephen P. and Philippe Van Kerm. 2009. The Measurement of Economic.

Kapelyushnikov, R. & Gimpelson V. 2017. Professional Structure in the Russian Labor Market. Chief editor: N. T. Vishnevskaya. Publishing House of National Research University Higher School of Economics.

Kapelyushnikov, R. I. 2001. Russian Labor Market: Adaptation without Restructuring – M. : Higher School of Economics National Research University.

Karavai, A. V. 2016. Human Capital of Russian Workers: Condition and Factors. *Institute of Sociology Bulletin*. No. 17. pp. 91 – 112.

Kartseva, L. V. 2003. Family Model during the Transformation of Russian society. *Sociological Studies*. Issue 7. pp. 92 – 100.

Kerr C. , 1994, Higher Education Can not Escape History. Issues for the Twenty – First Century. Teachers College Record, p. 248.

Kharas, Homi. 2010. The Emerging Middle Class in Developing Countries. Working Paper, No. (285) . OECD Development Centre.

Kharas, H. 2010. Latin America's Global Middle Class. Working Paper, Global Economy and Development at Brookings. Washington, D. C.

Kilpatrick, F. & Cantril H. 1960. Self – anchoring Scaling: A Measure of Individuals' Unique Reality Worlds. *Journal of Individual Psychology*. Vol. 16 (2) . pp. 158 – 173.

Kivinen, M. 2004. Middle Class in Modern Russia. World of Russia. *Sociology. Ethnology*. Issue 4. pp. 143 – 169.

Konstantinovsky, D. L. , Voznesenskaya E. D. , Cherednichenko G. A. & Khokhlushkina F. A. 2011. The Education and Lifestyle Paths of the Youth: 1998 – 2008. Moscow: TsSPiM [Center of Social Forecasting and Marketing] .

Korotaev, A. , Vaskin I. & Bilyuga S. 2017. The Olson – Huntington Hypothesis on the Bell – Shaped Relation between the Economic Development Level and Social and Political Destabilization: Quantitative Analysis Study. *Sociologic Review*. Vol. 16. Issue 1. pp. 9 – 49.

Kuznetsov, I. M. 2017. *Evolution of Value Orientations in the Tradition – Modernity Continuum. Russian Society and Challenges of the Time.* Book Four. Gorshkov M. K. [et al.]. edited by Gorshkov M. K. & Petukhov V. V. 2016. Moscow: Ves Mir, pp. 86 – 104.

Kuznetsov, V. N. 2008. *Social Security, Sociological Dictionary.* Moscow. Norma, pp. 48.

Lapin, N. I. & L. A. Belyaeva (eds). 1996. *Dynamics of Values of the Population in Reformed Russia.* Moscow.

Lapin, N. I. 2000. *Russian Ways: Sociocultural Transformations.* Moscow.

Lapin, N. I. 2010. Functional – Orienting Clusters of Basic Values of Population in Russia and Russian Regions. *Sociological Studies.* No. 1.

Latov, Yu. V. (eds). 2014. Lifelong Education as a Stimulus for Personal Development and Social and Economic Inequality Factor. Edited by Moscow: TsSPiM [Center of Social Forecasting and Marketing].

Latova, N. V. & Latov Yu. V. 2001. Russian Economic Mentality on the World Background. *Social Sciences and Modernity.* No. 4.

Latova, N. V. & Latov Yu. V. 2003. Peculiarities of Russian Economic Mentality. Economic Subjects of Post – Soviet Russia (institutional analysis). Part 1. Moscow.

Latova, N. V. & Tikhonova, N. E. 2010. Modernization and Characteristics of the Russian National Mentality. Is the Russian Society Ready for Modernization? Moscow.

Latova, N. V. 2016. Russians' Satisfaction with Their Life during a Crisis: 2015 as the Year of Bifurcation. In Public Opinion Monitoring: Economic and Social Changes. Issue 3.

Lebedeva, N. M. & Tatarko A. N. 2007. *Values of Culture and Society Development.* Moscow.

Lebedeva, N. M. & Tatarko A. N. 2009. *Culture as the Factor of Social Progress.* Moscow.

Lebedeva, N. M., Kozlova M. A. & Tatarko, A. N. 2007. *Psychological*

Research of Sociocultural Modernization. Moscow.

Lehmann, H. & Zaiceva A. 2015. Redefining Informality and Measuring its Determinants: Evidence from the Russian Labour Market. *International Development*, Vol. 27, pp. 464 – 488.

Thurow, Lester. 1987. A Surge in Inequality. *Scientific American* (256).

Lezhnina, Y. P. 2008. *Social Inequality and Social Mobility, Social Inequality and Social Policy in Modern Russia.* Moscow: Nauka.

Lezhnina, Y. P. 2014. Socio – demographic Factors of Poverty in Modern Russia. *Poverty and the Poor in the Modern Russia.* ed. by M. K. Gorshkov, N. E. Tikhonova. Moscow. Ves Mir.

Lezhnina, Y. P. 2016. Family Institution in Russia: On the Path of Transformation. *Sociological Science and Social Practice.* Issue 2. pp. 70 – 90.

Lindemann, K. 2007. The Impact of Objective Characteristics on Subjective Social Position. *Trames.* Vol. 11. pp. 54 – 68.

Lipset. Seymour Martin. 1959. Some Social Requisites of Democracy: Economic Development and Political Legitimacy. *American Political Science Review* (53): 69 – 105.

Luis, F. Lopez – Calva & Eduardo Ortiz – Juarez. 2014. A Vulnerability Approach to the Definition of the Middle Class. *Journal of Economic Inequality.* Springer, vol. 12 (1), pp. 23 – 47.

Lukyanova, A. L. 2010. Return on Education: Meta – Analysis Results. *Higher School of Economics Economic Magazine*, 14 (3).

López – Calva, L. & Ortiz – Juarez, E. 2014. The Emerging Middle Class in Developing Countries. OECD Development Centre Working Paper, Vol. 285.

Magun, V. & Rudnev M. 2010a. Basic Values of Russians in the European Context. *Social Sciences and Modernity.* No. 3.

Magun, V. & Rudnev M. 2010b. Basic Values – 2008: Similarities and Differences between the Russians and other Europeans. *Higher School of Economics.* No. WP6/2010/03.

Magun, V. S. & Monusova G. A. 2010. Russian Labor Values within the Context of International Comparisons. Report at the 11th International Scientific Conference on Economic and Social Development Problems. Moscow. Higher School of Economics National Research University.

Maleva T. M (eds). 2003. *Middle Classes in Russia: Economic and Social Strategies.* Moscow: Gandalf Publishers.

Michael C. Wolfson. 1994. When Inequalities Diverge. *The American Economic Review*, vol. 84, no. 2, pp. 353 – 358.

Milanovic, Branko & Shlomo Yitzhaki. 2002. Decomposing World Income Distribution: Does the World Have a Middle Class? Review of Income and Wealth (1), International Association for Research in Income and Wealth.

Mills, C. 2002. *White Collar: The American Middle Classes.* Oxford University Press.

Mitrikas, A. 2004. A. Family as a Value: Current Status and Future Possibility of Value Choice in European countries. *Sociological Studies*, Issue 5. pp. 65 – 72.

Mozgovaya, A. V. & Shlykova E. V. 2016. The Sociology Series, Vol. 16. Issue 4.

Nikovskaya, L. & Yakimets V. 2015. Shaping and Protecting Public Interests in Russia: From the "Administrative" Model to the Partnership Model. *Political Studies*, Issue 5. pp. 49 – 64.

Peng, G. & Eunni R. V. 2011. Computer Skills, Non – routine Tasks, and Wage Premium: A Longitudinal Study. *The Journal of Strategic Information Systems*, Vol. 20, No. 4, pp. 449 – 460.

Petrakov. N. Ya. (eds). 2011. *The Modernization of Russia: Social and Humanitarian Aspects.* Moscow, St. Petersburg: Nestor – Istoriya.

Petukhov, V. & Petukhov R. 2015. The Democracy of Participation: Institutional Crisis and New Prospects. *Political Studies.* Issue 5. pp. 25 – 49.

Pew Research Center. 2015a. Are you in the Global Middle Class? http://www.pewresearch.org/fact – tank/2015/07/16/are – you – in – the – global –

middle－class－find－out－with－our－income－calculator/.

Pew Research Center. 2015b. China's Middle Class Surges, while India's Lags Behind. http://www.pewresearch.org/fact－tank/2015/07/15/china－india－middle－class/.

Pew Research Center. 2015c. The Emerging Middle Class in Developing Countries. OECD Development Centre Working Paper, Vol. 285.

Pew Research Center. 2015d. The American Middle Class Is Losing Ground: No longer the Majority and Falling behind Financially, www.pewresearch.org.

Pressman, Steven. 2015. Defining and Measuring the Middle Class [J]. American Institute for Economic Research (AIER), Working paper (7).

Ravallion M., Chen, S. & Sangraula P. 2009. Dollar a Day Revisited. World Bank Economic Review. Vol. 23, pp. 163－184.

Ravallion, Martin. 2009. The Developing World's Bulging (but Vulnerable) Middle Class. Policy Research Working Paper. World Bank, Washington, D. C.

Rimskii, V. L. 2013. The Market Rationality and Social Arrangement. *In The Civic and the Political in Russian Social Practices.* ed. by S. V. Patrushev. Moscow: Russian Political Encyclopedia (ROSSPEN).

Rokeach, M. 1973. *The Nature of Human Values.* N. Y.

Rose. S. 2016. The Growing Size and Incomes of the Upper Middle Class. Urban institute. Research Report June (at http://www.urban.org/sites/default/files/alfresco/publication－pdfs/2000819－The－Growing－Size－and－Incomes－of－the－Upper－Middle－Class.pdf).

Russia Economic Report. 2014. World Bank. Russian Office. March, Issue 31.

Russia in Figures. 2016. Statistics Overview. Federal State Statistics Service. Moscow. pp. 144－148. URL: http://www.gks.ru/free_doc/doc_2016/rusfig/rus16.pdf (Accessed on 20.03.2017).

Russia Longitudinal Monitoring Survey, RLMS－HSE», conducted by National Research University "Higher School of Economics" and OOO "Demoscope" together with Carolina Population Center. University of North Carolina at

Chapel Hill and the Institute of Sociology RAS. (RLMS – HSE websites: http://www.hse.ru/rlms, http://www.cpc.unc.edu/projects/rlms).

Russian Federal State Statistics Service, Gini (Income Concentration), URL: http://cbsd.gks.ru/ (Accessed on: 17.03.2017).

Russian Federal State Statistics Service. Assessment of the Number of Permanent Residents as of January 1, 2017 and for 2016 on average. URL: http://www.gks.ru/wps/wcm/connect/rosstat_main/rosstat/ru/statistics/population/demography/ (Accessed on: August 24, 2017).

Russian Federal State Statistics Service. Average Monthly Nominal Salary of Employees according to a Full Range of Organizations by Subjects of the Russian Federation in 2013 – 2017. URL: http://www.gks.ru/wps/wcm/connect/rosstat_main/rosstat/ru/statistics/wages/ (Accessed on: August 10, 2017).

Russian Federal State Statistics Service. Average Yearly Number of Employed in the Public and Private Sectors of the Economy in Moscow. URL: http://moscow.gks.ru/wps/wcm/connect/rosstat_ts/moscow/ru/statistics/employment/ (Accessed on: August 11, 2017).

Russian Federal State Statistics Service. Distribution of the General Volume of the Money Income and Characteristics of the Differentiation of the Money Income of the Population. URL: http://www.gks.ru/free_doc/new_site/population/bednost/tabl/1-2-2.doc (Accessed on: 25.03.2017).

Russian Federal State Statistics Service. Unemployment Level of the Population by Subject of the Russian Federation, Average by Year. URL: http://www.gks.ru/wps/wcm/connect/rosstat_main/rosstat/ru/statistics/wages/labour_force/# (Accessed on: August 8, 2017).

Russian Public Opinion Research Center (VCIOM). Consumer Opportunities of Russians: Monitoring. Press Edition No. 3407. URL: https://wciom.ru/index.php?id=236&uid=116289 (Accessed on: August 20, 2017).

Sabirianova, Z. 2002. The Great Human Capital Reallocation: A Study of Occupational Mobility in Transitional Russia. *Journal of Comparative Economics*. Vol. 30, pp. 191–217.

Samygin, S. I., A. V. Vereshchagina, & I. V. Pechkurov. 2016. Moscow. RU – SCIENCE.

Sedova, N. 2016. Life Priorities: From Needs and Interests to Taking Action. *Russian Society and the Challenges of Time*. Book Four. Gorshkov M. K. et al. edited by Gorshkov M. K., Petukhov V. V. Moscow: Ves Mir, pp. 105 – 130.

Sedova, N. 2016. Russians' Life Goals and Strategies in the Passion – Driven Context. *Sociological Journal*. Issue 2. pp. 73 – 91.

Semin, I. 2017. Labor Productivity. *National Priority*. Expert, Issue 34.

Sobolevskaya, A. A. & Popov A. K. 2009. Post – Industrial Revolution in the Labor Sphere. Moscow: Institute of World Economy and International Relations (IMEMO).

Solimano, A. 2008. The Middle Class and The Development Process: International Evidence. Santiago, Chile: Economic Commission for Latin America and the Caribbean. Mimeographed document.

Stephen P. Jenkins and Philippe Van Kerm. The Measurement of Economic Inequality. in Wiermer Salverda, Brian Nolanand Timothy Smeeding, eds. *The Oxford Handbookon Economic Inequality*. Oxford: Oxford University Press, 2009.

Student – 2017: Eagerness to Learn and Career Prospects VCIOM press – release No. 3292. URL: https://wciom.ru/index.php?id=236&uid=116041 (Accessed on 02.04.2017).

The Facets of Russian Education. 2015. Moscow: Center for Social Research.

Tikhonova, N. E. & Anikin V. A. 2014. Poverty in Russia Compared to Other Countries. *World of Russia: Sociology, Ethnology*. Vol. 23. Issue 4. pp. 59 – 95.

Tikhonova, N. E. 2003. *Phenomenon of Urban Poverty in Modern Russia*. Moscow: Letny Sad.

Tikhonova, N. E. 2012. Peculiarities of Russian Modern Men and Prospects of Russian Cultural Dynamics. Article 1. *Social Sciences and Modernity*. No. 2. pp. 38 – 52.

Tikhonova, N. E. 2014. *Russia's Social Structure: Theories and Reality*. Moscow. Moscow, Novy Khronograf: Institute of Sociology RAS.

Tikhonova, N. E. 2015. Overt and Covert Consequences of Economic Crises for Russians. *Sociological Research*. Issue 12. pp. 16 – 27.

Tikhonova, N. E. 2017. Income Stratification in Russia as Compared to Other Nations. In *Social Sciences and Contemporary Age*. Issue 3. pp. 26 – 41.

Tikhonova, N. E. 2017. Income Stratification in Russia: Specific Features of the Model and Direction of Changes. *Social Sciences and Contemporary Age*. Issue 2.

Tikhonova, N. E., Mareeva S. V. 2009a. *Middle Classes in Modern Russia*. Moscow. Alfa – M.

Tikhonova, N. E., Mareeva S. V. 2009b. The Middle Class: Theories and Reality. Moscow: Ves Mir.

Turner, J. 1982. *Towards a Cognitive Redefinition of the Social Group. Social Identity and Intergroup Relations*. Cambridge University Press.

UNU – WIDER, World Income Inequality Database (WIID3.4), URL: https://www.wider.unu.edu/database/world – income – inequality – database – wiid34 (дата обращения: 25.03.2017 г.).

Vakis, R., Jamele R. & Lucchetti L. 2015. Overview: Left Behind: Chronic Poverty in Latin America and the Caribbean. Washington, DC: World Bank. License: Creative Commons Attribution CC BY 3.0 и др.

Varlamova, S. N., Noskova A. V. & Sedova N. N. 2006. The Place of Family and Children among Russians' Life Goals. *Sociological Studies*. Issue 11. pp. 61 – 73.

Vercueil, Julien. 2016. Income Inequalities, Productive Structure and Macroeconomic Dynamics. A Regional Approach to the Russian Case, presented at Sustainable Development and Middle Class in Metropolitan Cities of the BRICS nations, Shanghai.

Volkov, D. & Kolesnikov A. 2016. Self – Organization of the Civic Society in Moscow. Motivations, Opportunities, and Extents of Politicization. Moscow:

Carnegie Moscow Center.

Warde A. 1990: Introduction to the Sociology of Consumption [J]. *Sociology*. 24 (1): 1-4.

Wolfson, Michael C. 1994. When Inequalities Diverge. *The American Economic Review*. 84 (2), 353-358.

World Bank. 2007. Global Economic Prospects 2007: Managing the Next Wave of Globalization. Washington, D. C.: World Bank.

World Bank. GINI index (World Bank estimate). http://data.worldbank.org/indicator/SI.POV.GINI? locations (accessed on 17.03.2017).

World Bank. Russia Economic Report. No 31; Meyer M. & Sanchez-Paramo C. 2014. In Focus: Economic Mobility and Middle-Class Formation. In: Krizis Doverija Obostrjaet Jekonomicheskie Problemy Rossii [Confidence Crisis Exposes Economic Weakness].

World Bank. Russia Economic Report. No. 31; Pew Research Center. 2015. The American Middle Class Is Losing Ground: No Longer the Majority and Falling behind Financially. Washington, D. C.: December. (at http://www.pewsocialtrends.org/files/2015/12/2015-12-09_middle-class_FINAL-report.pdf).

World Bank. World Development Indicators, URL: http://databank.worldbank.org/data/reports.aspx? source = world - development - indicators# (дата обращения 29.04.2017 г.).

World Bank. 2007. Global Economic Prospects 2007: Managing the Next Wave of Globalization [M]. World Bank, Washington, D. C..

World Bank. 2016. World Bank Analytical Classifications, https://datahelpdesk.worldbank.org/knowledgebase/articles/378834-how-does-the-world-bank-classify-countries.

Wright, Erik Olin, 1979, *Class Structure and income Determination*, New York: Academic Press.

Wright, E. O. 1997. Classes. Verso Book.

Yanitsky, O. N. 2013. *Social Movements: Theory, Practice, Prospects*. Moscow: Novy Khronograf.

Yastrebov, G. A. 2016. Social Mobility in Soviet and Post – Soviet Russia: New Quantitative Assessment Based on the Representative Survey Materials of 1994, 2002, 2006, and 2013. Part I. World of Russia: Sociology, Ethnology, Vol. 24. No. 2. pp. 6 – 36.

Yastrebov, G. A. 2016. Social Mobility in Soviet and Post – Soviet Russia: New Quantitative Assessment Based on the Representative Survey Materials of 1994, 2002, 2006, and 2013. Part I. World of Russia: Sociology, Ethnology, Vol. 24. No. 1. pp. 7 – 36.

Zheng, Yongnian and Guoguang Wu. 2005. Information Technology, Public Space, and Collective Action in China. *Comparative Political Studies*, Vol. 38 (5): pp. 507 – 536.

Zinchenko, N. I. 2007. The Social Dimension of Security in Russia. *Sociological Studies*, Issue 2. pp. 137 – 140.

作者简介

导　论

李培林（LI Peilin），男，中国社会科学院副院长、学部委员、《社会学研究》编委会主任。主要著作有：《中国社会结构转型：经济体制改革的社会学分析》（1995）、《村落的终结》（2004）、《另一只看不见的手：社会结构转型》（2005）、《和谐社会十讲》（2006）、《李培林自选集》（2010）、《社会转型与中国经验》（2013）、《社会改革与社会治理》（2014）。主编年度《中国社会形势分析与预测》（社会蓝皮书）。

戈尔什科夫（M. K. Gorshkov），男，现任俄罗斯科学院全国理论和应用社会学研究中心主任（前社会学研究所所长），是当代俄罗斯最杰出的社会学家之一，对社会哲学、群体意识和民意社会学、社会学研究方法、青年社会学、认同社会学、社会不平等、俄罗斯社会生活等研究领域有着杰出的贡献。1989年取得哲学博士学位，2011年被选为俄罗斯科学院院士。出版专著超过30本，发表380余篇学术文章。《社会学和社会实践》主编。

第一章

李春玲（LI Chunling），女，中国社会科学院社会学研究所研究员、博士；中国社会科学院社会学研究所青少年与社会问题研究室主任；中国社会科学院国情调查与研究中心副主任；中国社会学会社会分层与流动专业委员会副理事长兼秘书长。主要从事社会分层、教育社会学和青年问题研究。发表的主要著作有：《断裂与碎片——当代中国社会阶层分化趋势的实证分析》、《比较视野下的中产阶层形成：过程、影响以及社会经济后果》、《中国城镇社会流动》、《社会分层理论》、《性别分层与劳动力市场》、《青年与社会变迁：中国和俄罗斯的比较研究》、《境遇、态度与社会转型：80后青年的社会学研究》及 Rising Middle Classes in China 等。

娜塔莉亚·迪霍诺娃（N. E. Tikhonova），女，社会学博士，现为俄罗斯国立高等经济学院教授、俄罗斯科学院全国理论和应用社会学研究中心（原社会学研究所）首席研究员，在文化动态、社会分层和社会政策研究领域中有着突出的表现。发表了400余篇学术文章，出版了3本独著专著与4本合著专著，其中3本于2000~2009年在英国出版。主要著作包括《新俄罗斯的工作与福利》（英文）（2000，合著）、《新俄罗斯的贫困与社会排斥》（英文）（2004，合著）、《新俄罗斯的健康与保健》（英文）（2008，合著）、《中产阶层：理论与现实》（俄文）（2009，合著）、《俄罗斯的社会结构：理论与现实》（俄文）（2014）等。

卡拉瓦伊（A. V. Karavay），男，俄罗斯总统国民经济和公共管理学院（RANEPA）社会分析及预报高级研究院、俄罗斯科学院全国理论和应用社会学研究中心研究员。2015年毕业于俄罗斯科学院社会学研究所，获得社会学博士学位。主要研究领域包括：作为特殊社会职业群体的工人（工人阶层）、不同职业群体的人力资本、社会结构、社会经济适应进程等。发表了20余篇学术文章和若干专著。最新发表文章包括：《俄罗斯工人管理资源的态度：金融、健康和个人时间》（2016）、《俄罗斯工人参与连续职业教育的情况》（2016）等。

第二章

范雷（FAN Lei），男，中国社会科学院社会学研究所副研究员，博士。主要研究方向：社会发展、社会调查。发表论文《城市化进程中的劳动力市场分割》、《80后青年的政治态度》等。

瓦西里·A. 安尼金（Vasiliy A. Anikin），男，俄罗斯科学院全国理论和应用社会学中心高级研究员、俄罗斯国立高等经济学院副教授、高级研究员。2011年毕业于俄罗斯科学院人口和社会经济研究中心，获得人口经济与人口分布博士学位；2017年毕业于埃塞克斯大学，获得社会学博士学位。主要研究领域包括：社会结构和社会层次、发展研究和高级统计。发表了60余篇（本）学术论文及专著（包括合著）。最新发表了英文论文《工业社会末期培训的职业倾向：来自俄罗斯的证据》（2017）、《后转型期的俄罗斯：新领域》（2017）、《金砖国家的贫穷与不平等》（2016，与Tikhonova N. E. 合作）等。

第三章

田丰（TIAN Feng），男，中国社会科学院社会学研究所研究员，青少年与社会问题研究室副主任。研究领域包括人口与家庭、社会结构和职业、青年和互联网、流动人口和经济社会地位。

鲍丽娜·科兹列娃（P. M. Kozyreva），女，社会学博士，现任俄罗斯科学院全国理论与应用社会学中心常务副所长，兼任俄罗斯国立高等经济学院追踪调查研究中心主任，《社会学研究》主编。主持了俄罗斯最大的、始于1994年的追踪社会调查：俄罗斯追踪检测调查——高等经济学院（RLMS – HSE）。主要成果包括：《民族与信任：俄罗斯的经验》，（2005，与D. Bahry, M. Kosolapov 和 R. Wilson 合作），《俄罗斯的消费与生活方式》（与 A. Smirnov、A. Nizamova 合作），《俄罗斯经济变迁：俄罗斯追踪检测调查二十年》（与 Klara Sabirianova Peter 合作）、《数据资源简述：第 II 期俄罗斯追踪检测调查——高等经济学院（RLMS – HSE）：俄罗斯的经济和健康形势，1994~2013》（与 Kosolapov M., Popkin B. 合作）。

亚历山大·斯米尔诺夫（A. I. Smirnov），男，社会学博士，俄罗斯科学院全国理论和应用社会学中心高级研究员。主要研究领域包括政治社会学、俄罗斯社会团结的影响因素和俄罗斯民众的社会经济状况。主要成果包括《俄罗斯军队中信任的影响因素》（2009）、《俄罗斯民主发展的迷宫》（2007，与 P. Kozyreva 合作）、《俄罗斯的消费与生活方式》（与 P. Kozyreva 和 A. Nizamova 合作），等等。

第四章

朱迪（ZHU Di），女，中国社会科学院社会学研究所副研究员、中国社会学会消费社会学专业委员会秘书长，英国曼彻斯特大学博士，主要研究领域为消费社会学、可持续消费、社会分层、青年消费文化，主要代表作品有《品味与物质欲望：当代中产阶层的消费模式》、《努力形成橄榄型分配格局——基于 2006～2013 年中国社会状况调查数据的分析》等。

斯维特兰娜·马瑞娃（S. V. Mareeva），女，现为俄罗斯国立高等经济学院社会阶层研究中心主任、俄罗斯科学院全国理论和应用社会学中心首席研究员。2009 年取得社会学博士学位。主要研究领域包括社会结构、社会分层、中产阶层、社会文化现代化与社会政策。发表学术文章 90 余篇，2009 年与人合著出版《中产阶层：理论与现实》。参加的重大研究项目包括一些研究俄罗斯社会结构、社会政策、文化动态和现代化进程的国际项目等。

第五章

吕鹏（LU Peng），男，中国社会科学院社会学研究所副研究员、中国社会科学院私营企业主群体研究中心秘书长，兼任中国民营经济研究会家族企业委员会顾问、吉林大学中国企业社会风险与责任研究中心兼职研究员、中国下一代教育基金会继创者联盟副主席。2000～2004 年，在吉林大学社会学系学习，2004～2010 年在清华大学社会学系学习，获法学博士学位。学习期间于 2007～2008 年在耶鲁大学社会学系从事访问研究助理工作，2011～2012 年在纽约大学阿布扎比分校从事博士后研究与教学工作。主要研究兴趣为政商关系、企业家成长与传承、社会分层与流动、营商环境评估研究。

范晓光（FAN Xiaoguang），男，浙江大学社会学系副教授，社会学博士，曾获第六届全球"青年社会学家"大赛（WCJS）优胜奖（Winner，2014）。中国社会学会社会分层与流动专业委员会理事，浙江省社会学会青年学者委员会副主任。主要研究领域为社会分层与流动、政治社会学，代表作有《边界渗透与不平等》、《中国城乡居民的阶层地位认同偏差》等。

尤莉亚·莱尼娜（Yu. P. Lezhnina），女，现为俄罗斯国立高等经济学院助理教授、俄罗斯科学院全国理论和应用社会学中心高级研究员。2010 年取得社会学博士学位。主要研究领域包括社会政策、老龄化、社会人口现代化和社会文化动态。发表学术论文 50 余篇。主要成果包括《价值取向下的家庭》（2011）、《社会人口因素与贫困风险》（2011）、《贫困的社会人口特征》（2014）。最新的作品包括《俄罗斯社会和时代挑战·第五部》（Gorshkov M. K. 编著，2017 年出版）的《危机对社会地位和人口群体的影响》、《俄罗斯社会和时代挑战·第三部》（Gorshkov M. K. 编著，2016 年出版）的《危机中日常生活的主要问题》，《俄国与中国的理想社会》（Gorshkov M. K.、李培林主编，2016 年出版）的《俄罗斯人的梦想和日常生活中的家庭、爱情和儿童》等。

第六章

张翼（ZHANG Yi），男，中国社会科学院社会发展研究所所长、研究员、博士。中国社会心理学会副会长，中国社会学会副秘书长，北京市社会学会副会长。《社会发展研究》杂志主编。主要从事阶层结构、人口社会学、家庭社会学等研究。出版的主要著作有《国有企业的家族化》、《当前中国中产阶层的政治态度》、《中国城市社会阶层冲突意识研究》、《中国人社会地位的获得：阶级继承与代内流动》、《家庭背景影响教育与社会阶层地位的获得》和 *Population Floating and Family Risks of Migrant Workers* 等。

鲍丽娜·科兹列娃（P. M. Kozyreva），女，社会学博士，现任俄罗斯科学院全国理论与应用社会学中心常务副所长，兼任俄罗斯国立高等经济学院追踪调查研究中心主任，《社会学研究》主编。主持了俄罗斯最大的、始于 1994 年的追踪社会调查：俄罗斯追踪检测调查——高等经济学院（RLMS - HSE）。主要成果包括：《民族与信任：俄罗斯的经验》（2005，与 D. Bahry，M. Kosolapov 和 R. Wilson 合作）、《俄罗斯的消费与生活方式》（与 A. Smirnov、A. Nizamova 合作）、《俄罗斯经济变迁：俄罗斯追踪检测调查二十年》（与 Klara Sabirianova Peter 合作）、《数据资源简述：第 II 期俄罗斯追踪检测调查——高等经济学院（RLMS - HSE）：俄罗斯的经济和健康形势，1994～2013》（与 Kosolapov M.，Popkin B. 合作）。

亚历山大·斯米尔诺夫（A. I. Smirnov），男，社会学博士，俄罗斯科学院全国理论和应用社会学中心高级研究员。主要研究领域包括政治社会学、俄罗斯社会团结的影响因素和俄罗斯民众的社会经济状况。主要成果包括《俄罗斯军队中信任的影响因素》（2009）、《俄罗斯民主发展的迷宫》（2007，与 P. Kozyreva 合作）、《俄罗斯的消费与生活方式》（与 P. Kozyreva 和 A. Nizamova 合作），等等。

第七章

崔岩（CUI Yan），男，中国社会科学院社会学研究所助理研究员，博士。主要研究方向为发展社会学、社会统计理论。主要研究成果有论文：《我国公民环境组织参与的动机研究》、《城市化过程中的公众城市性研究》。

黄永亮（HUANG Yongliang），男，中国社会科学院研究生院博士。主要研究方向为发展社会学、消费社会学。

娜塔莉亚·拉托娃（N. V. Latova），女，现为俄罗斯科学院全国理论和应用社会学中心高级研究员，2011 年取得社会学博士学位。发表 80 余篇学术论文，参与多个基金项目。主要研究领域为比较研究、教育社会学、经济社会学、移民问题（如"人才流失"）等。出版专著《持续教育——人类发展的驱动和社会不平等的原因》（2014）。最新发表文章包括《俄罗斯社会和时代挑战·第五部》（Gorshkov M. K 编，2017 年出版）的《如意的生活：动态与因素》，《当代俄罗斯中产阶层》（Gorshkov M. K、Tikhonova，N. E. 编，2016 年出版）的《中产阶层移民行为》等。

第八章

李玮（LI Wei），男，中国社会科学院社会学研究所社会发展研究室主任，研究员、博士。主要从事发展社会学、社会研究方法、大型社会综合调查问题的研究，中国社会状况综合调查（CSS）执行负责人。主要著作包括《社会福利建设研究的民意视角》、《提升社会质量的社会政策建设》、《中国社会和谐稳定报告》（与李培林、陈光金、张翼合著）。发表论文《中国社会阶层的阶层意识和阶层认同》、《社会问题研究中的"个人困扰"与"公共议题"关系的经验研究》、《中国当前社会问题的特征及影响机制分析》、《农民工在中国转型中的经济地位和生活态度》、《近年来农民工的经济状况和社会态度》。

N. N. 塞多娃（Natalia N. Sedova），女，俄罗斯科学院全国理论和应用社会学中心高级研究员，VCIOM（俄罗斯舆情研究中心）主任学术助理、期刊《监控舆情：经济和社会变化》副主编。主要研究领域包括经济社会学、道德态度动态、休闲社会学、社会大事件对国家社会发展的影响、公众参与和瞬时社会秩序。她以俄文和其他文字发表了 50 余篇学术文章，包括学术专著的一些章节：《危机中的俄罗斯人日常生活》（2009）、《俄罗斯社会准备好现代化了吗？》（2010）、《当代俄罗斯的贫与富》、《俄罗斯社会和时代的挑战》（第三部、第四部和第五部）（2016～2017 年出版）。参与的各种研究项目涉及公众参与和社会活动问题、社会结构、现代化进程等。

第九章

崔岩（CUI Yan），男，中国社会科学院社会学研究所助理研究员，博士。主要研究方向为发展社会学、社会统计理论。主要研究成果有论文《我国公民环境组织参与的动机研究》、《城市化过程中的公众城市性研究》。

尤里·拉托夫（Yu. V. Latov），男，现为俄罗斯内务部管理研究所首席研究员、俄罗斯科学院全国理论和应用社会学中心首席研究员、俄罗斯普列汉诺夫经济大学教授。于 1993 年取得经济学博士学位，2008 年取得社会学博士学位。主要研究领域是影子经济、比较研究、教育社会学、公民社会和极端主义预防。发表了 250 余篇学术论文。近期作品包括《俄罗斯社会和时代挑战·第五部》（Gorshkov M. K. 编著，2017 年出版）中的《俄罗斯外部政治话语及其在俄罗斯人民中的评估》，《俄罗斯人的国家未来：旧患与新机》的部分章节，《俄罗斯和中国的理想社会》（Gorshkov M. K.、李培林编，2016 年出版）中的《俄罗斯正走向推动公正消除腐败之路：公民与国家关系的分析》（与 Latova N. V. 合作），等等。

V. V. 佩特尤科夫（Vladimir V. Petuhov），男，俄罗斯科学院全国理论和应用社会学中心复杂社会课题中心主任，俄罗斯舆情研究中心副主任。在俄罗斯政治科学和政治社会学领域享有盛誉。作为多项研究项目的主笔及协调人，他在下述领域做出了贡献：俄罗斯社会价值变迁、意识形态、价值观、政治参与和公民自组织现象、社会阶层流动，等等。他参与了多项由俄罗斯科学院全国理论和应用社会学中心负责的项目，包括：

"俄罗斯公民对十年改革的感受"、"在俄国舆论焦点下的俄罗斯、欧洲和德国"、"大俄罗斯的运作：社会角色和社会责任"、"俄式政治经济重建：20年之后俄罗斯公民的感受"、"当代俄罗斯的贫与富"、"新俄罗斯的官僚与权力"、"新俄罗斯的年轻一代"、"俄罗斯民众民主价值观的演进"、"处于新转折点的俄罗斯：俄国民众普遍最畏惧的事情"、"柏林墙的倒掉：前与后（俄罗斯的首要外交政策）"。总计发表150余篇论文。

第十章

张海东（ZHANG Haidong），男，上海大学社会学院教授、博士，上海大学上海社会科学调查中心常务副主任，中国社会学会副秘书长、常务理事。主要从事社会发展与社会质量问题、社会不平等问题等的研究。出版的主要著作有《社会质量研究：理论、方法与经验》（2011）、《上海社会质量研究（2010~2013）》（2016）等。发表的论文包括《城市居民对社会不平等现象的态度研究》（《社会学研究》2004年第4期）、《社会质量研究及其新进展》（《社会学研究》2012年第3期）、《城市居民疏离感问题研究——以2010年上海调查为例》（《社会学研究》2014年第4期）等。

姚烨琳（YAO Yelin），女，上海大学社会学院博士研究生。主要研究领域为社会分层和中产阶层研究等。主要代表作有《中等收入群体的扩大与橄榄型社会的形成——以北上广特大城市为例》、《市场化与市场能力：中国中产阶层的生成机制——以北京、上海、广州为例》等。

鲍丽娜·科兹列娃（P. M. Kozyreva），女，社会学博士，现任俄罗斯科学院全国理论与应用社会学中心常务副所长，兼任俄罗斯国立高等经济学院追踪调查研究中心主任，《社会学研究》主编。主持了俄罗斯最大的、始于1994年的追踪社会调查：俄罗斯追踪检测调查——高等经济学院（RLMS - HSE）。主要成果包括：《民族与信任：俄罗斯的经验》，（2005，与D. Bahry, M. Kosolapov和R. Wilson合作）、《俄罗斯的消费与生活方式》（与A. Smirnov、A. Nizamova合作）、《俄罗斯经济变迁：俄罗斯追踪检测调查二十年》（与Klara Sabirianova Peter合作）、《数据资源简述：第Ⅱ期俄罗斯追踪检测调查——高等经济学院（RLMS - HSE）：俄罗斯的经济和健康形势，1994～2013》（与 Kosolapov M., Popkin B. 合作）。

亚历山大·斯米尔诺夫（A. I. Smirnov），男，社会学博士，俄罗斯科学院全国理论和应用社会学中心高级研究员。主要研究领域包括政治社会学、俄罗斯社会团结的影响因素和俄罗斯民众的社会经济状况。主要成果包括《俄罗斯军队中信任的影响因素》（2009）、《俄罗斯民主发展的迷宫》（2007，与 P. Kozyreva 合作）、《俄罗斯的消费与生活方式》（与 P. Kozyreva 和 A. Nizamova 合作），等等。

后 记

《中国和俄罗斯的中等收入群体：影响和趋势》是中国社会科学院社会学研究所与俄罗斯科学院全国理论和应用社会学中心（前身是俄罗斯科学院社会学研究所）的第四期合作研究成果。该项持续滚动合作研究项目自2009年开始，已经进行了近10年，一直由我和俄罗斯科学院全国理论和应用社会学中心主任（此前他是社会学研究所所长）伊尔·戈尔什科夫（M. K. Gorshkov）共同支持。前三期的合作研究，都出版了相关著作：《中俄社会分层：变迁与比较》、《中俄青年比较：现在与未来》、《中国梦与俄罗斯梦：现实与期待》，这些著作同时以俄文在俄罗斯出版。第一期和第二期的研究成果，还被纳入金砖国家的社会学研究项目，用英文出版了《金砖国家社会分层手册》（Handbook on Social Stratification in the BRIC Countries）和《金砖国家青年研究手册》（Handbook on Youth Studies in BRICS Countries）。

目前中俄双方正在筹备第五期的合作研究，我们以成果为导向的合作以及所取得的扎实成果，使得双方对合作都非常满意，我们一起召开的无数次研讨会，使双方的研究团队相互学习到很多东西，也建立起高度信任和友谊，我们对未来的进一步合作充满期待。

我要感谢伊尔·戈尔什科夫（M. K. Gorshkov）主任、鲍丽娜·科兹列娃（P. M. Kozyreva）第一副主任卓有成效的工作；感谢中国社会科学院国际合作局和俄罗斯人文科学基金会为双方学者提供的经费支持；感谢国际合作局王镭局长、金哲处长，社会学研究所赵克斌副所长、朱迪副研究员，社会科学文献出版社谢寿光社长、童根兴副总编辑和责任编辑对此项合作研究以及成果编辑出版给予的大力支持。

李培林
2018年4月3日

图书在版编目(CIP)数据

中国和俄罗斯的中等收入群体:影响和趋势/李培林等著.--北京:社会科学文献出版社,2018.4
(中俄社会变迁比较研究系列)
ISBN 978-7-5201-2291-7

Ⅰ.①中… Ⅱ.①李… Ⅲ.①中等资产阶级-对比研究-中国、俄罗斯-现代 Ⅳ.①D663.6②D751.261

中国版本图书馆 CIP 数据核字(2018)第 033797 号

中俄社会变迁比较研究系列
中国和俄罗斯的中等收入群体:影响和趋势

著　　者 /	李培林　[俄]戈尔什科夫 等
出 版 人 /	谢寿光
项目统筹 /	谢蕊芬
责任编辑 /	任晓霞 等
出　　版 /	社会科学文献出版社·社会学出版中心(010)59367159 地址:北京市北三环中路甲29号院华龙大厦　邮编:100029 网址:www.ssap.com.cn
发　　行 /	市场营销中心(010)59367081　59367018
印　　装 /	三河市东方印刷有限公司
规　　格 /	开　本:787mm×1092mm　1/16 印　张:26　字　数:400千字
版　　次 /	2018年4月第1版　2018年4月第1次印刷
书　　号 /	ISBN 978-7-5201-2291-7
定　　价 /	118.00元

本书如有印装质量问题,请与读者服务中心(010-59367028)联系

▲ 版权所有 翻印必究